中国财政政策报告2008/2009

实行全口径预算管理

中国社会科学院财政与贸易经济研究所
高培勇　主编

中国财政经济出版社

本书由中国社会科学院出版基金资助

图书在版编目（CIP）数据

实行全口径预算管理/高培勇主编．—北京：中国财政经济出版社，2009.6
（中国财政政策报告 2008/2009）
ISBN 978－7－5095－1384－2

Ⅰ．实…　Ⅱ．高…　Ⅲ．国家预算－财政管理－研究－中国　Ⅳ．F812.3

中国版本图书馆 CIP 数据核字（2009）第 085085 号

责任编辑：杨　波等　　　　责任校对：张全录
封面设计：郁　佳　　　　版式设计：兰　波

中国财政经济出版社 出版

URL：http://www.cfeph.cn
E－mail：cfeph@cfeph.cn

社址：北京市海淀区阜成路甲 28 号　邮政编码：100142
发行处电话：88190406　　财经书店电话：64033436
清华大学印刷厂印刷　各地新华书店经销
889×1194 毫米　16 开　18.25 印张　440 000 字
2009 年 6 月第 1 版　2009 年 6 月北京第 1 次印刷
印数：1—2 500　定价：48.00 元
ISBN 978－7－5095－1384－2/F・1179
（图书出现印装问题，本社负责调换）
本社质量投诉电话：010-88190744

前 言

（一）

读者面前的这本中国财政政策报告2008/2009，是我们所完成的全国人大常委会预算工作委员会委托课题——“建立全口径政府收支预算管理制度”最终成果的主体部分。

“实行全口径预算管理”的提法，可以追溯到2003年10月举行的中共十六届三中全会。在那次会议所通过的《中共中央关于完善社会主义市场经济体制若干问题的决定》第21条款中，作为推进财政管理体制改革的一项重要内容，便有“实行全口径预算管理和对或有负债的有效监督，加强各级人民代表大会对本级政府预算的审查和监督”的明确表述。

从那以后，举凡涉及中国政府预算管理改革的事项，无论是学术界的相关研究，还是实践层的相关操作，大都被纳入“实行全口径预算管理”的目标之下。并且，由此催生了基于这一线索而展开的新一轮政府预算管理改革。可以说，在今天的中国，“实行全口径预算管理”已经演化为一面标识政府预算管理改革方向的旗帜。

我们理解，这正是全国人大常委会预算工作委员会设立并委托我们研究这一课题的背景所在。

（二）

在我国，对于全口径预算管理问题的关注，始于上个世纪90年代后期治理政府部门乱收费的尝试。为此而启动的“费改税”改革，最初的着眼点，是通过将五花八门的各种收费改为统一征税来减轻企业和居民的负担。然而，费与税之间的所谓“对应调整”进程很快就让人们意识到，表现在政府收费上的种种弊端，并非出在政府收费本身。无论在改革之前的中国，还是在当今的世界，收费都是政府取得公共收入的形式之一。将收费改为征税固然可收暂时的“治乱”之效，但并不能根除“乱”的病因。被冠之为政府收费的大量项目之所以会“乱”，其根源在于，它们作为自立规章且自收自支的财源，同各部门、各地区甚至有关人的自身利益绑在了一起。若不能从根本上斩断这种利益上的瓜葛，政府收费便摘除不了其内在的利益驱动器，从而使“费改税”陷入“割韭菜”般（割下一茬之后，还会不断地长出新的一茬）的尴尬循环。

深一步看，各种政府收费之所以能够自立规章，之所以能够自收自支，之所以能够同各部门、各地区甚至有关人的自身利益绑在一起，又在于，它们能够脱离各级人民代表大会的审查视野，或作为预算外收入，或归入制度外收入，直接装入各部门、各地区的“小金库”并用于同其自身利益相关的支出项目。事情表现在“乱收费”上，问题的根源则存在于政府收支行为及其机制的不规范之中。因而，若能在对各种政府收费加以清理的基础上，将其有关的收支项目纳入政府预算之内，并同其他的政府收支一道进入各级人民代表大会的审查视野，则不失为一种“治本”之策。

正是基于“预算收支≠政府收支”这一基本事实的揭示和认定，“费改税”的着眼点由单纯的“治乱”转到了“规范”政府收支行为及其机制的轨道上。于是，把所有政府收支纳入预算管理，让“预算收支＝政府收支”，便成为破解同“乱收费”绑在一起的既得利益格局难题并实现“费改税”改革目标的基本路径。也正是在改革视野得以拓展的背景之下，“费改税”一词逐步为“税费改革”所代替，进而演变为旨在规范政府收支行为及其机制、重构政府公共收支体系的这场改革的标识性概念。

然而，说来容易做到难。在当时，至少在不少政府部门内部，如下的信条被视为天经地义：税收作为集中性的政府收入以及由此形成的政府支出，当然要遵守统一的制度规范，由财税部门统一管理并纳入预算。收费，特别是由各个政府部门自立规章而分别征集的收费收入以及由此形成的支出，则属其自身“创收”领域内的收支项目，既不应交由财税部门统一管理，也不必纳入统一的政府预算。

如此的似是而非的信条，实际上折射了经济体制转轨过程带给我们的特殊矛盾现象。

稍稍回顾一下曾经走过的历程，就会看到，在计划经济体制下，我国财政收入的绝大份额，来源于国有制经济单位。财政支出的绝大部分，投向于国有经济单位。身处那样一种“取自家之财，办自家之事”的财政运行格局之中，政府部门的财政收支，便集中表现为国有制经济自家院落内的收支。名义上的“国家财政”，也基本演化成事实上的“国有制财政”。在那个时候、那样一种条件下，有关政府部门收支运作的事项，虽并非没有规范。但是，那毕竟属于“家规”范畴——在国有制财政的环境下生成、适用于国有制经济自家院落内的规范，而未走出国有制经济的家门，也基本谈不上进入公共的视野之中，接受广大社会成员的监督。故而，举凡牵涉诸如政府收支是否全部进入预算以及是否编制覆盖全部政府收支预算之类的问题，在很大程度上，是被视为无关紧要的事情的。

市场化的改革进程，在逐步打破了原有财政运行格局的同时，也一再地把建立政府收支运作的新规范问题提至我们面前。财政收入的来源结构由“单一”趋向“多元”（多种所有制共同贡献财政收入）了，财政支出的投向结构也由“单一”趋向“多元”（覆盖多种所有制并逐步覆盖农村地带）了，随着“取自家之财，办自家之事”向“取众人之财，办众人之事”格局的转变，政府部门的收支运作，自然不能局限于自家的小圈子，而要进入公共视野，遵守“公共之规”——在公共财政的环境下生成并适用于涵盖各种所有制成分和所有社会成员在内的整个社会的规范。到了这个时候、在这样一种条件下，通过编制覆盖全部政府收支的预算，让所有的政府收支从头到脚处于全体社会成员的监督视野之下，便是一件至关重要的事情了。

这就是说，财政收支跳出国有部门的自家院落而演变成整个社会范围内的收支，是所有政府收支纳入预算管理的重要经济社会背景。与之相伴随，作为一个富有成果意义的重要进展，在我国，以1998年举行的全国财政工作会议为契机，构建公共财政体制框架被纳入政府的工作议程。有别于以往的国有制财政，以满足整个社会的公共需要为职能定位、在全社会范围内加以运作的公共财政体制框架，其基本的要求，就是把政府的收支纳入公共轨道，适用立足于整个社会的公共规则和公共理念。于是，以“费改税”或“税费改革”为牵引的旨在规范政府收支行为及其机制、重构政府公共收支体系的改革，被提升到了构建公共财政基本框架的战略高度。也正是在构建公共财政体制框架并致力于将所有政府收支纳入预算管理的改革进程中，逐步形成了全口径预算管理的概念表述。

(三)

作为一个立足于经济体制转轨的特定历史背景而逐步形成的特殊概念，全口径预算管理带有鲜明的中国特色。在典型市场经济国家那里，能够与之对应的，是传统预算管理的所谓综合性（comprehensiveness）原则。立足于当今世界的基本经验和现实中国的具体国情，可以把全口径预算管理改革的目标概括为：通过预算制度的改革，将全部政府收支纳入政府预算之中。

这一看似简单的目标概括，一旦深入操作层面并果真运行起来，一连串的难题便纷至沓来。

政府收支的范围，显然同政府职能的格局直接相关。在当今的世界上，政府职能的不断扩张是一个可以观察到的基本事实。随着政府肩负的公共职能的增加，履行公共职能的主体已经不再限于传统意义上的政府部门。包括非营利性政府组织、国有企业甚至私营部门，也日益广泛地加入到公共服务的供应和生产过程中。履行公共职能所涉及的公共收支，已经不再限于传统意义上的财政资金收支。包括社会保障基金、使用者付费、政府贷款和担保、税式支出等，也日益广泛地加盟于公共收支的行列中并发挥着越来越大的作用。所以，今天所说的政府收支，已经不再限于政府部门自身的收支。除此之外，政府为履行公共职能而直接或间接地控制和管理的各种形式的资金收支以及各种显性和隐性的债务责任，如社会保障收支、政府担保等，也应一并进入人们的视野之中。

传统意义上的政府预算或称狭义的政府预算，通常指的是政府的“一般预算”（general budget），即“与立法机构年度拨款相关的财政收支概算”。在典型市场经济国家那里，如果说也有所谓预算内外的区别，那么，被称为“预算外收支”的项目，便是那些基于特别法律设立的、具有专款专用性质、不需立法机构进行年度审议的政府收支。尽管这些项目往往具有独立的银行账户和特殊的制度安排，不在政府的年度拨款预算中反映，也具有不同于一般预算的融资渠道，但并不意味着其可以脱离立法机构的控制。事实上，在从预算外项目设立到在预算报告中列示以及对其审计和监督的整个过程中，立法机构都拥有实质性的权力。所以，从这个意义上讲，今天所说的政府预算，已经不再限于以年度拨款方式存在的政府的“一般预算”。除此之外，所有由立法机构控制的政府性资金收支计划，都可称为政府预算或纳入预算管理。

现实中国的政府收支体系，则要复杂得多。依其性质的不同，可分作一般预算收支、基金预算收支、财政专户管理的预算外收支、未纳入财政专户管理的预算外收支和制度外收支几个部分。

目前被统称为“预算内”的政府收支，是一般预算收支和基金预算收支。表面上，这两部分预算收支都纳入国库管理并报送各级人民代表大会，但在实质层面，只有属于前者的收支，既可由财政部门统筹安排、统一调度，又经由各级人民代表大会审批，能够算得上完全意义上的“预算内”。属于后者的收支项目，其调配权或决定权则分别归属于各个政府职能部门。不仅财政部门没有典型财政意义上的统筹权，而且，各级人民代表大会也只有知情权而非实质的审批权。正因为如此，目前对外发布的财政收支指标，仅限于一般预算收支。所以，即便是已经被视为“预算内”的基金预算收支，也存在一个“转正”（由非完全意义上的“预算内”转为完全意义上的“预算内”）的问题，在实现全口径预算管理问题上，也有必要同时确立两个互为关联的“验收标准”：财政部门在行政层面对所有政府收支的“全口径”管理和各级人民代表大会在立法层面对同级政府所有收支的“全口径”控制和监督。

目前被称之为“预算外”的政府收支，主要包括纳入财政专户管理以及未纳入财政专户管理的政府性收支两大块儿。前者往往具有专款专用的性质，收支通过财政专户，实行“收支两条线”管理；虽接受财政部门的监督，但未报送各级人民代表大会审批。将这一块儿的“预算外”收支项目纳入“预算内”，不仅要涉及诸如预算编制权、收支调配权以及实质审批权之类的问题，而且，也要同时解决其“出身”的合法化（立项审批纳入规范化轨道）问题。因而，可算得上是一个实实在在、完完全全的由“外”转“内”的改革。后者主要是各个政府职能部门及其所属事业单位的经营性收入。这一块儿的收支项目，究竟是否属于政府性收支或在多大程度上算作政府性收支以及对之如何进行预算管理，目前并未有一个十分清晰的界定。其中有些项目的“身份”认定，还要取决于政府自身及其所属事业单位的改革进程和最终确立的改革目标。因而，对于后者，显然要在充分论证、一一鉴别的基础上，分步骤地实现由“外”转“内”。

除此之外，在既有制度框架之外，特别在省以下级次的政府那里，还存在着由各个政府职能部门、各个地区通过“自立规章，自收自支”而征集的各种行政性收费、罚款、集资、摊派收入以及由此而形成的支出。这部分收支，纯系制度外，不仅“出身”非法，均在“民怨沸腾、不堪重负”之列，而且，难以精确统计。对于它们，从来不存在一个由“外”转“内”的问题，而是要作为非规范性的政府收支行为以及“治乱”的对象，从政府部门的肌体上加以“摘除”的。

上述的如此错综复杂的格局再一次告诉我们，在中国，实现全口径预算管理的改革目标绝非轻松之事，它注定要经历一个曲折而艰难的过程。为此，进一步细化其改革目标并相应拿出一个分步走的实施方案，不仅是必要的，而且是必需的。

本报告所致力完成的主要任务或做出的主要贡献，就在于此。

（四）

从2007年12月启动课题的调研，到2008年年末呈交课题总报告并举行国际研讨会，再到此后对主要观点和基本框架的反复推敲、修订，在为期一年多的时间里，课题组不仅整理、分析了覆盖世界主要国家的大量预算管理文献，而且走遍了河北省、北京市的许多基层预算单位，召集了几十个座谈会。也曾走访有关中央部委以及在不同历史时期从事预算管理工作的老领导、老专家。可以说，这是迄今为止我们所承接的投入时间最多、花费精力最大、复杂程度最高的一个课题。

当我们最终完成这样一个报告并将其呈现在读者面前的时候，并没有如释重负的轻松感。相反，充盈在心中并激励我们前行的，是任重道远的使命感。

高培勇

2009年5月11日

本报告写作组名单

主　　编　高培勇

执　　笔　1. 马　珺

2. 冯　静　汪德华

3. 王法忠

4. 杨志勇

5. 张德勇

6. 李冬妍　夏杰长

7. 王晓洁

8. 王金秀

9. 张　斌

中国政府预算改革大事记　冯　静

部分财政经济发展指标　冯　静

英文译校　李冬妍

协　　调　杨之刚　马蔡琛

特别鸣谢

本报告是在诸多机构和人士的无私帮助和热情支持下完成的。以下所列出的一长串名单，只是其中的主要贡献者：

全国人大常委会预算工作委员会；

国家发展和改革委员会；

财政部；

交通运输部；

商务部；

澳大利亚国际发展署；

北京市财政局：

北京市劳动和社会保障局；

北京市国有资产管理委员会；

河北省财政厅；

河北省国有资产管理委员会；

河北省交通厅；

河北省教育厅；

河北省劳动和社会保障厅；

河北省卫生厅；

河北省质量技术监督局；

天津市财政局；

北京市平谷区财政局；

北京市平谷区劳动和社会保障局；

河北省石家庄市财政局；

河北省石家庄市国土资源局；

河北省石家庄市建设局；

河北省石家庄市规划局；

河北省石家庄市国有资产管理委员会；

河北省邯郸市财政局；

河北省邯郸市国有资产管理委员会；

河北省邯郸市教育局；

河北省邯郸市卫生局；

河北省邯郸市劳动和社会保障局；

河北省邯郸市城市建设投资公司；

河北省邯郸市建设投资公司；

河北省邯郸市魏县财政局；

河北省邯郸市武安市财政局；

全国人大常委会预算工作委员会原主任刘积斌先生、原副主任王大成先生、副主任冯淑萍女士和副主任姚胜先生，预决算审查室主任夏光先生、副主任何成军先生；

中国社会科学院副院长、学部委员、经济学部主任、研究员陈佳贵先生；

澳大利亚中澳管理项目财政改革顾问 Mike Woods 先生，中澳管理项目办公室项目组主管 Michael Young 先生和业务主管吴朝锋先生；

澳大利亚维多利亚大学教授 Bhajan S. Grewal 先生；

联合国儿童基金会驻中国办事处社会政策与经济分析处主管 Hana Brixi 女士；

亚洲开发银行高级经济学家彭龙运先生；

国家发展和改革委员会财政金融司司长徐林先生，财政金融司财政处处长徐晓波女士；

财政部预算司司长李萍女士、副司长夏先德先生，教科文司助理巡视员宋秋玲女士，综合司副司长苑广睿先生，社保司副司长余功斌先生，财政部官员颜永刚先生、邱江涛先生、娄冰先生、傅道鹏先生、王法忠先生、张波先生、靳俐女士、赵倩女士；

交通运输部财务司傅兴华女士；

商务部财务司郭婷婷女士；

北京市财政局副局长徐熙先生，预算处处长孟景伟先生、副处长马祥伟先生、副处长黄堞女士，综合处处长班毅先生，社保处副处长杨勇先生，企业处副处长傅思先生，经建二处副处长王永怀、闫保森先生，国库处副处长马晓薇女士；

北京市国资委预算处处长苏文静女士；

北京市平谷区财政局局长杨凤山先生、副局长尉欣先生，预算科科长孙杰女士；

河北省财政厅厅长齐守印先生、副厅长高志立先生，科研所所长段国旭先生、副所长白志平先生；

河北省邯郸市财政局局长李少波先生、副局长宋进民先生，办公室副主任张会峰先生；

天津市财政局副局长马强先生，预算处处长王克冰先生、副处长朱春礼先生；

北京市人民代表大会副主任吴世雄先生；

北京市人大常委会预算监督顾问召集人高佐之先生；

中国社会科学院荣誉学部委员、研究员何振一先生；

中国社会科学院办公厅主任施鹤安先生，中国社会科学院计财局副局长段晓燕女士；

财政部财政科学研究所所长贾康先生、副所长王朝才先生；

中央财经大学教授王雍君先生、安秀梅女士；

中国人民大学教授朱大旗先生；

首都经济贸易大学教授焦建国先生；

山东财政学院教授岳军先生；

天津财经大学教授武彦民先生、刘植才先生；

中南财经政法大学教授王金秀女士；

中国财政经济出版社社长贾杰先生、副总编辑赖伟文先生，财政分社社长李洪波先生、副社长杨波先生。

在此，特别鸣谢。

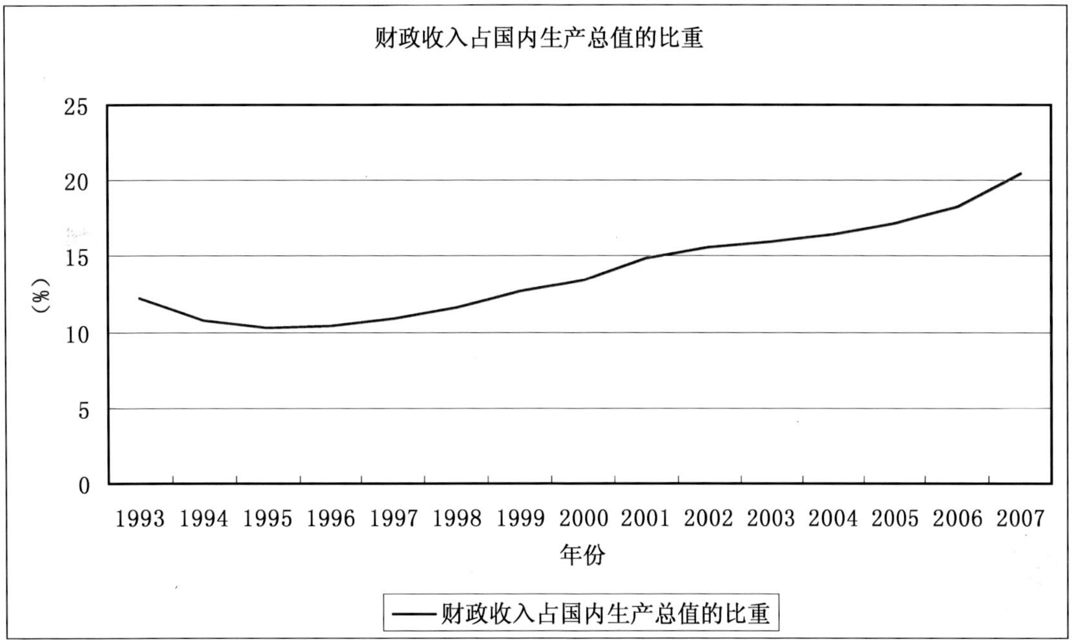

财政收入占国内生产总值的比重
25
20
15
10
5
0
（%）
1993 1994 1995 1996 1997 1998 1999 2000 2001 2002 2003 2004 2005 2006 2007
年份
财政收入占国内生产总值的比重

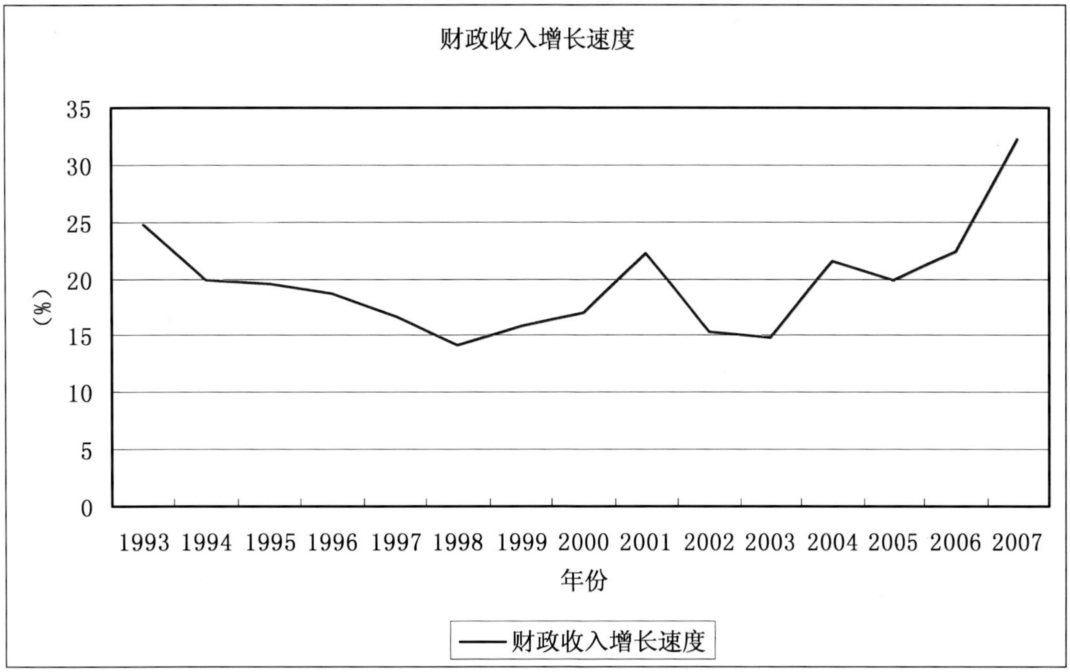

财政收入增长速度
35
30
25
20
15
10
5
0
（%）
1993 1994 1995 1996 1997 1998 1999 2000 2001 2002 2003 2004 2005 2006 2007
年份
财政收入增长速度

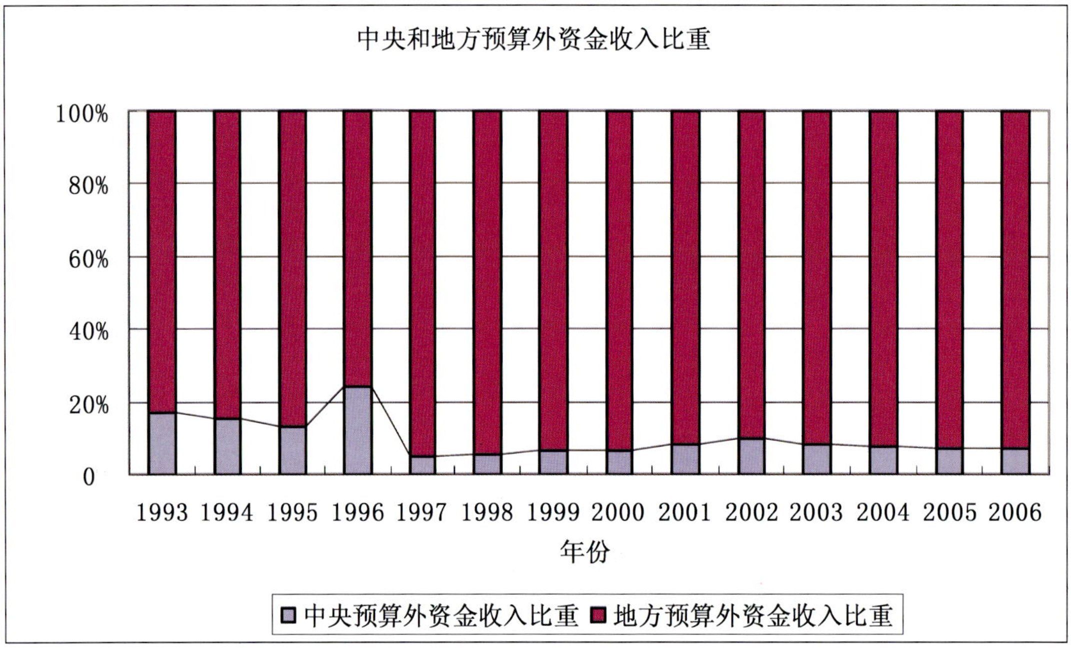

中央和地方预算外资金收入比重
100%
80%
60%
40%
20%
0
1993
1994
1995
1996
1997
1998
1999
2000
2001
2002
2003
2004
2005
2006
年份
中央预算外资金收入比重
地方预算外资金收入比重

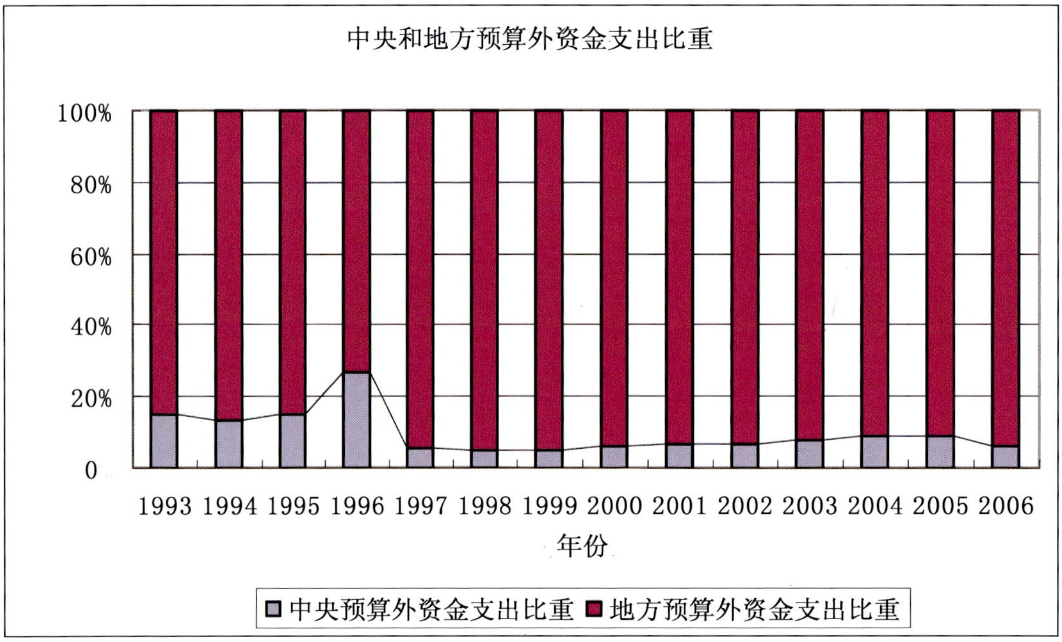

中央和地方预算外资金支出比重
100%
80%
60%
40%
20%
0
1993
1994
1995
1996
1997
1998
1999
2000
2001
2002
2003
2004
2005
2006
年份
中央预算外资金支出比重
地方预算外资金支出比重

目　录

专栏

图

表

CONTENTS

Boxes

Figures

Tables

1

全口径预算管理：概念梳理与文献综述

- “实行全口径预算管理”是中共十六届三中全会和十七大基于中国本土的预算管理问题而提出的改革目标，但其所针对的政府收支预算管理问题却具有普遍性
- 在政府预算管理问题上，市场经济国家形成了“全面性”、“一致性”等传统预算管理原则并发展了行政预算制度
- 在预算外收支大量存在的超预算时代，传统预算管理原则仍有重要价值。国际通行做法是坚持全面性原则，同时对一致性原则进行变通
- 将全面性和一致性原则运用于预算管理实践中，关键在于以下两个问题的界定：一是政府部门及政府收支的范围；另一是预算管理口径的界定
- 中国的全口径政府收支预算管理，至少应满足以下两个互为关联的基本要求：全部政府收支进预算和全部政府收支都受到与其性质相适应的有效管理

Full – Covered Budget Management (FCBM): Conceptual Framework and Literature Review

- “Implementing FCBM” was the reform target proposed by the Third Plenary Session of the 16th CPC and the 17th National Congress of the CPC, which rooted in Chinese specific context and meanwhile, aimed at universal questions in the field of governmental budgetary management.
- On the issue of governmental budget management, the market economy countries built up the classic principles such as comprehensiveness and unity, and developed the mode of executive budget as well.
- In super – budgeting era when off – budgetary activities abounded, the classic budgetary principles are still of great significance. Corresponding international practices are sticking to the principle of comprehensiveness and adapting the principle of unity to circumstance.
- To apply the principles of comprehensiveness and unity to practice, two points must be clarified: one is the definition of government and the range of its revenue and expenditures; the other is the definition of budget and its coverage.
- At least, two related requirements should be satisfied in China's FCBM, i. e., all government revenue and expenses should be included in budget and be administered effectively in the way compatible with their natures.

1. 全口径预算管理：概念梳理与文献综述

1.1 问题的提出

长期以来，中国的政府收支预算管理存在着以下两大问题：一是，现有政府收支未能全部纳入政府预算；二是，并非所有已经纳入预算的政府收支都受到了同样严格的预算管理与控制。

这两大问题引起人们的关注始于20世纪80年代中期，相关学术研究的大量涌现则是在20世纪90年代中后期以来。归纳起来，关于问题一，学界关注的要点在于政府收入远远大于财政收入。由于财政收入是管理相对规范的收入，这意味着存在相当数量的、无论其来源和使用都不规范的政府收入。不同的研究者对这些政府收入的称谓是有所不同的，包括“非规范收入”、“预算外收入”、“制度外收入”、“三乱收入”等（樊纲，1995；孙谭镇、朱钢，1993；黄佩华、迪帕克，2003；高培勇，1997；贾康、白景明，2002；等等）。考虑到这些政府收入及其相应支出在经济运行中所发挥的某些正面功效，例如满足某些地方公共物品供给的资金需求，在一定时期内它们得到了相关政府的容忍甚至鼓励。

但是，由于这些收入和支出未能受到正式财政收支那样的严格管理，随着这部分政府收支占全部政府收支的比重越来越大，整个政府收支有“失控”之虞，因而提出了问题二，即如何将全部政府收支都纳入规范化管理的问题。通过正式预算管理制度的改革来解决这一问题的努力始自2000年，其标志性事件是以部门预算为核心的一系列改革举措的陆续推出。此后又相继出台了一系列强化预算外收支和非税收入管理的政策措施，不过始终缺乏一个方向性的、综合性的概念，来容纳先前及此后的一系列改革措施，直到党的十六届三中全会和十七大提出“实行全口径政府收支预算管理”这一说法。

不过在大多数人看来，这一提法的含义仍然不够明确。在社会科学研究领域，对于某些核心概念存在着理解上的差异，本是十分正常的现象。由于“实行全口径政府收支预算管理”是基于中国本土的预算管理问题而提出的改革目标，主要还是一个实践问题。因而，对于什么是“全口径政府收支预算管理”、如何实施“全口径政府收支预算管理改革”这类问题的理解，事关中国正在进行中的预算管理体制改革的方向、战略与路径。从这个意义上来说，长期持续的理论分歧又是不利的。

在这里，我们并不希望冒失地给出一种所谓“正确”的概念，而是试图在吸收前人研究智慧的基础上，通过相关文献的梳理与解读，提供一种关于“全口径政府收支预算管理”的综合观点。这一综合观点既着力于体现共识，也不回避可能存在的差异，以便为中国全口径政府收支预算管理的实践提供不同的视角。本章的结构安排如下：

在研究中我们发现，虽然国外并没有所谓的“全口径政府收支预算管理”这一提法，但是，并不意味着它们不存在类似的预算管理问题，为了使本书其他章节能对将要涉及到的国际比较有所依据，在引言之后的第2部分，我们将为中国的“全口径政府收支预算管理”问题提供一个国际背景。第3部分从国际通行做法的角度，专门论述实行全口径政府收支预算管理必须处理好的两个基本问题，即政府部门及其收支的界定和预算管理口径的界定。在上述理论铺垫的基础上，我们的基本结论是，从国际上看，实行全口径政府收支预算管理的主要方面是对政府预算外收支的管理，这一点与中国问题是相似的。鉴于中国的政府预算外收支问题与前计划经济国家有着共同的渊源，我们在第4部分里从总体角度综述了前计划经济和转轨国家预算外收支问题的起源、性质与问题。接下来我们集中于对中国的预算外收支问题的分析，第5部分主要考察了中国改革开放以来预算外收支泛滥的成因；第6部分勾勒出了中国政府在治理预算外收支问题方面已经采取的措施。第7部分是一个总结，界定了全口径政府收支预算管理的基本含义，以此为目标，对中国的预算管理体制改革已经取得的进展做出分析，并提出了下一步实施全口径政府收支预算管理需要强调的几个问题。

1.2 全口径预算管理问题的国际背景

中国今天在预算管理方面暴露出来的问题，并不具有特殊性。法治化程度较高的市场经济国家在历史上也曾经面临过类似的问题，并发展了一套有效的预算管理制度和原则来加以解决。其中，市场经济国家传统预算管理的“全面性”（comprehensiveness）原则，就要求全部政府收支都要包含在政府预算中。而对各类收支按统一的程序和方式进行管理，这是传统预算管理的“一致性”（unity）原则所要求的。当前市场经济国家主流的预算管理模式——行政预算模式主要就是依此两大基本原则而建立的。其内容是，政府首脑在核心预算机构（通常为财政部）的协助下制定年度预算草案，草案中必须包含预算年度内政府所需一切资金要求，并列明其使用目的。年度预算草案需提交立法部门审批，获得批准后，行政部门才可依立法部门的正式预算授权额度执行预算。一切政府收支，毫无例外地均需按此程序进行管理。

1.2.1 传统预算时代的预算管理原则与行政预算制度

迄今为止，历史上的市场经济国家经历了三种预算模式，与之相对应，预算制度的发展也经历了三个时代，即：前预算时代、传统（或经典）预算时代和超预算时代（Caiden，1978、1988、1989，转引自马骏，2005a）。传统（或经典）预算制度，即我们通常所说的现代预算制度，起源于近代民族国家体系建立的过程之中，随现代民主制度的发展而逐步完善，并且形成一套系统的预算管理原则。

前预算时代

早在近代民族国家体系诞生之前，在君主专制的王朝国家中，还没有现代预算的概念，这是预算制度史上的"前预算时代"。国王的收入主要来自于自有领地上的财产、诸侯的纳贡、以及卖官鬻爵等其他权宜性的收入；在管理上，王室收入和国家收入缺乏清晰的区分，支出控制相当薄弱，存在大量的腐败现象，公共问责的观念淡薄（王绍光，2006）。这种财政状况维持王朝的正常延续尚可，然而一旦遭遇王朝之战，在巨额的战费需求面前，国家财政系统便将面临危机。财政危机引发新的社会变革，国王寻求与新兴商业阶层结盟，通过向后者提供保护以换取税收支持。税收逐渐成为政府汲取收入的主要方式，这样，近代"税收国家"一步一步取代了之前的"自产国家"。

但是，并非所有以税收为主要收入的国家都拥有现代预算制度，从"税收国家"到"预算国家"的转型经历了一个漫长的过程（约翰·希克斯，1969；何帆，1998；刘云龙，2001；王绍光，2006）。经济地位的提升，激发了新兴阶级要求政治权利的诉求，王朝国家开始向民族国家转型，政治上也渐渐走向民主化，国家财政方面则表现为现代预算时代的来临。

现代预算时代

代议制民主政治在19世纪的确立，推动了现代公共预算理论脱离公共行政学而获得独立的发展（Kelly，2003）。由于代议政治本身具有歧视少数派的弱点，这要求对其决策程序和决策结果有所限制，就财政事务来讲，相应的限制分别表现在为宪法规则和财政规则两个层面上（Buchanan，1968）。宪法层面规定了允许行政系统进行财政决策的范围——主要是对收入、支出、债务、赤字（盈余）等的总量控制——以及具体财政决策的规则。在总量控制的前提下，行政部门可依先定的规则而自主决策。

传统预算制度的产生正是践行这一理念的产物，旨在通过对政府收支的严格控制使政府活动具备应有的可控性和可问责性。它的正式引入在欧洲是19世纪晚期，在美国则是20世纪早期。其核心特征，表现为严格的内外部资金控制。所谓外部控制，是指由立法或代议机构通过预算授权和相关法律制约行政机构的收支权限，并引入外部审计机制。所谓内部控制，是指在行政系统内部通过一套标准化的会计方法，由专门的雇员（核心财政部门）来主管预算并授予他们对支出部门的活动进行审察的权力。

为达到有效控制的目标，要求传统预算管理应当满足下述基本原则①：

（1）全面性（comprehensiveness）。要求全部政府收支都要包含在政府预算中。

（2）一致性（unity）。各类收支按统一的程序和方式进行管理。所有的支出要求在竞争资金时是平等的，不应当受到特殊对待。

（3）年度性（anuality）。行政部门每年的预算申请均需报经立法机构审批和授权后，方可执行。任何变更也需经一定程序进行。

（4）严格性（specificity）。预算一旦通过审批，必须严格执行。既不可任意更改、调换各项资金的用途，也不可任意追加追减。

古典国家时期，政府在经济社会中的角色相对消极，公共部门仅限于履行保护性国家的角色，其职能边界也比较清晰和稳定。消极政府的运行可以归纳为一个两阶段的支出过程。即：国家立法机构就行政机构的拨款进行投票表决，然后，行政机构在自身的运行中将这些拨款消耗。当然，行政机构在此过程中也会从私人卖主那里购买一些物品和服务，但总的来说，政府预算所记录的是政府部门自身的运行

① 关于传统预算管理原则的详细综述，参见马骏（2005）。

状况，它需要将全部的政府财务活动都包含进来。

由于预算主要花费在机构运行上，实际上，要满足“全面性”原则在技术上并不困难。鉴于同样的原因，也没有必要对特定的收支项目实行特殊化的管理方式，财政资源在不同用途之间是可竞争的，“一致性”原则亦不难满足。机构运行的日常支出，一般都可以短期性的、非连续的，适于进行年度审计。这些原则，都是为了保证对政府预算控制的严格性。

从19世纪末至20世纪中期，可以视为现代预算管理理念发展的第一阶段。在这一阶段，预算管理的主要目的就是对政府收支及其盈余（赤字）实施严格控制，从而保证任何政府收支都已事先得到了授权，在执行过程中由核心财政部门统一掌管、分配资金，并接受审计。到了20世纪50年代，OECD各成员国预算制度的发展，从技术上和可能性来说，已经满足了当时情况下对政府资金进行控制的要求（Schick，2007）。

1.2.2 预算管理原则及预算管理实践的演进

20世纪30年代之后，社会经济状况的恶化和关于社会正义的新观念，要求国家职能有所扩展，凯恩斯主义主张积极干预的宏观经济思潮成为主流。西方世界逐渐走出了古典国家时期，积极政府的观念开始盛行。在对公共预算实施了成功的控制以后，政府亦开始谋求更加雄心勃勃的经济和社会目标，公共部门由扮演消极的保护性国家角色向扮演积极的生产性国家转型是这一趋势的集中反映。

由于政府越来越关注其在资源配置、收入分配和宏观稳定方面的职能，使得传统的平衡预算财政越来越不敷支出的扩张。行政系统必须开拓新的资金渠道，以绕过预算传统的预算拨款控制，于是产生了一系列的预算外收支。

预算外收支的产生

市场经济国家预算外收支的产生主要有以下几条途径（Kraan，2004；Schick，2007；Allen和Radev，2001）：

（1）赋权项目（entitlement program）。为回应特定群体的权利诉求，由立法机构颁布相关的权利性法律，那些符合法定资格的组织或个人，便成为该项法律的受益人。如社会保障、养老保险、失业补偿项目等。

（2）指数化项目（indexed program）。由于政府出台某类公共政策，以化解当时紧迫的经济社会问题，例如为解决物价上涨给退伍军人、老年人等弱势群体造成的压力，而使补贴或退休金随物价调整的政策。

（3）政府信贷（government credit）。政府以直接贷款或担保贷款（direct and guaranteed loans）等经济激励的方式，利用私人活动实现所要达成的公共政策目标。

（4）公共企业（public enterprises）。不反映在预算上的、实体的直接支出。

（5）税式支出（tax expenditure）。向符合法定条件的政策鼓励对象提供税收方面的优惠而放弃的收入。

（6）公私合作（public - private partnerships，PPPs）。公私合作关系实质上是私营部门参与了传统上以公共部门为主体的产品和服务的提供。私营部门并非是政府部门，因此不应是预算主体。但其又在提供公共服务，一定程度上行使了政府职能。

传统预算管理原则面临挑战

政府职能的扩张，使其不可避免地由最初单纯的公共服务生产者，演变为公共服务的购买者和收入再分配者。作为前者，它自身消耗财政收入，并产出公共服务；而作为后者，它主要负责签发支票，使财政收入从国库转移到服务提供商或受益人手中，由后者进行相应的购买和支出活动。今天主导预算的是各种各样的政府对于第三方的转移支付。大多数的预算支出都流到了企业或承包商、中央以下政府、以及转移支付项目的受益人手中。这已经成为一个世界性的现象，只是在不同国家其程度不同而已。在美国，公共部门的这种转型要比其他 OECD 国家发生得晚，即使这样，仍有超过 75% 的国家预算是分配给政府部门之外的机构或个人的，这无疑增加了对政府资金实施控制的难度（Schick，2007；Wildavsky 和 Caiden，2004，第 7 章）。

这时的政府职能实际上已经突破了传统的预算管理框架。在传统的预算管理制度下，政府支出过程必须经由代议机构审批及拨款程序才能实施，如果这意味着传统公共支出的间接性，那么，上述预算外收支则无需经过这样的拨款程序，财政部门只需依相关法律将相应款项由国库转至受益人账户即可，这意味着政府支出越来越具有直接性。这一性质导致了预算外收支管理上的特殊要求，并对传统的预算管理原则形成挑战。

首先，传统的预算管理所要求的综合性，是针对自足的公共部门而设计的。它显然与今天公共部门与私人部门的频繁互动的现实不相适应。事实上，有些公共收支，例如税式支出、政府担保贷款的成本，在很大程度上难以精确计量并纳入预算。要求当代各市场经济国家的预算管理满足综合性原则，无异于是一种苛求。

其次，一些新的收支项目，具有自身的特殊性，不宜与政府的一般性收支统一管理。例如，赋权项目一般具有长期性、连续性以及支出额的不固定的特点，若要对这类支出实行一年一度的拨款审批，只能增加额外的行政成本。

第三，专款专用的预算外收支可以用来对付政治家不兑现承诺的机会主义行为（Frant，1996，转引自马骏，2005a），这一功能优势使它具有理论上的合理性。

现代国家预算进入超预算时代

面对新的历史形势和压力，传统预算管理的延续和创新，引领现代国家预算进入一个新的时代，即超预算时代。超预算时代以大量赋权项目的存在为其主要特征（Caiden，1988、1989）。而预算与权利本质上是一对不相容的概念。前者意味着有限的资源在众多目标之间的竞争性配置，而后者却意味着资源的强制性划分，一项赋权支出的增加并不要求其他赋权支出相应缩减。赋权项目的大量出现完全改变了预算过程的方向，传统的预算是面向政府内部的，是控制性的，而现在的预算主要是面向它所要支持的机构与个人，是支持性的（Wildavsky 和 Caiden，2004）。随着人口结构变动导致的受益人数增长和一般物价水平上涨，赋权项目和指数化项目的增长几乎是不可避免的，而且这种支出每年自动发生，不受预算拨款的限制，除非修改相关法律法规，传统预算管理的内部行政控制对其完全失效。特别是 20 世纪 70 年代以来，预算外支出、法定支出等在政府总支出中所占的比例越来越高，发达市场经济国家中的预算外收支平均占到其全部财政收支的 40% 左右，有的国家更达到 70% 以上。

新形势下的预算实践渐渐超越了传统预算的那些经典原则（参见 1.2.1），导致践行传统预算管理原则的两难处境。很显然，此时继续坚持传统的预算管理原则，必然会限制到公共政策的灵活性；若是放松这一原则，从传统眼光看，则意味着政府收支的“失控”。

预算外收支的问题在哪里?

预算管理必须呼应政府职能的演变以及相关的公共政策要求，从这个角度上讲，预算外收支的存在本身不应成为问题，只要这些收支本身是服务于公共利益的，并且经过了合法的程序、受到应有的监督。问题在于，实践中预算外收支的存在的确引致了某些负面的经济社会后果，从这个意义上讲，“预算外收支问题”又应当引起足够的重视。

其中最为重要的一点，当数预算外收支的“非中性”特征。为达到某种政策目标，政府可以采用多种政策手段，包括利用预算内收支和上述各种预算外收支。不同政策手段的利益和成本归宿必定有所不同，因此几乎所有的公共政策都具有或强或弱的“非中性”特征，尤其是那些分配性较强的政策。预算政策目标、政策工具及政策结果的非中性，可能使预算过程成为潜在的设租—寻租的舞台。即使政府在各种政策手段之间的选择是无差异的，由于政策结果的非中性特征，各利益相关者也会从自身利益出发，通过各种方式——游说决策部门、请主管领导打招呼、动员社会舆论、甚至直接的贿赂——来引导政府最终采用对其有利的那种手段。这又刺激决策者在选择政策工具的过程中通过创设租金以谋取不正当的利益。以上两种因素相互作用，有可能使政策结果严重偏离事先设定的良好目标。对于这一类公共活动，即使预算过程再完整、预算控制再严格，相关的预算账户也不足以用来判断活动本身的社会成本与收益。很可能是以巨大的资源配置效率和分配公正性的损失，换回来的只是少数团体微不足道的私人利益①。预算管理政策的“非中性”特征部分地解释了在公共服务水平没有明显改善的条件下，作为两种相互替代的收支，为什么预算内和预算外收支保持相同的上升趋势，而不是此长彼消。

其次，财政可控性的减弱。一方面，预算外收支项目本身具有不可控因素。以权利项目为例，这类支出往往随人口的增长、老龄化程度的提高、物价的上涨等因素而自动增长。即使可以通过相关权利法案的变更达到控制支出的目的，但是由于这类支出的受益人往往会发动各种力量捍卫既得利益，要想通过法律的变更削减其支出并不容易（Wildavsky 和 Caiden，2004，第 144 页）。另一方面，在预算外支出授权越来越分化的环境下，预算外收支的存在还导致了公共支出规模的膨胀，难以抑制。美国历史上（20 世纪 30 年代至 80 年代末）联邦政府赤字的攀升，很大程度上正是由于预算外支出授权由先后成立的各专门委员会负责，而对预算外支出总额又缺乏相应的限制，使得公共资金沦为真正意义上的“公共池塘资源”而有失控的趋势②。

再次，预算外收支的存在使政府预算缺乏必要的透明度。之所以实行综合性和一致性的预算管理原则，就是为了保证财政交易的透明。第一，如果缺乏全面的政府收支信息，就无法奢谈政府财务的透明。第二，在存在着大量预算外收支的情况下，它们各自遵循不同的管理方式，核心财政部门和公众更不容易掌握财政交易的全部成本与收益。出于对个人利益的理性考虑，政治代理人通常没有动力主动使财政透明化，预算外收支就容易被用作故意模糊财政透明度的工具，作为逃避严格的预算内监督的方法。

鉴于预算外支出的上述负面效果，才提出了将预算外支出纳入预算内管理的要求。例如，OECD 国家过去 25 年的经验表明，为了最小化税式支出的负面因素，应通过纳入年度预算审查，而将其置于与一般财政支出同样的监督之下（Schick，2007）。

1.2.3 国际通行做法

在预算外活动必然存在和必然挑战传统预算管理原则的情况下，我们面临着一个值得深入思考的新问题，即：在新的历史形势下，如何认识传统预算管理原则的价值？它们应当继续被奉为圭臬，还是应当适时创新？

客观地来看，预算外收支的广泛存在即使在当今的市场经济国家也是普遍现象，它的产生有一定的必然性。这既非预算程序的失常，也非对既定规范的偶尔偏离。虽然有时它们逃避了预算控制，但这种做法是现代政府功能扩张的正常的附属产物，并且，从宏观经济管理和社会公正的角度来看，这些预算外收支又是

① Schick（2007）详细分析了为了实现同样的政策目标，如制止污染，运用不同的预算外支出方式可能给各类利益相关者带来的不同经济后果，以及各类利益相关者和政策决策者在预算过程中可能采取的理性行动。

② 参见 John F. Cogan 为电子《简明经济学词典》（The Concise Encyclopedia of Economics）所作词条“federal budget”，http：//www.econlib.org/LIBRARY/Enc/FederalBudget.html。

完全合理的。政府越是积极管理经济、进行收入再分配、促进投资，以及追求广泛的社会目标，预算外活动就会越活跃。在这个意义上，市场经济国家预算外收支的存在似乎不应引起人们的过分忧虑，一个具有弹性的、更能适应当今政府职能及其交易方式的预算制度，才是政策应该考虑的重点。

尽管适应超预算时代政府职能的预算管理新原则是什么，至今并未形成共识，但有一点值得肯定的是，传统的预算管理原则在超预算时代仍有重要价值（马骏，2005a）。因为，传统预算管理原则的核心，是要建立预算管理的内部行政控制和公共问责，无论具体的预算手段上有多少创新，民主政治对预算管理制度的这一要求不会放弃。从这个意义上说，至少预算的全面性原则始终应当坚持，因为它是保证预算透明和可问责的基石（Meyers，1996）。

根据对市场经济国家预算管理实践的观察，从现代预算产生之初至今，“全面性”原则始终为学者、政府机构以及国际组织所强调；同时，各国普遍地对“一致性”原则进行了变通。也就是说，全部政府收支都在预算中得以体现，并非要求所有预算外活动的政府收支在预算管理方法与程序上与“法定预算”完全一致。

而要在预算管理的实践中处理好以上两个原则，关键在于以下两个问题的界定：一是政府部门及政府收支的范围；二是预算管理口径的界定。在这些方面，联合国、IMF、世界银行等国际组织一直在组织各国政府机构相互协调，至今已经建立了一系列的国际标准，值得中国实行全口径政府收支预算管理改革所借鉴。

1.3 全口径预算管理国际标准的两个基本问题

1.3.1 政府部门及政府收支的界定

1993年联合国颁布了《国民账户统计体系》（SNA），其中有关广义政府部门的界定已经成为国际通用标准。IMF 出版的《2001 年政府财政统计手册》、《财政透明度手册》，以及世界银行、OECD、欧盟等组织的相关文件和著作中，对于广义政府部门的界定都采用了与1993年《国民账户统计体系》一致的定义。

按照 IMF《2001 年政府财政统计手册》（Government Finance Statistics Manual 2001，GFSM2001），广义政府部门包括所有政府单位，以及所有由政府单位控制并主要由政府单位提供融资的非市场非营利机构[①]。其中，对于非市场非营利机构而言，判断其是否是政府部门的关键，主要看其是否为执行政府政策而存在。

政府部门的职能，是通过提供非市场性服务、对收入和财富重新分配，执行政府政策有关的活动。执行政府职能的资金来源，主要来自于非政府部门的征税或其他强制性征收活动。政府部门实现政府职能的活动都是财政活动，其相应的收入和支出即是政府收支。

IMF《2001 年政府财政统计手册》还将广义政府部门分为四类：中央政府，州、省或地区政府，地方政府，社会保障部门。其中值得注意的是社会保障部门被划分为独立的一类。并指出，社会保障部门是致力于经营一项或多项社会保障计划的特定类别的政府单位，如果一些国家的社会保障部门的管理权是分散的，也可以将其合并到三级政府部门中。

与广义政府部门既有联系又有区别的是公

① 这里的控制，关键是经济上的隶属关系，而并非一定是法律意义上的。

共部门。IMF《2001年政府财政统计手册》所界定的公共部门包括广义政府部门和公共公司。其中，公共公司分为金融类公共公司和非金融类公共公司两类。区分广义政府部门和公共公司的关键，是看后者提供的是市场服务，还是公共服务，直观的判别标准是看其出售的产品和服务是否采用了市场价格。如其采用了市场价格，则是市场行为，而并非行使政府职能。公共公司的活动不是财政活动，但其中行使部分政府职能的活动可视为“准财政活动”。在很多国家，金融类公共公司有时会按照政府指令以低于市场利率的价格给部分企业贷款，政府也可能利用非金融类公共企业以管制价格方式承诺向私营部门（以电力、公共交通、石油价格为典型代表）提供补贴。准财政活动发生的相应收支，为准财政收支。准财政收支是否纳入政府预算，与各国实行的预算管理制度密切相关。

1.3.2 预算管理口径的界定

按全面性原则，广义政府部门的全部政府收支都应在政府预算中反映出来。这里涉及另外一个关键概念——预算管理口径（coverage）的界定。IMF《2007年财政透明度手册》（IMF Manual on Fiscal Transparency 2007）指出，按照窄口径，预算仅是与立法机关年度资金拨款相关的内容；在这一定义下，没有纳入政府预算拨款法案中的政府活动就是预算外活动，对应的政府收支就是预算外收支。IMF认为窄口径的预算概念是不完整的，预算应是政府活动在财务上的全面反映，即宽口径预算。

随着时代的变化，很多国家窄口径预算收支的范围也处在变动之中，主要是某些以前属于预算外的政府活动逐渐被纳入预算管理范畴。总体而言，从国际上看，相对于政府收支预算管理的全面性原则来说，最主要的方面是对预算外政府收支的管理，这一点与中国当前讨论全口径政府收支预算管理所应考虑的重点是相似的。而有关政府部门及其收支界定和政府预算管理口径界定的国际标准，使得中国的全口径政府收支预算管理有了国际理论与实践的对比与参照。

1.3.3 全口径政府收支预算管理的国际推荐标准

通过上文对于全口径政府收支预算管理之国际背景的综述，我们至少可以得出以下初步结论：实行全口径预算管理，重点应是政府的预算外活动是否需要以及如何体现在预算过程中。

在IMF、世界银行、OECD等国际组织的推荐标准中，预算管理的全面性原则一直是一个重点强调的问题。如OECD组织在其“预算透明度最佳实践”（2002）的第一条即指出，预算报告是政府的关键政策文件，它必须是全面的，包含所有政府收入和支出，以便对不同的政策选择进行评估。OECD同时也指出，即使一些政府收支已经被永久性法案所授权，从提供信息的角度出发，这些收支的数字也应当同其他的政府收支一样，在预算中列示。IMF《2007年财政透明度手册》则不仅仅强调了预算管理的宽口径原则，还给出了如何在预算过程中处理政府预算外活动的框架。按照这一框架，像预算外资金、或有负债等带来的财政风险、准财政活动等，并不要求作为需要经过立法机关审批的狭义年度预算文件的一部分，但需要作为预算辅助文件，提供有关这些方面的声明和背景信息。

当然，所有预算外活动应当在预算过程中得以体现，并非要求所有预算外活动的政府收支，在预算程序上与“法定预算”完全一致。在这方面，各个国际组织针对各项具体的预算外活动，同样给出了一些具体建议，详细内容参见本书第2章的介绍。

1.4 前计划经济国家和转轨国家的政府预算外收支

以上我们在政府职能和预算管理原则变迁的背景下，回答了市场经济国家中“预算外收支问题”的性质，理解它之所以存在的必然性及其可能导致的弊端；接下来我们将立足于计划经济体制这一起点和向市场经济转轨的大背景，探讨前计划经济国家的预算外收支问题在转轨前后有何不同。

我们之所以要对国外的预算外收支问题做这样的分别介绍，是因为中国预算管理体制改革的起点与其他前计划经济和转轨国家相同，都是前苏联型的预算管理模式。而目前改革中的具体做法，实际上是要吸收市场经济国家传统预算体制的优势。只有理解了这一共同起点及改革的参照对象，才能更好地把握全口径政府收支预算管理的含义，以及中国当下为什么要实行全口径政府收支预算管理。

1.4.1 计划经济体制下的传统预算管理体制

在计划经济体制下，国家通过国有化和集体化控制了全部社会资源和生产剩余。中央计划部门是国民经济的核心部门，由它来制订几乎全部社会产品（包括服务）的生产计划，财政和金融部门负责这一生产计划的资金供应，各专业部委及其下属的企事业单位则负责生产计划的具体组织实施。

国家的经济发展计划是资源配置的主要工具，它以实物形式规定社会资源用于投资和消费的数量，规定不同产品的产量、对不同企业的投资数量。价格也由计划确定并受到严格限制，其主要作用只是为了便于核算，并不引导资源流动。收入分配则直接通过控制价格和工资、由政府限制储蓄和财富积累以及政府利用国营企业控制劳动力来实现（乔治·科皮茨和杜布拉夫科·米哈列克，1993，第168—191页）。这一体制下金融市场和公共财政的作用都相当有限。无论财政还是银行，都只是“计划”的工具而已，仅仅起到为实施“计划”而管理和划拨资金的被动作用。上述特征导致了计划经济体制下传统预算管理体制与市场经济国家有着根本性的不同。

计划为主、预算为辅

计划经济体制下国家的经济发展计划是第一位的，政府预算的制定以中央计划为依据，或者说，政府预算仅仅是中央计划的财务反映（马骏，2005a；王雍君，2008）。在预算执行方面，由国家垄断的单一银行体系（发行银行与商业银行合一）履行付款与会计部之责，而财政部门在这一资金运动过程中仅仅行使普通的行政管理之责（维多·坦奇，1993，第1—28页）。这导致预算服从于计划，缺乏应有的独立性，更起不到对政府活动进行控制和对相关的政策进行审查的作用。

政企不分、政事不分

计划经济体制下的国家财政体系通常包括两大部分，物质生产领域财务（企业财务）、国家预算与非生产领域财务。由于国营和合作企业在国民经济中占绝对统治地位，企业财务是整个国家财政的基础（冯舜华、杨哲英、徐坡岭等，2001，第265页）。而科学、教育、文化、体育、医疗、卫生等服务性产品，由于被认为不创造物质财富，则由隶属于国家行政序列的事业部门运用国家拨款来提供。这样，政府的财政收入除了要保证国家机关正常运转，以及企事业单位职工基本工资与福利支付的日常需要，还要负责国家的各项经济建设任务，在实际的经济运行中，往往造成政企不分和政事不分的局面，即公、私部门的活动缺乏清晰的边界。

统收统支、高度集权

从财政收入方面来讲，计划经济国家大多通过实现国有化，将一切生产资源转化为国有财产，直接利用国有企业利润上缴机制，将企业全部剩余收归国有（企业所需维持和扩大再生产资金由国家财政按生产计划拨付）。在那些城乡二元化特征显著的国家，往往利用工农业产品的价格剪刀差，将农村经济剩余转化为城市的工商企业利润，再经由国营企业的利润上缴而集中起来。从财政支出方面来讲，所有的财政支出均按计划部门规定的标准和依此标准而制定的财政预算自上而下地拨付。虽然预算单位通常于事前提出预算申请，但由于可得的预算资金与预算单位拥有的实物资产挂钩，导致预算制度缺乏弹性，预算单位的实际需求和支出重点得不到考虑，造成资源配置上的很大浪费（Martinez - Vazquez 和 Boex，2000）。

行政主导、党政不分

行政部门在预算制定过程中发挥主导作用，这是预算制定本身的复杂程度和行政部门的信息优势所决定的，几乎成为世界通例。不过这并不妨碍立法机关涉入预算领域，并在预算的制定、执行、修改、审议与批准等方面发挥作用（National Democratic Institute for International Affairs，2003，第 43 页）。而前计划经济国家的预算管理过程中，行政主导几乎是全方位的，立法机关没有修正和否决行政部门预算提案的权力，也没有监督预算实施的实质性权力。行政主导的预算管理体制根源于执政党对于国家事务的一元化领导。根据党的组织原则——民主集中制的要求，党中央机关做出的决定——从理论上讲是经过“自下而上的”自由讨论之后民主做出的——下级（地方、部门、企事业单位等）党组织须按照“自上而下的”指示忠实执行。历史上，党的民主集中制原则高于一切，是列宁在十月革命胜利之后建立的苏维埃国家的纲领，也被后来的社会主义国家所继承（乔治·科皮茨和杜布拉夫科·米哈列克，1993，第 168—191 页）。它造成了“政即是党、党即是政”这一党政不分的局面，从而使得预算过程中事实上的立法部门从属于行政部门，导致预算过程外部控制的缺失。

以上历史遗产对后来包括中国在内的转轨国家的预算管理体制改革均产生了重大影响，是我们在研究中国的预算外政府收支问题时必须充分加以关注的。

1.4.2 计划经济体制下的预算外收支

尽管计划经济体制试图将全部社会资源置于国家的直接控制之下，不为预算外活动留空间，然而，鉴于社会经济活动的复杂性，计划经济体制下的传统预算体制却很难达成这一目标。通过国有企业和预算外资金为公共活动筹资的现象非常普遍，在某种程度上甚至是官方所鼓励的。究其原因主要有两个方面：一是客观技术上存在着难度；二是预算单位及计划者主观上都有寻求预算外收支的要求。

从客观技术的角度看，在公、私部门边界不清的情况下，一方面，公共部门不仅提供通常的公共物品和服务，还参与某些市场化产品的提供，其所需资金往往得不到预算保证，而需要从预算外谋求。另一方面，作为预算单位，那些从事物质生产的企业通常也负责为其雇员提供医疗、养老、住房、子女教育、文化娱乐等服务，从而需要预算外资金的补充。从预算单位和计划者的主观角度看，在集中统一的预算体制下，一切预算内的资源都在中央控制之中，预算单位及地方毫无支配的自主权，后者自然对中央计划之外的预算外资金情有独钟。事实证明，预算外资金的存在，将灵活性和激励机制注入了铁板一块的中央计划过程，对于计划经济体制的运行起到了一定的润滑剂作用。因此，计划者并不拒绝将部分资源留在预算之外供企事业单位及地方政府自行支配，作为激励后者努力完成计划的有效措施。

可以说，计划经济体制下的预算管理制度充满了矛盾，一方面，计划者想要将全部社会经济剩余都纳入国家财政管理，原则上计划经济体制框架内并没有为各种非预算收支现象的生存留有空间；另一方面，计划经济体制下的传统预算体制又对预算的综合性和一致性缺乏真正的关注。总的看来，对于体制弹性的寻求是计划经济体制下预算外收支产生和存在的主要因素。

1.4.3 转轨期间及其以后

由于计划经济体制的低效率使执政党无法兑现经济增长和充分就业的承诺，也动摇了人们对于社会主义制度的信念。从上个世纪 80 年代末开始，前计划经济国家纷纷向市场经济转型。经济体制的转型毫无例外地为这些国家的财政平衡带来了程度不同的压力。原因主要有：第一，随着计划经济体制下综合平衡机制的解体，制度性财政赤字逐渐显性化；第二，大多数转轨国家在尚未建立起社会保障制度之前便经历了单位福利制度的解体，为了保障顺利过渡和政权的稳定，政府需要对体制转轨的受损者实施补偿；第三，虽然改革给予国有企业越来越多的自主权，但旧体制下预算软约束的惯性依然存在，政府不得不继续实施对国有企业的财政补贴（林毅夫、谭国富，1999）。这些财政压力后来导致转轨国家先后实施了预算管理体制的变革。

转轨国家的预算体制在应对财政压力、争取财政平衡方面基本上经历了三个阶段。在第一阶段，也就是转轨初期，这些国家在专注于结构改革，普遍地没有采取预算改革措施。不过，转轨导致社会资源的配置由依靠行政机制向依靠市场价格机制转变，无论采取渐进还是激进改革战略，都会带来一定程度的制度性通货膨胀（冯舜华、杨哲英、徐坡岭等，2001）。其中，有些国家为了应付财政压力，未能拒绝向银行透支的诱惑。在第二阶段，尤其是当财政压力转变为通胀风险时，多数国家采取了预算改革和财政紧缩的措施。在第三阶段，这些国家开始抛弃其计划经济下预算管理体制的遗产，并采纳市场经济国家现代预算管理的经验和做法（Martinez－Vazquez 和 Boex，2000）。

1.5 中国的政府预算外收支问题

1.5.1 计划经济时代的政府预算外收支：权宜之计

作为一个前计划经济国家，以上对于计划经济体制下传统预算管理体制的论述完全适用于中国。建国后不久，中央政府即在实施全面经济计划的基础上，构建了集中统一的财政和预算管理体制。

中国的传统预算体制同样以中央计划对国有企事业单位、各地区、各部门的财务统管为特征。预算管理以企事业单位行政隶属关系为标准，划分中央与地方财政收支范围。即凡属于中央管理的企事业单位、行政机构，为中央财政收支范围。凡属于地方管理的企事业单位、行政机构，为地方财政收支范围。在预算管理权限划分上，主要管理权限集中在中央，地方和部门的管理权限较小。

和其他前计划经济国家一样，这套制度具有相当的刚性。由于中国本身幅员广阔、各地情况又极为复杂、当时信息统计技术的落后，计划者很难准确掌握制定国民经济发展计划所需的各项实际指标数据。事实上，即使拥有充分信息，恐怕计划者也难以对如此巨大的信息进行有效的处理和加工利用。考虑到国民经济管理的现实要求，同时，为了充分调动地方政府、部门和企事业单位的积极性，决策层不得不对集中统一的财政管理体制进行一些符合实际需要的变通。在国家财政的运行过程中容忍甚至鼓励了预算外收支活动的存在，将一部分财政性资金由地方、部门和企事业单位自收自支、自行管理。新中国财政史上的预算外资金最初就是这样产生的。不能不说，在当时的体制环境下，预算外资金的产生不仅在意料之中，而且也完全合情合理。尽管如此，改革开放之前预算外资金的产生与发展并不是政府收支预算管理的主流，只能算是传统预算管理体制内的变通，或者是在刚性体制下寻求适当柔化的权宜之计。

国民经济恢复时期

早在建国初的三年经济恢复时期，为了充分调动市一级人民政府发展市营企业以解决财政问题的积极性，中央人民政府就颁布了《关于进一步整顿城市地方财政的决定》，其中规定，在各种规费的收取上，中央直辖市和大区直辖市可因地制宜，不作统一规定。此外，作为市级收入的公共事业附加，各地也可因地制宜，不作统一规定（宋新中，1997，第116—117页）。但总体来看，建国初期的国民经济恢复时期，预算外收入的数额并不大，主要是为数较少的税收附加和零星的规费收入。1953年，预算外资金只有8.91亿元，相当于预算内收入的4.2%（财政部预算司，2007）。

“一五”期间

国家计划委员会迟至1953年才正式成立，在此之前，国家预算分配实际上起着制定国民经济计划的作用。由于“财政部管得多、管得细，反而挨了骂”，1953年9月，邓小平兼任财政部部长以后，提出了1954年财政工作著名的“六条方针”。为了使财政部改变方向，集中力量管好财政监察，把管钱的和管政策的部门分开，他提出要实行“预算分口管理”，在分口管理的基础上，“支出包干使用”，为了调动各部门、各地方的积极性，而且要“自留预备费，结余不上交”。这也是一种在国家统一领导、统一政策和统一计划下的灵活性和因地制宜（宋新中，1997，第180—183页）。

1953年以后，我国进入了大规模的计划经济建设时期，1953—1956年可以说是中国计划经济的黄金时代。整个“一五”期间，国家的目标是集中财政力量进行重点建设，所以在财政预算管理上仍以集中为主。但是，为了使集中统一体制下国有企业享有一定的自主权和机动财力，以调动企业和职工的积极性，中财委从1952年初就颁布了《国营企业提取企业奖励基金暂行办法》，根据这一《办法》，企业可以提取部分利润作为奖励基金，用于提高职工福利，其余部分如数上交国家。此后的几年里，先后几次对这一办法做了修改。1955年，国务院又发布了《国营企业1954年超计划利润分成和使用办法》。整个“一五”期间所提取的企业奖励基金和超计划利润留成21.4亿元，占同期企业收入的3.75%。

在财政体制上，也相应的向地方放权，“一五”期间，实行了“划分收支、分级管理”的财政体制，加上许多企业实行经济核算制，为了解决某些特殊需要，设立的预算外项目逐渐增多。到1957年，我国预算外收入达到26.33亿元，约为1953年的3倍，占当年全国财政总收入的8.68%，预算外资金初具规模。

“大跃进”至“文革”之前

随着生产资料所有制改革的基本完成，再加上“一五”期间建立起来的集中统一的计划经济体制，经济管理体制刚性特征的缺陷逐渐暴露出来。1955年下半年开始到改革开放之前，有两次比较大的行政性放权的改革。一次发生在1955年下半年到1958年的“大跃进”运动中；另一次发生在“文革”期间。

两次改革的共同特点，都是为了克服计划经济管得过多、统得过死的弊端，激发地方发展生产的积极性，在不改变计划经济体制框架的前提下，实行对地方政府和企业的行政性放权。

为了扩大地方的权限，中央于1958年6月2日决定对中央所属企事业进行大规模的、快速的下放，要求在两周之内完成88%的中央部属企事业单位下放地方的工作。同年，国务院颁发了《关于实行企业利润留成制度的几项规定》，决定自当年起在国营企业实行利润留成制度，作为企业主管部门和企业单位的机动财力，由其在国家规定的范围内使用。在这个过程中，由地方和企业自行支配的预算外资金的数量有所增长。

"大跃进"时期中央政府下放财权和管理权，包括：大批国营企业下划地方并实行利润留成制度，分成的利润放在预算外管理；各地区、各部门自筹资金兴建的企业的利润在一定时期可以不纳入国家预算管理等。这些改革使预算外资金项目与规模均大幅增加，但在扩大企业自主权的同时，造成了以计划主导的财政管理的松懈。

1960年，我国国民经济出现了困难。国家于次年对财政体制进行调整，重新实行集中、统一的经济体制，对预算外资金进行了"纳、减、管"①。经过整顿，预算外收入占预算内收入的比重由1960年的20.58%，下降到1961年的16.12%。

"文革"期间

鉴于"大跃进"使国民经济的正常发展陷入混乱，自1959年下半年起中央重新开始收权，正式的经济调整则始于1961初。这次调整的主要特点表现为（胡鞍钢，2007，第459—463页）：

纵向权力集中到中央，即将权力收归中央政府及其所属部门；横向权力集中到党的同系统；中央权力集中于最高领导人，构成了一种金字塔式的权力配置结构。

然而，在经历了20世纪60年代初的经济整顿之后，国民经济虽然得到恢复，却又不可避免地再次遭遇"一乱就统、一统就死"的局面。为了重新调动地方与企业的积极性，"文革"期间中央不得不实施第二次比较大的放权举措，其核心目标是对传统计划经济体制的"条条专政"进行一次"大手术"（胡鞍钢，2007，第675页）。尽管改革并没有取得预想的成功，70年代中期中国的经济体制又一次回到了集权化的轨道。但是经过这次分权化改革的洗礼，中国的计划经济体制已经与50年代初期时的体制有了很大的差别，事实上，它的集权化色彩已经不如最初那么浓烈了。

由于这次分权化改革正处于文化大革命期间，各项规章制度和财经纪律受到严重破坏，预算外资金迅速膨胀。各标志性年份的预算外资金规模与发展趋势见图1-1。

1.5.2 改革开放以来的政府预算外收支

起因：转型初期面临财政压力

由于社会主义政权的各个构成要素之间环环相扣，牵一发而动全身，对计划经济体制的任何实质性的改革都将威胁到体制本身。在经典社会主义制度框架内，计划经济体制依靠预算外活动获得了暂时的活力，但是也不得不同时承担它所带来的副作用，那就是国民经济陷入"一放就乱、一乱就统、一统就死、一死又放"的循环。可见预算外活动也不是缓解计划经济体制低效率的良药。

当体制的低效使计划经济变得不可持续的时候，前社会主义国家纷纷选择向市场经济体制转轨。相对于前苏联和中东欧国家的"休克疗法"，中国采取了渐近转型的道路。那就是，在主动修正经典社会主义意识形态的前提下，坚持共产党一元化领导不动摇，从产权结构和协调机制入手，逐渐扩大非国有经济比重和市场调节的范围，建立和发挥价格机制的作用。

① 地方管理的预算外收支作为整个国家预算的附属部分逐级上报至财政部；1962年停止企业利润留成制度。

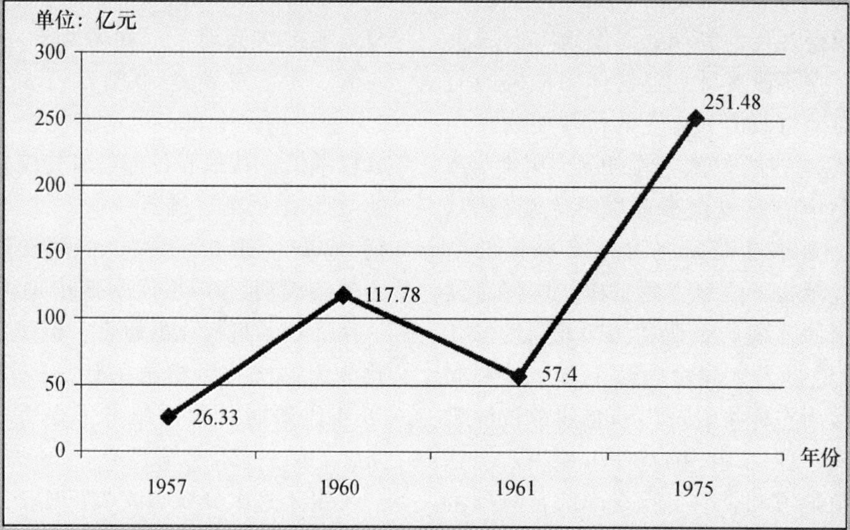

图 1－1 标志性年份中国预算外资金的规模与发展趋势

资料来源：财政部预算司，2007。

这一战略的核心，是要以经济绩效的进步来赢得政权合法性（康晓光，1999）。

初期的改革是一个共赢格局，它在不影响城市人口福利的前提下，实施了使旧体制下处于最不利地位的农村人口境遇改善的农地承包制度，整个过程具有帕累托改进的性质，几乎无人因此受损，执政党从而迅速挽回了声誉和拥护。很快地，随着 20 世纪 80 年代中期以后相继启动价格改革和产权改革，改革进入了"卡尔多改进"阶段，这一阶段的特点是，虽然改革的总体收益为正，但是改革在使某些社会成员受益的同时，也导致另一些社会成员受损。此时改革遇到了阻力，而且改革进程越深入，涉及面越广，面临的阻力就会越大。为了使这场政府主导的经济体制改革能够顺利推进，国家财政必须主动承担改革成本。

一是对改革中新出现的受损阶层实施经济补偿，以换取他们的支持。例如，中国的价格改革是渐进式的，而不是一下子全部放开。由于提高农副产品收购价格，同时还要维持销售低价，国家财政不得不增加由于购销倒挂的价差补贴，价格改革的成本在很大程度上由国家财政承担了。二是继续维持传统体制下既得利益阶层的利益，减少改革给他们造成损失以争取支持。例如，延迟行政机构改革并多次提高行政事业单位人员工资水平；继续维持转型中的国营企事业单位人员福利，保证他们过去享受的住房、医疗、养老等利益不被损害，为此计划经济体制下的预算软约束保留了下来。以对国有企业的亏损补贴为例，这部分补贴由改革开始时的约占国内生产总值的 1%，升至 1988—1989 年中的 3.5%。补贴支出在改革最初几年大幅度上升后，80 年代大体保持不变，约占国内生产总值的 6%，90 年代以后有所下降（马里奥·布莱赫，1993，第 280 页）。以上这些，无不加剧了财政负担，将本已脆弱的中央财政置于前所未有的压力之下。改革以来财政赤字一路攀升，显示出中央财政力不从心的困境。

财政压力催生"第二财政"

处于这样的财政压力下，所需的钱从哪里来？中央政府试图从"节流"和"开源"两方面应付困境。所谓"节流"，就是继续实行行政性分权，将旧体制下的中央职责向下释放，通过职能精简来节约财政支出。主要包括：

第一，通过企业制度改革，退出某些竞争

性投资领域，缩减相关的投资性支出。

第二，通过中央—地方财政关系调整，下放企事业单位管辖权和政府职能，缩减相关的行政事业支出。

第三，通过政府职能的调整，转变财政包办事业的思路，压缩相关的社会事业支出。

这些措施从积极的方面讲是“放权”，从消极的方面讲则是中央在“甩包袱”（张宇燕、何帆，1997，第2—25页），要使地方、部门和企事业单位接受这些“包袱”，在“放权”的同时，中央政府还要创造条件，以使前者增加收入，具备“接包袱”的能力。但是，由于20世纪70年代末至80年代政府相应调整其职能的同时，财政收入和管理体制的基础还未来得及进行相应的根本性变革，这些有利于地方政府和行政事业单位增收的措施不是通过系统的税收制度和财政体制改革实现的，而主要通过增加其预算外财力的方式来实现，主要包括（杨雷，2004）：

第一，调整政府—国有企业分配关系，在企业基金制度和利润留成制度（1978—1982年）的基础上，又实行两步“利改税”（1983年、1984年）和不同形式的企业承包经营责任制（1987—1992年），向企业让利。

第二，调整中央—地方财政分配关系，与地方政府“分灶吃饭”（1980—1986年）以及“财政大包干”（1987—1993年），给予地方更多财政收入自主权。

第三，给予行政事业单位正常预算拨款之外的自主创收权①。

中央政府的这些“让利”举措，本意是为了提高地方、部门和企事业单位“接包袱”的财力，却产生一些令人意想不到的效果。首先是中央向企业的让利遭到了地方政府和主管部门截留，变相地增加了后者的收入，让利举措打了折扣。被截留的企业收入没有进入正式预算，而以预算外收支的方式成为后者的自主支配收入（杨雷，2004）。这为地方政府和企业之间的共谋创造了条件，严重削弱了税收收入和中央财力的基础（平新乔、白洁，2005；平新乔，2006）。此外，由于自20世纪80年代中期以来地方政府逐渐承担了大部分的财政职能，在正规收入不足的情况下，中央实际上默许了地方的各种收费行为（樊纲，1995；黄佩华，2003；王绍光，2001，第114—137页）。

在体制转轨和财政分权改革的过程中，由于地方和部门的推动，预算外资金迅速膨胀，其增长速度甚至超过GDP与预算内收入的增长速度，成为与预算内资金旗鼓相当的财力资源，1992年预算外资金相当于当年预算内收入的97.7%，成为名符其实的“第二财政”（见图1－2）。

为什么改革开放以来的预算外收支成了问题？

从以上背景中不难发现，改革开放之前固然存在一定规模的预算外资金，但总体来说，它们在经济运行中所发挥的作用是积极正面的，为僵化的计划经济体制注入了一种灵活性，也成为中央计划者对其他经济主体的一种激励方式。由于其规模不大，总体上来说，没有导致引人注目的负面问题。而自改革开放以来，预算外资金迅猛增长，暴露出经济体制改革的一些深层问题。

综合各方面的研究，我们认为，体制转轨、政府转型期间的财政压力是我国预算外、制度外政府收支泛滥的大背景；在这个过程中，预算外、制度外政府收支的发生和发展具有一定的必然性，即：（1）政府主导型的改革要求中央财政承担主要的改革成本，面对巨大的财政压力治国者“放权让利”以缩减支出，这是改革开放以来预算外收支产生和发展的起因；（2）体制转轨初期财力的下放未能与事权下放保持同步，以至于地方的正规财力

① 为解决行政和事业发展经费不足的问题，1980年政府各部门重新实行了预算包干制度，同年，《中共中央、国务院关于节约非生产性开支、反对浪费的通知》规定：“一切有条件组织收入的事业单位，都要积极挖掘潜力，从扩大服务项目合理地组织收入”。这为日后行政事业单位预算外收入的泛滥打开了大门。

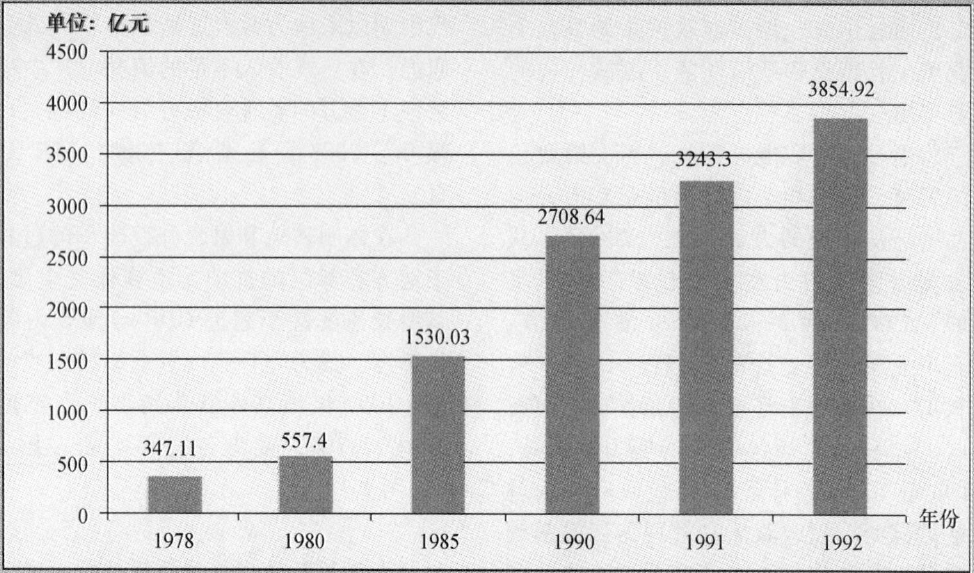

图 1-2 1978—1992 年中国预算外资金迅猛增长

资料来源：《中国统计年鉴（2007）》，中国统计出版社 2008 年版。

明显不敷其支出，中央默许地方、行政事业单位通过预算外活动“创收”。然而，正像前文已经讲到的那样，预算外收支利弊兼有，要想让它起到正面作用，以弥补财政体制在权责安排方面的缺陷，必须保证预算外收支活动受到了很好的管理与控制。20 世纪 90 年代之前，正是由于对政府预算外收支缺乏有效的管理，致使其负面效应不断放大。

与市场经济国家相比，中国政府预算外收管理上的不到位，表现在两个方面。第一，从预算外收支的性质来看。在市场经济国家，预算外资金虽然与一般预算资金在管理方式上有所不同，但它仍属于政府性资金，这是无可置疑的。而在我国，直到 1996 年之前，预算外资金都是企事业单位、部门和地方的自有资金，不纳入预算管理，供所有者自由支配。第二，从预算外收支的合法性上来看。市场经济国家的预算外收支一般是依托于正式的立法而存在的，而我国的预算外收支更多的是依托于政府政令而存在。就前者而言，正是因为有了这一法律约束，它们通常不必接受议会的年度拨款审议。而我国的预算外收支由于绝大多数都是渊源于行政法规，其随意性很强。往往是政府想干一件什么事，就相应地出台一项预算外资金的法规，缺少严肃的收支计划和有效监督。随着这种不受监督、游离于预算外的政府收支规模的扩大，为日后的财政管理和财税体制改革带来了很大的难题。

一是它的现实利益诱使潜在的受益者不断创造扩大预算外收支规模的机会。由于预算外资金支配起来更方便和更有自主性，相对于受到严格监管的预算内资金来说，预算外资金更受其所有者的青睐。因此很容易理解尽管中央政府频频出台措施加强管理，这一期间的预算外收支相对于预算内收支的比重，依然保持上升趋势。

一个突出的例子是，1993 年企事业财务与会计制度改革之后，国有企业折旧基金和税后留用资金不再作为预算外资金管理。口径调整使 1993 年的预算外资金的规模下降到相当于预算内资金的 30%。在随后的若干年里，预算外资金占预算内资金的规模再次回归升势，1994 年为 36%，1995 年为 38.5%。其原因就在于 1993 年以后，地方政府通过国有企业收费的渠道受到阻碍，于是通过各个部门来收费，政府性基金与行政事业性收费成为新的预算外资金的主要来源。1996 年，当国家继续采取措施规范行政收费和基金管理之后，全国预算外收入规模一度下降，但很快又出现反弹，各地又有了新的生财之道，转向出卖国有资产、土地和其他资源以获取预算外收入。1999 年后，土地出让金成为地方政府谋取预算外资金最主要的来源。这一切都表明，预算外资金不仅有其生存的土壤，而且形成了自生机制。随着预算外收入生成机制的拓展，仅仅管住预算外资金存量看来是不够的。

二是预算外收支的持续增长限制了地方公共物品的有效供给。如果说 20 世纪 90 年代中期以前，地方正规财力不足导致了其公共物品供给不足，是可以理解的话。但是，鉴于此后的地方政府不断挖掘预算外生财之道，如今这一观点已经不太站得住脚了。10 多年以来，中国地方政府所掌控的资源规模无论从绝对量上或相对量上都大大膨胀了。据估计，2004 年中国地方政府可支配财力为 30367.17 亿元，是当年中国中央政府财政 7894.08 亿元的 3.85 倍，是 2004 年中国 GDP 总额（调整后数字为 159878.3 亿元）的 19%。这种情况下却出现了地方公共物品供给不足的现象，其原因不在于地方财政规模不够，而在于其收入和支出结构出了问题（平新乔，2006）。

其原因是，地方政府收入的增长很大一部分是依靠预算外收入实现的，而地方政府预算外财政的支出结构和职能与预算内财政明显不同。预算内支出主要用于基本的公共物品提供，比如：教育、支农和其他的公共消费，而预算外支出对于当地的实际需求能够做出更加敏感的反应，尤其在基础设施建设和对一些随机发生的自然灾害实施救援方面，另外预算外支出对于吸引外商直接投资更加敏感。在行政开支方面，随着 GDP 的增加，地方预算外财政比正规的预算内外财政规模增加得更快，意味着越来越多的公共资源被分配到约束较小的预算外财政管理机构，从而加重了地方居民的财政负担，尤其是农民的财政负担（平新乔、白洁，2005）。以 2004 年为例，当年全国的行政开支中，有 56% 是通过“预算外”方式花出去的；在地方政府的行政开支中，这一比例为 58.9%。从 1996—2003 年，地方政府行政开支总额上升了 2.92 倍。地方政府行政开支过大、上升过快，恰恰是借助于“预算外”这种较“软”的预算约束条件而实现的。当一个地区的行政管理开支越高时，提供公共物品效率会越低（平新乔，2006）。

三是地方政府的预算外既得利益构成正式财税制度改革的阻力。这一点与本课题最为相关。从目前的迹象看，如不加快中国政府预算及公共支出管理制度的改革，有可能延缓国家财政体制和税收制度方面的改革。

改革初期中央政府通过职能下放，以期向地方、部门和企事业单位转移财政压力，然而收入分配体制没有做出相应的调整，使预算外收支泛滥。此后 1994 年的财税制度的正式变革，只是强化了职能的下放，虽然为收入的划分奠定了制度化的基础，但并没有建立有利于地方的收入分配格局。随着问题的深化，中央越来越注意到并开始重视，放权并不仅仅是中央政府在“甩包袱”，更重要的目标是建立起事权与财力相对应的政府间分工机制。为此，中央一直致力于财政转移支付制度，近期完善地方税收制度的议题也越来越受重视，这表明中央意图通过规范正式财政收入分配制度，以减轻地方寻求预算外财政收入的压力。令人担忧的反而是，地方政府对这一有利于自身长远利益的正式的财税制改革兴趣不大，而宁愿延续目前这种依靠预算外资金的模式。人们已经注意到，这恰恰是因为地方政府通过预算外收入的渠道获取收入更方便、而且支配起来更灵活的缘故。这给了我们一个警示，即必须强化对预算外收支的管理，如果继续容忍预算收支与预算外收支管理上的制度落差，必然会给下一步的正式财税制度改革带来更大的阻力。

1.6 中国政府预算外收支问题的治理

前文的论述已经透露，改革开放以来预算外收支的急剧扩张既有财政体制安排上的理由，也与政府收支预算管理不到位有关。可以说，直到20世纪90年代中期以前，政策上尚未正视预算外收支的存在客观上有其合理的一面，尚未将其置于整个财政制度的框架内来构思如何进行综合治理。财政上的“分灶吃饭”和两步“利改税”虽然起到一定的收入下移的作用，但是它们同样是权宜性的，这种分配关系缺乏制度上的稳定性，不足以给予地方、部门和企事业单位收入上的安全感。事实上，这种权宜性的制度安排引导后者将更多的精力投注到预算外收入的获取，由于预算外资金管理改革的滞后，地方、部门和企事业单位拥有更大的自主权，导致预算外资金的迅速增长，而后者履责情况的改善程度却未与预算外财力同步增长。可见，必须从政府间责权的划分和规范财政管理等角度进行综合治理，才有可能真正地解决中国的预算外收支问题。

1.6.1 局部治理：治标不治本的时代（1978—1993年）

最初中央只是将预算外收支问题当作对普通预算的不应有的偏离，当作消极的、应受到限制的现象，设立专门的行政法规进行规范。这说明，期间在预算外资金的定性和管理方面，经历了三大主要阶段：

第一阶段（1978—1986年）：部门所有、自收自支、自行管理

最初的预算外资金，是指由各地区、各部门、各单位根据有关规定，自行提取、自行使用的不纳入国家预算的资金。这项资金包括：地方财政部门按国家规定管理的各项附加收入等；事业、行政单位自收自支的不纳入国家预算的资金；国营企业及其主管部门管理的各种专项资金；地方和中央主管部门所属的预算外企业收入；其他按照国家规定不纳入预算的各种收入①。

第二阶段（1986—1995年）：部门所有、计划收支、区别管理

1986年4月12日，国务院向全国发出《加强预算外资金管理的通知》。对预算外资金的范围、种类进行了界定，明确提出，“各地区、各部门对预算外资金的管理，可以在资金所有权不变的前提下，采取不同的方式”②。这一阶段的预算外资金在所有权性质与1986年以前没有变化，只是在管理上略有加强。

1.6.2 通过财政税收体制改革缓解财政压力（1994—1999年）

20世纪90年代中期以后，预算外收入已经严重侵蚀了预算收入的基础，而中央收入主要来源于后者，导致中央政府在政府总收入中所占比重恶化，严重制约了中央收入的增长潜

---

① 参见国务院《关于加强预算外资金管理的通知》。1986年4月12日发布。

② 其中，事业、行政单位管理的预算外资金，原则上采取由财政部门专户储存，计划管理、财政审批、银行监督的方式；国营企业及其主管部门管理的预算外资金，原则上采取计划管理、政策引导，不宜采取财政部门专户储存的方式；各地区、各部门、各单位应编制年度预算外资金收支计划和决算，并由财政部门汇总上报财政部。并抄送国家计委、经委、统计局；各级预算外资金收支计划，都要纳入综合财政信贷计划，进行综合平衡，以便加强对社会财政的引导。

力和中央的宏观调控能力（王绍光、胡鞍钢，1993）。这成为中央政府下决心推进正式财政税制创新的动力，以图规范中央、地方、企业之分配关系。1994 年初分税制财政体制以及全面的工商税制改革，就是在这种背景下推开的。

然而在正式财政体制的改革过程中，改革的主导者——中央政府——出于对中央财力下降及其宏观调控能力的担忧，过多地考虑了事权的下放和财权的上收，在正式收入体制的分配上导致了不利于地方的格局。这样一来，在正式财税制度的框架里，实际上仍然没有解决地方政府事权过大、财力过小的问题。这一体制缺陷后来成为地方政府要求更大预算外收入的理由，为其不合理的预算外收支活动开脱。

1.6.3 从预算管理体制改革入手治理预算外收支问题（2000 年以来）

直到 2000 年之前，中国政府并没有把改革的重点放在预算管理上。当计划经济体制日趋衰落，与这套体制相适应的资金控制机制也随之松懈，与此同时，中国未能及时地通过预算管理制度的改革弥补这一制度真空。从计划部门分离出来的预算权，于是散落到各个支出部委手中，导致预算权的全面“零碎化”（马骏，2005b、2005c）。各部门自行其是，财政部作为名义上的核心预算部门，既不能把握财政资金的总量，也不能控制它的流量，整个预算管理的内部行政控制极其虚弱。国家的财政资源实际上演化成为“公地”或“公共池塘资源”，在各个部门的切割下，面临着发生“公地悲剧”的风险。在这种情况下，中央分阶段准备和实施预算管理体制的改革。

在启动正式的改革之前，《预算法》及其实施细则的颁布实施（1995 年），为中国的预算管理体制改革设定了制度和法律框架。此外，预算外资金在性质与管理上也发生了转变。1996 年 7 月，为进一步加强预算外资金管理，国务院发布《关于加强预算外资金管理的决定》。《决定》首次明确了预算外资金的政府性资金性质①，这一性质上的明确化，为从整个财税制度和预算管理的角度对预算外收支实施综合治理奠定了基础。在采取的具体措施上，《决定》吸收了 1993 年以来剥离企业预算外资金的做法，规定自 1997 年 1 月 1 日起，将养路费等 13 项政府性基金以及地方财政部门按国家规定收取的各项税费附加纳入预算内管理。此外还规定，在建立社保预算之前，社会保障资金先纳入预算内管理。在具体的管理方式上，《决定》提出了财政专户存储、实行“收支两条线”管理②。

预算管理体制改革的正式启动是在 2000 年。主要内容有（王雍君，2008；马骏，2005b）：

（1）推行部门预算。这一措施改变了以往只是政府整体向人大报告预算的做法，强调政府预算以部门为基础进行编制、部门的预算必须包括它所有的收入和支出（包括预算外收入和支出）。这一改革把分散在各个部门的预算分配权逐渐集中到财政部门，至少在政府内部增加了预算的透明度，强化了内部行政控制和政府的受托责任。

（2）引入新的预算收支分类，细化预算编制。2005 年 12 月 27 日，国务院正式批准了财政部制订的政府收支分类改革方案，2006 年下半年正式启用新科目编制 2007 年预算。新的政府收支分类系统以“体系完善、反映全面、分类明细、口径可比、便于操作”为目标的，引入了与国际标准较为接近的功能分类和经济分类，为将部门预算落到实处和加强预算

---

① 《决定》明确了“预算外资金是国家机关、事业单位和社会团体为履行或代行政府职能，依据国家法律、法规、规章而提取安排和使用的未纳入国家预算管理的各种财政性资金。”

② 但是专户存储没有打破部门所有制，“收支两条线”流于形式。致使 2001 年，国务院转发财政部《关于深化收支两条线改革，进一步加强财政管理意见》，决定将中央各部门的预算外收入全部纳入专户管理，有条件的纳入预算管理。之后“收支两条线”管理改革不断深化，其核心是按照公共管理的要求，解决公共财政收支的管理范围问题，将全部财政性收支逐步纳入政府预算管理。

的全面性、完整性奠定了基础。

(3) 实行国库集中收付制度。实行国库集中收付制度既可以看作是预算执行方面的改革，也可以看作是公共支出管理上的改革。它放弃了沿自前苏联的分散式财政国库管理模式，参照 OECD 国家的经验重建了一套高度整合的集中式财政国库管理系统。具体地，就是在账户集中、现金余额集中、会计处理集中和交易监管集中的基础上由财政部从外部对各个部门的支出和决策行为进行控制。这一措施从根本上改变了传统的预算管理体制下财政部门与支出机构之间的关系，前者在预算和财政管理过程中的地位因而大大地加强了。

(4) 实行政府采购制度。即在集中型国库管理体制的基础上建立一个集中而且透明的政府采购体制。

1.7 中国：走向全口径政府收支预算管理

在此前的分析中我们认识到，中国改革开放以来的预算外收支问题可以从两个方面寻其根源：一是正式财税制度本身仍有改进余地；二是政府预算和公共支出管理体制不够完善。而且此二者之间关系紧密，如果缺乏一套合理而规范的界定政府—企业、政府—社会以及政府间关系的财税制度框架，则良好的政府预算和公共支出管理体制就失去了根基（王雍君，2008）。同样地，政府预算和公共支出管理体制方面的缺陷，也会为正式财税制度的合理化设置障碍，这正是我们从中国的经验中所体会到的事实。在这一部分中，我们主要从后一个角度入手，对当前中国的预算管理体制改革作一个小结。

1.7.1 全口径政府收支预算管理的基本含义

政府收支预算是政府活动的财务体现，它为各项政策的实施提供资金支持。然而，这决不表明政府预算是完全被动的，它在满足政策实施之资金需求的过程中，应努力达成以下三大基本目标（Schick，2001，第 13 页）：第一，配置效率，即根据政策优先顺序配置公共资源；第二，运行效率，即促进公共服务的提供效率；第三，财政约束，即在注重资源配置效率和公共部门运行效率的同时，约束财政支出总量。

要达到这一目标，公共收支预算管理至少应满足两个基本要求：（1）全部政府收支都应在预算中有所反应，或者“全部政府收支进预算”；（2）全部政府收支都受到了与其性质相适应的有效管理。否则，则无以判断效率如何，也无以实施财政约束。结合上文对于中外政府预算外收支问题的背景分析，我们认为这也应是中国背景下全口径政府收支预算管理的两层基本含义。当然，中国预算管理体制改革的目标可以不限于此，从长远来看它必定会有所拓展，但那是后话，本书不拟探讨。

1.7.2 中国的预算管理体制改革已经走到了哪一步？

如果以市场经济国家预算管理实践的三个发展阶段作为参照，那么可以说，中国当前的预算管理体制改革正是以西方传统预算管理体制为方向的（马骏，2005a）。该体制以控制和问责为特色：在行政部门内部，通过核心预算部门对支出部门的投入控制，以促进公共资源的配置效率和公共部门的运行效率；在行政—立法部门之间，则通过后者对前者的拨款控制，限制行政部门的总规模（表现在收入、支出、盈余/赤字、债务等各类指标上），达到财政约束的目的。

以中国的情况观之，我们只能说经历了自2000年以来的历次改革，中国预算管理体制方面所取得的成就，只是初步树立了财政部门作为核心预算部门的地位，有限度地强化了对政府预算的内部行政控制，而外部的立法控制方面尚无实质性的进展。

全部政府收支进预算

全部政府收支进预算，这是到目前为止以部门预算为核心的一系列预算管理体制改革的核心目标。具体地，是要通过预算编制和执行方面的规范化和严格化，化预算外收支为预算内收支。

改革开放以来中国的预算管理存在一个相当大的问题，那就是政府财政报告每年公布的一般预算收支数据并不等于实际的政府收支数据。这是因为在全部的政府收支中，除了一般预算收支之外，还包括预算外收支以及制度外收支（高培勇，1997，第2—3页）。1999年实行部门预算改革以后，预算外收入中的一部分划为基金收入，纳入预算管理。2001年以来，国务院决定将中央各部门的预算外收入全部纳入专户管理，有条件的纳入预算管理。这样的话，原来的预算外收入要么被划入基金预算，要么被纳入财政专户，均受到了比以前更为严格的控制与管理。

随着这些改革措施的落实和生效，在正式预算制度的层面上，特别是在中央财政部门看来，此前意义上的“预算外收支”已经基本上不存在了。但是我们还注意到，第一，这种管理上的规范化在中央财政层面上成效比较明显，而在地方财政层面上则要逊色很多。虽然一般预算收支和基金预算收支已经纳入预算管理，但是预算外财政专户、单位自收自支的政府性收支以及制度外的政府性收支的管理都有待于加强，特别是在地方政府的层面上。第二，目前的改革是通过对政府收支存量采取归类、合并、取消、保留并纳入预算管理来实现的，而历史地看，虽然这些收入都是凭借政府权力取得的，但未必它们就是合法的。其归并、取消、保留的取舍过程，也主要是行政决策。这种决策必定只能在承认现有政府收支出身合法性的基础前提下，来考虑它们继续存在的必要性与合理性。由于缺乏了这些收支的承担者——纳税人或立法部门——的实质性参与，其合理性确认的法律层次显然有待提高。从这个意义上讲，全部政府收支进预算之前，还有一个更根本的问题，即合法合理的政府收支范围由谁来决定、如何决定。第三，还有一些政府性收支，包括国有资本收益、土地及其他国有资源出让金、地方政府隐性债务、税式支出等财政交易，有的已经考虑要纳入预算管理但缺乏相应措施，有的还没有考虑要纳入预算管理。因此可以说，就“全部政府性收支进预算”这一点而论，当前的预算管理体制改革尚有许多未能到位的地方。

多元预算框架下的全口径政府收支预算管理

现代政府的公共收支种类繁多、特点各异，从提高管理效率的角度来看，一切政府收支进预算，并不是一切政府收支都进一般预算。而应分门别类，探索针对不同收支项目的不同预算管理方法。要实现真正的全口径预算管理，势必要求建立一个多元预算管理框架。只有这样，才能针对不同的政府性收支，依照不同的管理原则，实施不同程度、不同方式的监管。

其中一般预算仍然必须坚持综合性和一致性原则，以便全面反映和统一管理政府一般性财务活动。另一方面，预算管理制度也应当与时俱进，正确认识和利用好预算外收支这一手段。对于性质特殊的基金支出，出于其自身性质和管理上的方便，没有必要削足适履，强行要求其满足传统预算管理原则。这样的话，预算管理才能不断推陈出新，既维护传统又灵活机动，既对公共部门形成制约，又不至于成为其实施公共政策的桎梏，以实现公共政策与预算管理的良性互动。

我国现行的预算收支预算体系由三大部分组成：一般收支预算、基金收支预算、债务收支预算（仅限中央政府）。这一预算体系已经具备了多元预算框架的特征，但针对于全口径政府收支预算管理的目标来说，仍然存在一些模糊之处：

（1）资本性收支未能得到独立反映。现行预算体系中的一般预算收支、基金预算收支和债务预算收支中都包含有资本性收支。虽然世界上只有少数国家采用了与一般预算并列的资本预算，但是资本性收支毕竟不同于一般预算收支，在我国公共投资占社会总投资比例还比较大的情况下，如何认识和改进当前的国有资本经营预算仍需更深入的讨论。

（2）我国的社会保障收支目前是按基金预算来管理的，是否应当单独编列社会保障预算，以应对人口结构变化和社会保障范围扩展的压力，也是需要考虑的迫切问题（马蔡琛，2007，第138—139页）。

（3）就基金预算来说，虽然原则上要求基金实行“收支两条线”管理，但实际上，基金收入的征收部门和使用部门通常是一致的，这给基金预算管理带来很大的困难（中国发展研究基金会，2008，第61—62页）。归根结底，这与政府性基金的设立高度分散在各个部门、法律层次低大有关系。

1.7.3 几个需要强调的问题

全口径政府收支预算管理重在“控制”

市场经济国家的传统预算管理本质上是一种基于“投入”的合规性控制。基于这一要求，若干年以来市场经济国家已经通过宪法和与预算相关的其他法律建设，形成了良好的预算控制体系。这些法律规定预算过程中的权力结构和基本的预算程序，以程序的合规性达到限制政府的目标（World Bank，1998，P.27—29）。但是，随着政府职能的扩展，过于刻板的传统预算控制手段限制了公共政策的空间，市场经济国家在继续强调控制的同时，亦开始反思传统预算管理方式的弊端，强调如何增强公共支出的绩效，并更多地在预算管理中考虑到公共支出的中长期效果。

中国的预算管理体制改革虽然以市场经济国家的传统预算管理为参照，但我们毕竟处在不同的时间点上，当前中国政府的职能已经直接跨越了消极国家阶段，而处于积极国家阶段。只不过，与原生的市场经济体制不同的是，我们同时还面临着如何由计划经济体制下的“全能国家”适当退却的问题。但总体来讲，再怎样退却，也不可能退回到消极国家的状态里去。所以，从预算管理的目标来看，预算控制和政策灵活性应当兼顾。但是，矛盾的主要方面，仍然在前者。这是因为，随着计划经济体制的转型，过去那种通过计划、行政和金融手段来控制预算的机制已经不复存在了，而适应市场经济要求的新的预算管理体制仍在建设之中。在未实现对公共资源运用的有效控制之前，不可能奢谈公共支出的绩效管理。

充分重视非正式预算问题

在现行的行政和预算体制下，由于非正式预算制度的存在，即使我们强化了财政部门的内部行政控制，仍然存在着强大的力量突破这种控制，使相当多的财政资源借助于非正式预算制度而源源不断地产生、发展、甚至壮大。其原因有二：

（1）预算权和政策制定权的分离。通常而言，预算权不仅为政策制定权提供支持，也构成它的制约因素。在那些预算权与政策制定权保持协调的国家，预算过程可以通过对政策成本的预算控制，起到参与和审查政策过程的作用。但是，预算权与政策权的分离却是发展中国家预算编制方面所存在的重大问题之一（Caiden，1980），中国也不例外。马骏（2005c）考察了中国省级预算中的政策过程与预算过程分离的现状，事实上，这种分离在中央一级和地方一级也都不同程度地存在着。政治和行政体制方面的威权特征，在两种权力的角力中使得政策制定权通常占上风。它导致政策制定者在出台政策时忽视政策成本和预算约束。不仅如此，在预算编制完成甚至通过之后，仍然有大量政策随时出台，管理严格和事先安排的预算收支无法满足政策要求，迫使预算单位寻求预算外收支以满足此类需要，这成为预算外收支得以生存的又一体制性原因。由于预算权与政策制定权的分离，此前的预算改革固然为财政部门发挥预算控制的作用打下了基础，但距离财政部门参与政策审查的目标，路途还相当遥远。

（2）政策制定权和预算权的零碎化（马骏，2005b、2005c；马骏、牛美丽，2007）。

改革开放以来，中国计划经济体制下传统的政策形成机制渐渐解体，原来由中央计划部门掌握的政府制定权旁落，形成了政策制定权零碎化的局面，主要表现在两个方面：一是政策权由中央计划部门向各支出部门的分化；二是在各支出部门内部，政策权在部门行政首脑及党委领导间分享。由于政策的实施离不开财政资金的支持，而政策制定权的零碎化造成预算权的零碎化。

预算权的零碎化又造就了中国式的行政预算体制。首先，中国的行政预算体制是党委领导下的行政预算体制。名义上是政府首脑负预算责任，实际上党委书记拥有很大的权力。而且，政府首脑和党委领导中安排了多位副职，他们在自己的分管范围内同样享有一定的预算权。从而形成了事实上的多头行政预算体制。第二，在中国的行政预算体制内，除了财政部门之外，还存在着大量的准预算机构，例如发改委、科技部、农业部等，它们都在合法地分享财政部门的预算权。正因为如此，财政部门的核心预算部门的地位虽然确立了，但基础并不坚实。这一现实削弱了财政部门对其他部门在财务上的行政控制，也使得一部分资源脱离于财政部门的掌控之外，导致“正式预算制度不权威，而非正式预算制度举足轻重”。然而，到目前为止的预算改革仅仅局限在正式预算制度的范围内，尚未触及非正式预算制度层面。更为重要的是，非正式预算制度已经成为了中国预算收支的活水源头，为预算外收支问题的治理带来了更大的难题。

强化立法机关在全口径政府收支预算管理中的作用

在发达市场经济国家，核心财政部门的行政控制是约束政府活动的第一道防线，立法机构或代议机构约束则构成第二道防线。由于存在着来自立法机构的外部制约与监督，非正式预算制度的存在是不可想象的。而当前中国的预算体制改革仅仅初步筑起第一道防线，当然，由于政策权与预算权的分离，以及它们各自的零碎化，这道防线并不扎实。另一方面，根源于其威权政治和行政体制，财政法治化程度低，立法机构即人民代表大会的外部控制作用遭到了极大的弱化。对正式预算过程的控制都很难做到，更不用说对非正式预算过程实施控制了。

行政部门内部预算权的过度分散，使政府性资金就成为各方竞相争夺的“公共池塘资源”。而由于外部立法控制的弱化，各级人民代表大会在预算问题发言权不足，对“公共池塘资源”的日渐枯竭无能为力。这种情况的长期持续和自我加强，几乎意味着预算外收支在正式预算管理框架内的全面失控，并在长期里引导着预算外收支对预算内收支的侵蚀。

在这种情况下，无论是一般性收支，还是基金性收支，就其法律地位和运行来讲，大多是行政主导的，立法机关在其中发挥的作用很小。从这一点上来看，我们不能说部门预算改革后所有政府收支都进预算就算是完成了全口径预算管理的任务。重要的是，第一，这些都纳入预算管理的收入，是否具有合法性？只穿上合法外衣的不算是合法。不合法的收入应坚决取缔。在应当收取的收入中，那些在性质和使用上属于一般收入，而作为基金收入来使用的，应当调整过来。第二，合不合法，谁说了算？现有的非税收入基本上都是行政性法规设立的。有权进行审查它们身份的，当然是纳税人及其代议机构。从这个切入点上，应当摆正党、政府及其各部门、人大在全口径政府收支预算管理中的位置，理顺预算程序，强化各级人大的作用。

主要参考文献

财政部预算司（编著）：《中央部门预算编制指南（2008年）》，中国财政经济出版社2007年版。

樊纲：“论公共收支的新规范——我国乡镇‘非规范收入’若干个案的研究与思考”，《经济研究》，1995年第6期。

冯舜华、杨哲英、徐坡岭等：《经济转轨的国际比较》，经济科学出版社2001年版。

高培勇（1997）：“市场经济条件下的中国税收与税制”，载于高培勇（主编）《“费改税”：经济学界如是说》，经济科学出版社1999年版。

何帆：《为市场经济立宪——当代中国的财政问题》，今日中国出版社1998年版。

胡鞍钢：《中国政治经济史论（1949—1976）》，清华大学出版社2007年版。

黄佩华、迪帕克：《中国：国家发展与地方财政》，中信出版社2003年版。

贾康、白景明：“县乡财政解困与财政体制创新”，《经济研究》，2002年第2期。

康晓光：“经济增长、社会公正、民主法治与合法性基础——1978年以来的变化与今后的选择”，《战略与管理》，1999年第4期。

林毅夫、谭国富：“自生能力、政策性负担、责任归属和预算软约束”，北京大学中国经济研究中心讨论稿系列，No. 1999014，1999年。

刘云龙：《民主机制与民主财政——政府间财政分工及分工方式》，中国城市出版社2001年版。

马蔡琛（编著）：《政府预算》，东北财经大学出版社2007年版。

马骏（2005a）：“重新思考公共预算原则：理解中国预算改革的控制取向”，载于《中国公共预算改革：理性化与民主化》，中央编译出版社2005年版。

马骏（2005b）：“中国省级预算中的非正式制度：一个交易费用的理论框架”，载于《中国公共预算改革：理性化与民主化》，中央编译出版社2005年版。

马骏（2005c）：“中国省级预算中的政策过程与预算过程：来自两省的调研”，载于《中国公共预算改革：理性化与民主化》，中央编译出版社2005年版。

马骏、牛美丽：“重构中国公共预算体制：权力与关系——基于地方预算的调研”，http://www.cdrf.org.cn/cds/content _ downfile.aspx? filename = 20072720012732449639.pdf，2007年。

马里奥·布莱赫（1993）：“中国：漫长的改革与财政管理的弱化”，载于维多·坦齐（编）《向市场经济过渡财政改革论文集》，中国金融出版社1994年版。

平新乔、白洁：“中国财政分权与地方公共品的供给”，北京大学中国经济研究中心讨论稿系列，No. C2005006，2005年。

平新乔：“中国地方预算体制的绩效评估及指标设计”，北京大学中国经济研究中心讨论稿系列，No. C2006018，2006年。

乔治·科皮茨、杜布拉夫科·米哈列克（1993）：“财政联邦制和新独立国家”，载于维多·坦奇（编）《向市场经济过渡财政改革论文集》，中国金融出版社1994年版。

宋新中（主编）：《当代中国财政史》，中国财政经济出版社1997年版。

孙谭镇、朱钢：“我国乡镇制度外财政分析”，《经济研究》，1993年第9期。

王绍光（2001）：“公民权、所得税与预算监督”，载于王绍光（著）《安邦之道 国家转型的目标与途径》，生活·读书·新知三联书店2007年版。

王绍光（2006）：“从税收国家到预算国家”，载于马骏、侯一麟、林尚立（主编）《国家治理与公共预算》，中国财政经济出版社2007年版。

王绍光、胡鞍钢：《中国国家能力报告》，辽宁人民出版社1993年版。

王雍君：“中国的预算改革：评述与展望”，《经济社会体制比较》，2008年第1期。

维多·坦奇（1993）：“转轨过程中的金融市场和公共财政”，载于维多·坦奇（编）《向市场经济过渡财政改革论文集》，中国金融出版社1994年版。

杨雷：“财政分权中非正式财政收入的膨胀及其后果”，《上海财经大学学报》，2004年第3期。

约翰·希克斯（1969）：《经济史理论》（中译本），商务印书馆1987年版。

张宇燕、何帆（1997）：“由财政压力引起的制度变迁”，载于盛洪、张宇燕（主编）《市场逻辑与制度变迁》，中国财政经济出版社1998年版。

中国发展研究基金会：《公共预算读本》，中国发展出版社2008年版。

Allen, Richard and Dimitar Radev, “Managing and Controlling Extrabudgetary Fund”, IMF Working Paper, http://www.ifm.org/external/pubs/ft/wp/2006/wp 06286.pdf, 2006.

Buchanan, J. M., “The Demand and Supply of Public Goods”, Chicago: Rand McNally, 1968.

Caiden, Naomi, "A New Perspective on Budgetary Reform", *Australian Journal of Public Administration*, Vol. 48, No. 1: 51 - 58, 1989.

Caiden, Naomi, "Budgeting in Poor Countries: Ten Common Assumptions Re - examined", *Public Administration Review*, Vol. 40, No. 1: 40 - 46, 1980.

Caiden, Naomi, "Patterns of Budgeting", *Public Administration Review*, Vol. 38 (November/December): 539 - 543, 1978.

Caiden, Naomi, "Shaping Things to Come: Super - budgeters as Heros (Heorines) in the Late - twentieth Century", In Irene Rubin. Eds. *New Directions in Budget History*, New York: State University of New York Press, 1988.

Frant, Howard, "High - powered and Lower - powered Incentives in the Public Sector", *Journal of Public Administration Research and Theory*, Vol. 6, No. 3: 365 - 381, 1996.

IMF,《政府财政统计手册》, http://www.imf.org/external/pubs/ft/gfs/manual/chi/index.htm, 2001.

IMF, "Manual on Fiscal Transparency 2007", http://imf.org/external/np/pp/2007/eng/051507m.pdf, 2007.

Kelly, Janet M., "The Long View: Lasting (and Fleeting) Reforms in Public Budgeting in the Twentieth Century", *Journal of Public Budgeting, Accounting & Financial Management*, Vol. 15, No. 2 (Summer): 309 - 326, 2003.

Kraan, Dirk - Jan, "Off - budget and Tax Expenditures", *OECD Journal on Budgeting*, Vol. 4, No. 1, 2004.

Martinez - Vazquez and Boex, "Budgeting and Fiscal Management in Transitional Countries", Working Paper, http://unpan1.un.org/intradoc/groups/public/documents/UNTC/UNPAN017673.pdf, 2000.

Meyers, Roys, "Is There a Key to the Normative Budgeting Lock?" *Policy Science*, Vol. 29, No. 3: 171 - 188, 1996.

National Democratic Institute for International Affairs, "Legislature and Budget Process: An International Survey", http://ibp.forumone.com/resources/library/topics.php? id = 3& name = Budget%20Process, 2003.

Schick, Allen, "Off - Budget Expenditure: An Economic and Political Framework", *OECD Journal on Budgeting*, Vol. 7, No. 3, 2007.

Schick, Allen, "The Changing Role of the Central Budget Office", *OECD Journal on Budgeting*, Vol. 1, No. 1, 2001.

Wildavsky Aaron and Naomi Caiden (2004), *The New Politics of the Budgetary Process* (5th ed.), Peking University Press, 2006 年版（影印本）.

World Bank, "Public Expenditure Management Handbook", http://www1.worldbank.org/publicsector/pe/handbook/pem98.pdf, 1998.

2

全口径预算管理：国际经验与比较分析

- “全口径预算”在国际上并没有对应的提法，但从我国提出“全口径预算管理”的目的或基于这一概念的实质来理解，实行全口径预算的焦点，所对应的即是政府的预算外活动
- OECD 推荐的十条预算原则，应当作为现代各国应当遵循的基本原则
- 按照相关国际组织的意见，政府的预算外活动应当在预算过程中得以体现，或者说纳入预算管理程序中。这是一个重要的原则性问题
- 受各国国情、政府管理体制及预算制度差异的影响，政府预算外资金的具体表现形式和统计口径不尽相同
- 不同国家政策决策机制不同，面临的社会、经济问题各异，政府设立预算外资金的动机、过程、程序不尽相同
- 与政府预算内收支类似，政府预算外所控公共资源同样存在预算权力在政府立法和行政分支之间以及预算义务、责任在政府行政内部不同分支、不同级次之间的分配
- 将政府各类收支全部纳入权力机关的监督范畴，接受严格的预算审查或法律监督，应当成为世界各国政府公共预算改革的方向和趋势

FCBM：International Experiences and Comparative Analysis

- Although the term FCBM seems self – explanatory, catching on its objectives and essentials, in practice, we need to focus on the off – budget activities of government.
- In modern society, Countries should take the ten principles recommended by OECD as the fundamentals in budgeting.
- In accordance with the international organizations' viewpoints, the Government's extra – budgetary activities should be incorporated in the process of budgetary management, which is an important principle.
- In countries with various administrative and budgetary management systems, the concrete manifestations and the statistical measures of extra – budgetary funds are diverse.
- Different countries hold the different motives and administrative procedures for EBFs, because they are in different mechanisms of decision – making and face different social and economic problems.
- For the public resources controlled by extra – budgetary activities, similar to on – budget government revenue and expense, budget powers need to be distributed between legislatures and administrations, as well as budget obligation distributed among different branches and levels of administrative departments.
- It should be the goal and tendency of all countries' public budget reform that incorporates all the government income and expenses into the legislatures' supervision and makes them accept strict budgetary audit or legal supervision.

2. 全口径预算管理：国际经验与比较分析

2.1 引　　言

上一章已经给出按照国际货币基金组织（IMF）、世界银行（World Bank）等国际组织所制定的推荐标准，政府公共预算应当包含的口径；也就是说，按照国际标准，“全口径预算管理”所涉及到的范围应当包含哪些。本章拟在上一章的基础上，着眼于总结若干国家在实施“全口径预算管理”方面的经验和遇到的问题，以期为中国走向全口径预算管理的改革提供参考。

“全口径预算”在国际上并没有对应的提法。如果从我国提出“全口径预算管理”的目的或基于这一概念的实质来理解，实行全口径预算的焦点，所对应的即是政府的预算外活动。

“预算外”应是与全口径预算相关的最为重要的一个词，英文中“Extra - Budgetary”和“Off - Budget”都可以与之对应，容易引起混淆。我们的检索发现，在大多数文献中对这两个词没有进行区分，也就是说其含义基本相同，可以互换使用，只不过不同的作者或者机构用词的习惯有所差异。在国际组织中，像世界银行、IMF 更习惯使用“Extra - Budgetary”一词，而 OECD 更习惯使用“Off - Budget”。另外需要特别指出的是，出现在美国每年的预算文件和报表中“Off - Budget”一词有其特定含义，仅指“社会保障信托基金”和“邮政服务基金”两类资金。

在一般情况下，“Extra - Budgetary”或“Off - Budget”两个词很少独立出现，大多数作为定语出现。按照我们的理解，由这两个词与其他词所组成的名词更具有实质意义。其后所跟的词不同，所指的范围就有所差异。按照 IMF 的用词习惯，常见的名词按其范围大小有：Extra - Budgetary Activities 或 Extra - Budgetary Transaction，指所有未包含在政府预算拨款文件中的政府活动（或交易），Extra - Budgetary Expenditure 指未包含在预算拨款文件中的政府支出；这三个名词所对应的范围基本相同，只不过从不同的角度阐述。Extra - Budgetary Funds（EBFs）的所指范围更小一些，可以翻译为预算外资金，是指由政府所有但未包含在预算中的资金，其资金来源主要来自专项税、收费和政府预算内收入的拨款等。

本章主要以比较分析各国预算外资金的由来、管理经验为主线，并将全球各国划分为发达国家、转型和发展中国家两种类型，以期为我国实施全口径预算管理提供国际经验借鉴。

2.2 全口径预算管理的国际概况

2.2.1 为什么要实行“政府收支全口径预算管理”?

在国际上对政府预算外活动的讨论中，也给出了为什么要关注预算外活动，或者说为什么要实行“政府收支全口径预算管理”的理由。我们可以从现代预算的基本要求上，对此加以探讨。

从预算的根本目的来看，需要实行全口径预算管理

正如前文所指出的，自19世纪以来，现代公共预算已是现代国家进行国家治理的基本制度。预算应当是政府经济社会政策的财务反映。为实现人民赋予政府的责任，政府需要采取适当且充足的方式从经济中筹集资源，同时要合理、有效地为实现政策目标配置公共资源。预算是政府财务计划的全面表述，是政府的主要经济政策文件，它指出政府计划如何使用公共资源以达到政策目标。立法机关审核预算的过程，实质上是代表公民对政府实行政策及其规划的审批。因此，如果一部分政府收支游离于预算体系之外，就意味着一些政府政策未经过公民及其代表的立法机关的同意，使预算未能完整地发挥国家治理基本制度的作用。

一部分政府收支游离于预算体系之外，将影响预算四大功能的发挥

按照OECD（2004）的总结，在现代国家公共预算应当实现四个基本目标，或者说四个基本功能：授权和财政问责功能、总额控制功能、配置功能、运作效率。为实现预算的四大功能，需要实行全口径预算。首先游离于预算体系之外的政府收支，意味着其没有经过立法机关的授权，立法机关以及人民也无法对支出机构进行问责。其次，存在预算体系之外的政府收支，使得决策机构无法全面评估政府活动的规模，所谓总额控制也成为一句空话，增加了国家的财政风险，容易导致政府的财政活动在长期内无法持续。其三，如存在预算体系之外的政府收支，决策机构就没有将全部政府收支统筹安排，一些资金就可能配置到低效的项目中，而一些急需资金的高效项目可能得不到充足的资金。最后，政府收支游离于预算体系之外，也使得支出机构缺乏适当的监督，可能使其运作效率降低，甚至发生腐败问题。

现代预算原则要求实行全口径预算

在现代公共预算逐渐形成和完善的过程中，逐渐提炼出一些被视为“经典”的预算原则。无论是过去还是现在，这些原则都是各国建立和调整公共预算制度需要遵循的基本原则，它在实质上指导着预算体制设计的各个方面，是各国预算体制的基石。当然，预算原则在历史上也不是一成不变的，它的演变反映了各国预算改革理念的变化。

OECD（2004）推荐的十条预算原则，应当作为现代各国应当遵循的基本原则①。这十

① 这十条原则分别是授权原则、以年度为基础原则、全面性原则、一致性原则、严格性原则、平衡预算原则、可问责原则、公开透明原则、稳定性原则、绩效原则。

条原则，是 OECD（2004）在对各成员国预算立法体系及其变革进行详细比较之后，对指导现代各国制定预算法律体系的原则进行了全面的梳理之后才给出的推荐性意见。其中，OECD（2004）认为授权原则应是跨越时代的预算原则，以年度为基础原则、全面性原则、一致性原则、严格性原则、平衡预算原则是应当保留下来的经典原则，而可问责原则、公开透明原则、稳定性原则、绩效原则则是现代预算原则。同时，OECD（2004）还认为这些原则虽然都重要，但是重要程度还是有所区别，其中授权原则、全面性原则、可问责原则，属于应当被写入各国宪法的预算原则。可以看出，如果一部分政府收支游离于预算体系之外，至少侵犯了预算的授权原则、全面性原则、一致性原则、可问责原则、公开透明原则等。

部分政府收支游离于预算体系之外，降低了国家的财政透明度

财政透明度是指政府应向公众公开政府的结构和功能、财政政策的意向、公共部门的账户和财政原则（IMF，2001）。财政透明度目前已经成为各个国际组织关心的重要问题。它一方面是加强国际合作的基础。对于发展中国家来说，增强财政透明度目前是吸引国际援助的一个基本条件；对于一些加入紧密合作性国际组织的国家来说，财政透明也是一个基本要求，例如欧盟对其成员国的财政透明度就非常强调。另一方面，财政透明度也是良好财政管理的基础（IMF，2001）。自然，预算体系囊括全部政府收支才是真正做到了财政透明。

2.2.2 “全口径预算管理”的国际标准

近年来，包括 IMF、世界银行、OECD 等在内的国际组织，一直致力于总结各国尤其是发达国家预算管理的经验，提炼一些政府收支预算管理的标准，并在全球范围内推荐这些标准，为此出版了很多指南。在这些国际组织的推荐中，预算管理的全面性原则，或者说政府收支做到全口径预算管理，一直是一个重点强调的问题。在这些国际组织的推荐意见中，并不否认各国预算管理在具体做法上的差异化。例如在标准的“法定预算”（或狭义预算）过程中，立法机构和行政机构权力的大小，依照不同的政体和法律传统，完全可以有所差异。在一些预算管理的大的原则或基本要求上，各个国际组织却有统一的要求。在全口径预算管理方面，重点是政府的预算外活动是否需要以及如何体现在预算过程中。

按照相关国际组织的意见，政府的预算外活动应当在预算过程中得以体现，或者说纳入预算管理程序中。这是一个重要的原则性问题。只有这样，一个有关政府政策的陈述和承诺，以及相应的资金来源和计划支出的全面图画才能得以完整体现。如 OECD 组织在其“预算透明度最佳实践”（2002）的第一条即指出，预算报告是政府的关键政策文件，它必须是全面的，包含所有政府收入和支出，以便对不同的政策选择进行评估。OECD 组织同时也指出，即使一些政府收支已经被永久性法案所授权，从提供信息的角度出发，这些收支的数字也应当同其他的政府收支一样，在预算中列示。IMF 的 2001 年和 2007 年版《财政透明度手册》，则不仅仅强调了预算应全口径的原则，还给出了如何在预算过程中处理政府预算外活动的框架。按照这一框架，像预算外资金、或有负债等带来的财政风险、准财政活动等，并不要求作为需要经过立法机关审批的狭义年度预算文件的一部分，但需要作为预算辅助文件，提供有关这些方面的声明和背景信息。

当然，所有预算外活动应当在预算过程中得以体现，并非要求所有预算外活动的政府收支，在预算程序上与“法定预算”完全一致。在这方面，各个国际组织针对各个具体的预算外活动，给出了一些具体建议。我们按照上章所给出的各种预算外活动的口径总结如下。

预算外资金①

Allen 和 Radev（2006）指出，预算外资金的存在，对于财政政策和财政管理两方面都可能带来问题。在财政政策方面，预算外资金的存在对于财政政策形成和分析都带来了挑战。由于一部分政府资金游离于预算过程之外，导致分析者无法准确判断政府规模、宏观税负的真实大小，也难以评估所有政府支出对于总需求、投资和储蓄带来的影响，由此决策者在确立财政政策时也面临困难。财政政策的透明度及其可持续性面临威胁。在财政管理方面，如前文所说，预算外资金的存在对于预算的几大功能都有所侵犯。由此，Allen 和 Radev（2006）建议，各国的预算外资金的改革（尤其是发展中国家），可以遵循以下几个步骤：

（1）应当有合理的经济和治理理由创立某类预算外资金，如果没有的话就应当将其撤销。

（2）一旦认为应当设立预算外资金，则应正确地设计和构造，以满足经济和治理合理性的要求，其中关键的是，资金的运作应当与其他公共部门相配合，尤其是要与"立法预算"合并到一个综合预算中，以确保其透明度和可问责。

（3）预算外资金的交易活动应当满足基本的财政管理要求，例如接受立法机关监督、满足适当的会计和报告标准、加强内部控制和外部审计等。建立和管理预算外资金应当有合适的法律框架。如果预算外资金是通过专项收益融资，则收入筹集的透明度、是否适度问题也应注意。最好的办法是将预算外资金的资金筹集交由征税系统负责。

Allen 和 Radev（2006）的建议在一些国际组织的正式文件中也得到了强调。OECD（2004）对预算外资金给出了两个指南。首先，预算外资金除非满足以下两个严格的条件，否则应尽可能避免：预算外资金应全部或大部分来自于专项税收；预算外资金的收支应当受到与常规预算一样的控制。其次，预算外资金的所有收支，应当完整地出现在提供给立法机构的预算文件中。预算外收支，应与常规预算收支一起并列出现在预算文件中。在 IMF 组织的《财政透明度手册》中强调，特别重要的是预算外资金的相关政府活动应当得到与预算拨款类似的纪律。应当有有关预算外资金管理问责相关的明确的规则和规定，也应当有类似于预算内资金的审计和会计标准。即使这些资源并不通过预算拨款过程，这些内容也应当体现在预算文件中。

税式支出②

IMF（2001、2007）的《财政透明度手册》要求，应将有关中央政府主要税收支出的声明，作为预算文件的一部分。声明中应说明，每一笔税式支出的公共政策目的、及其期限和预期的受益人。这是财政透明度的一项基本要求。IMF（2001、2007）同时要求，在可能的情况下应对主要税收支出进行量化，而且尽可能将税式支出的讨论，与一般支出合并起来。按照 OECD（2004）的要求，虽然税式支出不是真实的支出，但是也应当接受预算控制。这方面的要求有：关键性税式支出的成本应当准确估计，作为补充信息在提交给立法机关的预算文件中披露。为实现特别政策目标的税式支出应当与该领域的一般性支出综合讨论，以便立法机构判断。税式支出应当与常规支出同样看待，一些特别的评估程序，如应用于常规支出的项目评估，同样适用于税式支出。

---

① 预算外资金缺乏一个标准的定义。一般认为预算外资金应为政府所有，但并没有包含在年度总预算或预算文件中，一般也没有通过标准的预算程序进行管理的资金。它的资金来源包括专项税，以及如用户付费、来自于一般税收收入的补助等其他资金来源。预算外资金的一个典型例子是一些国家社会保障资金。

② 这是指在"正常的"税收结构之外给予优惠或减免所产生的支出。这些优惠和减免的目的是为了实现某些政策目标，它会减少政府征收的收入。由于可以另外通过补贴或其他直接支出实现这些政策目标，因此这些税收优惠或减免被认为相当于预算支出。一般说来，对税式支出的准确定义和估计，要求对正常的税基进行定义，并决定评估成本的最适当方式（如是按照放弃的收入，还是按照实现政策目标所需要的支出来核算税式支出）。

准财政活动[①]

准财政活动在很多国家都存在。IMF（2001、2007）认为，在可能的情况下应当量化和报告有关准财政活动的信息，将这些信息作为年度预算的辅助文件提交到立法机关。其原因在于，在准财政活动规模很大的情况下，预算差额不再是政府财政状况的一个可靠指标，官方政府收入和支出统计也不能准确反映政府的实际规模。准财政活动还可能带来隐含的或有负债，例如政府指示一家公共金融机构对可能影响其盈利性，并最终需要政府注资的一笔贷款进行担保，则可能产生或有负债。同时，由于准财政活动往往具有再分配影响，因此它们应当受到公众的监督。

或有负债[②]

IMF（2001、2007）认为，或有负债对于财政政策的影响往往是不确定的，因此准确量化存在困难。在这种情况下，预算文件中应当包括一项声明，说明造成或有负债的每一款项的公共政策目的、期限和预期受益人。这是财政透明度的一项基本要求。如果可能的话，还是应当对主要或有负债进行量化。

2.2.3 全口径预算管理的国际实践

从全球范围来看，还很少有国家能够完全遵循上文所讨论的“全口径预算管理”的标准。从目前情况来看，预算报告中包含或有债务与准财政活动的信息，还很少国家能做到，各国关注的焦点还在于预算外资金和税式支出方面。IMF在近些年对各国的财政透明度作了评估。目前已有80多个国家参与了评估。Parry（2006）根据这些国家提供的资料总结发现，目前预算外资金和税式支出还是各国财政透明度存在不足的两个重要问题。也就是说，多数国家在这两个方面还是没有遵守国际组织的相关推荐标准。具体而言，预算中能够广泛覆盖应覆盖的财政活动的，发达国家比例为92%，新型市场经济国家为56%，转型国家为45%，发展中国家为34%。例如，在报告税式支出方面，发达国家比例为92%，新型市场经济国家为56%，转型国家为0，发展中国家为11%。具体而言，可以分为发达国家和转型与发展中国家两类讨论。

发达国家：预算管理的一般情形

OECD（2004）指出，虽然所有国家都接受在年度预算中应全面覆盖所有政府收支的原则，但很少有国家立法限制预算外资金的产生。芬兰是个例外，对于预算外资金的设立有严格的标准。其宪法要求，依法设立预算外资金必须经过议会2/3多数表决通过。整体来看，在OECD组织中，欧洲大陆成员国中的预算外资金相对于其他国家更为多见，如捷克、法国、希腊、匈牙利、意大利和荷兰都报道有大量预算外资金。一般说来，预算外资金主要集中在社会保障、健康保健、交通、养老等领域。OECD（2004）指出，欧洲国家出现大量预算外资金的一个重要原因，是其工会运动较为发达的传统。这些国家预算外资金的一个典型代表是社会保障和医疗保健基金。在一些人看来，这些资金是社会筹集的（由雇员和雇主支付），它至少在一定程度上就像属于政府一样也属于雇员雇主。因此，这些资金的预算管理不应当与政府税收资金完全一样。现实中，这些国家的养老和医疗基金的管理委员会中，

① 这主要指中央银行、公共金融机构、非金融类公共企业（根据政府的指示）进行的财政性活动。在原则上，这些活动可以由特定的财政手段（例如税收、补贴或其他直接支出）来完成。这方面的例子有补贴的银行贷款、由企业提供的非商业公共服务等。由于这些机构并非一般政府部门，而其从事的活动是行使政府职能，因此这些活动称之为准财政活动。

② 这是指已达成的政府支出义务，但其时间和数量取决于某些不确定的未来事件的发生，因此它们目前还不是负债，并且如果具体的偶然事件不发生它们可能永远不会成为负债。或有负债可分为显性和隐含的两类。显性或有负债如政府担保的贷款，它是由非政府公共部门机构签订的一笔贷款但有政府提供担保，即在违约情况下政府将偿付未偿的任何数量。隐含的或有负债反映政府的非合同义务的负债，例如来自金融部门重组的潜在负债。

一般包含雇员、雇主的代表，其治理结构与一般的政府资金确实有所不同。

在盎格鲁—撒克逊传统的国家（如英、美等国）中，法律明确规定所有政府资金应纳入预算中，因此至少在理论上没有预算外资金存在的空间。如英国，其法律上已经采用了统一收入基金的概念。这至少可以追溯到1866年的英国《国库和审计部法》，法律要求所有政府收入应当进入统一的基金，而该基金的所有支付均需立法机关批准拨款。尽管如此，这些国家还是存在一些经过立法机构授权，存在于统一基金之外的资金。当然，在这些法律作强制要求的国家，其预算外资金的规模还是小于法律没有作要求的国家。

OECD 各国的预算管理

就OECD各国存在的预算外资金而言，一般说来都是有明确的治理框架，预算外资金大都在预算体系之中有所体现，当然各国的具体做法还有所差异。例如，所有OECD国家均建立了公共养老金或其他社会保障基金，以及其他行使政府职能的预算外基金。一般说来，这些基金都有相关法律特别规定资金的用途、资金来源以及治理结构。这些资金也会有预算，首先要治理机构的审批，至于是否要议会批准，在不同国家是不一样的。

（1）立法机关不批准，也不要求定期报送资金的收支情况，如法国在20世纪90年代就存在类似预算外资金，仅由行政机关控制，但2001年的预算组织法已经改变了这一状况。

（2）立法机关无须每年审批该类资金的每年收支预算，但要求告知。这在OECD国家是最为普遍的，一个例子是美国的Off－Budget。

（3）立法机关审批基金的收支，但是与年度预算分开。例如法国在1996年要求社会保障基金的预算每年必须由卫生部长（注意不是财政部长）报告。与常规预算不同，立法机关并不限制这类资金的具体用途，仅在年度预算中审批这类资金的缺口，因此其实质意义也不大。

（4）将预算外资金视同年度预算的一部分进行审批，就像预算内资金一样。例如英国的养老和社会保障资金是预算内。各种养老基金和未设立基金的养老计划，或者是统一基金的一部分，或者虽然有独立的法律地位，但是还是被清楚地列示在年度预算中①。不过需要注意的是，这部分资金虽然包含在政府的总支出中，但是其是非投票部分（non－voted outlays）。因此它们仅形式上出现在统一基金法和拨款法中，实质上并不需要投票表决进行审批。

总结来看，在OECD国家，目前预算外资金无论是否包含在预算中审批，这些资金的总收总支应当告知立法机关。尤其是欧盟组织成立以后，对于其成员国的财政收支情况有严格的要求。在这种情况下，财政收支的口径是什么，尤其是政府预算外活动如何处理就需要一个明确的标准。在这方面，欧盟组织要求其下属成员国的预算外资金必须被视为中央政府预算的一部分。一些国家为适应这种要求，在近些年来也发动了预算改革。例如法国2001年开始的预算改革，就明确提出要改革预算外资金，将其纳入预算之中。在改革之前，法国存在大量由财政部和其他行政部门掌握的预算外资金，这些资金并不需要议会审批即可拨款，需要议会审批的资金比重很低；改革之后，要求所有资金进入国库单一账户，接受议会审批。

美国的预算管理

在欧洲国家之外，美国的预算口径变化，尤其是其“预算外（Off－Budget）”的变化也很有启发意义②。前文已经提过，美国的预算文件中正式有“预算外（Off－Budget）”一词。在美国，1921年的《预算和审计法》正式规定了预算过程，创造了总统预算管理办公

---

① 不过，英国的贸易基金确实属于预算外。

② 有关这部分内容的具体介绍，可参见 http：//www.ssa.gov/history/Budget Treatment.html。

室（OMB），即主要由总统以及预算办公室负责制定年度预算，并经过特定的程序提交给国会。在当时，美国联邦政府已经管理超过150个不同的信托基金，关于这些信托基金的预算规定在当时发生了很多变化，一般是分散地在联邦预算中列示。1935年开始设立的社会保障计划的资金（1939年设立社会保障信托基金）也是作为预算的辅助文件列示。按照今天的术语这些即是“预算外（Off－Budget）”，这种情况一直延续到1968年。自1968年开始，约翰逊总统提交的1969财年的预算中，开始将包括社会保障在内的所有信托基金包含在一个“统一预算（Unified Budget）”中。其原因是在当时，美国的联邦预算采用了三个独立且相互不一致的预算计算方式，导致了预算概念的混乱。例如预算赤字究竟有多大，采用不同的计算方式数字差异很大，这使得在政策辩论中常常陷入这些概念之争。于是，约翰逊总统于1967年任命了一个总统预算概念委员会，探讨解决之道。委员会的主要建议即是采用一个单一的、统一的方式编制联邦预算，即编制预算时要将政府的每项功能和活动放在一起，以便评估政府的财政状况。按照今天的术语，那些以前是预算外资金的都变成预算内（On－Budget）了。

美国自1968年开始的预算编制方式一直持续到1985年。到了20世纪80年代，美国的社会保障出现了财务危机，因此成立了一个跨党派的社会保障改革委员会研究这一问题。委员会出具的报告认为，改变社会保障项目的筹资和支出标准，应当仅限于满足社会保障项目本身的需要，而不应当出于平衡政府预算的目的。因此委员会建议，应当让社会保障基金变成“预算外（Off－Budget）”，而不应当与其他政府资金一样对待①。由此，1983年由里根总统签署的社会保障修正案中，就规定到1993年，社会保障基金应当被视为预算外。在实际实施过程中，1985财年开始，社会保障和Medicare基金就开始被视为预算外。1985年美国通过的《平衡预算与紧急赤字控制法》，加强了对预算赤字的控制。按照这个法案，一旦预算赤字超过，所有政府支出项目应当接受扣减，但社会保障基金仅在计算政府预算赤字时应当包含在内，并不受整体预算削减的约束。到了1990年，《预算执行法》进一步规定，社会保障计划以及Medicare基金中除一些老年医疗保险的部分之外，不仅仅被视为预算外，而且在计算政府预算赤字时也不将其包含在内。目前，在美国与社会保障基金类似的还有邮政服务基金，也被列为预算外。从这里可以看出，美国像社会保障基金这样由“预算外”变成“预算内”，最终又变为“预算外”的过程，并没有在实质上改变其作为一个专款专用基金的特点，也没有改变其须在预算文件中列示的这一要求，最主要发生变化的还是会计和统计口径上。而这种变化背后，反映的是美国维护社会保障基金安全，以及控制预算赤字的要求。

日本的预算管理

日本的预算管理在发达国家中也有其特色。日本的《财政法》明确要求所有政府收支应纳入年度预算中。但日本的预算被分为一般会计预算、特别会计预算和政府附属机构预算。这些预算还是分开递交到国会审批，并没有文件显示总的预算数字。其中，一般会计预算包含所有的政府机构，特别会计预算在2004年有31个，政府附属机构预算包含了9家企业。《财政法》要求，特别会计预算必须依照法律设立，政府创立这些特别会计预算的主要目的，是执行特别项目、管理特别资金或是管理与一般账户分开的资金。所有特别账户预算也必须国会审批后才能拨款。每个特别账户预算一般都有自己的专门资金来源，一些账户可以从一般账户获得资金或向一般账户借款。例如，政府的贷款项目就是通过一个特别账户管理（财政贷款资金特别账户），国家养

① 报告中表明，这一意见并非是所有委员会成员的一致意见。

老金和医保的资金也作为一个特别账户管理。

与许多发达国家不同的是，日本的预算体系所涵盖的机构范围要广，不仅仅限于政府机构。日本的法律允许特别预算用于那些在一般政府范围之外的机构，一些政府附属机构的预算由立法机关审批，而另一些却无须这样。许多政府附属机构也按照特别的法律设立，它们大都从中央政府接受补贴，但一般说来其是独立的，其预算无须国会批准。然而，七个公共金融公司和两家银行，由于其主要执行政府政策，因此其预算也需要国会批准。需要注意的是，这九个政府附属机构按照IMF的定义，并非一般政府部门的一部分，它们的活动应当是一种“准财政活动”。其他的国有企业的预算或财务计划，按照法律规定，应当由主管部门和财政部审批。

转型和发展中国家

与发达国家不同，转型和发展中国家的预算制度差异较大。一些国家由于历史原因，或者近些年来在国际组织的支持下发起了力度很大的改革，建立了良好的预算体系；而另一些国家的预算体系则问题众多。在预算的覆盖范围方面，转型和发展中国家一般较发达国家而言更窄。例如从上文 Parry（2006）所给出的结果看，转型和发展中国家的预算外资金，很多还没有体现在预算文件中；税式支出、或有负债以及准财政活动方面，这些国家大都还没有启动相应的改革。

这些国家在实现“全口径预算管理”方面进展缓慢的原因，既有发展阶段问题，也有制度背景问题。在转型国家中，其现代预算体系建设受制度背景的影响更为突出。Martinez 和 Boex（2000）指出，转型国家的预算改革起点是计划经济时期的预算制度。在计划经济时期，预算在国家管理中处于次要地位，它往往只是起转换政府经济计划的作用。也就是说，预算制度从来不是独立的，只是处于从属地位。这样的改革起点也决定了，在实施转型过程中，这些国家的财政部门以及立法机关的预算权力得不到充分的保证。整个预算体系的程序执行和控制都比较松散。在计划经济时期，公共部门与私人部门的区分不太重要。更为常见的情况是，政府机构常常除其预算安排的任务之外，还涉足到市场经济活动中，而这些活动的资金和核算常常是通过预算外资金（EBF）进行。也就是说，在计划经济时期，执行机构的预算外活动也大量存在，一些机构甚至存在大量的预算外账户。中央预算机构对于预算外活动一般也不加以严格控制。

Martinez 和 Boex（2000）总结指出，在从计划经济向市场经济转型过程启动之后，转型国家往往是受到宏观经济形势恶化的压力，如预算赤字加大，通货膨胀的情况下才启动预算体系的改革。在改革的初期，为控制预算赤字，采用的手段一般是加强对执行机构的严格支出限制。然而，由于转型国家公共部门与私人部门的界限不明显，加上预算体系的不完善，这些机构也有种种手段来应对，其突出的表现就是将许多资金转化为预算外资金。这包括将一些应纳入预算内的税收或收费放到预算外账户，或者要求设立预算外资金，使其行为合法化。有时候，上级政府机构往往将其预算压力向下转移，即安排下级机构相应的任务却不匹配相应的资金。这也导致其无法有效控制下级政府的预算外活动。除此之外，一些机构还采取预算欠款等方式，或者贷款担保等方式完成其支出任务，从而造成隐性负债等问题。

这种情况也说明，在转型国家要想实现财政体制的改革，有效控制政府机构的支出规模，需要以预算的全面覆盖为基础，或者说实现全口径预算。在20世纪90年代末期，一些转型国家在这方面发起了力度很大的改革，突出的表现就是整治预算外资金。主要的手段包括将预算外资金纳入预算内，减少其数量；消除各个机构的预算外账户；要求将政府担保之类隐性债务在预算文件中报告等。像哈萨克斯坦1999年的预算法就规定，各级政府的预算外资金应当全部消除。当然在实际操作中，这一点很难做到，一般是完成部分，剩下的部分要求其在常规预算文件中报告，使立法机关可以知道。一些国家在这一方面取得了不错的成就。例如，1999 年亚美尼亚将其原来的 358 种预算外资金，减少到仅剩下 100 种。更为突出的一个例子是保加利亚①。其 1996 年的预算法引入了综合预算的概念，为治理预算外活动奠定了一个法律框架。按照法律规定，在 1997 年至 1999 年之间所有预算机构（超过 1200 个）的预算外账户都必须停止使用，预算外资金的种类要从原来的超过 70 个，减少到大约 20 个左右。同时，剩下的预算外资金应当包含在给立法机关的预算报告中，其会计、内控、审计和报告的标准应当与一般预算类似。其最大的预算外资金——社会保障和健康保险基金的资金筹集任务也交给税收机构负责。总结来看，正如 Martinez 和 Boex（2000）的说法，部分转型国家近年来在预算外资金等直接的政府支出方面已经取得了较好的治理成效，但是在一些间接政府支出，如税式支出方面进展不快。

2.3 政府预算外资金的规模及其产生根源

2.3.1 预算外资金的特征

在以上所列举的各类预算外活动中，预算外资金（Extrabudgetary Funds）由于其资金数额巨大，且直接涉及到政府的资金收支，因此在国际上受到广泛关注。相对于其他预算外活动，在各国的预算改革中，预算外资金是最先受到重视，也是最受关注的部分。IMF 的两位专家 Allen 和 Radev（2006）系统总结了全球范围内预算外资金管理的相关问题。他们发现，在不同发展阶段的国家中，预算外资金均占到中央政府支出的 40%—45%（其中约 2/3 是社会保障资金），由此可见预算外资金的重要地位。

正如前文所指出的，关于预算外资金的标准定义并不存在，不同机构和学者对其具体范围界定的表述并不一致。在 Allen 和 Radev（2006）的定义中，预算外资金被认为是“通常拥有独立的账户和制度安排，没有包含在年度政府预算法案中的一般政府交易”。Kraan（2004）将预算外资金界定为由政府所有，但并非预算一部分的特别资金，它的资金来源包括专项税，以及其他的资金来源如收费、来自于一般税收收入的补助等。在 OECD 组织编制的“最佳预算实践指南”（2004）中，基本上延续了 Kraan（2004）的说法，只不过对于预算外资金的“政府所有”进一步细化，指出这种所有应是经济上所有，而不一定是法律上所有。IMF（2001）主要将预算外资金与政府的“法定预算”（Legislative Budget，即相关拨款法案经过立法机关审批通过才能生效的预算，或者说前文所指的狭义预算）相区分，强调预算外资金没有包含在政府的年度预算中；其资金来源应与年度预算有差异；在接受审查和遵循会计标准方面与年度预算有差异。在较早的时候，IMF 的两位专家 Potter 和 Diamond（1999）则强调了预算外资金的几个特征：政府所有；没有包含在预算总数字或预算文件中；典型情况下没有遵循常规预算的执行和控制程序等。

总结以上可以看出，由于在国际上预算外资金的情况较为复杂，不同机构和学者关于预算外资金的具体表述有所不同。但是，我们还

① 参见 Allen 和 Radev（2006）。

是可以通过比较这些界定，总结出有关预算外资金的几个基本特征。这些基本特征也已体现在前文预算外资金的定义中。

预算外资金应是政府所有

也就是说，预算外资金应是一般政府部门实际控制的资金。私有部门或者国有企业所有的资金并非预算外资金。

预算外资金应没有包含在年度预算之中

这一点是理解预算外资金的关键之处，也是存在争议之处。问题的核心是如何理解“包含在年度预算之中”。一种意见认为，只要出现在提供给立法机关的年度预算文件中，即是包含在年度预算之中；另一种意见认为，所谓某类资金“包含在年度预算中”，不仅仅要求其出现在预算文件中，更重要的体现是立法机关有对其进行讨论决定其使用用途和额度，并进行年度审批的权力。按照后一种意见，所谓包含在年度预算中，应是指包含在“法定预算”或前文所指狭义预算中。有关这种区分的一个例子是一些国家的“权利性支出”或强制性支出，如养老金等社会保障支出，这些支出资金也出现在其预算文件中，但其使用一般由特别法律规定，立法机关在实质上没有对其年度审批的权力。那么，按照第一种意见这种资金不是预算外资金，而按照第二种意见则是。就已有文献来看，第二种意见是主流看法。例如世界银行2007年出版的著作《Budgeting and Budgetary Institutions》中，就将立法机关是否对资金有年度审批的权力，视为判断该笔资金是否为预算外资金的清晰标准。

预算外资金的执行、管理和控制程序与“法定预算”资金存在差异

典型的如“法定预算”资金需要经过立法机关年度审批之后才允许拨款，而预算外资金则往往是按照特别法律规定就可以发生支出。再例如，预算外资金的账户管理、会计报告、外部审查等都可能与“法定预算”不同。不过，在不同的国家，这些差异的程度会有所不同。一般说来，在发达国家，两者之间的差异程度较小，而在发展中和转型国家则可能很大。

预算外资金的来源与“法定预算”资金有所差异

其中，来源差异主要是政府的专项税收或用户付费。这体现出预算外资金往往有“专款专用”的特点，即其资金来源有专门的渠道。当然，很多预算外资金的来源也可能是来自于一般预算收入的拨款。

2.3.2 预算外资金的具体表现形式

受各国国情、政府管理体制及预算制度差异的影响，政府预算外资金的具体表现形式和统计口径不尽相同。这从以下美国、英国以及转型国家（匈牙利、保加利亚等为代表）的例子中可以看出。

美国

美国政府预算外收支活动主要以预算外资金的形式存在。美国预算管理委员会（GAO）规定所谓预算外资金是指依法律规定，不列入总统预算提案和国会正常决议案的联邦基金或支出[①]。目前，美国预算外资金主要包括社会保障信托基金和邮政服务基金。其中，社会保障基金由联邦残疾保险基金、联邦医院保险基金、联邦老年和遗属保险基金、联邦补充医疗保险基金、铁路退休基金以及失业保险基金等6项基金构成。

除了将公共机构（实体）列为预算外方式，信贷市场是美国政府脱离一般预算监督的重要渠道（表现为广义的预算外收支）。政府以向授权的私人部门提供债务担保的方式，扩展政府控制资源的能力。大量联邦政府资助的

① DiLorenzo, Thomas, "Putting off - budget federal spending back", February 28, 1985, http://www.heritage.org/research/budget/bg406.cfm.

个人所有企业（联邦国家担保协会、美国房地美、房利美等）都是政府的表外借款人①。

英国

以英国②为代表，包括澳大利亚、新西兰、爱尔兰等国，政府预算外收支的主要实体称为半官方机构（quangos）③ 或非部属公共机构（Non – Departmental Public Bodies）。这些独立性的机构和组织承担和执行大量的政府职能（独立管制、政策建议、研究、判决、申诉、商业和健康服务等），但不是也不属于政府部门，与政府各部委之间按公平原则进行交易，收支不进入统一的预算，不受正常拨款程序影响；尽管脱离政府预算，能独立做出商业决策，但 NDPBs 不满足私人所有的条件，在财政上依赖政府支持，机构主要领导由政府派遣担任。依据其具体功能安排，英国的非部属公共机构（NDPBs）可分为以下四类，如表 2 – 1 所示：

表 2 – 1 英国非部属公共机构（NDPBs）

类型	形式及主要任务
咨询类 NDPBs	由多个委员会构成，主要负责为部长们制定特定领域政策提供独立和专业的建议。接受服务的部委往往会为委员会配备一个秘书，并承担其支出。例如，低薪委员会、公众生活标准委员会等。
行政类 NDPBs	这类 NDPBs 依法令成立，其任务主要是执行行政、管理、监管或商业职能。它们运行具有一定独立性，自行雇佣雇员，分配预算，接受委员会而非部长们的监督。部长依据《公共拨款委员实践准则》进行拨款。例如，环境署、地区发展署、国家博物馆或艺术馆等。
审裁类 NDPBs	这类 NDPBs 在法律领域拥有权限。它们与审裁服务部（司法部的行政部门）并列，接受行政司法和审裁委员会（司法部资助的 NDPB）监督。例如，就业审裁。
独立监督委员会	曾经被称为"监事会"，主要负责监督监狱的状况、管理以及犯人的待遇问题。英国内政部负责其费用支出。

资料来源：英国内阁办公室，《公共机构：部门指南》，www. civilservice. gov. uk。

截止 2007 年 3 月 31 日，英国共有 827 个由政府资助的非部属公共机构。其中，203 个行政型 NDPBs、441 个咨询性 NDPBs、34 个审裁型 NDPBs 和 149 个独立监管委员会（监狱、移民遣送中心和移民拘留处）。在 2006—2007 财年，仅行政型 NDPBs 的总支出就超过了 370 亿英镑。其中，大约 310 亿英镑直接来自政府，剩下部分主要通过费或国家彩票基金、欧盟补贴等方式筹集。而咨询类、审裁类 NDPBs 以及独立监督委员会则很少有支出项目，它们往往依赖于相关部委提供资金支持。

转型国家

由于各转型经济体市场化程度以及财政预算改革进程不一致，各转型国家政府预算外收支口径存在着很大差异。加之统计标准的不同，要全面统计转型国家政府预算外收支规模有一定难度。仅以公立机构为例，公立医院、公立学校等大都属于政府职能的范畴，但在现实统计中，往往是依据这些机构自身的经济性质、商业趋向以及融资来源，或列入"一般政府部门"，或归为不进预算程序的独立法人实体。没有统一标准以及标准实施的弹性在一定

① James T. Bennett and Thomas J. DiLorenzo, "The Underground Federal Government: Bane of the Balanced Budget?" https://www. cato. org/pub_display. php? pub_id = 885&full = 1.

② 根据英国向 IMF 提供的 GFS 数据显示，部门、司法、君主、国家保险基金、非部属公共机构以及国会均属于预算外单位/实体。

③ NDPBs 是 Quangos 的官方用语。在 1979 年的 Pliatski 报告中，政府采用了 NDPBs 替代了常用的 Quangos。

程度上是造成转型国家预算外资金的口径差异的重要因素。从整体趋势看，各转型国家预算外收支规模在逐步减少，其管理范围和统计口径在本国预算法律或是财政法规中逐渐得以限定和规范。表2－2给出了几个转型国家预算外资金的概况。

表2－2 转型国家政府预算外资金

国家	预算外资金情况	
	改革前	改革后
匈牙利	存在35个独立于中央政府监管的预算外资金。这些资金或来源于预算外的专项收入，或来源于使用者收费。	1995—1998年间，在国家审计办公室的建议下，除了劳动市场基金以及中央核基金2个基金外，匈牙利将其他所有预算外基金均纳入正常预算程序。另外，2004年，该国新设用于高校和其他科研机构的“研究与技术创新”基金、用于支付保险免赔的“国家基金”等两个预算外基金（OECD，2004b）。加上2005年新增基金，匈牙利目前共有5个不进入年度预算的预算外资金。而已进入预算的“预算外资金”占GDP3%左右①。
亚美尼亚	1999年7月，预算外资金数量358个。	到1999年12月，预算外资金数量减少为100个（IMF，1999）。根据GFS数据，预算外单位/实体包括多个政府非营利性组织，例如学校、医院和高校等。
哈萨克	—	按照规定取消部分政府部门预算外资金，而保留的预算外资金逐步纳入预算内，进行规范化管理。依据GFS数据，现有预算外单位仅包括哈萨克共和国国家基金。

资料来源：Dirk－Jan Kraan，Daniel Bergvall，Ian Hawkesworth and Philipp Krause，“Budgeting in Hungary”，*OECD Journal on Budgeting*，Vol.6，No.3，2006.

2.3.3 预算外资金的规模

Allen和Radev（2006）利用IMF的政府支出统计数据，计算了一些国家的中央政府预算外资金所占比重，结果如表2－3②。从总体来看，所有国家中央政府的预算外资金的比重都非常高，其占政府支出的比重高达43.6%，其中的30.2%是社会保障资金。如果进行具体比较，有如下发现：

各国都普遍存在预算外单位（Extra－Budgetary units/entities）

这些机构是预算外资金运作的主要实体，多出现在各国中央政府层面。依据IMF统计的125个国家中，仅有20个国家没有依法设立的预算外单位或实体（另有包括中国在内的5个国家没有报告相关信息）。大量的预算外单位以专项基金形式存在，并以教育（包括公立学校）、健康、农业等机构为主。从表中可见，发达国家所有预算外资金占政府总支出的比重高达50%，占GDP的比重也达到17%；发展中国家所有预算外资金占政府总支出的比重也达到40%，占GDP的比重达到8.2%。

主要差异体现在社会保障资金上

依据GFSM2001的标准，社会保障基金满

① 根据匈牙利向IMF提供的GFS数据中“预算外单位/实体”则包括了CASA公司、中央核金融基金、劳动市场基金、国家道路建设公司、参股管理公司（Participation Management Co.）、国家债务管理公司、国家私有和财政管理公司、国库公司以及各种非营利性机构、公共基金和公共非营利性公司。

② 由于在全球范围内，预算外资金的准确统计还是一个较为困难的问题，表中计算社会保障资金与其他预算外资金的样本并不完全相同，因此前面所有预算外资金的比重仅是估算。表中所列数字均是针对中央政府。

足预算外"实体"的基本要求，"拥有自身资产、能独立承担债务、使用独立账户从事金融交易，与政府机构其他活动相分离"，因此，IMF进行年度政府财政统计时，更倾向于将社会保障基金认定为预算外资金（IMF，2001a），而单独分列。

在125个统计国家（地区）中，仅有19个国家没有设立社保相关方面的基金（另有包括中国大陆在内的4个国家地区没有数据）。依据表2-3，在政府预算外资金中，社会保障基金（假定依据国家通行规定，所有国家社会保障基金都为预算外）的比重都很高，这种趋势在发达国家和发展中国家是一致的。发达国家，社保基金占其总支出的35.6%，占GDP的12.5%；而发展中（转型）国家两比重显著减小，分别为26.2%和5.4%。

其他预算外资金占政府支出的比重相差很小

在其他预算外资金占政府支出比重方面，发达国家和发展中国家相差很小；不过按占GDP比重来核算，发达国家则高出1.6个百分点。

表2-3 预算外资金规模国际比较

国家类型	所有预算外资金（估算）		其中：社会保障资金		其他预算外资金	
	占政府总支出比重	占GDP比重	占政府总支出比重	占GDP比重	占政府总支出比重	占GDP比重
发达国家	49.9	16.9	35.6	12.5	14.3	4.4
转型和发展中国家	39.4	8.2	26.2	5.4	13.2	2.8
所有国家	43.6	11.5	30.2	8.4	13.4	3.1

资料来源：Richard Allen、Dimitar Radev，"Managing and Controlling Extrabudgetary Funds"，*OECD Journal on Budgeting*，Vol.6，No.4，2006.

2.3.4 预算外资金的分类

如此庞大的预算外资金，按照Allen和Radev（2006）的观点，可以从三个角度对其进行分类。

按照资金的用途进行分类

这可以分为：

（1）特别资金（Special funds）。这类预算外资金的用途及其资金来源通常由专门的法律规定，资金来源一般是特别税收和其他类专项政府收入等。常见的例子如社会保障基金、健康基金与道路基金等。

（2）发展资金（Development funds）和配套资金（Counterpart funds）。一些国家（尤其是发展中国家）往往有外部捐赠（有时也是内部资金）支持一些经济社会发展项目，而这类资金往往被设计为预算外资金。有些国家还为外部捐赠配套一些资金，这些配套资金也成为预算外资金。

（3）应急资金（Contingent funds）、沉没资金（Sinking funds）、轮转资金（Revolving funds）。这些预算外资金主要是针对预算体系的一些内部问题而设计。很多国家都为应对紧急情况或未预料到的支出而设置应急资金，为定期偿还债务而从税收或关税中剥离出一部分设置沉没资金。在一些国家，其部分政府职能行使所需的资金可以通过对商品和服务的收费、借贷等得到补充，而这些收入可以维持相关机构的运转，为避免每年对其进行预算审批，也往往将这些资金设为预算外。

（4）稳定基金（Stabilization funds）、储蓄基金（Saving funds）、筹资基金（Financing funds）。一些自然资源丰富的国家常设置这类

预算外基金。例如在很多石油出口国，往往为平衡油价波动对政府收入的影响，设置石油稳定基金；或者将当前来自于石油的政府收入积累下来留给下一代，设置石油储蓄基金；或者将部分石油收益不安排具体支出，仅用于平衡总预算，设置筹资基金。

（5）交易基金（Trading funds）。一些国家还为了政府各类交易活动的方便，设置交易基金让其自我融资。

（6）其他预算外账户（Miscellaneous funds，包括秘密基金）。除以上之外，一些还有各类由政府部门或机构掌握的预算外账户等，包括各类秘密基金，由部长或指定官员负责使用安排。

按照资金的来源分类

即从收入的角度进行分类。这包括专项政府收入（Earmarking Revenues，例如社会保障税或缴费）、来自于预算内资金的拨款、用户付费、金融和非金融资产的出售（包括私有化收益）、商品和服务的出售、借款、捐赠资金。

按照制度设计分类

即从管理机构的角度进行分类。这包括由财政部或国库集中管理的资金，由其他部委或其支出机构管理，由自治机构管理三类。

2.3.5 预算外资金产生的原因

上文已经表明，无论是发达国家还是发展中国家，预算外资金都大量存在。其原因是什么？按照 Allen 和 Radev（2006）的总结，这方面的原因可以归结为以下几个方面。

理论依据

至少自 17 世纪开始，一些思想家就提出了税收的受益原则。这后来还成为诺贝尔经济学奖得主布坎南公共选择理论的一个理论基础。这一原则要求，人们应当按照其从政府支出中的受益大小支付税收，由此纳税人可以更清楚决定政府的规模和范围。这意味着，一些政府职能的实现，应当由受益人支付费用，其资金来源应当是专项税收或付费等。这些由专项税收或付费产生的资金一般应是由专门的法律法规规定相关的管理程序，由此产生预算外资金。

当然，现实中很难区分每个人从政府支出中受益的大小，因此在整体上这一原则很难真正落实，但在一些政府职能上却得到体现。典型的例子是养老和医疗等社会保障支出方面。在很多国家，社会保障收支都是预算外资金，其资金来源主要是专门的社会保障税或缴费，资金的性质在一定程度上也被认为是属于缴费群体，管理程序上有别于常规预算的资金。这部分体现了税收的受益原则。

效率因素

预算的全口径并不意味着所有的政府支出都需要遵循相同的程序。法定的预算拨款程序在彰显其透明、严格和问责性优点的同时，也暴露出灵活性不够、成本较高等天然的缺陷。特别是对于收入金额和支出义务基本能够确定的项目，每年经过年度预算成本高。因此，出于提高效率的考虑，允许在不影响预算收支政策的制定以及预算支出失控的前提下，推行特殊的管理安排。

以发达国家为例，自 20 世纪 40 年代之后，政府的职能范围扩张很快，由此也导致政府的规模越来越庞大。为应对政府职能的扩大，许多国家也开始将用户付费或收费等非税收入作为政府资金来源的一部分。自 20 世纪 80 年代以来，如何提高庞大的政府的运作效率在发达国家就成为一个受普遍关注的问题。前文所提到的发达国家为增加政府机构的运作效率，广泛开展了新公共管理运动，即是这一背景下的产物。新公共管理运动强调了公私合作共同提供公共服务，且注重在公共部门内部引入市场机制，传统的预算体制也发生了相应的改变。像很多 OECD 成员国推崇的代理机构模式（The Agency Model），采用外包的方式提供公共服务，这些代理机构本身就被设置为预算外机构。另外，许多国家更多地采用用户付费方式为公共服务筹资，在加强总额控制、绩效评价的前提下放松对预算明细项目的控制，下放预算执行中的决策权，赋予支出部门或机构灵活性，这些都导致在发达国家预算外资金也越来越多。

政治因素

这是指一些国家的部分政府收支的安排，即使从经济效率上看并无必要，但从争取广泛政治支持的角度也需要将其设置为预算外资金。具体说来有以下几个方面。一是为了保护政治上敏感的项目，避免其在年度预算中出于短期的考虑受到预算削减，或为了支持一些在社会共识上被认为非常重要，但在年度预算中融资不足的项目，需要设置相应的预算外资金。前者的一个例子是美国20世纪80年代将社会保障资金由预算内转向预算外，后者的例子如非洲国家的道路基金[①]。二是为应对各方对预算赤字的关注，将一些也需要从常规预算内拨付资金的项目转移到预算过程之外，从而在表面上降低预算赤字。三是为开征新税取得政治支持，法律规定其专门用于大家普遍关心的支出项目，比如开征健康税、环保税等。四是与一般认为应增强预算透明度的认识不同，一些预算外资金的设立就是为了降低透明度，避免公众的审查，这一现象在发展中国家较为普遍。

预算管理因素

在现实中，随着政府职能的扩大，常规预算体系可能无法应对一些政府活动的特殊问题，从而导致预算外资金的产生。这主要有：

（1）收支时间匹配问题。通常的预算年度一般是以一年为周期，少数国家推行了3年或5年的跨年度预算。但这对于某些项目的收支而言，仍无法全面衡量和反映政府未来可能承担的义务以及对政府收支活动的影响。最为典型的例子就是社会保障收支。例如，“社会保障”资金主要来源于在职居民个人和其所属企业的社会保障费（或社会保障税），实质上是政府为了维护社会稳定，要求本国居民在年轻时强制性储蓄；当职工退休后，政府再将职工（公司）积累的社会保障金返还给居民个人，以维持其基本的生活水平的行为。因此，“社会保障金”的累积表现为政府对职工未来的支出义务，从居民参加工作开始直至其退休跨度几十年。将社会保障收支纳入传统的预算程序，预算周期无法匹配，导致反映的信息不全面，无法为政府决策以及居民监督提供真实的数据支撑。诸如石油稳定基金、自然资源储备基金等涉及代际平衡的基金也都存在上述问题。

（2）“一般预算”的收支不匹配问题。一般预算的收入主要来源于一般用途的税收（例如公司税、个人所得税、增值税、消费税等）；预算支出的决定则是把所有支出项目和内容按照优先秩序进行排序，以决定政府支出方向和分配数量。这样导致结果就是，“急功近利”的政府项目或支出往往会得到更多的政府资源；而一些长期项目或是政府未来支出义务在与短期项目竞争时，往往得不到足够的重视，做不到未雨绸缪，而成为政府未来财政可持续的隐患。因此需要将这些长期项目设置为预算外。另外，一些国家的政府支出在各年之间可能较为平衡，但政府收入却波动很大，因此需要设置这些预算外资金平衡各年间的政府收支。

（3）预算管理复杂性问题。随着各国民主政治以及公共预算改革不断向前推进，要求政府预算的编制更为专业、更为精细成为一种趋势。而在政府职能日渐多元和复杂化的前提下，往往只有具体业务部委或是支出机构才清楚本部门预算的真实情况。没有足够预算专业人才和研究队伍的立法机构要完全掌握具体支出部门的预算比较困难。

另外，多数国家的法律规定，第二年的

---

① 一些研究表明，非洲的道路基金虽然出于加强基础设施建设的目的而设立，但很多国家的实际效果并不好。

预算只需在审批前几个月，甚至是1、2个月提交权力机构。因此，立法机构即使有预算审查的专业能力，也很难有充足的时间保证逐项仔细审批。这样，对于那些收入和政府支出义务基本固定的项目，被以法律的形式固化下来，不再进入每一年度立法预算审批，既简化了审批程序，也使得立法机构能将更多精力投入到弹性项目中，利于提高政府预算的配置效率。

2.4 政府预算外资金管理的国际比较

2.4.1 预算外资金设立背景与运作程序

不同国家政策决策机制不同，面临的社会、经济问题各异，政府设立预算外资金的动机、过程、程序不尽相同。

美国

在美国，一个项目是否被列为预算外资金，自我融资的本质以及运营灵活性的需要是其主要的理由。除此之外，还取决于各种利益集团（包括立法与行政部门、各党派之间以及游说集团等）的斗争以及多方利益的妥协。

根据《美国预算程序控制法》，美国政府联邦支出被分为任意性支出（discretionary outlays）和强制性支出（mandatory outlays）。为保护具有强制支出义务的项目不会在年度预算周期中由于政治敏感性被消减，往往将该支出项目从正常的联邦预算内划入预算外，形成预算外资金，脱离常规的拨款程序，也不经过诸如预算内支出那样严格的公共争议和预算审查过程。第二节中论述的美国“预算外资金”的概念的演变也说明了这一点。

现实操作中，伴随美国两大政党的斗争、立法与行政部门间的协调妥协，最终进入预算外或是纳入预算内的部分项目一直在调整。例如，1973年，美国国会就立法将美国铁路协会（U. S Railway Association）、农村电气电话周转基金（Rural Electrification and Telephone Revolving Fund）和农村电话银行（Rural Telephone Bank）自1973年开始纳入预算外；1974年，将邮政服务基金和养老金担保公司纳入预算外；1981年，里根政府时期又把“战略石油储备”划为预算外。从1992年开始，社会保障体系完全纳入预算外体系。相应的，出于对预算外收支规模急剧膨胀的担忧，美国政府也在不影响机构运作的前提下，将预算外（Off－Budget）实体纳入预算内（On－Budget），例如1976年进出口银行、1977年老年或残疾住房基金、1978年汇率稳定基金、1980年养老金收益担保公司等列入预算①。

英国

英国出现非部属公共机构（或称为Quangos）这类预算外实体来承担政府部分公共职能，主要归因于该类机构在提供某些特定公共物品或服务方面所表现出来的独立性与专业性优势。

英国政府提出，Quangos是非常必要和有价值的组织机构。现代化的政府需要各类专业性的人才和机构监管、运营公共企业，管理诸如广播、安全等公共生活领域；保持独立、中立的身份，代表公共利益，完成药品质量保障、食品、农业安全监管、仲裁审判等职能；

① DiLorenzo, Thomas ,“Putting off－budget federal spending back”, February 28, 1985 , http://www.heritage.org/research/budget/bg406.cfm.

摒弃政党分歧，提供专业技术性的建议等等。此外，NDPBs 独立法人实体的运营会比行政部门更具灵活性，它能建立合伙关系、制定商业决策，也能够对社会出现特殊状况或新需求迅速做出回应。

目前，典型的 NDPBs 包括：代表公共利益进行监管的"健康与安全执行局"、"食品安全局"；以提高和保障少数民族权益为宗旨的"公平机会委员会"、"种族平衡委员会"；执行公共服务和保障政府独立性的组织，如 BBC 和"选举委员会"；诸如"住房公司"、"公立大学"、"国立医院基金"、"学习与技能委员会"，提供或为公共服务融资的组织。

在英国，要设立一个 NDBPs 组织需遵循严格的标准。英国内阁办公室（Cabinet Office）颁布了《公共机构：部门指南》（详见表 2－4：英国非部属公共部门的设立条件），为规范非部属公共机构提出了总体性指导原则：

（1）设立一个新的 NDPBs，首先需要证明非部属公共机构是提供上述公共服务最合适和有效的方式：包括某些公共职能（例如管制功能、融资决策）是否需要由一个与相关部委保持相对独立性的第三方执行？部长进行决策时候，是否需要专家提供技术或专业意见？政府与其他利益集团是否需要建立合伙关系？从事某些商务活动时，是否要求决策委员会成员与政府保持一定独立性？

（2）在某些情况下，设立公共机构需要得到立法授权：该机构拥有收费的权力；或该机构拥有任何超越正常公司的权利（如准入权利）；或该机构在争议中，能做出具有约束力的判决等等；

（3）设立 NDPBs 时，需要清晰界定每一非部属公共机构与其资助部委之间的关系。以保证每个 NDPBs 适当的授权与独立性的同时，确保相应的部委和部长财政资金安排得当、规范、有效，且风险较小。

表 2－4　英国非部属公共部门的设立条件

类型	设立条件	设立或任命主体
行政类 NDPBs	在国王授权下，依据《国会法案》、《Royal Charter》成立或依据公司法案和捐赠法组建。具有独立的法律身份。	由相关部长或部长代理人设立，代表政府执行管理、商务、行政或监管职能。
咨询类 NDPBs	往往被视为皇权的一部分。若有独立的法律身份，一般需要依据主体法律或公司法案成立。	大多数情况下，由相关部长代理人、部长、总理或是女王任命委员会人选；也可自行任免。
审裁类 NDPBs	独立于正规法庭体系，为私人部门保护自身利益，不受政府或是公共部门行政行为或决议侵害，提供了上诉的渠道。一般依据法定条款运作。	2005 年后，司法委派委员会（JAC）负责任命新的审裁 NDPBs 的成员。
独立监督委员会	上述机构往往依据特定法律建立。例如监督狱政视察委员会（又称 Independent Monitoring Boards of Penal Establishments）是根据 1999 年《监狱条例》和 2000 年《少年犯条例》而设；非法移民遣返访察委员会（又称 Independent Monitoring Boards in Immigration Removal Centres）是按 1999 年《移民庇护法》和 2001 年《羁留中心条例》设立。	相关部门部长负责委任，例如监督狱政视察委员会就由内政大臣按照 1952 年《监狱法令》第 6 部分任命。

资料来源：英国内阁办公室，《公共机构：部门指南》，www.civilservice.gov.uk。

转型国家

转型国家的预算外收支[1]行为更带有一种转轨经济的特征。多数转型国家的预算外收支都经历了一个从无到有、从少量到膨胀再到逐渐减少的过程，呈现出过渡性、调整性和不断规范性的趋势。

在旧有高度集中的计划经济体制下，无所谓政府“预算外收支”的概念。所有政府部门、企业以及个人的收支完全纳入国家计划的“大盘子”。预算始终处于政府经济管理政策的从属地位，仅是一个将政府的经济计划具体化为物质投入和产出的财务过程（Jorge Martinez - Vazquez 和 Jameson Boex，2000）。

伴随市场化改革的启动和推进，政府逐渐从竞争性领域退出，公共部门逐步实现与竞争性部门相分离：医疗、公共卫生、养老、基础教育等公共职能向政府部门转移；私人部门（企业和个人）作为独立经济主体的利益格局日渐形成；市场机制的引入使得政府旧有的以设定个人工资、设定企业利润分配、设定产品价格等计划方式来调控社会资源的模式被打破，政府与私人部门之间逐渐依赖市场化的方式进行利益的分配和调整。一方面，政府支出职能增加；另一方面，政府可调动的社会资源减少，财政出现缺口。为了解决现实的财政困境，转轨经济国家纷纷求助于本国的中央银行，以发行货币的方式获得更多的资金。这样，高通胀、高赤字成为了转轨初期各转型国家普遍面临的问题。而随着各国中央银行独立性的加强，政府以向央行赤字融资，解决财政困难的空间和可能性减小。因此，压缩政府各类开支，控制各级政府预算成为了各国的选择。

在既定支出限额压力下，逐渐形成独立利益主体的各政府支出部门和各级地方政府以预算外收支甚至是制度外方式来维护本部门和本地政府既得利益，而私人部门与公共部门的边界模糊则为政府预算外活动的产生提供了可能的空间。

为了应对来自上级严格的支出限制，许多业务部委和支出机构保留了非官方或制度外银行账户（Off - Budget bank accounts），少报或瞒报本部门税费收入。此外，还建立大量的预算外资金。这些预算外资金可能是依据某部门或地方法规而设立，但往往脱离正规的公共预算监控，使得掌握该类专项资金的机构能够规避国会、上级政府或是同级财政部门的监管而自行支配使用。并且，在改革初期仍有部分国有竞争性企业承担着提供职工社会福利的职能，如社会保障、公费医疗、职工子女教育等等。这些企业的预算均不在公共部门预算之列，上述公共服务的收支自然不在政府预算中反映。

从计划经济体系下沿袭而来的政府会计体系分割，编制要求单一（LeLoup et al.，1998；World Bank，2000），无法全面统计和反映各部门和各地方的真实政府收支规模。各支出部门以及地方政府的既得利益不断得到固化和加强，预算外资金交织制度外收支快速膨胀。据 Morozov 和 Sundberg（1999）估计，剔除主要的预算外政府基金，1998 年俄罗斯制度外账户占 GDP 的 1.2%—10%。

非规范、不透明的政府预算外收支行为对整体财政造成了负面影响。20 世纪 90 年代，以保加利亚、俄罗斯、波兰、土耳其等为代表的中东欧国家，大量的预算外收支对整体预算管理构成威胁；而亚美尼亚（Armenia）、格鲁吉亚（Georgia）以及加纳（Ghana）尽管以法律形式确定了预算外公共实体和非商业实体的存在，但脱离预算监管的行为依然产生巨大的财政风险（Martinez - Vazquez 和 Jameson Boex，2000）。

因此，从 90 年代中期开始，减少甚至取消非规范性的预算外资金成为转型经济国家预算管理改革的重要举措。以亚美尼亚为例，从 1999 年 7 月到 12 月的半年内，亚美尼亚的预

① 需要注意的是，涉及转型国家在市场化初期的“预算外资金”概念与目前国际通行的“预算外资金”有一定差异。目前国际通行的“预算外资金”是指不同于正常年度拨款预算（一般预算的范畴）审批、运行以及监督程序的政府公共资源的收支管理方式。即便是遵循的原则、标准不同，发达国家的预算外收支管理仍相对规范；而转型国家市场化初期的预算外收支更带有非规范性的特点，本质上是一种脱离预算监督的收支行为。

算外资金数量从 358 减少为 100 个（IMF，1999）。哈萨克也按照规定取消了部分政府部门的预算外资金，而保留的预算外资金逐步纳入预算内，进行规范化管理。

在政府预算外资金纳入预算内管理的趋势下，这些国家的支出部门或各级政府寻求更为“隐蔽”的方式，例如政府担保、直接贷款（广义的政府预算外收支）等来扩展政府控制社会资源的能力。所谓直接贷款往往是相关业务部委（line ministry）或各级政府利用其代理机构、公共金融机构发挥融资功能，以突破预算支出的限额；而政府担保则是以政府信用为基础，对有关私人或公共机构的违约风险进行担保，这些私人或不列入政府预算的公共组织代为其完成公共职能的行为。担保对预算并不会产生即时的影响，也不会像其他政府贷款或是支出一样受到严格的预算审查。如何全面反映政府“隐性”的预算外行为成为转型国家政府预算外管理的新挑战。

2.4.2 预算外资金管理具体模式与框架

美国

在美国，预算外资金的预算权限分配、资金收入和支出情况虽然不经正常的国会预算程序，但并不意味着预算外资金完全脱离国会的监管和控制。

（1）实施“权益预算”（Entitlement budgeting）管理模式。

美国管理预算外资金（目前仅有邮政服务和社保基金）依照权益预算模式进行管理。设立每一项预算外资金都需事前提出议案（Bill），经国会审议通过后形成专门法律。预算授权（budget authority）以及后续的支出以法律的形式获得，而不是源于常规的拨款行为（包括年度的拨款授权）（Schick，1995）。

依据国会事先设定的专门法律运作，只要是符合法律规定的个人或政府部门都有权获得相应的支付。除非更改这些法律条款，否则预算外资金的预算权、政府的收入以及支出义务不会调整。

（2）提出“综合预算”（Unified Budget）对预算外资金实行总量监管。

为全面反映政府行为对社会总供求的影响，1967 年美国总统委员会提交的报告中提出了“综合预算”的概念。它要求合并联邦政府以及政府信托基金的所有收支，得出预算总额。预算外资金虽然不经每年总统拨款程序，但这些项目的总额数据需要在预算文件中反映。如表 2－5 所示，“美国联邦政府及预算汇总”表清晰列出联邦政府预算内收支、预算外收支、预算内、外赤字（盈余）以及综合预算的情况。实施“综合预算”后，美国政府所有的收支行为都纳入国会监管视野（依据狭义政府预算外收支概念）。纳入预算（On－Budget）的“一般预算”和预算外（Off－Budget）基金的差别仅在于所依法律、资金来源以及具体预算管理方式的不同。

表 2－5　美国联邦政府及预算汇总　　单位：10 亿美元

	2006 年实际数	估计数	
		2007 年	2008 年
预算权（Budget authority）：			
综合（Unified）	2842	2799	2941
预算内（On－Budget）	2411	2340	2470
预算外（Off－Budget）	431	460	471
收入（Receipts）：			
综合	2407	2540	2662

续表

	2006年实际数	估计数	
		2007年	2008年
预算内	1799	1906	1988
预算外	608	634	674
支出（Outlays）:			
综合	2655	2784	2902
预算内	2233	2333	1988
预算外	422	451	674
盈余/赤字（Surplus/Deficit）（-）:			
综合	-248	-244	-239
预算内	-434	-427	-451
预算外	186	183	212

资料来源："Budget System and Concepts, Budget of the United States Government Fiscal Year 2007", http://www.whitehouse.gov/omb/budget/fy2007/.

英国

英国构建的Quangos监督体系被认为是预算外资金管理的典范（Richard Allen和Dimitar Radev，2006）。它在确保NDPBs享有的独立性以及国会和政府实施有效控制之间实现了良好的平衡：

（1）国会对NDPBs的问责管理。国会要求相关大臣提供保证，以确保NDPBs享有独立性。同时，非部属机构直接向国会以及公众就其提供的公共服务负责；所有的NDPBs定期接受检查，以确保公众依然需要其履行的公共职能。

（2）对应部委对NDPBs实施"统一预算"（Consolidated Budget）管理。尽管NDPBs与政府部门保持一定的距离，但非部属公共机构的支出列入对应部委的部门预算拨款。相关大臣必须确保本部门能控制NDPBs的支出不超过预先设定的限额；同时，还需就其支付给NDPBs的公共资金效率向国会汇报。

（3）其他部委设立的标准化管理。英国的公共实体需严格遵守复杂的标准体系，包括由财政部颁布的会计、报告和审计原则；公众生活标准常设委员会公布的治理标准以及委员会成员执行准则；此外，所有公共机构还要接受来自国家审计办公室的审查。

转型国家

尽管各转型体的市场化改革以及政府预算外收支规范程度不一，预算外资金各具特色，但管理方式和运作原则有相似之处：

（1）相比发达国家，转型国家的预算外收支管理不是很规范。

第一，目前，转型国家预算外资金大多依业务部门和地方性法规设立或界定相关职能范围。上述过程往往不经过立法机构的预算审批程序。年度预算文件中也不包括和提供预算外资金的相关政策和财务状况信息；政府预算账户仅反映从预算内划拨到预算外资金账户中的金额。而这些资金一旦划拨滞后，即使划拨当年并未用完，往往并不需要划转回预算内账户；

第二，预算外资金在设立之初就已确定该笔公共资金的使用权限。执行机构只需征得相关业务部门（line ministry）授权，并按资金设立时的目标、原则使用即可。尽管每一预算外资金的设立和管理均有相应的法律或规章为指导，但在实际操作中，资金的目标可能会随时间或局势变化进行调整；

第三，在某些情况下，预算外资金是以授权发行债券或举债方式筹集，而举债的过程可能会得到政府的担保。在使用预算外资金的过程中，往往也存在隐性或显性的补贴。这些补贴并不在预算中确认或反映。例如 PPP 项目中，政府以低于市场利率向私人合作者提供贷款或是提供担保。

（2）预算外资金正逐步纳入到政府统一的预算管理。

从行政管理便利和运行角度，具有专款专用性质的预算外资金往往自成循环体系，易规避严格的预算审批，而颇受部分转型国家偏爱。如某些资金被专门以信托基金的方式设立，而不需按公共财务制度披露资金结构和运行情况。

近些年来，多数转型国家为规范政府行为，约束和控制本国预算外收支，都在推动本国财政与预算体制改革。部分国家以法律方式规定预算外资金（狭义的预算外收支行为）纳入政府统一的预算范围。例如，哈萨克在 1999 年《预算体系法案》中规定取消各级次政府的所有预算外资金。同时，将保留的预算外资金（包括养老、医疗、残疾和失业基金等社保资金一直游离于预算管理）纳入正常预算程序内加以记录和报告。1999 年后，除了哈萨克共和国国家基金，社会保障和其他预算外资金都已并入中央政府的预算；立陶宛在新的《预算组织法 2000》中，将绝大多数的预算外资金都纳入年度政府预算，并要求剩余未纳入预算的预算外资金也需要按照正常预算程序向国会报告和向社会公开；保加利亚和马其顿的预算改革中也取消大量的预算外资金项目，并要求剩下的预算外进入国库单一账户中（Jorge Martinez - Vazquez、Jameson Boex，2000）。1996 年之前，匈牙利各预算单位均在商业银行开设账户；1996 年起，匈牙利将国库功能从财政部独立，同时在匈牙利中央银行建国库单一账户体系，把所有预算单位收支纳入其中①。

（3）转型国家对广义政府预算外收支行为没有引起足够重视。

除预算外资金，税式支出、其他形式的税收优惠措施、软贷款条款、政府债务担保（属于广义政府预算外收支行为）等都会对政府支出或未来支出产生影响。相比政府直接支出，这种影响往往是隐性的或或有的，构成了政府的潜在义务。

从目前各转型国家的预算改革看，只有少部分国家考虑到上述政府隐性或或有支出义务。如俄罗斯、哈萨克、乌克兰和立陶宛的预算法规中要求，政府年度预算中应披露政府计划债务的担保。哈萨克等国更是明确要求在预算计划中以详细公式计算出列入预算的政府担保额，再经国会批准后得到政府年度担保的最大值。另有少数的转型国家采用了 OECD 的预算标准，在年度支出预算中引入税式支出预算的概念。而对大部分转型经济体而言，对广义的政府预算外行为没有引起足够的重视，更没纳入预算管理和监督的视野。

2.4.3 预算外收支管理权限的分配

从理论上讲，权力分离、相互监督是政府公共管理的基础。由预算审批权、编制权、执行权和监督权构成的预算权力的分配同样也需遵循类似原则。预算审批权归属代表全体公民利益的立法机关；编制权统一于编制公共部门整体预算安排的财政部门；业务部门负责预算执行；而监督权则可分为内部监督和外部监督，侧重不同方面，由三者共享。预算权力的清晰划分，并达到有效均衡是预算管理的前提和起点。

与政府预算内收支类似，政府预算外所控公共资源同样存在预算权力在政府立法和行政分支之间以及预算义务、责任在政府行政内部不同分支、不同级次之间的分配。

美国

美国是典型的联邦制国家，立法、行政、司法三权分离的思想同样也体现在预算权力分配领域。报告将美国预算外资金的预算权利分配集中于联邦政府层面的分配与协调。

美国推行“权益预算”模式来管理预算外资金。这种运行模式与一般预算的（称之为“官僚预算”）随意性不同，其支出的增长或

① 地方政府仍不属于国库体系的一部分。它们仍单独在商业银行开立账户。

减少取决于人口、经济以及对应的项目法律等多重因素。人口、经济因素难以控制。影响“权益预算”的支付总额，只能通过修改“权益法律”中受益人的资格标准或是审查程序加以调整。法律赋予的“权利”（right），即法案对受益人的具体承诺，成为权益预算的核心（Joseph White，1998）。

在美国，宪法赋予立法机构修改“法定权利”（statutory right）的权力①。因此，国会以及现实操作过程中具体负责向国会提交预算意见、提供技术支撑的国会预算办公室（CBO）扮演着预算外资金“监护人”的角色，实质上掌握着预算外资金审批权和监督权。例如，美国国会预算委员会就被赋予研究基本预算法律条文的权力，以决定联邦政府的哪些机构或是哪些行为、支出可以列入预算外（Off－budget federal layouts）。而权益项目对应的管理司局（administering bureau）则主要负责项目的具体执行。相比在一般预算中，它们可使用的策略或支出弹性弱得多，其人员或是业绩的考虑也在预算争议处于次要地位。此外，一旦涉及到法律权益，司法部门必然会介入，以保障“权益预算”中受益人依法享有的“权利”（Srraussman，1988），也担负“权益预算”的监督权。

转型国家

预算权力在政府不同分支的分配可从以下两个层次加以理解：第一层次是预算权力在政府立法机构与行政分支之间的分配；第二层次是预算编制权和执行权在政府行政分支内部的分配。

转型经济国家中，预算权力的配置错位和割裂现象（budget fragmentation）在上述两个层次都存在。

（1）预算权力在政府立法机构与行政分支的分配。

政府立法机构往往代表全体公民意志，担负监督政府行政部门的职责。实践中，强势的立法机构（国会或人大等）以及更为广泛和复杂的财政职能整合过程，才能确保国会责任的正确定位以及良好的监督执行能力。

在许多转型经济国家中，尽管预算外资金不断被取消或私有化而逐步走向规范管理，但至上而下的决策机制仍缺乏足够的协调；立法、司法和行政相对独立、互相制约的局面并未真正形成，立法机构的监督职能弱化，以至于削弱甚至是丧失了预算外资金的审批权和监督权。政府预算外收支的控制权（包括收支的审批、编制、监督权）实质上更多地集中在政府的行政分支内部，缺乏足够的外部监控。另外，立法机构缺乏专职人员或者没有足够的预算专业人员来有效执行监督控制职能，也是弱化转型国家立法机构监督能力的重要因素。

（2）预算编制权和执行权在政府行政分支内部的分配。

在这些转型国家的政府行政分支内部，预算编制权被分割的现象也非常突出，表现为：

第一，财政部门与计划部门的预算权力分配。

伴随市场化改革的推进，各转型经济国家的财政体制也不断进行调整。预算逐渐摆脱计划经济下附属于“经济计划”（economic plan）的地位。计划部门逐渐消失或功能弱化为经济部；预算编制职能从计划部门向本国的财政部门转移。

尽管目前多数转型经济体中，财政的预算部门确立了预算计划和编制的核心地位，但计划体制的影响仍然存在。传统上，预算独立性的缺失使得转型国家的财政部门在短时间内很难完全控制本国的预算编制；财政部门的预算编制权被行政体系内的众多部门分割。如由计划部门转型而成的经济部或其他政府机构仍对预算编制发挥重要作用，特别是在公共基础设施等领域实施影响。这些机构往往掌握有强大的公共资源分配权力，而成为“第二个”预算部门。以俄罗斯为例，总统特别顾问、独立

① 作为美国的行政首脑，国会提出的法案需要经过总统的签署才具有法律效力，同时，总统对国会提出的法案也有否决权。因此，立法机构一定程度上也受到来自行政部门的制约。

的总统行政部门、总理办公室以及财政部等都力图控制或对预算过程和内容施加影响（Leloup et al.，1998）。

第二，财政部门与其他业务部委之间的预算权力的分配。

财政部门与业务部门扮演的角色天然存在着冲突。前者的目标是加强财政管理，严格财务纪律，以确保业务部门支出的效率；后者则是提倡宽松的预算标准，为本部门以及附属机构管理和使用资源争取更大的空间和更多的灵活性。因此，在理论上的预算过程中，始终存在财政部门与业务部门的博弈。以匈牙利为例，业务司局与财政部的利益冲突往往导致政府预算不能及时上报国会（Leloup et al.，1998）。

在政府改革过程中，拥有大量下属机构或组织的业务部门逐渐形成独立的利益主体。在现实的预算约束下，为维护自身利益，依法或违法设立各类预算外资金，并实现预算外资金的体内循环。转型国家的政府改革往往缺少相关的财政法律或法规，明确界定预算责任在财政部（ministry of finance）和业务部委（line ministries）之间的划分。财政部门一定程度上丧失了本属于公共资源的预算外资金的编制权，预算外资金监督弱化。预算外资金的控制权实质上落到设立资金项目，并承担执行功能的业务部门。

除在中央部门层面，预算外收支行为也广泛存在于转型国家的各级地方政府。对于集权制国家而言，松散的财政纪律往往导致地方政府过多地依赖本级预算外资金，而这些收支活动并不在预算中综合反映，加大了地方向中央政府转移财政风险的可能。

2.4.4 预算外资金的会计原则和预算报告

一国政府会计以及政府财务报告制度涉及到政府交易、财务信息披露的基本原则、所覆盖范围以及报告形式。政府财政会计制度的设计一定程度上影响本国预算实施的透明度和效率性。良好的政府财务会计制度能够及时、全面、可靠地反映政府收支状况，为真实评价政府支出计划、财政政策等提供基础性数据。

美国

美国的政府会计准则由非官方机构制定，这种立场的中立性使得准则制定者往往将信息的披露重点放在政府收支的薄弱环节。如美国政府财务准则就要求美国政府财务报告反映那些没有资金来源安排的负债（unfunded liability），即在政府资产表中体现为负债，但未来预算安排并不确定，如联邦政府的政府雇员养老福利等。但有些法律要求是要有预算安排保障的，如联邦信贷改革法案，在做出贷款担保承诺之前就要求预算批准。可以说，美国政府会计受预算影响但不受预算控制。

具体到预算外资金的报告，尽管预算外安排通常不进入正规预算程序，但并不意味相关信息不在政府报告或文件中反映：

（1）预算外安排虽不受预算程序限制，但所有来源于公众举债融资行为都需遵循法定债务限额；

（2）预算外机构详细的财务报表需要列入预算附录；此外，在重要文件中也部分反映预算外支出情况；

（3）每年预算有专门的报告分析联邦债务计划，其中就包含有联邦融资银行的相关信息；

（4）采用了类似于私人部门的权责发生制作为政府会计报告原则，有利于从长期预算的编制以及全面记录和确认未来政府的支出义务①。

英国

多年来，英国一直致力于推进公共部门的会计改革。其中重要的改革措施就是引入政府

① Alex Matheson, "Better Public Sector Governance: The Rational For Budgeting and Accounting Reform in Western Nations, Models of Public Budgeting and Accounting Reform", *OECD Journal on Budgeting*, Vol. 2.

资源会计概念，并建立“政府统一账户”(Whole of Government Accounts)[1]。

20世纪90年代，英国开始关注中央政府会计报表的合并问题。2000年7月颁布《政府资源与账户法案》确定了政府统一账户的法律地位，明确了由英国财政部（HM Treasury）协调编制WGA，主审计长按真实和公平原则审计合并的WGA的职能分工。所谓“政府统一账户”是借鉴1995年公司法案以及有关企业财务会计披露标准，而建立的一套覆盖所有履行公共职能或是其融资完全或实质性来源于公共资金的单位或组织的合并财务报表体系。纳入政府统一账户的报告实体不仅需要遵守公认会计准则（GAAP），同时要遵循国会问责以及一致性原则。依据标准，所有公共机构自身的收入和支出可不计入部门资源账户，但来自于相关部门的补贴或拨款需要进入该部门的资源账户，接受国会资源评估程序的审查和批准。

转轨国家

多数转轨国家逐步引入适应市场经济的政府会计与预算报告体系。如亚美尼亚、阿尔巴利亚等在2000年预算开始引入统一账户，采纳（但并未完全执行）IMF的GFS预算分类标准和报告体系；匈牙利在1992年《公共财政法案》和2000年《会计法案》中确立了公共会计的法律基础，又通过相关法令和法规细化：第一，规定所有具有法律身份和独立财务管理的政府单位都是预算会计和报告的主体，其中包括预算外资金和社会保障基金；第二，要求政府所有收支进国库。国库负责记录在财政年度内的所有交易；第三，要求每一个预算单位都使用复式记账方法（Double - Entry Bookkeeping）；第四，采纳收付实现制和权责发生制双重会计原则。收付实现制记录政府收入和支出；而高级复式记账方式则产生一整套政府资产负债项目，能提供每一预算单位以权责发生制为基础的补充信息。

但是从整体状况看，目前转型国家政府会计和报告标准以及本国的政府财务审计和控制体系还并不完善，政府采购法和体系的公正性有待提高（Richard Allen 和 Daniel Tommasi，2006）[2]。如很少有国家在政府会计中完全引入权责发生制原则，这使得全面衡量和反映诸如社保基金这类常见预算外资金的未来支付义务非常困难。另外，在预算报告程序和内容设计方面也存在一定的问题。以南美洲的部分国家为例，预算提交国会讨论、批准时间过短；在预算审批中，往往出现的是总额，支出项目没有细化，国会很难完全掌握政府部门支出的现实情况（Ana María Jul，2006）。

2.5 影响各国预算外收支管理的因素分析

2.5.1 政治因素是影响政府预算外收支管理的重要基础

预算是政府参与社会资源分配的重要手段；政府行政、立法部门则是政府分配公共资源过程中最为重要的两大主体。从预算管理角度看，政府行政分支往往承担预算编制和执行的角色，立法部门则是负责审批和监督行政部门预算的机构。预算权力在两大部门的分割和力量博弈伴随预算运作的始终，同样也存在于

① Cabinet office, Britain, “Public Bodies: A Guide for Departments”, http://www.civilservice.gov.uk/.

② Richard Allen and Daniel Tommas (Edited), *Managing Public Expenditure: A Reference Book for Transition Countries*, OECD, 2001.

预算外公共资源的分配之中。

在世界范围内，政体是多元化的（Laundy，1989）①。不同类型的政府，行政与立法分支在预算中相对力量不同，这将影响政府预算外收支行为操作的可能空间。

以美国为代表的总统分权制体系

以美国为代表的总统分权制体系（Presidential Separation - of - Power Systems）下，宪法明确规定了国家立法、行政与司法三权分离。立法机构由不同于总统行政体系的独立选举产生，是一个强势的议程设定者和决策者，在政策制定和预算过程中具有绝对权力，对政府预算内、外活动发挥着强有力的监管功能。例如，美国参、众两院有权修改总统年度预算草案，使预算充分体现国会的收支意愿；国会有权通过新的预算程序法案，加强对政府行政部门的预算控制。典型的案例就是国会预算委员（CBO）对美国政府救助私人抵押放贷公司 Fannie Mae 和 Freddie Mac 行为的及时回应（见专栏 2 - 1）。此外，美国国会的预算委员会（Committee of Budget Offices）还被赋予研究预算基本法规的权利，以决定联邦政府的哪些机构或是哪些行为、支出列入预算外（Off - budget federal layouts）。

专栏 2 - 1　美国国会对于两房债务的观点

进入 2008 年，不断恶化的次贷危机导致美国最大的抵押房贷公司 Fannie Mae 和 Freddie Mac 处于破产边缘。两公司负责购买美国国内的房产贷款并证券化，持有或担保约 5 万亿美元的住房抵押贷款，占全美住房抵押贷款的 42 %，而由此产生的衍生产品规模更为庞大。若 Fannie Mae 和 Freddie Mac 进入破产程序，势必对美国乃至全球金融市场造成极为沉重的打击，金融危机将进一步恶化。为了稳定市场，美国政府决定向 Fannie Mae 和 Freddie Mac 提供 850 亿美元贷款，同时持有两公司 85% 的股份。

而就在布什政府宣布救助计划不久，美国国会预算办公室主任 Peter Orszag 就宣布：CBO 认为，不可能再将 Fannie Mae 和 Freddie Mac 排除在政府公共部门之外。两房财务报表应直接进入政府预算。若上述观点成为法案并在国会获批，那么两房 5.4 万亿的负债经会计调整后，将直接反映为政府债务，美国政府的债务将急剧膨胀。

资料来源：Krishna Guha, Michael Mackenzie and Nicole Bullock, "Bail - out to go on U. S. public accounts", September 10, 2008.

以英国为典型的威斯敏斯特体系

以英国为典型的威斯敏斯特体系（the Westminster Systems）下，政府行政首脑来自国会，也是主要政党的领袖。该政党往往在下议院占有绝对席位，因此，立法机构在政治上有义务支持政府。相比其他政府类型，立法机构的预算监管权力最弱。尽管国会也就年度预算进行表决，但由于政府在国会中占绝对多数，意味着政府实质上决定预算的规模和结构。预算立法往往是行政部门加强自身权力的手段。

由于国会监督力量的弱化，相比联邦制国家美国，英国政府预算外行为就因脱离监管而在 20 世纪八九十年代受到猛烈的抨击和批评。

（1）存在非部属公共部门（或 Quangos）不遵守公共任命委员会的制度要求。依照英国 1979 年的 Pliatski 报告要求，NDPBs 的任命需

① 美国是总统制国家的代表，而英国则是君主立宪制的典型。美国和英国属于两个极端状态。两者间的政府类型还包括半总统制（semi - presidential system），例如法国、韩国；议会共和制（parliamentary republic），以德国、意大利为代表；非威斯敏斯特议会君主制（Non - Westminster parliamentary monarchy），如荷兰、瑞典（Lienert，2005）。

覆盖所有类型的公共组织；但从 2002—2003 年调查数据显示，仍有 1/6 的 NDPBs 机构并不遵守公共任命委员会制定的规章制度。

（2）Quangos 机构缺乏问责性，增加预算外活动可能的空间。PASC 提交的 1997 年和 2001 年《Mapping the Quangos State》报告，披露了 Quangos 缺乏问责性的问题：对 Quangos 的监督力度不够。国家层面负责反贪调查的行政类 Quangos 接受全面公共审计的比例从 1997 年的 81% 下降 2001 年的 64%，公众接触相关信息低；尽管国家层面的咨询类 Quangos 处理的问题与公众利益息息相关，例如，药品、食品、核设施、空气质量安全等，但该类机构的运作极不透明：只有 29% 公布它们的年度报告；仅 3% 须与公众协商；2% 让公众知道它们的议程；1% 举行公开会议。而美国类似美国机构向公众开放，甚至允许人们提建议。

（3）还存在不列入预算的公共部门“其他组织”以及执行公共职能的私人组织。各部委资助的“其他组织”，这些组织并不属于 NDPBs，公共任命委员会也难以统计其数量。以健康统计局为例，其下设有 43 个机构不属于 NDPBs，也不列入公共机构的范畴；此外，PASC 还确认了两个承担私人部门角色的机构：英国对外办公室下属的英国贸易国际①和英国合作关系公司②。这些机构往往是私人股份占主导，因此并不出现在公共机构的列表中，也不严格遵循 NDPBs 的制度约束，预算不用进行公开报告，但上述机构的行为会对公共领域产生显著的影响，董事会中也有财政部门的高级官员。

除了政治体制因素外，OECD（2004）还提出党派和政府结构也会影响立法—行政机构的权力分配。如在多党制以及联合政府体系中，议会以长期立法形式来约束政府的动力较弱，往往是以联合协定方式形成对政府约束。虽然这种约束能够部分体现财政责任，与设定法律的效果有类似之处，但是这种协定存在实效，一旦本届议会下台，它将失效。

由此，包括政治体制、党派结构、政府构成等在内的一国政治因素将在很大程度上决定行政机构与立法机构的力量对比和权力制衡关系，直接影响立法—行政机构在预算中所扮演的角色地位。若权力实现分离、相互制约，同时宪法（国家法律）赋权于权力机构，那么独立的立法机构将表现出相对强势，往往更有动力和能力代表公众利益，而要求政府预算囊括所有收支行为，减少脱离预算监督的政府活动；相反，国会较多地受到政府的影响和控制，代表公众利益的权力机关对预算控制能力相对较弱，那么即便设立了约束政府的财政原则，政府活动脱离预算监管的空间和可能性相对较大。

2.5.2 财政压力往往是推动政府预算外收支管理的直接动因

政府面临的财政压力以及由此对宏观经济环境构成的潜在风险是推动预算外收支管理走向预算统一性以及规范化的直接动力。

在美国，为了避免政府权益支付义务（如社保基金）不会因为政府减少赤字、压缩支出而削减，提出预算外管理的模式。这样，一边是一般预算连年的缺口让政府赤字越来越大；另一边，预算外资金项目由于延期支付而不断累积盈余。而一旦将预算外资金（政府未来的支付义务或是负债）与一般预算（表现为现行的负债）统一于“综合预算”概念下，则可在一定程度上掩饰政府真实的财政赤字规模和面临的财政风险。另外，政府将预算外资金纳入统一预算也是为了更全面地统计政府所掌控的公共资金，客观评价政府整体收支行为对国家宏观经济的影响。而英国推动并颁布《政府资源与会计法案 2000》，提出“统一预算”

---

① 英国贸易国际旨在推动英国出口贸易，它既不是 NDPBs，也不是行政机构；其委员会主要来自大型企业和高级官员。

② 英国合伙关系公司（Partnerships UK）由私人融资发起，成为 NDPBs 后，又私有化为商业银行（其中，政府占 49% 股份）。

概念，则是在公共部门资金需求增大，选民要求改善公共部门管理，提高公共部门绩效的压力背景之下。

多数转型国家推动本国预算外资金管理规范化在很大程度上是源于在转型过程中，大量脱离预算管理、不透明的政府预算外收支行为对整体财政和宏观经济构成了威胁。因此，从20世纪90年代中期开始，减少甚至取消非规范性的预算外资金成为转型经济国家预算管理改革的重要举措。

2.5.3 正式与非正式制度因素对政府预算外管理的影响不可忽视

法律是"正规制度"的重要形式

把协调各方利益的机制上升为法律，实现制度的理性化是为了约束交易各方行为，减少利益冲突时的交易成本。包括宪法、预算组织法形成的预算法律框架正是为政府从事预算活动（包括预算制定、执行和监督等）设定了最基本的规制框架。此外，财政责任法（Fiscal Responsibility Law）以及有关法规等也是常用的方式。FRL 最基本内容是确定本国政府公共财政运行遵循的财政原则，包含预算编制范围、平衡原则以及执行标准。良好的财政原则是保证一国财政管理全面、透明、增强经济政策可信度、确保宏观经济稳定性的基础条件之一。Richard Allen 和 Daniel Tommasi（2001）在解释某些转轨国家预算改革未取得预期效果时，就强调了预算制度的重要性。他们认为转型国家过多地重视预算组织架构的改进，而在涉及预算根本原则和程序的法规方面没有相应的改革措施。原有制度所体现出的激励机制没有调整，相关利益者的经济、社会以及政治行为也不可能随之转变。

从现实的情况看，一国是否采用正式的法律手段来协调预算相关者的利益，或即使采用了法律方式，是否能对本国政府预算收支行为产生显著的约束效果，不同的国家是有差异的。这不仅取决于预算相关法律本身设计的合理性，还与本国法律传统、制度理性化程度有着密切关系。一国正式与非正式制度因素将对政府预算外管理方式的选择以及实施效果产生显著的影响。

崇尚制度理性化的国家，往往更多会依赖法律方式

如多数 OECD 国家都已制定与预算体制相关的法律，颁布一、两部主法，再辅以国会法案①。美国更是一个极端，它将每年政府收入和支出安排均上升为年度预算拨款法案。国会每年实施多项预算法案，对政府收支行为进行详细说明，并要求政府严格执行。这在一定程度上硬化了立法部门对政府行政部门的约束，有助于监管政府预算外收支行为；同时，及时更新和不断补充的预算法案，增加了政府违反预算法规的成本，利于及时"堵塞"其可能出现的预算外或制度外漏洞。相反，制度理性化程度不高的国家，政府行政部门受到正规法律约束较弱，其收支行为更为随意，政府预算外行为脱离监督的可能空间也较大。

非正规制度产生的影响往往也非常显著

此外，在推进政府预算外收支改革的过程中，非正规制度产生的影响往往也非常显著。在某些情况下，由于制度的路径依赖，一国延续的非正式制度（文化、宗教传统等）可能会对政府部门颁布和实施的有关规章、法律和运行手册等产生持续的影响力，可能抵消或削弱正式制度的效力。如亚洲国家的人情观念、利益协调的"潜规则"等往往会使以制度规范的政府行为更为灵活性和不确定，而倾向于脱离立法部门预算的监督和控制；Dirk - Jan Kraan（2004）则将 OECD 国家对预算外资金的态度划分成两类：盎格鲁撒克逊传统（the Anglo - Saxon tradition）和大陆传统（the Con-

① Ian Lienert and Moo - Kyung Jung, "The Legal Framework For Budget Systems: an International Comparison", *OECD Journal on Budgeting*, Vol. 4, No. 3, 24.

tinental tradition）。盎格鲁撒克逊传统下，不允许（至少是理论上）预算外资金的存在。它要求所有来源于税收或收费的支出都应在预算内；而在大陆传统下，允许存在大量的预算外资金，并且某一项目或组织是否归属于预算外只是基于原则性的争论。

2.6 国际经验的启示与借鉴

从理论上看，大量的政府预算外收支活动不仅破坏了政府预算的完整性和真实性；也让选民们无法全面衡量政府提供公共物品的成本和面临的财政风险；更是产生地下经济和滋生腐败的温床。因此，为了保证政府的收支能真实反映公民的公共意志，如何真实全面反映政府所有活动，将政府各类收支全部纳入权力机关的监督范畴，接受严格的预算审查或法律监督，应当成为世界各国政府公共预算改革的方向和趋势。从国际范围看，无论是发达国家还是转型国家，都是接受这一原则，已经或者正在走向全口径预算管理。

我国具有转型国家的典型特点，政府的公共职能界定尚未完全清晰，政府与市场两者的关系仍处于调整和变化之中，介于政府与市场之间的预算外行为在我国比较突出。尽管已经推进了多项改革，取得了一些成效，但政府行为不规范，预算外活动较为普遍且缺乏合适的治理框架，依然是突出的问题。党的十六届三中全会以及十七大就明确把实行“全口径政府收支预算管理”提到改革议事日程。为此，本节将通过总结并比较发达国家和转型国家预算外资金管理的异同，并为我国的全口径预算管理方面的改革提供启示。

2.6.1 发达国家和转型国家的比较分析

从前文可见，无论是发达国家还是转型和发展中国家，都有大量的预算外活动，尤其是预算外资金。需要注意的是，这两类国家预算外资金的产生背景和治理结构存在较大的差异。总体上看，对于如何在预算程序中管理这些预算外资金，无论是发达国家，还是转型国家都给予了极大的关注，且有相应的政策措施。

发达国家

发达国家的现代预算体系确立较早，其预算体系的程序和控制都较为严密。发达国家预算外资金产生的主要原因，是传统的预算模式无法适应政府职能扩大的需要，以及各国希望改革预算体系，追求预算绩效的要求。从现状来看，发达国家预算外活动都是有明确的法律依据（即“出生合法”）。

在预算外资金建立之后，一般也有明确的法律法规为其建立了很好的治理框架。总体来看，发达国家的预算外资金都在预算过程中得以体现，至少保证了立法机构的知情权，预算外资金的管理也与常规的预算资金差异不大。如果将发达国家预算外资金与常规预算资金相比较，则其主要特殊性可归结为“专款专用”。

以 OECD 国家为例，大多数成员国都以立法来管理预算外基金，包括在预算法中制定相关法律或是以宪法条款或政府法令（Decrees）的方式加以规范（OECD 和 World Bank，2003），明确预算外资金管理的原则、财务会计披露、报告以及审计安排。在某些情况下，甚至以立法形式细化预算拨款的会计、审计、报告以及问责原则。而且从其历史走向来看，非常注重建立预算外资金与预算内账户的统一协调机制。已有越来越多的发达国家引入统一预算的概念，将预算外资金的管理与预算程序较好地结合。如美国实施的统一预算体系（Unified Budget System）将预算外资金进入联邦（中央）预算加以整体反映。像 OECD（2001）启动的 SIGMA 项目，也建议各国建立覆盖所有公共机构的政府治理和财政管理体系。

转型国家

转型和发展中国家预算外活动产生的原因，可能主要在于政府预算管理能力的薄弱。这包括政府可能没有能力从经济运行中获得足够的收入，需要采用预算外的方式让一些机构有能力提供公共服务等。转型国家除发展中国家预算外活动的一般特点之外，还存在一个特殊的问题：即其脱胎于计划经济的特点使得其存在大量的政府与市场的边界不清晰问题。

按照 Allen 和 Radev（2006）的总结，虽然预算外资金在发达国家和发展中国家都大量存在，但如果分析每个国家的具体情况，则发展中国家对预算外资金的管理模式就较为复杂，有些时候甚至缺乏一个清晰的经济和法律定位。行政机构，尤其是一些非财政系统的执行机构掌握的权力过大。在许多国家，其预算外资金并没有很好地体现在预算体系之中，而是游离于预算体系之外，在会计、内控、审计与报告等方面，都与常规预算资金差异很大。

当然，一些转型和发展中国家近些年来在扩大预算的覆盖范围方面做出了很大的改革，广泛采用各种方式或安排以规范本国政府预算外收支行为，其经验值得我国吸收。部分转型国家已着手系统清查本国预算外资金，采取了取消、合并或是直接将其转化为商业或是私人性质的方式，但往往还缺乏一个明确或固定的经济、法律形态（Richard Allen 和 Dimitar Radev，2006）加以制度化。部分转型国家先后颁布法律，将政府预算外收支纳入政府统一账户。但由于本国预算配套改革的滞后以及预算管理的相对落后，运行效果不佳。相比发达国家，转型国家在预算外资金具体管理和控制手段上也有待加强。

2.6.2 对我国的启示与借鉴

我国政府预算外收支行为呈现转型国家的典型特征。市场化初期，大量预算外与制度外资金收支交织在一起，出现在各业务部委以及各级次地方政府层面。随着市场化不断纵向深入，经过公共财政导向下的部门预算改革、国库集中收付制度的推广，我国各部委或各级政府的预算外（制度外）资金或是取消、或是逐步纳入预算管理，进入人大监督的视野①。但是，目前像采用预算外专户方式管理的资金、社会保障资金等，还缺乏一些明确的法律框架形成其治理的基本架构。

从本章所总结的发达国家现代预算体系发展历程来看，预算的全面性原则自其产生以来乃至现在，都一直被强调。随着政府职能的扩大，控制财政赤字、提高政府收支绩效的压力使得预算原则、预算的编制方法在不断进化，但预算应全面覆盖的原则依然被坚持。按照国际组织的一些标准，实现全口径预算的焦点应当是如何将预算外资金、税式支出、或有负债等政府机构的预算外活动，以及准财政活动，纳入到预算体系中，即至少将其资金大小或影响列示在递交给立法机构的预算文件中。

与中国一样，在所有政府预算外活动中，目前最受关注的还是预算外资金。即使在发达国家，预算外资金也大量存在。回顾前文关于各国管理预算外资金的经验，可以给我国的预算改革以一定程度的启示。像国际组织的推荐标准，以及发达国家的预算改革经验，对于我国而言是一个改革的标杆。我国需要将其政府收支管理的基本原则尽可能吸收，结合现实国情形成相关政策。而转型和发展中国家的改革经验更是为我国提供了直接的借鉴。总结这些国家经验对我国的启示，可以归结为以下几点。

---

① 进入同级人大监督视野可分为两个层次加以理解：人大仅有知情权、人大有知情权并且有审批权。

政府预算外资金纳入“统一预算”管理是趋势①

从上述考察的国家看，不论是市场经济发达的美、英等发达国家，还是处于经济转轨的转型国家，将广泛存在的预算外资金（狭义的预算外收支行为）逐步纳入政府“统一预算”，实现规范化管理是政府预算外资金管理总体发展的趋势。

依目前国际通行的概念，预算外资金只是一种不同于“一般预算”的预算管理方式。它的存在有其合理和可取之处。特别是诸如社会保障等权益性项目，代表政府未来支出义务，采取单列方式或实施一种不同于一般预算的运行模式，可防止政府在年度资源分配中挤占、挪用的现象发生；另外，权益性项目的设定，带有法定义务性特征，筹资和支出标准事先可确定。因此，不依据常规年度预算的审批程序，可节约成本，提高预算审批的效率。然而，预算外资金需要纳入统一预算管理。这是许多国家取得的共识；在多国的预算改革中也在实践。纳入“统一预算”既是强化问责性、控制财政管理风险的需要，更是加强预算管理、提供公共资源配置效率的要求。

政府预算外收支行为的规范化是一个渐进的过程

相比发达国家，以中国为代表的转型国家预算外收支行为更为多元化，预算外资金管理相对不规范。尽管转型国家采取了大量的预算改革措施，但旧有政治经济体制、市场与政府边界模糊、财政管理制度的落后、甚至观念上的差异等，都对规范预算外资金管理造成负面影响。改革往往达不到预期效果。转型国家预算外资金的形成是一个政治、经济、文化等综合因素长期作用的结果；那么，实现预算外资金规范化过程也不会一蹴而就，而是一个渐进过程。

Ana María Jul（2006）就规范转型国家政府预算外行为提出了“三阶段”观点：首先，要清晰界定政府预算外收支行为，增加其运作透明度。目前以中国为代表的转型国家，大量的预算外收支行为（广义的预算外收支行为）存在于市场与政府边界模糊地带，易于脱离权力机构的监管。因此要界定预算外收支行为是需要在市场化改革过程中，伴随市场与政府边界的清晰而逐步厘清的。哪些是市场需要做的？哪些是政府需要做的？在此基础上，政府预算外收支才能清楚区分、确认和量化，并在有关的预算文件中反映。第二，减少预算外收支行为，以设定定量或定性限额的方式来约束预算外收支。第三，将预算机制用于预算外收支的管理。包括使用预算转移支付来补偿准财政活动的支出；在预算中包括隐性负债或政府担保信息等，将预算外收支信息列入预算中考虑。

这一观点对于我国也有很强的现实意义。我国实现全口径预算管理的关键问题是政府的预算外资金。从目前现状看，我国可能还是存在预算外资金过多问题，且对其产生的经济和治理合理性还缺乏必要的审查。因此，改革的第一步需要将各类预算外资金存在的经济和治理合理性进行审核。其次，对于应存在的预算外资金，应有专门的法律法规为其建立合适的治理框架。对于改革的结果而言，重要的可能并非全部取消预算外资金，而是确保其会计、内控、审计和报告标准，应当与常规预算资金基本一致。其中最为重要的一点，即是确保预算外资金应当体现在向立法机关报告的预算文件中。至于其具体的形式还可以再探讨。

预算外资金管理改革应注意各相关主体的利益均衡

在规范预算外资金管理，实现整体财政平衡的过程中，必然会触动旧有的利益格局。协调立法机构与行政机构之间、财政部门（财政纪律的倡议者）与业务部门利益（以增加部门利益为目标）之间以及中央与地方政府的利益，实现各方力量达到稳态均衡是非常棘手和

① 预算外资金是狭义的预算外收支概念。

现实的问题。

因此，要打破旧有格局，推动改革实施，均衡多方利益，只有将规范预算外资金、实施严格的财政纪律等预算改革纳入到高层决策层（总统、国会等）更为广泛、持续和透明的财政战略当中（Jorge Martinez – Vazquez 和 Jameson Boex，2000）。若缺少上述有力支持，部门利益、地方政府利益导致支出冲动，往往会破坏整体预算原则。

预算外资金管理改革需要加强配套机制的建设

规范预算外资金的管理需要考虑多重因素的影响，加强各类配套的机制建设。例如，加强预算的法制化建设，可以硬化对政府行为的约束；在立法过程中，需要充分意识到非正式制度的重要，将其影响显性化，从而在本质上改变原有预算体系的相关激励约束机制；改革政府会计制度，引入市场化的政府会计记录和报告体系，在条件允许的情况下，推行权责发生制的政府会计原则，可全面充分地反映政府的债务情况；改革预算报告程序和预算编制方式，要求预算编制细化，及早提交，便于同级立法机构的审批；加强立法监督机构的人才配备，提高预算审批能力等等。只有相关的配套措施逐步完善，才能推动和促进预算外资金改革的顺利进行，最终实现统一管理和规范管理的目标。

这方面值得一提的是我国目前预算口径的混乱状况。这与美国 20 世纪 60 年代初期的情况有些类似。各级政府所使用的预算术语并不能让大众熟知，且有时不同政府机构的用法不一致。由此导致普通公众，甚至各级政府等对于政府预算的范围究竟有多大，全口径预算究竟为何物等问题都没有统一认识。因此，我国也可以向美国学习，成立一个预算概念委员会，在全口径预算框架下统一界定各种预算术语，并向各级政府和社会推广，以增加预算的透明度。

主要参考文献

黄然："美国的非税收入和预算外资金"，《经济研究参考》，2004 年第 18 期。

经济合作组织编著：《比较预算》，人民出版社 2001 年版。

中国发展研究基金会：《公共预算读本》，中国发展出版社 2008 年版。

Alex Matheson, "Better Public Sector Governance: The Rational For Budgeting and Accounting Reform in Western Nations, Models of Public Budgeting and Accounting Reform", *OECD Journal on Budgeting*, Vol. 2, 2002.

Richard Allen and Daniel Tommasi, *Managing Public Expenditure: A Reference Book for Transition Countries*, Organization for Economic Cooperation and Development, 2001.

Richard Allen and Dimitar Radev, "Managing and Controlling Extrabudgetary Funds", IMF Working Paper 06/286, 2006.

Ana María Jul, "Off – Budget Operations Report", paper for Public Policy Management and Transparency Network, Development Effectiveness and Result – Based Budget Management, Santiago, March 2006.

B. H. and J. Diamond, "Guidance for Fiscal Economists on Public Expenditure Management", Fiscal Affairs Department, International Monetary Fund, 1998.

Buchanan, James M., "The Economics of Earmarked Taxes", *Journal of Political Economy*, Vol. 71, No. 5, pp. 457 – 69, 1963.

Cabinet office, Britain, Public Bodies, "A Guide for Departments", http: //www. civilservice. gov. uk/.

Charles Polidano, "The new public management in developing countries", IDPM Public Policy and Management Working Paper, No. 13, 1999.

DiLorenzo, Thomas, "Putting off – budget federal spending back", http: //www. heritage. org/research/budget/, February 28, 1985.

Ian Lienert and Moo – Kyung Jung, "The Legal Framework For Budget Systems: an International Comparison", *OECD Journal on Budgeting*, Vol. 4, No. 3, 24, 2006.

International Monetary Fund, *Government Finance Statistics Manual 2001*, 2001.

James T. Bennett and Thomas J. DiLorenzo, "The Underground Federal Government: Bane of the Balanced Budget?" http://www.cato.org/pub_display.php? pub_id=885, *Policy Analysis*, No. 19, October 21, 1982.

JEMIAI Yolande, "Public Sector Reform Revisited in the Context of Globalization", *in Asian Review of Public Administration*, Vol. XII, No. 2, pp. 96 - 119, 2000.

Jorge Martinez - Vazquez and Jameson Boex, "Budgeting and Fiscal Management in Transitional Economies", International Studies Program Working Paper Series, at AYSPS, GSU paper 0006, 2000.

Joseph White, "Entitlement Budgeting vs. Bureau Budgeting", *Public Administration Review*, Vol. 58, No. 6, Nov. - Dec., 1998.

Kraan, Daniel Bergvall, Ian Hawkesworth and Philipp Krause, "Budgeting in Hungary", *OECD Journal on Budgeting*, Vol. 6, No. 3, 2006.

Kraan, "Best Practices Guidelines—Off - Budget and Tax expenditures", *OECD Journal on Budgeting*, Vol. 4, No. 1, 2004.

Kraan, "Off - budget and Tax Expenditures", OECD, 2004.

OECD and World Bank, *OECD/WB Budget Practices and Procedures Survey*, Public Governance and Territorial Directorate Public Management Committee, 2003.

OECD, "OECD Best Practices for Budget Transparency", PUMA/SBO (2000) 6/FINAL, 2001.

OECD, "The Legal Framework for Budget Systems: An International comparison", *a special issue of the OECD Journal on Budgeting*, Vol. 4, No. 3, 2004.

Schiavo - Campo and Tommasi, "Managing Government Expenditure", 1999.

Schick, Allen, "Off - Budget Expenditure: An Economic and Political Framework", *OECD Journal on Budgeting*, Vol. 7, No. 3, 2007.

World Bank, "Budgeting and Budgetary Institutions", the International Bank for Reconstruction and Development / the World Bank, 2007.

3

当前中国的政府预算管理：基本格局

- 各级政府预算按照复式预算编制，分为政府公共预算、国有资产经营预算、社会保障预算和其他预算
- 公共财政预算，又称为一般预算。即是指由一般预算收入和一般预算支出构成的预算
- 政府性基金是指各级人民政府及其所属部门根据法律、行政法规规定，为支持某项公共事业发展，向公民、法人和其他组织无偿征收的具有专项用途的财政资金
- 国有资本经营预算，是国家以所有者身份依法取得国有资本收益，并对所得收益进行分配而发生的各项收支预算
- 目前我国社会保障基金有城镇基本养老保险基金、城镇基本医疗保险基金、失业保险基金、工伤保险基金、生育保险基金等五项。在正式建立社会保障预算制度前，先按预算外资金管理制度进行管理，专款专用
- 预算外资金是指国家机关、事业单位和社会团体为履行或代行政府职能，依据国家法律、法规和具有法律效力的规章而收取、提取和安排使用的未纳入国家预算管理的各种财政性资金
- 中国政府预算管理改革的目标取向，是研究建立由公共财政预算、国有资本经营预算、政府性基金预算和社会保障预算组成、有机衔接的国家预算体系

The Current Situation of China's Government Budget Management

- China's government budget adopts multiple – budget, constituted by public budget, state – owned capital operation budget, social security budget and other budgets.
- Public budget, also known as general budget, is formed by general budget revenue and general budget expenditures.
- Government funds are the fiscal funds with specific use, which are collected by governments and their departments in order to support some public utility, complied with laws or administrative regulations.
- State – owned capital operating budget is the budgeting that a nation gains income by the ownership of state – owned capital and distribute it.
- At present, our social security funds include basic urban endowment insurance fund, basic urban Medical Care Insurance fund, Unemployment Insurance fund, Work Injury Insurance fund and Birth Insurance fund, which is managed as the EBFs before the formal establishment of social insurance budget.
- Extra – budgetary funds are fiscal funds that are excluded from the formal budget procedure, but be collected and used according to laws or regulations by administrations, institutions or social groups that act for the performance of government functions.
- The objective of china's public budget reform is to establish the national budget system constituted by general budget, government funds budget, state – owned capital operation budget, social security budget, which all these fundamental ingredients should be linked up organically.

3. 当前中国的政府预算管理：基本格局

根据《中华人民共和国预算法》第二条规定，国家实行一级政府一级预算，设立中央，省、自治区、直辖市，设区的市、自治州，县、自治县、不设区的市、市辖区，乡、民族乡、镇五级预算。

政府预算管理涉及政府预算的编制、审批、执行、调整、决算、监督等各个环节。《中华人民共和国预算法实施条例》第二十条规定，各级政府预算按照复式预算编制，分为政府公共预算、国有资产经营预算、社会保障预算和其他预算。中国政府预算管理改革的目标取向是研究建立由公共财政预算、国有资本经营预算、政府性基金预算和社会保障预算组成、有机衔接的国家预算体系①。从目前情况来看，中央政府向全国人民代表大会报告的预算草案中包括公共财政预算和政府性基金预算。中央本级国有资本经营预算从2008年开始实施，各地区国有资本经营预算目前处于试点探索阶段。社会保障预算尚未建立。

本章主要讨论中央预算管理情况。包括公共财政预算、政府性基金预算、国有资本经营预算、社会保险基金管理、预算外资金管理和预算监督等六节内容。

3.1 公共财政预算

公共财政预算，又称为一般预算。《中国财政年鉴》、《中国统计年鉴》等公布的财政收入、财政支出数据，即是指一般预算收入和一般预算支出。

① “2009年财政工作重点确定”，《中国财经报》，2009年1月6日，第2版。

3.1.2 公共财政预算编制

《中华人民共和国预算法实施条例》第十六条规定，各级政府编制年度预算草案的依据包括：（1）法律、法规；（2）国民经济和社会发展计划、财政中长期计划以及有关的财政经济政策；（3）本级政府的预算管理职权和财政管理体制确定的预算收支范围；（4）上一年度预算执行情况和本年度预算收支变化因素；（5）上级政府对编制本年度预算草案的指示和要求。

《中华人民共和国预算法实施条例》第二十四条规定，国务院于每年11月10日前向省、自治区、直辖市政府和中央各部门下达编制下一年度预算草案的指示，提出编制预算草案的原则和要求。财政部根据国务院编制下一年度预算草案的指示，部署编制预算草案的具体事项，规定预算收支科目、报表格式、编报方法，并安排财政收支计划。

《中华人民共和国预算法》第四条规定，中央政府预算由中央各部门的预算组成。中央预算包括地方向中央上解的收入数额和中央对地方返还或者给予补助的数额。《中华人民共和国预算法实施条例》第十八条规定，中央预算的编制内容包括：（1）本级预算收入和支出；（2）上一年度结余用于本年度安排的支出；（3）返还或者补助地方的支出；（4）地方上解的收入。中央财政本年度举借的国内外债务和还本付息数额应当在本级预算中单独列示。

据此，中央预算编制主要分为两部分。一是中央部门预算，二是中央对地方返还、补助及地方向中央上解等预算。

部门预算的编制

为提高财政资金分配和使用的规范性、安全性和有效性，从编制2000年预算起，我国开始实行部门预算编制管理模式。部门预算，是指政府部门依据国家有关政策法规及其履行职能需要，由基层预算单位开始编制，逐级上报、审核、汇总，经财政部门审核后提交立法机关依法批准的涵盖部门各项收支的年度财政收支计划。

（1）部门预算实行“一个部门一本预算”。

部门预算以部门为整体统一编制预算，实行“一个部门一本预算”，具体做法：各部门将本部门年度收支计划按照统一的编报内容和形式在一本预算中反映，统一编报时间，规范编报内容，统一向财政部门申报；财政部门批复预算时，也将各部门的收支计划批复在一本预算中，确保部门预算的直观、完整，实行全口径预算，部门预算反映的收支不仅包括财政拨款，而且包括预算外资金、事业收支、事业单位经营收支、其他收入等。也就是说，部门预算实际上是涵盖了公共财政预算、政府性基金预算、预算外资金的（参见图3－1）。

（2）部门预算将各部门支出预算按照性质划分为基本支出预算和项目支出预算。

所谓基本支出预算，主要是保障单位机构正常运转、完成日常工作任务而拟定的年度支出计划，包括人员经费和日常公用经费两部分。

编制基本支出预算的原则包括：第一，综合预算的原则。在编制基本支出预算时，对当年财政拨款和以前年度结余资金，预算内和预算外资金，统筹考虑、合理安排。第二，优先保障的原则。财力安排首先应当保障单位基本支出的合理需要，以保证中央部门的日常工作正常运转。第三，定额管理的原则。基本支出预算实行以定员定额为主的管理方式，同时结合部门资产占有状况，通过建立实物费用定额标准，实现资产管理与定额管理相结合。对于基本支出没有财政拨款的事业单位，其基本支出预算可以按照国家财务规章制度规定和部门预算编制的有关要求，结合单位的收支情况，采取其他方式合理安排基本支出预算。

所谓项目支出预算，主要是单位为完成其特定的行政工作任务或事业发展目标而拟定的年度支出计划。包括基本建设、事业发展专项计划、专项业务费、大型修购、大型会议、大型系统运行维护等项目支出。

项目支出预算管理遵循以下基本原则：第一，综合预算的原则。项目支出预算要体现预

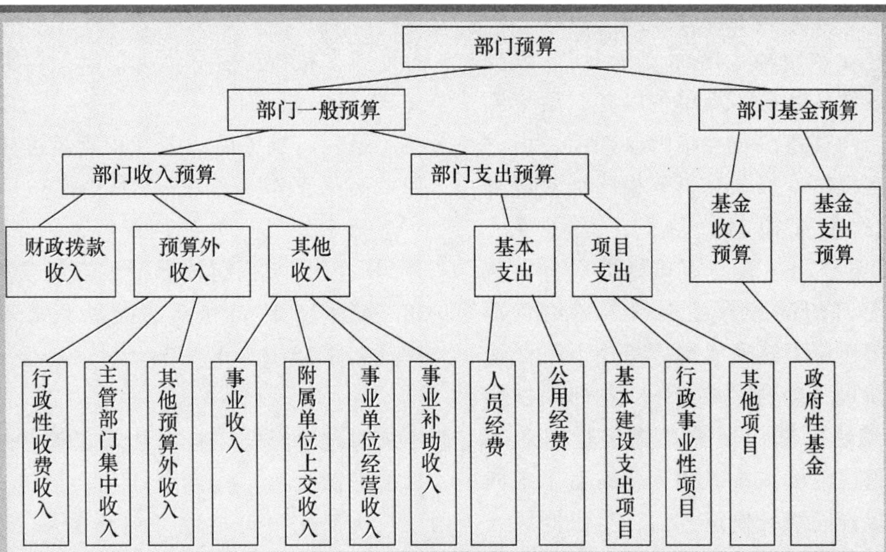

图 3－1 部门预算的构成

算内外资金，当年财政拨款和以前年度结余资金统筹安排的要求。第二，科学论证、合理排序的原则。申报的项目应当进行充分的可行性论证和严格审核，分轻重缓急排序后视当年财力状况择优进行安排。第三，追踪问效的原则。财政部和中央部门对财政预算资金安排项目的执行过程实施追踪问效，并对项目完成结果进行绩效考评。

（3）部门预算实行“二上二下”编制流程（参见图 3－2）①。

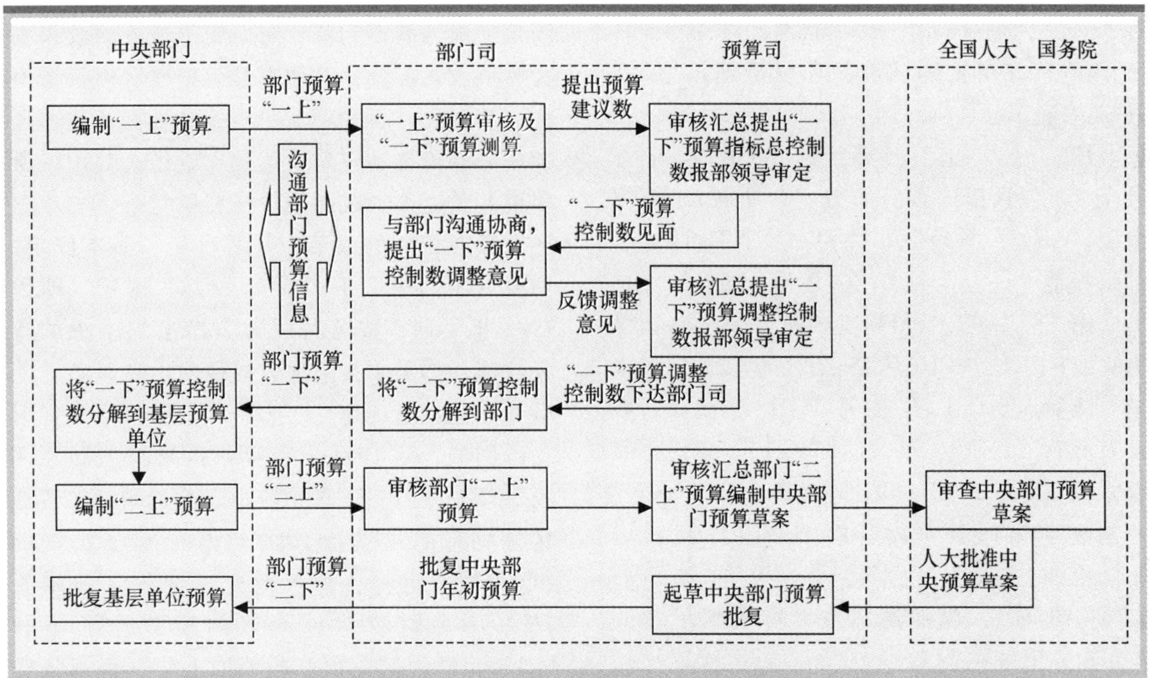

图 3－2 中央部门预算编制及批复流程图

① 为全面整体地介绍部门预算编制流程，包括了预算审查和批准、预算批复的内容。

即将整个预算编制过程分为四个阶段：一是编报预算建议数阶段，简称“一上”。编报部门预算建议数从基层预算单位编起，逐层汇总，形成部门预算建议数上报财政部门，由财政部门审核后提出本级预算草案报同级政府审批。二是下达预算控制数阶段，简称“一下”。预算草案经同级政府审核批准后，由财政部门确定分部门的预算控制数下达给各部门，由各部门逐层下达所属预算单位。三是编制预算草案阶段，简称“二上”。各部门根据预算控制数编制本部门预算草案报送财政部门，由财政部门汇编成本级预算草案后上报同级政府审批。经同级政府审批后，上报同级人大审批。四是批复部门预算阶段，简称“二下”。预算草案经同级人大批准一个月内，由财政部门统一向各部门批复预算，各部门在财政部批复本部门预算之日起15日内，批复所属各单位预算。

（4）部门预算编制时间节点表①。

第一，部门预算编制准备（4月20日—5月31日），包括部门报送项目清理结果（5月15日前）和审核确认部门项目清理结果（5月31日前）。

第二，“一上”预算编制（6月初—7月31日），包括部门预算布置（6月初）、部门编制“一上”预算（6月初—7月31日）和部门报送“一上”预算（7月31日前）。

第三，“一上”预算审核和“一下”预算测算（8月1日—10月25日），包括部门司审核及测算（8月1日—8月25日）、预算司审核及测算（8月26日—9月20日）、部门司反馈意见（9月21日—10月20日）和“一下”控制数与部门见面（10月21日—10月25日）。

第四，“二上”预算编制（10月26日—12月10日），包括部门按照财政部下达的“一下”预算控制数编制“二上”预算（10月26日—12月10日）和部门报送“二上”预算（12月10日前）。

第五，“二上”预算审核（12月11日—12月31日），包括部门司审核部门“二上”预算（12月11日—12月20日）和预算司汇总形成上报国务院和人大的部门预算草案（12月31日前）。

第六，国务院、人大审查批准中央部门预算草案（下年1月初—3月中旬）。

第七，“二下”预算批复（3月中旬—4月30日），包括财政部批复部门预算（3月中旬—4月15日）和部门批复下属各级单位预算（4月15日—4月30日）。

中央对地方返还、补助及地方向中央上解等预算的编制

为简化中央与地方结算关系，自2009年起，将地方上解与中央对地方税收返还作对冲处理，相应取消地方上解中央收入科目。中央对地方返还、补助分为两类：一是中央对地方税收返还，二是中央对地方转移支付。

（1）中央对地方税收返还。

1994年分税制改革、2002年所得税收入分享改革、2009年成品油价格和税费改革后，为保证地方既得利益，对原属于地方的收入划为中央收入部分，对地方给予补偿。包括增值税、消费税“两税返还”、所得税收基数返还和成品油价格和税费改革税收返还。其中，所得税基数返还、成品油价格和税费改革税收返还数额在相应的改革时计算确定，基本固定。两税返还则采取1∶0.3增长办法确定。即以1993年为期，按分税后地方净上划中央的收入数额，作为中央对地方的税收返还基数，基数部分全额返还地方。为了尽量减少对地方财力的影响，从1994年起税收返还与上划“两税”增长率挂钩，即税收返还的递增率按各地区分别缴入中央金库的“两税”增长率的1∶0.3系数确定，即各地区“两税”每增长1%，中央财政对该地区的税收返还增长0.3%。两税返还预算数根据上年两税返还数额及预计中央两税增长率计算确定。

① 为全面整体地介绍部门预算编制流程，包括了预算审查和批准、预算批复的内容。

（2）中央对地方转移支付。

中央对地方转移支付指中央政府按照有关法律、财政体制和政策规定，补助给地方政府的资金，由财力性转移支付和专项转移支付构成。各转移支付项目根据相关制度，分别计算确定其资金规模。

第一，财力性转移支付。是指为弥补财政实力薄弱地区的财力缺口，均衡地区间财力差距，实现地区间基本公共服务能力的均等化，中央财政安排给地方财政的补助支出，由地方统筹安排。目前财力性转移支付包括一般性转移支付、民族地区转移支付等。

第二，专项转移支付。是指中央财政为实现特定的宏观政策及事业发展战略目标，以及对委托地方政府代理的一些事务或中央地方共同承担事务进行补偿而设立的补助资金，需按规定用途使用。专项转移支付重点用于教育、医疗卫生、社会保障、支农等公共服务领域。

财力性转移支付和专项转移支付各有特点：前者便于地方统筹安排，但不便于对绩效结果进行考核；后者不利于地方统筹安排，专款专用，但可以体现中央的政策导向，便于监督考核。关键在于科学设置、合理搭配，发挥好各自的作用。

根据《财政部关于进一步提高地方预算编报完整性的通知》（财预［2008］435 号）规定，中央财政每年 11 月 15 日前将下一财政年度财力性转移支付和专项转移支付预计数提前告知地方。全国人民代表大会批准中央预算后，中央财政将及时下达对地方的各项转移支付。

2009 年起，进一步规范财政转移支付制度。将中央对地方的转移支付，简化为一般性转移支付、专项转移支付两类。其中，一般性转移支付包括原财力性转移支付，主要是将补助数额相对稳定、原列入专项转移支付的教育、社会保障和就业、公共安全、一般公共服务等支出，改为一般性转移支付；原一般性转移支付改为均衡性转移支付。

债务项目的预算编制

（1）中央政府国债。

《中华人民共和国预算法实施条例》第十八条规定，中央财政本年度举借的国内外债务和还本付息数额应当在本级预算中单独列示。

自 2000 年起，中央政府国债付息支出计入中央财政支出和全国财政支出。

自 1981 年恢复发行国债以来，我国一直实行由全国人民代表大会审批年度国债发行额的方式管理国债筹资规模。经全国人大常委会批准，自 2006 年实施国债余额管理。全国人民代表大会批准当年财政赤字和年末国债余额限额，不再批准当年国债发行额。中央财政国债余额限额根据上年国债余额限额和本年新增债务情况确定。

（2）地方政府债券。

《中华人民共和国预算法》第二十八条规定，除法律和国务院另有规定外，地方政府不得发行地方政府债券。2009 年地方财政收支差额，国务院批准由财政部代理地方发行债券弥补。地方政府债券收支纳入各地区政府预算。

3.1.2 公共财政预算审查批准①

《中华人民共和国预算法》规定，中央预算由全国人民代表大会审查和批准。地方各级政府预算由本级人民代表大会审查和批准。国务院在全国人民代表大会举行会议时，向大会作关于中央和地方预算草案的报告。地方各级政府在本级人民代表大会举行会议时，向大会作关于本级总预算草案的报告。除预算报告外，国务院还向全国人民代表大会提交预算草案、部门预算草案，2008 年向全国人大报送预算的部门为 50 个②。

---

① 中央政府公共财政预算与政府性基金预算一并由全国人民代表大会审查批准。

② 廖晓军："学习实践科学发展观，切实加强部门预算管理"，载《中国财政》2008 年增刊。

全国人民代表大会财政经济委员会初步审查

根据《全国人大常委会关于加强中央预算审查监督的决定》，对中央预算的审查，应当按照真实、合法、效益和具有预测性的原则进行。

国务院财政部门应当及时向全国人民代表大会财政经济委员会和全国人民代表大会常务委员会预算工作委员会通报有关中央预算编制的情况。

在全国人民代表大会会议举行的一个半月前，将中央预算初步方案提交财政经济委员会，由财政经济委员会对上一年预算执行情况和本年度中央预算草案的主要内容进行初步审查。提交审查的材料包括：科目列到类、重要的列到款的预算收支总表和中央政府性基金预算表，中央各预算单位收支表，建设性支出、基金支出的类别表和若干重大的项目表，按类别划分的中央财政返还或补助地方支出表，中央财政对农业、教育、科技、社会保障支出表等，以及有关说明。

全国人民代表大会审查批准

全国人民代表大会会议期间，财政经济委员会根据各代表团和有关专门委员会的意见对中央及地方预算草案进行审查，并提出审查结果报告。

全国人民代表大会审查批准预算报告及中央预算草案。以2009年预算为例，《第十一届全国人民代表大会第一次会议关于2007年中央和地方预算执行情况与2008年中央和地方预算的决议》全文为："第十一届全国人民代表大会第一次会议审查了国务院提出的《关于2007年中央和地方预算执行情况与2008年中央和地方预算草案的报告》及2008年中央和地方预算草案，同意全国人民代表大会财政经济委员会的审查结果报告。会议决定，批准《关于2007年中央和地方预算执行情况与2008年中央和地方预算草案的报告》，批准2008年中央预算"。

预算批复

《中华人民共和国预算法实施条例》第三十条规定，中央预算草案经全国人民代表大会批准后，为当年中央预算。财政部应当自全国人民代表大会批准中央预算之日起30日内，批复中央各部门预算。中央各部门应当自财政部批复本部门预算之日起15日内，批复所属各单位预算。

3.1.3 公共财政预算执行

公共财政预算执行管理主要包括国库集中收付、公务卡制度、财税库银税收收入电子缴税横向联网、政府采购管理、国库现金管理、预算执行情况报告等方面。

国库集中收付制度

国库集中收付制度一般也称为国库单一账户制度，包括国库集中支付制度和收入收缴管理制度，是指由财政部门代表政府设置国库单一账户体系，所有的财政性资金均纳入国库单一账户体系收缴、支付和管理的制度。财政收入通过国库单一账户体系，直接缴入国库；财政支出通过国库单一账户体系，以财政直接支付和财政授权支付的方式，将资金支付到商品和劳务供应者或用款单位，即预算单位使用资金但见不到资金；未支用的资金均保留在国库单一账户，由财政部门代表政府进行管理运作，降低政府筹资成本，为实施宏观调控政策提供可选择的手段。

从国库集中支付改革进展看，截至2007年底，所有中央部门及所属9300多个基层预算单位实施了国库集中支付改革，有5000多亿元预算资金按新的机制运行。地方36个省、自治区、直辖市和计划单列市本级，300多个地市，1300多个县（区），超过23万个基层预算单位实施了国库集中支付改革。绝大部分省本级预算单位已实施改革，并进一步扩大改革资金范围，将政府性基金、预算外资金等财政性资金纳入国库集中支付改革范围。从收入收缴管理改革看，截至2007年年底，有非税收入的中央部门均纳入改革范围，近50个中央部门已正式实施改革，2007年按照中央非税收入收缴改革确定的收缴方式实现收入1062亿元，比上年增长83.86%。地方绝大多数省份的省本级、近200个地市、1000多个县（区）、超过18万个执收单位实施了非税收入收缴改革①。

（1）收入收缴。

先看收入收缴方式及程序。收入收缴分为直接缴库和集中汇缴两种方式。直接缴库由缴款单位或缴款人按有关法律法规规定，直接将应缴收入缴入国库单一账户或预算外资金财政专户；集中汇缴由征收机关（有关法定单位）按有关法律法规规定，将所收的应缴收入汇总缴入国库单一账户或预算外资金财政专户。

收缴程序分别是：①直接缴库程序。直接缴库的税收收入，由纳税人或税务代理人提出纳税申报，经征收机关审核无误后，由纳税人通过开户银行将税款缴入国库单一账户。非税收入比照上述程序缴入国库单一账户或预算外资金财政专户。②集中汇缴程序。小额零散税收和法律另有规定的应缴收入，由征收机关于收缴收入的当日汇总缴入国库单一账户。非税收入中的现金缴款，比照本程序缴入国库单一账户或预算外资金财政专户。

再看财税库银税收收入电子缴税横向联网。财税库银税收收入电子缴库横向联网，即财政、税务、中国人民银行国库、商业银行通过网络系统相互连接，税收收入实行电子缴库，纳税申报审核、税款缴库等业务活动实行电子化处理，税款由纳税人账户直接缴入国库。税收收入电子缴库主要采取电子划缴入库方式，用电子缴款书取代纸质缴款书。划缴入库方式需由纳税人、税务机关及纳税人开户行三方事先签订委托扣款协议。不具备划缴入库条件的，可采取自缴入库方式，由纳税人自行以现金或转账方式办理缴税或税务部门汇总办理缴税。

2007年，财政部下发了《财政部 国家税务总局 中国人民银行关于印发〈财税库银税收收入电子缴库横向联网实施方案〉的通知》（财库［2007］49号）、《财政部 国家税务总局 中国人民银行关于印发〈财税库银税收收入电子缴库横向联网管理暂行办法〉的通知》（财库［2007］50号）和《财政部 国家税务总局 中国人民银行关于财税库银税收收入电子缴库横向联网试点有关问题的通知》（财库［2007］92号）等文件，正式启动财税库银税收收入电子缴库横向联网工作。2008年，已有20多个省份实施了财税库银税收收入电子缴库横向联网，税款入库速度和透明度大大提高。

最后看非税收入收缴管理改革。非税收入收缴管理改革自2002年开始推行。至2008年已实施非税收入收缴管理改革的中央部门覆盖范围达80%以上，已涵盖所有政府非税收入类型。同时，地方非税收入收缴管理改革进展顺利，全国36个省（自治区、直辖市、计划单列市）本级、近200个地市、1000多个县（区）、超过18万个执收单实施了非税收入收缴管理改革。2009年1月24日，财政部下发了《关于深化地方非税收入收缴管理改革的指导意见》，进一步指导地方推进非税收入收缴管理改革。

（2）支出拨付。

财政支出总体分为购买性支出和转移性支出。根据支付管理需要，应具体分为四类：工资支出，即预算单位的工资性支出；购买支出，即预算单位除工资支出、零星支出之外购买服务、货物、工程项目等支出；零星支出，即预算单位购买支出中的日常小额部分，除《政府采购品目分类表》所列品目以外的支出，或列入《政府采购品目分类表》所列品目，但未达到规定数额的支出；转移支付，即拨付给预算单位或下级财政部门，未指明具体用途的支出，包括拨付企业补贴和未指明具体用途的资金、中央对地方的一般性转移支付等。

按照不同的支付主体，对不同类型的支出，分别实行财政直接支付和财政授权支付。

①财政直接支付。由财政部门开具支付令，通过国库单一账户体系，直接将财政资金

① 国库集中收付制度改革进展情况，见中央政府门户网站，http://www.gov.cn/zxft/ft104/content_903347.htm。

支付到收款人（即商品和劳务供应者，下同）或用款单位账户。实行财政直接支付的支出包括：工资支出、购买支出、转移支出（中央对地方专项转移支出除外）。

财政直接支付程序。预算单位按照批复的部门预算和资金使用计划，向财政收付执行机构提出支付申请，财政收付执行机构根据批复的部门预算和资金使用计划及相关要求对支付申请审核无误后，向代理银行发出支付令，并通知中国人民银行国库部门，通过代理银行进入全国银行清算系统实时清算，财政资金从国库单一账户划拨到收款人的银行账户。

财政直接支付主要通过转账方式进行，也可以采取“国库支票”支付。财政收付执行机构根据预算单位的要求签发支票，并将签发给收款人的支票交给预算单位，由预算单位转给收款人。收款人持支票到其开户银行入账，收款人开户银行再与代理银行进行清算。每日营业终了前由国库单一账户与代理银行进行清算。

②财政授权支出。预算单位根据财政授权，自行开具支付令，通过国库单一账户体系将资金支付到收款人账户。实行财政授权支付的支出包括未实行财政直接支付的购买支出和零星支出。

财政直接支付和财政授权支付的具体支出项目，由财政部门在确定部门预算时列出。

财政授权支付程序。预算单位按照批复的部门预算和资金使用计划，向财政收付执行机构申请授权支付的月度用款限额，财政收付执行机构将批准后的限额通知代理银行和预算单位，并通知中国人民银行国库部门。预算单位在月度用款限额内，自行开具支付令，通过财政收付执行机构转由代理银行向收款人付款，并与国库单一账户清算。

公务卡制度

公务卡是指行政事业单位工作人员持有的、主要用于日常公务支出和财务报销业务的信用卡。2007 年 5 月，财政部、中国人民银行联合召开了全国公务卡应用推广工作会议，并于 6 月份印发了《中央预算单位公务卡管理暂行办法》，启动了中央和地方公务卡改革试点工作。

2008 年，中央预算部门和省级预算单位全面推行公务卡改革试点；积极扩大公务卡结算范围，具备刷卡条件的，必须使用公务卡，其中出差购买机票、定点饭店公务消费，都要使用公务卡结算，否则财务不予报销。

政府采购制度

政府采购是指各级国家机关、实行预算管理的事业单位和社会团体，采取竞争、择优、公正、公平、公开的形式，使用财政预算内、外资金等财政性资金，以购买、租赁、委托或雇佣等方式获取货物、工程和服务的行为。1996 年，我国开始进行政府采购制度改革试点。2003 年《中华人民共和国政府采购法》正式实施。

政府采购制度改革要解决的是财政性资金的使用方式问题，确保财政资金使用的公平、公开、透明和有效益。

政府采购制度的基本内容包括：（1）政府采购范围。纳入政府集中采购目录的，集中采购目录以外但在采购限额标准之上的货物、工程和服务项目。（2）政府采购模式。我国政府采购实行集中采购和分散采购相结合的模式。（3）政府采购机制。“管采”分离；明确的采购程序；完善的监督机制；健全的电子化采购制度；采购人员资格管理。

国库现金管理

国库现金管理是指财政部门在代表政府进行公共财政管理时，预测、控制和管理国库现金的一系列政府理财活动。

国库现金管理的目标是在确保国库现金支付需要的前提下，实现国库闲置现金最小化和投资收益最大化。国库现金管理遵循安全性、流动性和收益性相统一的原则。操作方式主要有发行短期国债等融资活动，商业银行定期存款、买回国债、国债回购和逆回购等投资活动，初期主要实施商业银行定期存款和买回国债两种操作方式。

经国务院批准，2006 年我国正式开展国库现金管理工作。国库现金管理规章制度主要包括：《中央国库现金管理暂行办法》、《中央国库现金管理商业银行定期存款业务操作规程》、《中央国库现金管理商业银行定期存款主协议》。通过买回国债、商业银行定期存款等方式进行的操作，在确保国库支付需要和国库现金绝对安全的前提下，为中央财政增加净收益（或减少支出）。

超收收入安排使用

近几年，中央财政超收收入较多。利用超收收入，中央财政解决了出口退税陈欠等历史欠账，支持了教育等重点领域支出，还建立了中央预算稳定调节基金，规范了超收收入安排使用办法。

（1）超收收入的使用。

根据1999年12月25日第九届全国人民代表大会常务委员会第十三次会议通过的《全国人大常委会关于加强中央预算审查监督的决定》规定，中央预算超收收入可以用于弥补中央财政赤字和其他必要的支出。

以2007年为例，中央财政超收收入除依法增加有关支出外，主要用于办关系民生的大事、办建立机制制度的事。根据《关于2007年中央和地方预算执行情况与2008年中央和地方预算草案的报告》，中央财政超收收入4168亿元用于以下几个方面：一是根据现行财政体制和制度规定增加安排支出1014亿元。其中：增加对地方一般性转移支付和税收返还667亿元，车辆购置税超收117亿元专项用于病险桥梁维修改造等公路建设，铁道运输企业国有资产变现收入196亿元专项用于铁路建设，增加科学技术支出29亿元。二是改善民生和加强薄弱环节增加安排支出1437亿元。其中：农林水事务支出161亿元，教育支出210亿元，社会保障和就业支出344亿元，医疗卫生支出313亿元，环境保护支出196亿元，廉租住房保障补助48亿元，公共安全、一般公共服务支出133亿元，文化支出11亿元。三是进一步增强财政经济运行的稳定性和可持续性安排1717亿元。包括：削减财政赤字450亿元，解决政策性粮食财务挂账历史欠账235亿元，增加中央预算稳定调节基金1032亿元。根据《国务院关于2007年中央决算的报告》，决算清理期新增收入23亿元主要用于增加安排抗灾救灾支出等。

（2）超收收入使用情况的报告。

根据《全国人大常委会关于加强中央预算审查监督的决定》规定，中央预算执行过程中，需要动用超收收入追加支出时，应当编制超收收入使用方案，由国务院财政部门及时向财政经济委员会和预算工作委员会通报情况，国务院应向全国人民代表大会常务委员会作预计超收收入安排使用情况的报告。

（3）改进中央财政超收收入使用办法。

从2008年起，年度执行中如有超收，除按法律、法规和财政体制规定增加有关支出，以及用于削减财政赤字、解决历史债务、特殊的一次性支出等必要支出外，原则上不再追加具体支出，都列入中央预算稳定调节基金，转到以后年度经过预算安排使用，以利更好地保障重点支出需要，规范预算管理，增强预算约束力。

中央预算稳定调节基金

为更加科学合理地编制预算，保持中央预算的稳定性和财政政策的连续性，2006年中央财政通过超收收入安排500亿元新建立中央预算稳定调节基金。2007年中央财政又通过超收收入安排中央预算稳定调节基金1032亿元。

中央预算稳定调节基金单设科目，安排基金时在支出方反映，调入使用基金时在收入方反映，基金的安排使用纳入预算管理，接受全国人大及其常委会的监督。

根据《财政部关于应发未发国债和预算稳定调节基金会计核算的通知》（财库［2007］117号）规定，中央预算稳定调节基金的会计核算如下：

（1）在净资产类增设“预算稳定调节基金”科目，核算预算稳定调节基金的增减变动。年度终了，从财政超收收入中安排预算稳定调节基金时，借记“安排预算稳定调节基金”科目，贷记本科目；为弥补财政短收年份预算执行收支缺口，调用预算稳定调节基金时，借记本科目，贷记“调入预算稳定调节基金”科目。

（2）在收入类增设“调入预算稳定调节基金”科目，核算为弥补财政短上年份预算执行收支缺口，调用的预算稳定调节基金。年度终了，为弥补财政短收年份预算执行收支缺口，调用预算稳定调节基金时，借记“预算稳定调节基金”科目，贷记本科目。年终转账时，将本科目余额全部转入“预算结余”科目，借记本科目，贷记“预算结余”科目。

（3）在支出类增设“安排预算稳定调节基金”科目，核算从财政超收收入中安排的预算稳定调节基金。年度终了，从财政超收收入中安排预算稳定调节基金时，借记本科目，贷记“预算稳定调节基金”科目。年终转账时，将本科目余额全部转入“预算结余”科目，借记“预算结余”科目，贷记本科目。

3.1.4 公共财政预算调整

相关规定

（1）《中华人民共和国预算法》。

根据《中华人民共和国预算法》规定，预算调整是指经全国人民代表大会批准的中央预算和经地方各级人民代表大会批准的本级预算，在执行中因特殊情况需要增加支出或者减少收入，使原批准的收支平衡的预算的总支出超过总收入，或者使原批准的预算中举借债务的数额增加的部分变更。在预算执行中，因上级政府返还或者给予补助而引起的预算收支变化，不属于预算调整。

各级政府对于必须进行的预算调整，应当编制预算调整方案。中央预算的调整方案必须提请全国人民代表大会常务委员会审查和批准。县级以上地方各级政府预算的调整方案必须提请本级人民代表大会常务委员会审查和批准；乡、民族乡、镇政府预算的调整方案必须提请本级人民代表大会审查和批准。未经批准，不得调整预算。未经批准调整预算，各级政府不得作出任何使原批准的收支平衡的预算的总支出超过总收入或者使原批准的预算中举借债务的数额增加的决定。

（2）《中华人民共和国各级人民代表大会常务委员会监督法》。

根据《中华人民共和国各级人民代表大会常务委员会监督法》规定，预算经人民代表大会批准后，在执行过程中需要作部分调整的，国务院和县级以上地方各级人民政府应当将调整方案提请本级人民代表大会常务委员会审查和批准。

严格控制不同预算科目之间的资金调整。预算安排的农业、教育、科技、文化、卫生、社会保障等资金需要调减的，国务院和县级以上地方各级人民政府应当提请本级人民代表大会常务委员会审查和批准。

国务院和县级以上地方各级人民政府有关主管部门应当在本级人民代表大会常务委员会举行会议审查和批准预算调整方案的一个月前，将预算调整初步方案送交本级人民代表大会财政经济委员会进行初步审查，或者送交常务委员会有关工作机构征求意见。

（3）《全国人大常委会关于加强中央预算审查监督的决定》。

《全国人大常委会关于加强中央预算审查监督的决定》规定，因特殊情况必须调整中央预算时，国务院应当编制中央预算调整方案，并于当年7月至9月之间提交全国人民代表大会常务委员会。国务院财政部门应当及时向财政经济委员会和预算工作委员会通报中央预算调整的情况，在常务委员会举行会议审批中央预算调整方案的一个月前，将中央预算调整方案的初步方案提交财政经济委员会，由财政经济委员会进行初步审查。

2008年中央预算调整

2008年汶川特大地震发生后，为筹集地震灾后恢复重建资金，考虑到受国内外经济形势发展的不确定性、南方罕见低温雨雪冰冻灾害、汶川地震及调低证券交易印花税税率等因素影响，2008年中央财政收支形势不容乐观，国务院向全国人大常委会提出了关于提请审议2008年中央预算调整草案的议案，6月24日财政部部长谢旭人受国务院委托，向全国人大常委会作了关于提请审议2008年中央预算调整草案的议案的说明。

按照多渠道筹集灾后恢复重建资金的原则，中央财政除调用中央预算稳定调节基金600亿元外，还对2008年预算支出做相应调整，通过车辆购置税、彩票公益金、中央国有资本经营预算安排100亿元资金用于灾后恢复重建。

全国人大财经委在关于国务院关于提请审议2008年中央预算调整方案草案的议案的审查报告中提出，调整中央预算、建立灾后恢复重建基金是必要的，有利于集中财力用于支持灾区恢复重建，对尽快恢复灾区正常生产生活秩序、保持灾区社会稳定，具有十分重要的意义，建议十一届全国人大常委会第三次会议批准2008年中央预算调整方案草案。

6月26日下午，全国人大常委会经表决，批准了国务院提出的2008年中央预算调整方案。

3.1.5 公共财政决算

财政总决算

财政总决算是对按照法定程序编制的全面反映各级政府年度预算收支执行结果的综合报告。现行的财政总决算由中央财政决算和地方财政总决算构成，分别按收入分类、支出功能分类和支出经济分类，清晰地反映政府性收支全貌。

财政部每年第四季度部署编制决算草案的原则、要求、方法和报送期限，制发决算报表格式，并以通知形式下达省（直辖市、自治区）。财政总决算的编制程序是从基层预算单位开始，在年终清理和结算的基础上，根据编审通知规定和修订下发的决算报表内容，自下而上逐级编制、审核和汇总。

财政总决算的审批是按照预算级次进行的，中央决算草案报国务院审定后，由国务院提请全国人大常委会审查和批准；县级以上地方各级政府财政部门编制本级决算草案，报本级政府审定后，由本级政府提请本级人大常委会审查和批准；乡、民族乡、镇政府编制本级决算草案，提请本级人代会审查和批准。

根据《中华人民共和国各级人民代表大会常务委员会监督法》第十五条规定，国务院应当在每年六月，将上一年度的中央决算草案提请全国人民代表大会常务委员会审查和批准。县级以上地方各级人民政府应当在每年六月至九月期间，将上一年度的本级决算草案提请本级人民代表大会常务委员会审查和批准。决算草案应当按照本级人民代表大会批准的预算所列科目编制，按预算数、调整数或者变更数以及实际执行数分别列出，并作出说明。

人民代表大会常务委员会对决算草案重点审查下列内容：（1）预算收支平衡情况；（2）重点支出的安排和资金到位情况；（3）预算超收收入的安排和使用情况；（4）部门预算制度建立和执行情况；（5）向下级财政转移支付情况；（6）本级人民代表大会关于批准预算决议的执行情况。此外，全国人民代表大会常务委员会还应当重点审查国债余额情况；县级以上地方各级人民代表大会常务委员会还应当重点审查上级财政补助资金的安排和使用情况。

《全国人大常委会关于加强中央预算审查监督的决定》规定，中央决算草案应当按照全国人民代表大会批准的预算所列科目编制，按预算数、调整或变更数以及实际执行数分别列出，变化较大的要作出说明。中央决算草案应在全国人民代表大会常务委员会举行会议审查和批准的一个月前，提交财政经济委员会，由财政经济委员会结合审计工作报告进行初步审查。

部门决算

部门决算是全面反映各部门（单位）年度预算执行情况的综合财务报告。近年来，我国部门决算编审工作不断改进和完善，已将预算单位的全部收支及资产负债情况都纳入部门决算编报范围，并形成一套比较完善的部门决算报表体系，比较科学、规范的部门决算编审工作流程，初步建立起部门决算与部门预算相互反映、相互促进的有效机制。

部门决算报表体系由基础数据表、填报说明、分析表和分析报告四个部分组成，纳入部门决算编报的单位范围为：列入年度部门预算编制范围的行政事业单位和企业集团等。具体包括：各级党政机关、事业单位和社会团体，纳入部门预算编制范围的企业和企业集团，以及与财政部门直接发生经常性缴、拨款关系并按规定应向财政部门上报决算的其他单位。

部门决算由各地区、各部门按照预算管理级次或财务管理关系，逐级汇总。中央部门的部门决算报表，先报送财政部部门预算司审核，并按照审核意见进行决算调整，再参加财政部国库司组织的部门决算会审。中央部门决算由财政部部门预算司批复。省级财政部门完成本省部门决算审核汇总工作后，参加财政部国库司组织的部门决算会审。

3.2 政府性基金预算

3.2.1 政府性基金预算基本情况

政府性基金是指各级人民政府及其所属部门根据法律、行政法规规定，为支持某项公共事业发展，向公民、法人和其他组织无偿征收的具有专项用途的财政资金。

根据1996年国务院《关于加强预算外资金管理的决定》精神，财政部规定自1997年1月1日起，将养路费等13项政府性基金以及地方财政部门按国家规定收取的各项税费附加纳入预算内管理。

根据《财政部关于公布2008年全国政府性基金项目目录的通知》（财综［2009］12号）2008年全国政府性基金项目包括农网还贷资金、三峡工程建设基金、新型墙体材料专项基金、港口建设费、民航机场管理建设费、民航基础设施建设基金、铁路建设基金、铁路建设附加费、国家蚕丝绸发展风险基金、散装水泥专项资金、中央对外贸易发展基金、育林基金（集体育林和更改基金、国有育林和更改基金、维简费、林业维简费）、林业基金、森林植被恢复费、水利建设基金、大中型水库移民后期扶持基金、大中型水库库区基金、三峡水库库区基金、南水北调工程基金、新菜地开发建设基金、城市公用事业附加、文化事业建设费、国家电影事业发展专项资金、城市教育费附加、地方教育附加、地方教育基金、旅游发展基金、残疾人就业保障金、煤炭可持续发展基金、水资源补偿费、电源基地建设基金、高等级公路车辆通行附加费、城市基础设施配套费、小型水库移民扶助基金等34项。

3.2.2 政府性基金预算管理

根据《财政部关于制发政府性基金预算管理办法的通知》［(1996)财预字第435号］规定，政府性基金预算管理主要内容包括：

预算管理原则

纳入预算管理的政府性基金管理总原则是：基金全额纳入预算管理，实行“收支两条线”，收入全额上缴国库，先收后支，专款专用，在预算上单独编列，自求平衡，结余结转下年继续使用。

政府性基金预算编制

目前，政府性基金收支预算在财政预算上

采用单独编列办法。即各级财政部门单独编列一张“政府性基金收支预算表”，将基金收入与基金支出按照一一对应的原则排列，不计入一般预算收入总计和一般预算支出总计。中央政府性基金收支预算表，与公共财政预算表格一同上报全国人民代表大会审查批准。

各基金征收部门和使用部门应于每年第四季度根据财政部门的部署，汇总编报下年度的分项基金预算。分项基金预算经财政部门按规定程序批准后执行。

基金预算内容包括年度基金收入预算与基金支出预算，以前年度基金结余也应在基金预算中反映。基金收入预算根据上年度征收任务完成情况和本年度征收任务及征收标准调整变化情况等确定，基金支出预算根据基金收入情况，按规定的用途、支出范围和支出标准编列。属于基本建设项目应按基本建设投资管理的有关规定编报基本建设支出预算。

基金预算按规定的程序报经批准后，由财政部门及时向各部门批复。

政府性基金预算执行

政府性基金纳入预算管理后，按现行国库管理制度办理收入缴库。

政府性基金的支出本着“先收后支”的原则办理。财政部门办理各项基金支出的拨付，应根据核定的支出预算及基金收入入库的进度办理，并应保证用款单位的用款需要。部门和单位使用基金时，应严格按资金渠道，在规定的开支范围与开支标准内使用，不得与单位其他资金和正常经费混淆，也不得擅自改变支出用途。

政府性基金决算

各基金征收部门和使用部门于每一预算年度终了时，根据财政部门的要求及时编报基金决算草案，基金决算草案应在对全年基金收入和基金支出进行清理核对的基础上进行。基金决算各项数字以经过核实的基层单位会计数字为准，汇总编报。一个部门管理使用多项基金的，分别基金项目逐一编报。

各单位按照主管部门的布置，认真编制本单位的基金决算草案，在规定期限内上报。

各部门在审核所属各单位决算草案的基础上，汇总编制本部门决算草案，并附决算草案详细说明，经部门行政领导签章后，在规定期限内报同级财政部门审核。

3.3 国有资本经营预算

3.3.1 国有资本经营预算概况

国有资本经营预算，是国家以所有者身份依法取得国有资本收益，并对所得收益进行分配而发生的各项收支预算，是政府预算的重要组成部分。

国有资本经营预算的组成

国有资本经营预算由收入预算和支出预算组成。收入预算是指国家按年度和规定比例向企业收取国有资本收益的收缴计划；支出预算是指国家根据国有资本经营预算收入规模和国民经济发展需要制订的支出计划，国有资本收益将用于国有经济布局和结构调整，补偿国有企业改革成本，提高国有企业核心竞争力等方面。

国有资本经营预算与公共财政预算的关系

国有资本经营预算和政府公共预算都属于

政府预算。根据《预算法实施条例》，各级政府预算按照复式预算编制，分为政府公共预算、国有资本经营预算、社会保障预算和其他预算。国有资本经营预算与政府公共预算的主要区别是：

（1）政府公共预算的收入主要来自于国家的税收收入，国有资本经营预算收入来源是国家依法取得的国有资本收益。

（2）国有资本经营预算在编制上，相对独立于公共预算，即国有资本经营预算按照当年取得的国有资本收益确定支出规模，量入为出，不列赤字。

（3）与公共预算相比，目前国有资本经营预算的收支规模还很小。建立国有资本经营预算制度后，国家用于国有企业的改革支出将逐步从政府公共预算中退出。考虑到相关政策的衔接，国有资本经营预算试行期间，政府公共预算中用于国有企业改革和发展的支出，如政策性关闭破产支出、厂办大集体改革等支出，继续予以安排。另一方面，《国务院关于试行国有资本经营预算的意见》（国发［2007］26号）规定，必要时可将企业上交的部分国有资本收益，用于社会保障支出。

3.3.2 国有资本经营预算的试点

国有资本经营预算试点的原则

（1）统筹兼顾，适度集中。即建立国有资本经营预算，确定国有资本收益上交比例要合理、适度，既要考虑国有经济布局和结构调整的需要，有利于国有资本的合理配置，也要考虑国有企业的自身改革和发展。

（2）相对独立，相互衔接。即国有资本经营预算和政府公共预算分别编制，分别反映各自的收支情况，同时也要保持两者之间的衔接。

（3）分级编制，逐步实施。与国有资产分级管理体制相适应，国有资本经营预算分级编制，同时考虑到国有企业情况的多样性和复杂性，为稳妥推进此项工作，国有资本经营预算先试行，再逐步推开。

国有资本经营预算试行范围

中央国有资本经营预算的试行范围为中央监管企业和烟草企业。2008年起，对试行范围内企业2007年实现的国有资本收益进行收取。同时，编制国有资本经营预算并组织实施。考虑到当前国有企业改革任务较重，需要支付的改革成本压力很大，且2006年度中央企业盈利水平较高，经国务院同意，2007年，将对中央监管企业进行试点，即对这部分企业2006年实现的国有资本收益进行收取，试编制国有资本经营预算。

各地区试行国有资本经营预算的时间、步骤和范围，由各省、自治区、直辖市和计划单列市人民政府决定。

3.3.3 国有资本经营预算收入

国有资本经营预算的收入项目

国有资本经营预算收入是指各级人民政府及其部门、机构履行出资人职责的企业（一级企业，下同）上交的国有资本收益，主要包括五项：一是国有独资企业按规定上交国家的利润；二是国有控股、参股企业国有股权（股份）获得的股利、股息；三是国有产权（含国有股份）转让收入；四是国有独资企业清算收入（扣除清算费用）及国有控股、参股企业国有股权（股份）分享的公司清算收入；五是其他收入。

国有企业资本收益的收取

中央企业国有资本收益应当按规定直接上交中央财政，纳入中央本级国有资本经营预算收入管理。中央企业国有资本收益由财政部负责收取，国资委负责组织所监管企业上交国有资本收益。

国有独资企业上交年度净利润的比例，区别不同行业，分10%、5%、暂缓3年上交或者免交等三类执行。国有控股、参股企业应付国有投资者的股利、股息，按照股东会或者股东大会决议通过的利润分配方案执行。

中央企业国有资本收益上交，按照以下程序执行：

（1）国资委在收到所监管企业上报的国有资本收益申报表及相关材料后15个工作日内提出审核意见，报送财政部复核，财政部在收到国资委审核意见后15个工作日内提出复核意见。

（2）国资委根据财政部同意的审核结果向所监管企业下达国有资本收益上交通知，财政部向财政部驻企业所在省（自治区、直辖市、计划单列市）财政监察专员办事处下达国有资本收益收取通知；财政部驻企业所在省（自治区、直辖市、计划单列市）财政监察专员办事处依据财政部下达的国有资本收益收取通知向企业开具“非税收入一般缴款书”。

（3）国资委所监管企业依据国资委下达的国有资本收益上交通知和财政部驻企业所在省（自治区、直辖市、计划单列市）财政监察专员办事处开具的“非税收入一般缴款书”办理国有资本收益交库手续。

（4）财政部在收到中国烟草总公司的国有资本收益申报表及相关材料后15个工作日内，完成审核工作并向财政部驻北京市财政监察专员办事处下达国有资本收益收取通知；中国烟草总公司凭财政部驻北京市财政监察专员办事处开具的“非税收入一般缴款书”办理国有资本收益交库手续。

3.3.4 国有资本经营预算支出

国有资本经营预算支出，依据国家宏观经济政策，以及不同时期国有企业改革和发展的任务，统筹安排确定。主要包括：资本性支出，主要根据产业发展规划、国有经济布局和结构调整、国有企业发展要求，以及国家战略、科技投入、安全等需要安排向国有企业注入资本金；费用性支出，主要用于弥补国有企业改革成本等方面。

3.3.5 国有资本经营预算执行

国有资本经营预算草案经本级人民政府批准后，由财政部门下达到各预算单位。各预算单位具体下达所监管（或所属）企业的预算，抄送同级财政部门备案。年度终了后，由财政部门编制决算草案报本级人民政府批准。

国有资本经营预算收入由财政部门、国有资产监管机构等组织收取、上交。企业按规定将应交国有资本收益直接上交财政部门。

国有资本经营预算支出，由企业在经批准的预算范围内提出申请，报经财政部门审核后，按照财政国库管理制度的有关规定，直接拨付使用单位。

3.3.6 国有资本经营预算的部门分工

财政部

作为国有资本经营预算的主管部门，财政部负责制订国有资本经营预算的各项管理制度、预算编制办法和预算收支科目；编制国有资本经营预算月报；编制中央本级国有资本经营预、决算草案；会同有关部门制定国有资本收益收取办法；收取企业国有资本收益；审核、汇总编制全国国有资本经营预、决算草案。

国有资产监管机构

作为国有资本经营预算单位，国有资产监管机构以及其他负责国有企业监管职能的部门和单位，主要负责研究制订本单位国有经济布局和结构调整的政策措施，参与制订国有资本经营预算有关管理制度；提出本单位年度国有资本经营预算建议草案；组织和监督本单位国有资本经营预算的执行；编报本单位年度国有资本经营决算草案；负责组织所监管（或所属）企业上交国有资本收益。

3.4 社会保险基金管理

目前我国社会保障基金有城镇基本养老保险基金、城镇基本医疗保险基金、失业保险基金、工伤保险基金、生育保险基金等五项。根据《国务院关于加强预算外资金管理的决定》(国发［1996］29号）规定，社会保障基金在国家财政建立社会保障预算制度以前，先按预算外资金管理制度进行管理，专款专用。

3.4.1 社会保险基金管理概况

基金财务管理的任务是：认真贯彻执行国家有关法律、法规和方针、政策，依法筹集和使用基金；建立健全财务管理制度，努力做好基金的计划、控制、核算、分析和考核工作，并如实反映基金收支状况；严格遵守财经纪律，加强监督和检查，确保基金的安全。

基金纳入单独的社会保障基金财政专户。实行“收支两条线”管理，专款专用，任何地区、部门、单位和个人均不得挤占、挪用，也不得用于平衡财政预算。

基金根据国家要求实行统一管理，按险种分别建账、分账核算、专款专用、自求平衡，不得相互挤占和调剂。

3.4.2 社会保险基金预算

基金预算是指经办机构根据社会保险制度的实施计划和任务编制的，经规定程序审批的年度基金财务收支计划。

年度终了前，经办机构应按照财政部门规定的表式、时间和编制要求，根据本年度预算执行情况和下年度基金收支预测，编制下年度基金预算草案。

经办机构编制的年度基金预算草案，由劳动保障部门审核汇总并报财政部门审核，经同级政府批准后，由财政部门及时向劳动保障部门批复执行，并报上级财政和劳动保障部门备案。

经办机构要严格按批准的预算执行，并认真分析基金的收支情况，定期向同级财政和劳动保障部门报告预算执行情况。财政和劳动保障部门逐级汇总上报预算执行情况，并加强基金监控，发现问题应立即采取措施解决。

遇特殊情况需要调整预算时，经办机构要编制预算调整方案，由劳动保障部门报财政部门审核，经同级政府批准后，由财政部门及时向劳动保障部门批复执行，并报上级财政和劳动保障部门备案。

3.4.3 社会保险基金筹集

社会保险基金收入构成

基金收入包括：社会保险费收入、利息收入、财政补贴收入、转移收入、上级补助收入、下级上解收入、其他收入。社会保险费收入是指缴费单位和缴费个人按缴费基数的一定比例分别缴纳的基本养老保险费、失业保险费、基本医疗保险费等收入。利息收入是指用社会保险基金购买国家债券或存入银行所取得的利息收入。财政补贴收入是指同级财政给予基金的补贴收入。转移收入是指保险对象跨统筹地区流动而划入的基金收入。上级补助收入是指下级经办机构接收上级经办机构拨付的补助收入。下级上解收入是指上级经办机构接收下级经办机构上解的基金收入。其他收入是指滞纳金及其他经财政部门核准的收入。

社会保险基金的收取

实行经办机构征收社会保险费的地区，经

办机构可以根据工作需要在同级财政和劳动保障部门共同认定的国有商业银行设立社会保险基金收入户（以下简称“收入户”）。收入户的主要用途是：暂存由经办机构征收的社会保险费收入；暂存下级经办机构上解或上级经办机构下拨的基金收入；暂存该账户的利息收入以及其他收入等。收入户除向财政专户划转基金外，不得发生其他支付业务。收入户月末无余额。实行税务机关征收社会保险费的地区，不设收入户。

税务机关或经办机构要定期或定额将征集的基金缴存财政专户。具体时间或额度由各省、自治区、直辖市自定。缴存时，须填制银行制发的进账单或划款凭证（一式多联）。并填写收入项目和具体金额。各有关部门或机构凭该凭证记账。未按规定执行的，财政部门委托各开户银行于月末将全部基金收入划入财政专户。

3.4.4 社会保险基金的支付

基金要根据社会保险的统筹范围，按照国家规定的项目和标准支出，任何地区、部门、单位和个人不得以任何借口增加支出项目和提高开支标准。

社会保险基金支出范围

基金支出包括：社会保险待遇支出、转移支出、补助下级支出、上解上级支出、其他支出。社会保险待遇支出是指按规定支付给社会保险对象的基本养老保险待遇支出、失业保险待遇支出。基本医疗保险待遇支出等。转移支出是指社会保险对象跨统筹地区流动而转出的基金支出。补助下级支出是指上级经办机构拨付给下级经办机构的补助支出。上解上级支出是指下级经办机构上解上级经办机构的支出。其他支出是指经财政部门核准开支的其他非社会保险待遇性质的支出。

基本医疗保险支出

基本养老保险待遇支出包括：基本养老金、医疗补助金和丧葬抚恤补助费。

（1）基本养老金，包括基础性养老金，个人账户养老金，过渡性养老金和支付给《国务院关于建立统一的企业职工养老保险制度的决定》（国发［1997］26号，以下简称“《决定》”）实施前已经离休、退休和退职人员的离休金、退休金、退职金、补贴。

第一，基础性养老金是指按各省、自治区、直辖市或地（市）上年度职工月平均工资的20%支付给《决定》实施后按照统一的企业基本养老保险制度计发待遇的退休人员的基本养老金。

第二，个人账户养老金是指按缴费个人的个人账户储存额除以120支付给按照统一的企业职工基本养老保险制度计发待遇的退休人员的基本养老金，以及一次性支付给个人的个人账户储存额。

第三，过渡性养老金是指按规定支付给按照统一的企业职工基本养老保险制度计发待遇且在《决定》实施前参加工作、实施后退休的人员除基础性养老金和个人账户养老金以外的基本养老金。

第四，离休金、退休金、退职金、补贴是指按规定支付给《决定》实施前已经离休、退休和退职人员的生活费用和各种生活补贴、物价补贴等。

（2）医疗补助金是指按规定支付给未实行医疗保险地区已纳入基本养老保险基金开支范围的离休、退休、退职人员的医疗费用。

（3）丧葬抚恤补助费是指用于已纳入基本养老保险基金开支范围的离休、退休、退职人员死亡丧葬补助费用及其供养直系亲属的抚恤和生活补助费用。

失业保险支出

失业保险待遇支出项目包括失业保险金、医疗补助金、丧葬抚恤补助费、职业培训和职业介绍补贴、国有企业下岗职工基本生活保障补助和其他费用。

（1）失业保险金是指支付给失业人员在

失业期间的基本生活费用。

（2）医疗补助金是指按规定支付给失业人员在领取失业保险金期间的医疗费用。

（3）丧葬抚恤补助费是指按规定支付给在领取失业保险金期间死亡的失业人员的丧葬补助费用及由其供养的配偶、直系亲属的抚恤金。

（4）职业培训和职业介绍补贴是指按规定支付给失业人员在领取失业保险金期间接受职业培训、职业介绍的补贴。

（5）国有企业下岗职工基本生活保障补助是指从失业保险基金中调剂用于进入企业再就业服务中心的国有企业下岗职工基本生活保障的支出。

（6）其他费用包括农民合同制工人一次性生活补助金及国家规定的其他费用。农民合同制工人生活补助金，是一次性支付给合同期满不再续订或者提前解除劳动合同的农民合同制工人的生活补助费。

社会保险基金支出管理

社会保险基金支出的经办机构，在同级财政和劳动保障部门共同认定的国有商业银行设立社会保险基金支出户（以下简称“支出户”）。

支出户的主要用途是：接收财政专户拨入的基金；暂存社会保险支付费用及该账户的利息收入；支付基金支出款项；划拨该账户资金利息收入到财政专户；上解上级经办机构基金或下拨下级经办机构基金。支出户除接受财政专户拨付的基金及该账户的利息收入外，不得发生其他收入业务。

经办机构要根据财政部门核定的基金年度预算及月度收支计划，按月填写财政部门统一印制的用款申请书，并注明支出项目，加盖本单位用款专用章，在规定的时间内报送同级财政部门。对不符合规定的凭证和用款手续的，财政部门有权责成经办机构予以纠正。财政部门对用款申请审核无误后，应在规定的时间内将基金从财政专户拨入支出户。

3.4.5 社会保险基金结余

基金结余是指基金收支相抵后的期末余额。基本医疗保险基金的结余包括基本医疗保险统筹基金结余和医疗保险个人账户基金结余。

基金结余除根据财政和劳动保障部门商定的、最高不超过国家规定预留的支付费用外，全部用于购买国家发行的特种定向债券和其他种类的国家债券。任何地区、部门、单位和个人不得动用基金结余进行其他任何形式的直接或间接投资。

基金当年入不敷出时，按下列顺序解决：

（1）动用历年滚存结余中的存款。

（2）存款不足以保证支付需求的，可转让或提前变现用基金购买国家债券，具体办法由财政部另行制定。

（3）转让或兑付国家债券仍不能保证支付需求时，建立了基金调剂金的地区，由上级经办机构调剂。

（4）调剂后仍存在不足的，由同级财政部门给予适当支持。

（5）在财政给予支持的同时，根据需要按国务院有关规定报批后调整缴费比例。基本医疗保险基金在申请调整缴费比例之前也可经同级财政部门审核并报政府批准后，在国家规定的范围内，调整缴费单位缴纳的医疗保险费划入基本医疗保险统筹基金与医疗保险个人账户基金之间的比例。

3.4.6 社会保险基金决算

年度终了后，经办机构应根据财政部门规定的表式、时间和要求编制年度基金财务报告。财务报告包括资产负债表、收支表、有关附表及财务情况说明书。

财务情况说明书主要说明和分析基金的财务收支及管理情况，对本期或下期财务状况发生重大影响的事项，以及其他需要说明的事项。经办机构可以根据业务工作需要增加基金当年结余率、社会保险费实际收缴率等有关财务分析指标。

经办机构编制的年度基金财务报告应在规定期限内经劳动保障部门审核并汇总，报同级财政部门审核后，由同级人民政府批准，批准后的年度基金财务报告为基金决算。

财政部门应逐级上报审核汇总的本级决算和下一级决算。经办机构的年度基金财务报告不符合法律、法规规定的，应予以纠正。

各省、自治区、直辖市财政厅（局）将本级决算和下一级财政部门报送的决算审核汇总后报财政部，由财政部审核汇总后报国务院。

3.5 预算外资金管理

根据《国务院关于加强预算外资金管理的决定》（国发［1996］29号）规定，预算外资金是指国家机关、事业单位和社会团体为履行或代行政府职能，依据国家法律、法规和具有法律效力的规章而收取、提取和安排使用的未纳入国家预算管理的各种财政性资金。其范围主要包括：法律、法规规定的行政事业性收费、基金和附加收入等；国务院或省级人民政府及其财政、计划（物价）部门审批的行政事业性收费；国务院以及财政部审批建立的基金、附加收入等；主管部门从所属单位集中的上缴资金；其他未纳入预算管理的财政性资金。

3.5.1 预算外资金上缴财政专户，实行“收支两条线”管理

预算外资金是国家财政性资金，不是部门和单位自有资金，因而须纳入财政管理。财政部门在银行开设统一的专户，用于预算外资金收入和支出管理。部门和单位的预算外收入必须上缴同级财政专户，支出由同级财政按预算外资金收支计划和单位财务收支计划统筹安排，从财政专户中拨付，实行“收支两条线”管理。

预算外资金结余，除专项资金按规定结转下年度专项使用外，财政部门经同级政府批准可按隶属关系统筹调剂使用。

根据《行政事业单位预算外资金银行账户管理的规定》（财综字［1999］88号）规定，行政事业单位收取或取得的预算外资金收入，应全部直接上缴同级财政部门设立的预算外资金财政专户。财政部门另有规定的除外。确有必要的，经财政部门批准，并凭人民银行颁发的《开户许可证》，行政事业单位可在银行开设一个预算外资金收入汇缴专用存款账户，用于核算本部门和单位应上缴的预算外资金收入。预算外资金收入汇缴专用存款账户只能核算预算外资金收入上解款项，单位不得直接支用，并按规定及时足额上缴同级财政专户。

3.5.2 预算外收支计划

财政部门建立预算外资金预决算管理制度，各部门、各单位按规定编制预算外资金收支计划和单位财务收支计划，并及时报送同级财政部门，对预算内拨款和预算外收入统一核算、统一管理。财政部门在认真审核单位预算外资金收支计划和单位财务收支计划的基础上，编制本级预算外资金收支计划，报经同级人民政府批准后组织实施。年度终了，财政部门审核单位的预算外资金收支决算，编制本级预算外资金收支决算，并报同级政府审批，在此基础上，编制包括预算内、外收支的综合财务计划。

3.5.3 预算外资金收缴管理

中央单位预算外资金组成

根据《中央单位预算外资金收入收缴管理改革试点办法》，中央单位预算外资金包括：

（1）中央单位收取的行政事业性收费。指中央单位依据法律、行政法规，由国务院批准或财政部、国家计委共同批准的未纳入预算管理的行政事业性收费。

（2）中央主管部门（含代行政职能的行业性组织）集中的收入。指中央主管部门按照国家规定，从所属事业单位（包括所属服务中心及下属单位）和社会团体集中的管理费和其他资金。

（3）中央单位其他预算外资金。包括以政府名义获得的各种捐赠款以及其他未纳入预算管理的收入等。

中央单位预算外资金收入收缴银行账户的设立、使用和管理

中央单位预算外资金收入收缴银行账户体系包括中央预算外资金财政专户（简称中央财政专户，下同）和财政部为执收单位开设的中央预算外资金财政汇缴专户（简称中央财政汇缴专户，下同）。其中，中央财政专户按银行专用存款账户管理。

（1）中央财政专户。中央财政专户是财政部在代理银行设立的用于记录、核算和反映中央单位预算外资金收入和支出活动的账户。该账户用于收缴中央单位预算外资金，与中央财政汇缴专户清算，向国库单一账户缴款以及拨付中央单位预算外资金。

中央财政专户按执收单位设置收入分类账，并按收入项目进行明细核算。同时，按预算单位设置支出分类账，用于记录、核算、反映中央单位预算外资金的支出活动。

所属执收单位级次多、分布广、情况复杂的主管部门，可以申请由财政部为其所属执收单位开设中央财政汇缴专户。

（2）中央财政汇缴专户。中央财政汇缴专户是由财政部按照规定程序在代理银行为执收单位设立，用于中央单位预算外资金的收入收缴，以及与中央财政专户进行清算的银行账户；该账户只能用于执收单位预算外资金的收入收缴，不得用于执收单位的支出。

中央财政汇缴专户在确定的代理银行范围内设立。财政部通过招投标确定若干代理银行后，书面通知执收单位的主管部门，由主管部门从中选定一家代理银行并通知所属执收单位，就近选择该代理银行的营业网点作为开户银行。

执收单位设立中央财政汇缴专户的申请，由中央主管部门审核汇总后报财政部。财政部批准后，通知代理银行按财政部要求为执收单位配置账号。代理银行应将拟开账户的开户银行名称、账号等详细情况书面报财政部，由财政部通知各主管部门为本系统内各执收单位办理开户手续。代理银行应根据银行账户管理办法的有关规定，办理账户开立手续。

预算外资金收入收缴方式

中央单位预算外资金收入收缴实行直接缴库和集中汇缴两种方式。

（1）直接缴库。直接缴库是由缴款人按照有关规定，持执收单位开具的《非税收入一般缴款书》到代理银行缴款，直接将应缴款项缴入中央财政专户或中央财政汇缴专户。

中央单位预算外资金实行直接缴库的，由执收单位根据国家有关规定，向缴款人开具收款收据和缴款凭证合一的《非税收入一般缴款书》，由缴款人持《非税收入一般缴款书》到财政部指定的代理银行或营业网点缴款，将应缴款项直接缴入中央财政专户；对于设有中央财政汇缴专户的执收单位，由缴款人将应缴款项直接缴入中央财政汇缴专户。

（2）集中汇缴。集中汇缴是由执收单位按照有关规定，将所收款项按日汇总开具《非税收入一般缴款书》，集中缴入中央财政专户或中央财政汇缴专户。

中央单位预算外资金实行集中汇缴的，由执收单位使用财政部统一监（印）制的财政票据（即执收单位向缴款人出具的收款收据，以下简称票据），向缴款人收取款项。缴款人一般采取现金方式缴款。执收单位每日应将所收款项，按预算外资金收入项目汇总填写《非税收入一般缴款书》，将所收款项缴入中央财政专户；开设中央财政汇缴专户的，由执收单位将所收款项缴入中央财政汇缴专户。预算外资金每日汇总额不足500元的，可与次日所收款项一并缴入中央财政专户或中央财政汇缴专户。

预算外资金收缴相关主体及职责

财政部是负责中央单位预算外资金收入收缴管理的职能部门，负责设立和管理中央单位预算外资金收入收缴银行账户体系，确定中央单位预算外资金收入收缴程序，并对执收单位预算外资金的收入收缴工作实施管理和监督。

中央主管部门负责本部门预算外资金的收入收缴管理，并对所属执收单位的预算外资金收入收缴业务实施管理和监督；执收单位负责本单位预算外资金的收入收缴管理，确保收入及时、足额地缴入中央财政专户或中央财政汇缴专户。

缴款人，指依照法律、行政法规或部门规章规定，负有缴纳预算外资金义务的单位和个人。缴款人应当按照国家有关规定，及时、足额地缴纳预算外资金。缴款人有权向执收机关了解预算外资金的有关政策、法规以及收缴管理方式的有关规定。

代理银行，指由财政部会同中国人民银行进行资格认定后，通过招投标程序确定的代理中央单位预算外资金收入收缴、汇划清算业务的商业银行。代理银行应当按照有关法律、行政法规规定以及与财政部签定的委托代理协议的要求，办理开设中央单位预算外资金账户、资金收缴、汇划清算以及信息反馈等业务。

中国人民银行负责对代理银行代理中央单位预算外资金收入收缴清算业务的管理和监督。

3.5.4 加强预算外资金支出管理

要严格按国家规定和经财政部门核定的预算外资金收支计划和单位财务收支计划，使用预算外资金：

专项用于公共工程、公共事业的基金和收费，以及其他专项资金，要按计划和规定用途专款专用，由财政部门审核后分期拨付资金；

用于工资、奖金、补贴、津贴和福利等方面的支出，必须严格执行财政部门核定的项目、范围和标准；

用于固定资产投资的支出，要按国家规定立项，纳入国家固定资产投资计划，并按计划部门确定的国家投资计划和工程进度分期拨付；

用于购买专项控制商品方面的支出，要报财政部门审查同意后，按国家有关规定办理控购审批手续。

根据《第十一届全国人民代表大会财政经济委员会关于2007年中央和地方预算执行情况与2008年中央和地方预算草案的审查结果报告》的明确要求，要积极采取措施，努力在2011年实现将非税收入纳入预算管理。

3.6 财政监督

财政监督包括内部监督、审计监督、人大监督和社会公众监督等内容。人大监督相关内容大部分已体现在前述政府预算编制、审查批准、预算执行、预算调整、决算等相关内容中。本节主要介绍其他相关内容。

3.6.1 财政内部监督

与分税制财政管理体制相适应，目前，我国财政监督专职机构分为中央财政监督机构和地方财政监督机构两大类。中央财政专职监督机构设置到各省、自治区、直辖市、计划单列市，包括财政部监督检查局和财政部派驻全国各省、自治区、直辖市、计划单列市财政监察专员办事处（简称专员办）。地方财政监督机构包括省、市、县各级财政部门的监督机构和派出机构。各级财政监督机构及其派出机构向同级人民政府负责，并接受上级财政部门业务指导。

财政内部监督是由各级财政部门内设的监督机构对财政部门内设各业务部门在财政管理中执行国家有关法律法规和内部管理情况的检查，以及对直属单位财务收支和会计信息质量情况实施的监督检查。主要包括三个方面：一是制定内部监督规则；二是促进内控机制的建立；三是开展内部监督。

3.6.2 审计监督

审计监督的法律法规依据

政府预算审计监督的法律法规依据主要包括：《中华人民共和国审计法》、《中华人民共和国审计法实施条例》、《中央预算执行情况审计监督暂行办法》等。此外，《中华人民共和国预算法》、《中华人民共和国各级人民代表大会常务委员会监督法》、《中华人民共和国预算法实施条例》、《全国人大常委会关于加强中央预算审查监督的决定》也对审计部门对政府预算监督作出相关规定。

审计署依法对中央预算执行情况，省级预算执行情况和决算，以及中央级其他财政收支的真实、合法和效益，进行审计监督。

对中央预算执行情况的审计监督

对中央预算执行情况进行审计监督的主要内容包括：

（1）财政部按照全国人民代表大会批准的中央预算向中央各部门批复预算的情况、中央预算执行中调整情况和预算收支变化情况。

（2）财政部、国家税务总局、海关总署等征收部门，依照有关法律、行政法规和国务院财政税务部门的有关规定，及时、足额征收应征的中央各项税收收入、中央企业上缴利润、专项收入和退库拨补企业计划亏损补贴等中央预算收入情况。

（3）财政部按照批准的年度预算和用款计划、预算级次和程序、用款单位的实际用款进度，拨付中央本级预算支出资金情况。

（4）财政部依照有关法律、行政法规和财政管理体制，拨付补助地方支出资金和办理结算情况。

（5）财政部依照有关法律、行政法规和财政部的有关规定，管理国内外债务还本付息情况。

（6）中央各部门执行年度支出预算和财政、财务制度，以及相关的经济建设和事业发展情况；有预算收入上缴任务的部门和单位预算收入上缴情况。

（7）中央国库按照国家有关规定，办理中央预算收入的收纳和预算支出的拨付情况。

（8）国务院总理授权审计的按照有关规定实行专项管理的中央级财政收支情况。

对中央级其他财政收支的审计监督

对中央级其他财政收支进行审计监督的主要内容包括：

（1）财政部依照有关法律、行政法规和财政部的有关规定，管理和使用预算外资金和财政有偿使用资金的情况。

（2）中央各部门依照有关法律、行政法规和财政部的有关规定，管理和使用预算外资金的情况。

审计工作报告

预算执行审计工作报告，是指审计机关受

政府委托，向本级人大常委会提出对上一年度本级预算执行和其他财政收支审计工作情况的报告。

预算执行审计报告主要包括三部分内容：（1）前一次报告反映审计查出问题的纠正和处理情况；（2）上一年度预算执行和其他财政收支的审计情况；（3）加强预算管理的意见和建议。

按照现行的做法，预算执行审计工作报告制度实施的程序为：审计机关根据审计掌握的情况和查出的问题形成审计结果报告初稿，经机关内部讨论修改，定稿后报本级政府；政府（政府首脑）根据审计结果报告反映的情况和揭露的问题，以及政府财政管理和人大监督的不同侧重点，决定如何向同级人大常委会报告预算执行审计工作、并提出预算执行审计工作报告的撰写要求，审计机关据此草拟审计工作报告初稿并提交政府办公会议讨论、修改；审计机关代表政府征求同级人大相关专门委员会和工作委员会的意见，作进一步修改；审计机关首长受政府委托向人大常委会作审计工作报告，并在人大常委会审议通过后向社会公布。

从1996年起，国家审计署审计长受国务院委托，于每年6月在全国人大常委会会议上作预算执行审计工作报告。根据全国人大常委会的要求，国务院于每年12月份，向全国人大常委会报送关于中央预算执行和其他财政收支审计查出问题纠正情况的报告。

3.6.3 财政信息公开与社会公众监督

根据《政府信息公开条例》规定（国务院令第492号），财政部制定了《关于进一步推进财政预算信息公开的指导意见》（财预［2008］390号），不断加强财政科学化、精细化管理，保障社会公众对财政预算的知情权、参与权、表达权和监督权，促进依法理财、民主理财，推动社会主义政治文明与和谐社会建设。

财政预算信息公开的指导思想和原则

财政预算信息公开的指导思想是：深入贯彻落实科学发展观，深化预算管理制度改革，提高财政预算的公开性和透明度，保障人民群众依法参加民主决策、民主管理和民主监督，促进政府财政行为的程序化、规范化、法治化。

财政预算信息公开应当遵循的原则是：符合《中华人民共和国预算法》、《中华人民共和国保守国家秘密法》以及相关法律法规的规定；内容真实准确，清晰易懂；统筹规划，分步骤、分层次、分内容积极稳妥地推进。

财政预算信息公开的主要内容和方式

财政预算信息是财政政务信息的重要内容，具体包括预算管理体制、预算分配政策、预算编制程序等预算管理制度，以及预算收支安排、预算执行、预算调整和决算等预算管理信息。中央各部门和地方各级财政部门要按照《中华人民共和国政府信息公开条例》的要求，加大财政预算信息的主动公开力度。在此基础上，重点公开政府预算、部门预算、预算执行以及财政转移支付等内容。

（1）政府预算。逐步细化、规范和完善报送同级人民代表大会审批的政府预算体系。2009年，中央政府预算的重点支出要按政府支出功能分类的“款”级科目列示。地方财政争取在2009年将报送人大审批的政府预算主要收支按“款”级科目细化，条件不成熟的地方，先对政府预算的重点支出按“款”级科目细化。在目前向人大报送审批一般预算收支、政府性基金预算收支的基础上，逐步拓展到报送国有资本经营预算、社会保险基金收支等。人大审议通过的政府预算收支和预算报告及时向社会公布。

（2）部门预算。2009年，中央财政继续扩大向人大报送部门预算的范围，除个别涉密程度较高的部门外，最终实现将中央一级预算单位的部门预算全部报送人大审批。地方财政也扩大向人大报送部门预算的范围和数量。省级和地市级财政2009年报送人大审查的部门预算要基本涵盖政府组成部门及直属机构，并逐步扩大到一级预算单位。县级财政也积极推进向人大报送部门预算的工作。

各部门作为部门预算编制和执行的责任主体，按照《中华人民共和国政府信息公开条例》和《国务院办公厅关于施行中华人民共和国政府信息公开条例若干问题的意见》（国办发［2008］36号）的要求，研究本部门预算公开的方式、范围、内容和形式，加强涉密信息的管理，积极稳妥做好公民、法人或者其他组织依申请公开部门预算信息的答复工作。

（3）预算执行。及时、准确地向社会公布政府财政收支预算执行和决算情况。财政部门要及时通过政府门户网站或新闻媒体等发布月度（季度）财政收支情况，公布内容包括月度数字、累计数字及简要分析和说明。年度终了后，及时向社会公布人大审议通过的年度预算执行情况和决算报告，并向政府门户网站、年鉴、杂志等有关方面提供年度决算的相关数据、文字和图表资料。

（4）财政转移支付。不断完善一般性转移支付办法，加快形成统一规范透明的财政转移支付制度。2009年，中央财政在公开一般性转移支付办法的同时，重点研究完善地区间基本公共服务支出标准体系和支出成本差异体系，科学量化各地支出需求。并在进一步规范完善一般性转移支付测算内容、口径、技术方法的基础上，适时向社会公开一般性转移支付的数据来源、测算办法和分配结果；研究出台《财政转移支付暂行条例》，建立健全转移支付规范化、透明化的法制框架。地方财政不断提高转移支付预算编报的完整性，按照《财政部关于印发〈地方政府向本级人大报告预、决算草案和预算执行情况的指导性意见〉的通知》（财预［2005］454号）和《财政部关于地方政府向本级人大报告预、决算草案和预算执行情况的补充通知》（财预［2006］457号）的要求，全面反映本级预算情况。进一步完善省对下转移支付办法，探索建立向人大报送分地区、分项目的转移支付预算安排的新机制。

进一步提高专项转移支付的预算安排、分配以及执行效果的透明度。2009年，中央财政重点公开与人民群众生活密切相关的“三农”、教育、社会保障等方面重大专项转移支付的资金管理办法和相关政策；下一步，适时主动向社会公开除涉密项目外的专项转移支付的资金管理办法和分配结果。逐渐建立和完善对重点专项转移支付的绩效考评制度。地方财政特别是县乡财政选择一些与人民群众有直接利益关系、社会公众能感受得到的专项转移支付资金，如新型农村合作医疗补助资金、城乡最低生活保障资金、粮食直补和农资综合直补资金、救灾扶贫资金等作为重点内容向社会公开，向直接受益对象、受益群体公开。重点公开资金补助（或救助）标准、分配依据、分配结果以及考核反馈等，自觉接受社会监督和评价。

各级财政部门根据政府信息公开的要求，结合推进财政政务公开工作，按照规定的工作程序，依托“金财工程”，通过政府门户网站、报刊、广播、电视等公共媒体，以及新闻发布会、政府公告等便于公众获取信息的方式，做到经常性工作长期公开，阶段性工作逐段公开，临时性工作随时公开，涉及群众切身利益的事项及时公开，逐步建立完善的财政预算信息披露制度。

主要参考文献

财政部：“关于2007年中央和地方预算执行情况与2008年中央和地方预算草案的报告”，《人民日报》，2008年3月21日。

财政部：“关于2008年中央和地方预算执行情况与2009年中央和地方预算草案的报告”，《人民日报》，2009年3月16日。

财政部预算司编：《国家预算决算辑要》，中国财政经济出版社2002年版。

财政部预算司编著：《中央部门预算编制指南》（2008），中国财政经济出版社 2007 年版。

贺邦靖主编：《中国财政监督》，经济科学出版社 2008 年版。

贺邦靖主编：《中国财政监督制度》，经济科学出版社 2008 年版。

全国人大常委会预算工作委员会办公室编：《预算审查监督》，中国民主法制出版社 2000 年版。

项怀诚编著：《中国财政管理》，中国财政经济出版社 2002 年版。

中国社会科学院财政与贸易经济研究所：《人大代表政府预算知识 200 题》（修订版），中国民主法制出版社 2008 年版。

中华人民共和国财政部国库司等编写：《财政管理体制改革》，中国方正出版社 2004 年版。

4

中国政府预算管理制度的历史沿革

- 中国政府预算管理制度的演变经历了计划经济时期与市场化改革初期和市场经济目标确定之后三个不同的阶段
- 计划经济时期的政府预算是从属于国家计划的，作用有限
- 市场化改革对政府预算管理制度改革提出了要求，预算外资金管理不断加强，政府预算立法工作也得到加强
- 市场经济改革目标确定之后，政府预算改革加快了步伐，部门预算改革、政府收支分类改革等具有标志性意义的改革措施出台
- 政府预算管理制度改革具有渐进式的特征
- 中国政府预算制度需要处理好公共预算与国有资本经营预算的关系问题，需要解决好财政模式的选择问题

The History of China's Government Budget Control System

- The history of China's government budget system has experienced three different stages, which are the planned economy period; period of early stage of market – oriented reform and period after the market economy goal has been set up.
- During the planned economy period, the government budget is subordinate to the national plan and has limited impact.
- Market – oriented reform proposed the requirements to government budget reform, consequently, the management of extra – budgetary funds and the budget legislation has also been strengthened.
- After the target of market – economy reform has been set up in China, the pace of budget reform has been accelerated. The significant budgetary reforms made progress in succession, such as department budget reform, the classification reform of government revenue and expenditures, and so on.
- China's budget reform has a character of gradualness.
- China's budget system needs to solve the relation between public budget and state – owned capital operation budget and make the right choice of financial pattern.

4. 中国政府预算管理制度的历史沿革

4.1 计划经济时期的政府预算制度

4.1.1 新中国政府预算制度的形成

《中国人民政治协商会议共同纲领》

早在1949年，起到临时宪法作用的《中国人民政治协商会议共同纲领》就要求建立国家预算决算制度，划分中央和地方财政范围，厉行精简节约，逐步平衡财政收支，积累国家生产资金。1949年12月2日，在中央人民政府委员会第四次会议上，财政部部长薄一波作《关于1950年度财政收支概算草案编成的报告》，得到中央人民政府批准。这是新中国第一个概算，标志着新中国财政制度建设开始进入正轨。该概算的编制原则是：量入为出与量出为入兼顾，取之有度，用之得当。概算收入482.4亿斤细粮，概算支出594.8亿斤细粮，赤字112.4亿斤细粮。支出方面，军费占概算支出的38.4%；行政费占21.4%；经济建设投资占23.9%。当时的概算是以实物形式表示的，是一个非常初步的概算。

《预算决算暂行条例》

国家预算决算制度的建立和完善需要一个过程。1951年，根据《共同纲领》，政务院发布了《预算决算暂行条例》，规定了预算的基本原则、预算的编制及核定、预算的执行、决算的编造及审定等方面的内容。新中国的国家预算制度基本确立。《预算决算暂行条例》对概算、预算草案、预算、决算等作了区分（见专栏4－1）。

专栏4－1　国家概算、预算草案、预算和决算

中央人民政府财政部依照国家施政方针与建设计划拟编下年度预算之指标数字，经中央人民政府政务院批准者，称概算。根据概算拟编之年度收支计划，未经核定者，称预算草案，经过核定程序者，称预算。在核定预算范围内，按月或按委编制之分配实施计划，称分配预算。按照年度预算执行最终结果所编造之全年度会计报告，称决算。

资料来源：《预算决算暂行条例》第二条。

国家预算的会计年度采用历年制，即从每年的1月1日开始，12月31日结束。各级人民政府及所属机关之一切岁入岁出，均需事前成立预算，事后编造决算。各级企业主管部门，应将所属企业机构之预算拨款、预算缴款部分，报经同级财政机关分别列入各该级总预算、总决算。由此形成的预算决算体系中包括总预算和总决算，单位预算和单位决算，附属单位预算和附属单位决算（见专栏4-2）。

专栏4-2　预算和决算的分类

总预算、总决算：各级人民政府，就其本级及下级人民政府之岁入岁出所汇编之预算、决算，为总预算、总决算。

单位预算、单位决算：各级人民政府直属机关就其本身及其所属机关岁入岁出所汇编之预算、决算，为单位预算、单位决算。

附属单位预算、附属单位决算：各级人民政府直属机关之所属机关以下所编制之岁入岁出预算、决算，均为附属单位预算、附属单位决算。

资料来源：《预算决算暂行条例》第二条。

预算的编制和核定，均在新的预算年度开始之前完成。根据该《暂行条例》第十五条规定："政务院于每年11月底以前，将核定之下年度国家总预算，分别通知，逐级下达。"

《中华人民共和国宪法》

计划经济时期的宪法对国家预算也作了规定。1954年9月20日，第一届全国人民代表大会第一次会议通过、颁布《中华人民共和国宪法》，即1954年宪法。该部宪法是以《共同纲领》为基础编制的新中国第一部宪法。根据该法规定：全国人民代表大会行使包括"审查和批准国家的预算和决算"在内的多项职权；全国人民代表大会设立包括预算委员会在内的多个委员会；国务院执行国民经济计划和预算等职权；地方各级人民代表大会审查和批准地方的预算和决算。1975年宪法和1978年宪法保留了以上规定。

为了作好预算的审查工作，1955年一届人大设立了预算委员会，作为协助人大进行预算审查工作的临时委员会。

4.1.2　计划经济时期预算管理体制的演进

预算管理体制直接决定着各级政府的预算权限。建国初期，中国实行高度集中的统收统支的预算管理体制。国民经济逐渐恢复之后，中国进入了第一个五年计划时期。预算管理体制相应地作了调整。1953年8月，国家改革预算管理体制，改变原先中央、大行政区和省（市）高级别三级管理的模式，实行中央、省（市）和县之间的新三级管理体制，整个预算管理体制是侧重集中的划分收支、分类分成、分级管理的预算管理体制。

第一个五年计划实行之后，国家在工业化上取得了极大的成就。为了更好地发挥地方的积极性，整个"大跃进"时期，中国实行财权下放的预算管理体制。1957年，陈云为国务院起草《关于改进财政管理体制的规定》（陈云，1995，第99—104页）。1958年，《关于改进财政管理体制的规定》开始施行。该《规定》划分了中央和地方收支范围，确定了地方财政的收入范围，使地方有一定数量的机动财力安排自己的支出，有利于进一步发挥地方组织收入、节约支出的积极性。但是，"大跃进"的危害与1959—1961年三年自然灾害结合在一起，迫使中国政府对经济进行重新调整。预算管理体制也同步调整。1961—1965年中国经济处于调整时期，预算管理体制是属于比较集中的体制。1961—1965 年，根据财政部《关于改进财政体制加强财政管理的报告》的精神，强调重点对财权的集中和统一管理，具体财权基本上集中到中央、大区和省、市、自治区三级，其中对各省、市、自治区财政，继续实行总额分成、一年一变的办法；收回一部分企业事业单位的收入，作为中央固定收入，将基本建设拨款改为中央专案拨款制。文革时期，预算管理体制基本上实行的是“收支挂钩，总额分成”的办法。与此同时，为了保证地方的正常支出，1968 年，中国实行“收支两条线”，并采取了许多临时性的措施。1971—1973 年，中国还实行了收支包干体制（包干上缴或包干补助）。1974 年、1975 年，中国实行固定比例留成，超收另定分成比例，支出按指标包干的体制。1976 年“收支挂钩，总额分成”又得到实行（《当代中国丛书》编辑部，上，1988，第 367—372 页）。

整个计划经济时期，预算管理体制从整体上看，实行的是统一领导、分级管理的体制。只是在不同的时期，财政集权的程度有所差异，而且在经济上出现困难时，多倾向于实行集中的体制。

在整个计划经济时期，预算管理体制即使实行分级管理，国家预算体系也是统一的，国家预算包括了地方各级政府的预算。这种状况一直持续到改革的初中期。

4.1.3 计划经济时期预算外资金管理制度的演进

建国之初，中国就有了预算外资金

在财政统收统支的体制之外，1951—1952 年，一些地方为了解决城市维护的需要，自行设置了一些收入项目，不纳入国家预算。此即最早的预算外资金。当时的预算外资金项目有：工商业税附加、屠宰税、交易税和娱乐税附加、政教事业费等（贾康、阎坤，2000）。这些资金从数量上看不大，置于预算外管理便于解决一些特殊的专门需要（《地方预算外资金规范化管理研究》课题组，1997）。1951 年，《关于进一步整顿城市地方财政的规定》将学校学费收入、医院诊疗收入、剧团演出收入、救济机关生产收入、司法、公安罚没收入等纳入预算管理，但仍有一些收入通过预算外进行管理。1952 年，《关于统一管理机关生产的决定》和《整顿乡自筹的决定》颁布，对机关和乡的预算外资金进行了初步的规范。

预算外资金最初规模较小

1958 年，随着财权的下放，部分预算内收入项目转为预算外进行管理，预算外资金规模迅速扩大，当年的预算外资金收入超过 1957 年的 2 倍（参见表 4－1）。1960 年，预算外资金收入达到 117.78 亿元。随着 1961 年中国经济进入“调整、巩固、充实、提高”阶段，国家财权又开始集中，当年预算外资金规模迅速下降，仅为 57.40 亿元，约为 1960 年的一半。1962 年 4 月 21 日，《中共中央、国务院关于严格控制财政管理的决定》要求，必须严格控制财政管理，任何单位都不许乱挤财政资金。在这个阶段，中国通过“纳、减、管”办法对预算外资金进行清理整顿，将部分预算外资金纳入预算管理，减少预算外收入数额，加强预算外资金管理。

文革时期预算外资金规模持续扩大

文化大革命时期，财政制度遭到严重破坏，财政工作混乱，预算外资金规模持续扩大。1967 年，一部分折旧基金归企业使用，到 1971 年，预算外资金规模超过 1960 年的水平，此后一直以较快的速度增长。到文革结束的 1976 年，预算外资金达到 275.32 亿元。改革之前的 1977 年，预算外资金收入达到 311.31 亿元（见表 4－1）。

表 4－1　1952—1977 年预算外资金分项目收入　单位：亿元

年　份	合　计	行政事业性收费	地方财政收入	国有企业和主管部门收入
1952	13.62		12.53	1.09
1953	8.91	2.07	1.40	5.44
1954	14.23	3.34	2.07	8.82
1955	17.02	3.68	3.27	10.07
1956	21.42	3.85	5.00	12.57
1957	26.33	3.80	5.66	16.87
1958	55.99	9.29	17.59	29.11
1959	96.55	11.78	35.39	49.38
1960	117.78	23.13	23.39	71.26
1961	57.40	15.61	13.29	28.50
1962	63.63	15.21	20.50	27.92
1963	51.85	11.99	7.19	32.67
1964	65.86	16.07	8.87	40.92
1965	75.56	18.74	9.47	47.35
1966	81.13	20.00	10.36	50.77
1967	83.61	22.00	9.72	51.89
1968	77.44	24.00	9.96	43.48
1969	87.42	26.00	12.19	49.23
1970	100.94	28.00	13.45	59.49
1971	118.56	30.00	14.72	73.84
1972	134.24	31.66	23.28	79.30
1973	191.29	32.57	24.14	134.58
1974	219.72	34.60	22.65	162.47
1975	251.48	42.30	27.86	181.32
1976	275.32	50.81	28.35	196.16
1977	311.31	56.84	30.76	223.71

资料来源：《中国财政年鉴 2007》。

4.1.4 计划经济时期政府预算制度的简要评价

政府预算管理制度的成就

计划经济时期，政府预算制度形成并得到了一定的发展。新中国在预算管理工作上做了多方面的探索。例如，1954 年 1 月 13 日，时任国务院副总理兼财政部部长的邓小平在全国财政厅（局）长会议上提出财政工作的“六条方针”：预算归口管理；支出包干使用；自留预备费、结余不上交；精简行政人员、严格控制人员编制；动用总预备费需经中央批准；加强财政监督（邓小平，1989，第 193—197 页）。

在上个世纪的 50 年代，国家预算工作在一定程度上得到了重视，1955 年，时任财政部部长的李先念在中国共产党全国代表大会上的发言《实现五年财政计划的几点意见》，提出了财政要实现从供给财政转向建设财政的转变（李先念，1989，第163—172页）。1956年4月，李先念在《关于财贸工作向中央的汇报提要》指出，财政工作要实行收入打足，支出打紧的方针。他认为：年初编制预算时，收入上不去，支出下不来，等到年终，预算所列支出又花不出去，形成了“年初紧，年末松”的现象；1953—1955年都是如此；财政的计划性与国民经济的计划性都很差；一些部门收入“少列多收”，支出“宽打窄用”，财政部门也有“窄打怕用”的思想（李先念，1989，第188—200页）。这说明，预算编制的准确性在当时也得到了重视。

预算收支分类的探索

预算收支分类也是预算管理制度的重要内容之一。在计划经济时期，国家预算支出分类方法主要有两种，一是按支出的性质分类；另一是按支出的用途分类。按支出的性质分类有：经济建设支出类、社会文教科学卫生支出类、国防费类、行政管理费类、债务支出类和其他支出类。按支出的用途分类有：基本建设拨款、增拨企业流动资金、企业挖潜改造资金、新产品试制费、地质勘探费、农林水利气象等部门的事业费、支援农村生产支出、工业交通等部门事业费、商业部门事业费、城市维护费、文教科学卫生事业费、抚恤和社会福利救济费、国防费、行政管理费、援外支出和其他支出等。1965年之前，以支出的性质分类为主，以支出的用途分类为辅。对国家预算支出叙述时以性质分类，分析时按用途分类（《当代中国》丛书编辑委员会，1988，上，第362—363页）。

预算管理体制与计划经济体制的统一性

计划经济时期，国家计划在社会资源配置中全面发挥作用。从本质上看，国家预算是附属于计划的。政府预算制度的调整与计划机制运作的变化有着直接的关系。国家预算工作的重要性远不如计划，在计划经济时代，预算编制非常强调与计划的关系。“计划框预算，预算框计划”，国家预算附属于计划的特征非常明显。但国家对社会资源的配置毕竟要通过国家预算来体现，因此，在国家预算的编制过程中，财政平衡以及相关的信贷与物资的综合平衡一直得到强调①。

预算管理体制的集权与分权，与计划经济体制的运作有着密切的关系。计划经济体制还影响着预算外资金管理制度的存在与演变。虽然预算外资金从建国初期就已存在。仅以计划经济来解释预算外资金存在的合理性是不够的，但在整个计划经济时期，预算外资金的存在有体制上的原因，这是相对于统收统支的集中管理体制而言的。资金在预算外进行管理，增加了地方、部门、企业及其主管部门激励，提高了相关利益主体的积极性。

在传统计划经济条件下，国家财政与企业财务是高度重叠的。财政体制的集权与分权和预算外资金管理制度的演进有着密切的联系。计划经济时期预算外资金规模的大小变化就说明了这一点。当财政体制是集权的时候，预算外资金规模偏小，而当财政体制是分权的时候，预算外资金规模会随之扩大。国家财政对企业财务的放权，就意味着企业可支配的预算外资金规模的扩大。中央财政对地方财政的放权，也意味着地方政府可支配的预算外资金规模的扩大。

政府预算制度作用有限

计划经济时期，中国已经建立了政府预算制度。但就预算制度的实行来看，其结果差强人意。预算本身应带有预见性，应提前编制。虽然《预算决算暂行条例》对预算编制时间有明确的规定，但从国家预算报告的时间来看，多数年份预算编制工作未能提前完成。表4-2给出了1950—1965年间国家预算的报告时间。有的年份，甚至连像样的预算都没有，正所谓“一年预算、预算一年”。1961年和

① 此即所谓“三平”。后来，适应对外开放需要，增加外汇平衡，形成“四平”。

1962年的国家预算，与国民经济计划一样，一边编制，一边执行，不断修改，没有能够及时提请人大常委会审查批准①。这也从一个侧面反映了国家预算在国民经济中未能处于最为重要的位置。不仅如此，在1966—1976年间，中国甚至没有一本正式的国家预算。

表4-2 国家预算报告时间（1950—1965年）

年份	国家预算报告时间	年份	国家预算报告时间
1950	1949年12月2日	1958	1958年2月1日
1951	资料缺	1959	1959年4月21日
1952	1952年8月6日	1960	1960年3月30日
1953	1953年2月12日	1961	—
1954	1954年6月16日	1962	—
1955	1955年7月6日	1963	1963年11月18日
1956	1956年6月15日	1964	1964年7月22日
1957	1957年6月29日	1965	1965年7月22日

资料来源：财政部办公厅编，1983。

而且，在整个计划经济时期，人民代表大会制度虽然已经建立，但人大在经济社会生活中的作用没有得到应有的发挥，这在一定程度上也影响到政府预算制度的发展与完善。

4.2 市场化改革初期的政府预算制度

1978年，市场化改革开始起步。与此同时，政府预算制度也发生了一些变化。1979年，中国正式恢复编制并向全国人民代表大会提交国家预算报告，由人代会审议批准后执行的做法。1979年6月21日，财政部部长张劲夫在人大五届二次会议上作《关于1978年国家决算和1979年国家预算草案的报告》。1980年8月30日，财政部部长王丙乾在全国人大五届三次会议作《关于1979年国家决算、1980年国家预算草案和1981年国家概算的报告》。从此，国家预算的编制逐渐制度化和年度化。

1983年，中华人民共和国审计署作为国务院的一个组成部门正式成立。审计署的重要职责之一是监督财政资金的使用。1983年，六届全国人大设立了常设专门委员会——财政经济委员会，替代了作为临时专门委员会的预算委员会。政府预算审查制度也更加完善。

4.2.1 政府预算改革的起步：财政包干制与预算外资金管理的加强

在市场化改革的起步阶段，中国对预算管理体制进行了改革。最为突出的是1980年中央与地方财政实行“分灶吃饭”。以预算管理

① 参见李先念1963年7月4日《关于1961年和1962年国家决算的报告》。

体制为中心的财政管理体制改革一度成为经济体制改革的突破口。1980—1993 年，地方财政包干制是预算管理体制的主要内容。从预算管理上看，财政包干制促进了地方财政相对独立利益主体的形成。但是，在计划经济时期形成的政府预算管理制度没有得到根本性的改变。随着市场化改革的推进，适应计划经济需要的政府预算制度在运作中遇到了新的问题。预算外资金管理就是其中的一个突出问题。

《预算外资金管理试行办法》

1978 年市场化改革开始之后，中国预算外资金规模迅速扩大。预算外资金规模扩大的首要原因是扩权让利。企业利润留成和企业基金制度试点以及利改税，扩大了企业所掌握的预算外资金。预算外资金规模的扩大，对计划调控造成了冲击。预算外资金用于基本建设，影响到财政信贷资金的综合平衡。

对于行政事业单位来说，1980 年起，“经费包干，结余留用”的办法的实行，增加了行政事业性收费项目，陆续开征教育费附加、车辆购置费附加等，允许事业单位由全额向差额、差额向自收自支过渡，对一些收入比较固定的自收自支单位实行企业化管理制度。

1983 年 2 月 28 日《财政部关于颁发〈预算外资金管理试行办法〉的通知》发出，要求加强预算外资金管理，搞好财政信贷综合平衡，提高经济效益。

《预算外资金管理试行办法》规定：预算外资金是指根据国家财政制度、财务制度规定，不纳入国家预算，由各地方、各部门、各企事业单位自收自支的财政资金。预算外资金包括：地方财政部门管理的各项附加收入和集中的各项资金；地方和事业单位管理的不纳入预算的资金；国营企业及其主管部门管理的各种专项资金；地方和中央主管部门所属的不纳入预算的企业收入。在明确预算外资金的口径的基础之上，财政部要求对未经国务院、财政部批准，由各地自行设定的预算外资金项目，进行一次性清理整顿，同时加强预算外资金收支计划管理，要管好用好预算外资金，特别是要控制预算外资金用于基本建设。

1983 年，国家还将一定数量的预算外资金，通过征集国家能源交通重点建设基金的渠道又转化为国家预算收入①。

《关于加强预算外资金管理的通知》

虽然国家采取了加强预算外资金管理的措施，但是，预算外资金仍然以较快的速度递增，到 1986 年，其规模已达 1737.31 亿元（见表 4 - 3）。预算外资金增长很快，对促进经济和社会发展发挥了积极作用，但是，预算外资金管理也存在一些问题：一是有些单位巧立名目乱收费，化预算内收入为预算外收入，有的甚至将这笔资金变成单位的“小钱柜”；二是有些地方、部门和单位用预算外资金乱上计划外项目，盲目扩大固定资产投资规模；三是有些专项资金没有完全用于规定用途，如挪用生产发展基金发放奖金、实物和搞福利等。预算外资金管理中出现的问题是固定资产投资规模和消费基金膨胀的一个重要原因。为此，1986 年国务院发出《关于加强预算外资金管理的通知》，要求切实加强对预算外资金的管理，搞好社会财力的综合平衡，更好地发挥其在国民经济建设中的作用。同时，国务院对预算外资金的口径作了重新界定。预算外资金是由各地区、各部门、各单位根据国家有关规定，自行提取、自行使用的不纳入国家预算的资金。这项资金包括地方财政部门按国家规定管理的各项附加收入等；事业、行政单位自收自支的不纳入国家预算的资金；国营企业及其主管部门管理的各种专项资金；地方和中央主管部门所属的预算外企业收入；其他按照国家规定不纳入预算的各种收入。

---

① 1989 年国家开始对预算外资金征收预算调节基金。1994 年财税改革时，取消了预算调节基金和能源交通重点建设基金。

表 4-3　　1978—1992 年预算外资金分项目收入　　单位：亿元

年　份	合　计	行政事业性收费	地方财政收入	国有企业和主管部门收入
1978	347.11	63.41	31.09	252.61
1979	452.85	68.66	39.94	344.25
1980	557.40	74.44	40.85	442.11
1981	601.07	84.90	41.30	474.87
1982	802.74	101.15	45.27	656.32
1983	967.68	113.88	49.79	804.01
1984	1188.48	142.52	55.23	990.73
1985	1530.03	233.22	44.08	1252.73
1986	1737.31	294.22	43.20	1399.89
1987	2028.80	358.41	44.61	1625.78
1988	2360.77	438.94	48.94	1872.89
1989	2658.83	500.66	54.36	2103.81
1990	2708.64	576.95	60.59	2071.10
1991	3243.30	697.00	68.77	2477.53
1992	3854.92	885.45	90.88	2878.59

资料来源：《中国财政年鉴 2007》。

《关于加强行政事业性收费管理的通知》

为了加强行政事业单位收费管理，国家多次发出治理乱收费的规定和通知。1988 年《国家物价局、财政部关于加强行政事业性收费管理的通知》（价涉字［1988］278 号）是其中最为重要的一个。该《通知》对行政性收费和事业性收费作了界定，并对收费管理体制、收费标准的确定、乱收费的范围等作了规定。行政性收费是指国家机关、事业单位为加强社会、经济、技术管理所收取的费用。事业性收费是指国家机关、事业单位为社会或个人提供特定服务所收取的费用。行政、事业性收费项目及其收费标准的制定，必须以客观的管理行为和服务事实为依据。行政、事业性收费，实行统一领导、分级管理，财政部门和物价部门在收费权的决定上各有分工。行政、事业性收费的收支，应纳入同级财政管理和监督。属于预算外资金的，应按规定存入各级财政专户，要建立健全财务管理制度，设立收费的专项账册。

行政、事业性收费标准制定的基本原则是“取之有度，用之得当”。具体原则应根据收费项目的性质、类型分别加以确定。行政性收费必须从严掌握，除国家法律、法规另有规定者外，国家机关职责范围内办理公务和业务活动不得收费。确因社会、经济、技术管理需要必须收费的，应该根据实际支出收取一定的费用。事业性收费不以盈利为目的，应根据提供服务所需的合理费用，分别加以确定。对各种服务性收费，其标准要同人民群众生活水平相适应，既要考虑事业发展的需要，又要考虑群众的经济承受能力。

该《通知》对行政、事业性收费的用途也作了规定，要求必须按国家有关规定合理使用，不得乱搞福利，滥发奖金、津贴和实物。

4.2.2　政府预算立法：《国家预算管理条例》的颁布施行

1982 年中国通过了新的宪法。1982 年宪法规定全国人民代表大会“审查和批准国家的预算和预算执行情况的报告”；增加了全国人大常委会“在全国人民代表大会闭会期间，审查和批准国民经济和社会发展计划、国家预算在执行过程中所必须作的部分调整方案”等内容。1982年宪法还规定：国务院编制和执行国民经济和社会发展计划和国家预算。县级以上的地方各级人民代表大会审查和批准本行政区域内的国民经济和社会发展计划、预算以及它们的执行情况的报告；有权改变或者撤销本级人民代表大会常务委员会不适当的决定。但1982年宪法对决算没有作出规定①。

1951年政务院发布的《预算决算暂行条例》沿用了40年，有诸多和现实不相适应之处。1991年，为了加强国家预算管理，强化国家预算的分配、调控和监督职能，促进经济和社会的稳定发展，国务院发布《国家预算管理条例》，并于1992年1月1日起施行。各级人民政府和实行预算管理的各部门、各单位（包括国家机关、社会团体、全民所有制企业事业单位等，下同），都要遵守该《条例》。

《条例》规定，国家预算管理，实行统一领导、分级管理、权责结合的原则；国家预算应当做到收支平衡；国家设立中央、省（自治区、直辖市）、设区的市（自治州）、县（自治县、不设区的市、市辖区、旗）、乡（民族乡、镇）五级预算。《条例》规定国家预算由中央预算和地方预算组成，中央预算由中央各部门（含直属单位，下同）的预算组成，地方预算由各省、自治区、直辖市总预算组成。

《条例》对预算编制作了具体规定。各级人民政府、各部门、各单位应当在每一预算年度之前按照规定编制预算草案，这与预算本义相符。

《条例》规定，国家预算按照复式预算编制，分为经常性预算和建设性预算两部分。复式预算是相对于单一预算而言的。在国家财政收支结构比较单一的时候，所有的财政收支可以通过一个预算来反映。随着政府职能的扩大，财政收支变得相对复杂，将不同性质的财政收支分别在两个或两个以上的预算中予以反映，就形成了复式预算。《条例》要求经常性预算和建设性预算应当保持合理的比例和结构，而且经常性预算不列赤字。中央建设性预算的部分资金，可以通过举借国内和国外债务的方式筹措，但是借债应当有合理的规模和结构；地方建设性预算按照收支平衡的原则编制。

《条例》规定，各级预算收入的编制，应当坚持积极可靠、稳定增长的原则；按照规定必须列入预算的收入，不得隐瞒、虚列，不得将上年的一次性收入作为编制预算收入的依据。

《条例》规定，各级预算支出的编制，应当坚持量入为出、确保重点、统筹兼顾、留有后备的原则；在保证经常性支出合理需要的前提下，安排建设性支出。

《条例》规定各级政府预算应当按照本级政府预算支出额的1%—4%设置预备费，用于解决当年预算执行中难以预料的特殊开支；各级政府预算应当设置一定数额的预算周转金。

《条例》规定地方各级政府预算的上年结余款项，应当视同下年的预算收入，用于上年结转支出和补充预算周转金，尚有余额的，可以用于下年必需的预算支出。

《条例》对地方预算草案和中央预算草案的审查和批准作了规定。地方各级财政部门根据本级人民政府的指示和上级财政部门的部署，具体布置本级各部门和下级财政部门编制预算草案，并负责汇总编制本级总预算草案，由本级人民政府审定后，提请本级人民代表大会审查和批准。财政部将中央预算草案和地方预算草案汇编成国家预算草案，由国务院审定后，提请全国人民代表大会审查和批准。

4.2.3 市场经济改革目标的确定与《中华人民共和国预算法》的颁布施行

1992年之后，中国确立了社会主义市场

① 之后，1988年、1993年和1999年宪法修正案均未涉及政府预算问题。

经济体制改革目标。市场在资源配置上要发挥基础性作用。《国家预算管理条例》的一些规定已经不合时宜。

1994 年 3 月 22 日，全国人大八届二次会议通过《中华人民共和国预算法》，决定从 1995 年 1 月 1 日起施行。与此同时，《国家预算管理条例》废除。1995 年 11 月 2 日国务院第三十七次常务会议通过《中华人民共和国预算法实施条例》。《预算法》及其实施条例的颁布实施，表明预算立法已由行政法规上升到法的层面，加强了人大对政府预算行为的监督和制约，是一部规范政府行为的重要法律。《预算法》从总体上看，吸收了《国家预算管理条例》的主要内容，但也作了一些改变。

《国家预算管理条例》规定国家预算包括全民所有制企业单位的预算。《预算法》及其实施条例的规定有所不同，将所涉及的企业界定为本级政府财政部门直接发生预算缴款、拨款关系的企业。显然，这种规定更加符合市场经济条件下企业的实际情况。

《预算法》规定各级政府预算按照复式预算编制。和《国家预算管理条例》不同的是，《预算法实施条例》规定，复式预算的组成包括公共预算、国有资产经营预算、社会保障预算和其他预算，所涵盖的内容更能适应社会主义市场经济体制的要求。

《预算法》摒弃了预算国家中心主义，将预算区分中央政府预算和地方政府预算。中央政府提交全国人大审查的不再是单一的国家预算，而是中央和地方预算草案和执行情况的报告。《预算法》规定，各级人大可以撤销本级政府和下一级人大及其常委会关于预算、决算的不适当的决定、命令和决议，但是全国人大批准的只是中央政府的预算及其执行情况；地方各级政府的预算草案、预算执行情况的报告，由同级人大审查批准。中国政府预算管理体制自此发生根本性的变化。

《预算法》对中国财政体制作了明确规定。《国家预算管理条例》通过之时，中国尚未决定实行社会主义市场经济体制。1994 年，随着社会主义市场经济体制改革目标的确立，分税制财政体制首次在法律上予以明确，《预算法》规定，国家实行中央和地方分税制。

《预算法》对各级人大及其常委会的预算管理职权的规定更加具体，也更具操作性。预算法对全国人大及其常委会和地方各级人大及其常委会、国务院和地方各级政府、国务院财政部门和地方各级财政部门的预算管理职权作了明确规定。人大及其常委会对包括预算的审查、批准、调整、监督等预算管理职权也作了分工。全国人大审查中央和地方预算草案及中央和地方预算执行情况的报告；批准中央预算和中央预算执行情况的报告；改变或者撤销全国人大常委会关于预算、决算的不适当的决议。全国人大常委会监督中央和地方预算的执行；审查和批准中央预算的调整方案；审查和批准中央决算；撤销国务院制定的同宪法、法律相抵触的关于预算、决算的行政法规、决定和命令；撤销省、自治区、直辖市人大及其常委会制定的同宪法、法律和行政法规相抵触的关于预算、决算的地方性法规和决议。

县级以上地方各级人大审查本级总预算草案及本级总预算执行情况的报告；批准本级预算和本级预算执行情况的报告；改变或者撤销本级人民代表大会常务委员会关于预算、决算的不适当的决议；撤销本级政府关于预算、决算的不适当的决定和命令。县级以上地方各级人大常委会监督本级总预算的执行；审查和批准本级预算的调整方案；审查和批准本级政府决算；撤销本级政府和下一级人大及其常委会关于预算、决算的不适当的决定、命令和决议。设立预算的乡、民族乡、镇的人大审查和批准本级预算和本级预算执行情况的报告；监督本级预算的执行；审查和批准本级预算的调整方案；审查和批准本级决算；撤销本级政府关于预算、决算的不适当的决定和命令。

关于预算调整，《国家预算管理条例》和《预算法》的规定有所差异。经批准的预算可以调整，但是对预算调整的规定不同。《国家预算管理条例》规定，遇有重大事件发生、方针政策调整或者经济情况变化，对预算执行产生较大影响时，可以进行预算调整。《预算法》规定，预算执行中因特殊情况需要增加支出或者减少收入，使原批准的收支平衡的预算的总支出超过总收入，或者使原批准的预算中举借债务的数额增加的部分变更。条例强调了对预算执行产生重大影响，才要进行预算调整，而《预算法》规定增支或减收，破坏原批准的预算平衡或债务增加，才要进行调整。《国家预算管理条例》将追加的支出和收入、追减的收入与支出联系起来，追加支出必须有相应的收入来源弥补，追减收入，必须有相应的压缩支出措施。《预算法》没有类似的规定。

关于预算外资金管理，《国家预算管理条例》和《预算法》都只是做了原则性的规定，即各级人民政府、各部门、各单位应当加强对预算外资金的管理，但《预算法》授权国务院另行规定预算外资金管理办法，且赋予各级人民代表大会监督预算外资金使用的权力。

4.2.4 市场化改革中的预算外资金管理制度

国家虽然一直在加强预算外资金管理，但是，预算外资金规模扩大的势头并没有得到遏制。1992 年，预算外资金规模达到 3854.92 亿元。预算外资金规模的扩大有一定的合理性，规模庞大的预算外资金中最大的是国有企业和主管部门收入，1992 年，这一类预算外资金收入达到 2878.59 亿元，占全部预算外资金收入的 74.67%（见表 4－3）。从当时政府的可支配财力来看，中国一度出现了预算内财力、预算外财力与制度外财力三足鼎立的局面。整个政府预算管理制度实际上是一种破碎化的制度。

为了加强预算外资金管理，国家还进行了预算外资金财政专户储存的改革。行政事业单位预算外资金实行“专户储存，财政审批，银行监督”的管理方式。企业预算外资金实行“计划管理，政策引导”的管理方式，对用预算外资金进行自筹基本建设的，资金存入建设银行财政专户，由财政部门审查资金来源，建设银行监督使用；对行政事业性收费实行了收费许可证和统一收费票据管理制度；等等（项怀诚主编，1992）。

将国有企业和主管部门收入视为预算外资金，与企业改革将企业视为自主经营、自负盈亏的主体存在矛盾。1993 年，随着《企业财务通则》和《企业会计准则》的推行，再将国有企业和主管部门收入视为预算外资金就显得不太合适。预算外资金收入结构也发生了很大的变化（见表 4－4）。因此，预算外资金管理办法需要作适当的调整。事实上，从 1993 年开始，预算外资金已经不包括国有企业和主管部门收入。1993 年的预算外资金规模从 1992 年的 3854.92 亿元降到了 1432.54 亿元。

表 4－4　1993—2006 年预算外资金分项目收入　单位：亿元

年份	合计	行政事业性收费	政府性基金收入	乡镇自筹、统筹资金	地方财政收入	国有企业和主管部门收入	其他收入
1993	1432.54	1317.83			114.71		
1994	1862.53	1722.50			140.03		
1995	2406.50	2234.85			171.65		
1996	3893.34	3395.75		272.90	224.69		
1997	2826.00	2414.32		295.78	115.90		
1998	3082.29	1981.92	478.41	337.31		54.67	229.98
1999	3385.17	2354.28	396.51	358.86		50.11	225.41
2000	3826.43	2654.54	383.51	403.34		59.22	325.81

续表

年份	合计	行政事业性收费	政府性基金收入	乡镇自筹、统筹资金	地方财政收入	国有企业和主管部门收入	其他收入
2001	4300.00	3090.00	380.00	410.00		60.00	360.00
2002	4479.00	3238.00	376.00	272.00		72.00	521.00
2003	4566.80	3335.74	287.10	293.14		52.33	598.49
2004	4699.18	3208.42	351.29	213.09		64.12	862.26
2005	5544.16	3858.09	359.29	192.94		47.60	1086.24
2006	6407.88	4216.80	376.49	221.29		44.91	1548.39

注：1993—1995 年和 1996 年的预算外资金收入包括的范围进行了调整，与以前各年不可比。从 1997 年起，预算外资金收入不包括纳入预算内管理的政府型基金（收费），与以前各年也不可比。从 2004 年起，预算外资金收支数据，按财政预算外专户收支口径进行反映。

资料来源：《中国财政年鉴 2007》。

1995 年，《预算法》开始实施。有些地方违反《预算法》和国务院的有关规定，擅自将财政预算资金通过各种非法手段转为预算外资金，有些部门和单位擅自设立基金或收费项目，导致国家财政收入流失，预算外资金不断膨胀。同时，由于管理制度不健全，预算外资金的使用脱离财政管理和各级人大监督，乱支滥用现象十分严重。这些问题不仅使国家财政资金分散和政府公共分配秩序混乱，而且加剧了固定资产和消费基金膨胀，助长了不正之风和腐败现象的发生。1996 年《国务院关于加强预算外资金管理的决定》颁布，要求进一步加强预算外资金管理。

该《决定》主要的内容包括：禁止将预算资金转移到预算外；将部分预算外资金纳入财政预算管理；加强收费、基金管理；严格控制预算外资金规模；预算外资金要上缴财政专户，实行“收支两条线”管理；加强预算外资金收支计划管理；严格预算外资金支出管理，严禁违反规定乱支挪用；等等。其中最为引人注目的是将部分预算外资金纳入财政预算管理的规定。根据规定，各地区、各部门要将财政部已经规定的 83 项行政性收费项日纳入财政预算。从 1996 年起将养路费、车辆购置附加费、铁路建设基金、电力建设基金、三峡工程建设基金、新菜地开发基金、公路建设基金、民航基础设施建设基金、农村教育事业附加费、邮电附加、港口建设费、市话初装基金、民航机场管理建设费 13 项数额较大的政府性基金（收费）纳入财政预算管理。地方财政部门按国家规定收取的各项税费附加，从 1996 年起统一纳入地方财政预算，作为地方财政的固定收入，不再作为预算外资金管理。该《决定》还提出今后要积极创造条件，将应当纳入财政预算管理的预算外资金逐步纳入财政预算管理。这说明最终取消“预算外资金”已经成为改革努力的方向。

财政部 1996 年颁布了与《国务院关于加强预算外资金管理的决定》相配套的《预算外资金管理实施办法》，对预算外资金的范围作了重新界定。预算外资金，是指国家机关（即国家权力机关、国家行政机关、审判机关和检察机关）、事业单位和社会团体、具有行政管理职能的企业主管部门（集团）和政府委托的其他机构（简称“部门和单位”）为履行或代行政府职能，依据国家法律、法规和具有法律效力的规章而收取、提取和安排使用的未纳入国家预算管理的各种财政性资金。其范围主要包括：法律、法规规定的行政事业性收费、基金和附加收入等；国务院或省级人民政府及其财政、计划（物价）部门审批的行政事业性收费；国务院以及财政部审批建立的基金、附加收入等；主管部门从所属单位集中的上缴资金；用于乡镇政府开支的乡自筹和乡统筹资金；其他未纳入预算管理的财政性资金。社会保障基金在国家财政建立社会保障预算制度以前，先按预算外资金管理制度进行管理，专款专用，加强财政、审计监督。按照《企业财务通则》和《企业会计准则》的规定，国有企业税后留用资金不再作为预算外资金管理。事业单位和社会团体通过市场取得的不体现政府职能的经营、服务性收入，不作为预算外资金管理，收入可不上缴财政专户，但必须依法纳税，并纳入单位财务收支计划，实行收支统一核算。履行或代行政府职能成为判断资金是否属于预算外资金的一个重要标准。

4.2.5 市场化改革初期的政府预算制度改革的简要评价

市场化改革初期，中国政府预算制度改革的主要成就主要表现在政府预算立法和预算外资金管理制度的改革上。无论是《国家预算管理条例》，还是《预算法》的通过实施，都从法律上对政府预算制度进行了规范。特别是市场经济体制改革目标确定之后所制定的《预算法》，更是为政府预算制度提供了法律保障。

毋庸讳言，在这个阶段，政府预算制度改革从总体上说是缓慢的。相关制度改革甚至是被实践所推动的。预算外资金管理制度的改革就是典型事例。传统计划经济条件下的预算外资金管理制度与市场化改革的内在矛盾，直接导致预算外资金规模一度膨胀，既不利于政府预算管理，也不利于企业的发展。这种消极影响在改革初期的很长一段时间内，并没有得到有力的遏制。预算外资金规模的膨胀，与宏观经济管理的内在冲突，长时期未能得到很好的解决。政府通过征收能源交通重点建设基金和预算调节基金，通过课征建筑税（后来演变为固定资产投资方向调节税），通过控制集团购买力等等措施，都未能很好地解决预算外资金膨胀所带来的问题。

《预算法》的颁布实施并不代表《预算法》的规定已经得到有效的落实。1994 年八届全国人大常委会第九次会议通过了《中华人民共和国审计法》，并于 1995 年开始实施①。根据《审计法》的规定，国家实行审计监督制度，其中很大一部分内容涉及政府预算管理。而且，随着人民代表大会制度的不断完善，人大对政府预算制度改革的要求也不断增多。1998 年，全国人大常委会设立预算工作委员会，专门协助财经委员会承担审查预算、决算、预算调整方案和监督预算执行等任务，其他的专门委员会也可以在预算审查中发挥重要作用。与此同时，人大代表在预算审批中的作用不断加强（中国社会科学院财政与贸易经济研究所，2008；中国发展研究基金会，2008）。

4.3 政府预算制度的进一步改革

4.3.1 部门预算改革

政府预算制度是国家财政最为核心的内容，相关的改革难度最大。政府预算制度改革从整体上看滞后于其他具体的财政制度改革。改革需要恰当的时机。

财政资金取之于民、用之于民。与财政的

① 2006 年十届全国人大常委会第二十次会议在保持整体框架不变的情况下，对《审计法》作了修订，内容涉及健全审计监督机制、完善审计监督职责、加强审计监督手段和规范审计行为等。

法治化与民主化的要求相比，当时的政府预算制度不仅透明度不够，而且预算不完整、内容不够细化，预算的约束力还有待于提高。社会各界对政府预算制度有着改革的要求。这种要求随着国家的法治化与民主化进程的加快，更容易形成政府预算制度改革的民间力量，对政府预算制度改革起到积极的推动作用（见专栏4－3）。

专栏4－3　政府预算公开化的民间力量

从新闻媒体转载过来的预算报告摘要与正式的政府预算全本不可同日而语。政府预算长期被视为“机密”，就连审议政府预算的人大代表也只能在审议期间翻阅。一些民间力量的介入，在一定程度上推动了政府预算的公开化与透明化。

经过改革，中国预算制度改革已有相当的进步。但是，目前中国公共预算的公开透明度仍然是极低的。2007年，为了便于公众了解与参与公共预算的讨论，建立一个公开透明、科学进步的公共预算制度，早年曾在美国休斯顿大学研习政治学，现居深圳的吴君亮先生出资发起和主导建立了中国预算网站（www.budgetofchina.com）。他认为，一个社会公共预算的现状不仅可以衡量一个社会的进步程度，也可以用于解读一个社会能接受和允许的人文觉醒程度。在他看来，公共预算，应该是一个体现社会公正合理的政策文件，一份当家理财且远近兼顾的财务计划，一部政府团队依循遵守的运营指南，一件政府和公民以及公民之间相互沟通和交流的工具。

作为一位资产管理公司的CEO，吴君亮及其公司的两位财务分析人员，怀着“天真”的理想，从2006年起，在深圳开始了“不务正业”的公共预算之旅。他们向十几个中央部委、十几个地方政府提出了查看预算案的申请。随着《政府信息公开条例》的公布，2008年5月27日，他们终于看到了深圳市政府的2008年度部门预算草案；10月27日，卫生部向他们公布了一份接近完备的本级部门预算。在新中国的历史上，这两次回应都是第一次。现在，越来越多的“公共预算观察志愿者”加入，推动政府预算公开化的民间力量也在不断地壮大。

资料来源：1. 中国预算网，www.budgetofchina.com；
2. 黄河，2008。

1999年6月，全国人大常委会《关于加强中央预算审查监督的决定》对改进和规范中央预算编制工作提出了一些意见，要求严格执行预算法，及时批复预算，细化报送全国人大审查批准的预算草案内容，增加透明度。同时，审计署《关于1998年中央预算执行情况和其他财政收支的审计工作报告》，也对预算改革提出了要求。审计署所刮起的“审计风暴”，对政府预算制度的进一步完善起到了积极的推动作用（见专栏4－4）。

专栏4－4　审计风暴

1983年，国家审计署成立。审计署在监督国家财政资金的使用中发挥了重要作用。从2003年开始，审计署推行审计结果公开制度，摒弃了新闻稿公告制度，对政府相关部门带来了很大的影响，在社会上刮起了一阵阵“审计风暴”。现在，“审计风暴”正在过去，财政资金使用的透明度正在加大。以下为1998—2008年审计大事记：

- 1998年，清查粮食系统违规违纪，立案2268起，1302人受到党纪政纪处分。
- 1999年，对水利部挪用资金等问题点名披露，三峡移民资金被严重挤占挪用。

专栏4-4（续）

- 2000年，16个省市自治区国债重点建设项目中挪用资金4.77亿元。
- 2001年，贵州交通厅原厅长卢万里招标中弄虚作假，使国家损失9800多万元。
- 2002年，查出中国建设银行广州地区8家支行10亿元虚假按揭。
- 2003年，查出国家体育总局等四家中央单位虚报、挪用预算资金等事实，并全文公告。
- 2004年，预算外资金清理不彻底，彩票公益金等财政性资金271.94亿元未纳入预算管理。
- 2005年，中央部门预算执行中各类违规问题金额90.6亿元。
- 2006年，指出违法违规问题资金达55.1亿元，违法案件线索12件（涉案人员25人）。
- 2007年，报告环保总局、烟草局、民航总局等部门本级存在的问题348.53亿元。
- 2008年，有376.87亿元资金未纳入预算管理。财政部等部门违规收费40.75亿元。

资料来源：吕宗恕、赵岩、朱大伟，2008。

加入WTO，需要遵循WTO预算管理公开透明和政府采购公平公正的要求。虽然政府预算制度改革相对滞后，但中国已经为预算改革作了多方面的准备。适应社会各界的普遍要求，适应全国人大常委会和审计署对预算编制改革的具体要求，适应加入世界贸易组织（WTO）对预算管理的要求，中国自20世纪90年代末开始了大规模的政府预算制度改革（项怀诚主编，2003）。

财政部提出细化预算、编制部门预算的构想，1999年9月下旬，正式要求中央各部门按照国务院的要求编制部门预算。由此拉开中央部门预算改革的序幕。2000年，中央部门所有的一级预算单位都试编了部门预算，其中教育部、农业部、科技部及劳动和社会保障部4个部门的部门预算提交全国人大审议。部门预算改革提出了大预算原则，将预算内收支、预算外收支、基金预算收支全部纳入部门预算编制范围。预算编制初步细化，预算编制时间得到提前，预算工作的主动性得到加强。2001年中央部门预算的编制，在时间上进一步提前，内容上也进一步细化，并选择10个中央部门实行定员定额和项目管理的试点。同时扩大了向全国人大报送部门预算的范围，由上一年的4个部门增加到26个部门，在细化预算批复内容，统一、规范预算批复格式等方面也做了很大的改进，提前完成了对各中央预算单位的预算批复。现在，中央部门预算改革已基本到位，所面临的是预算编制的准确性如何进一步提高等问题。

2001年，中央财政启动国库集中收付制度改革，建立以国库单一账户为基础、资金缴拨以国库集中收付为主要形式的国库管理制度。2006年4月，国库集中支付改革已经扩大到全部中央部门。2005年底，36个省、自治区、直辖市和计划单列市也全部实施了改革。政府采购制度从1996年开始试点。1998年，政府采购工作开始全面试点，之后大力推行。政府采购规模逐渐扩大，1998年为31亿元，2002年达到1009.6亿元，2007年为4000亿元①。

4.3.2 政府收支分类改革

政府收支分类涉及到整个政府预算的编制和预算的执行以及预算单位会计核算的全过程，是一项非常基础的工作。它直接关系到财

---

① 数据来源：财政部部长助理张通在2008年全国政府采购工作会议的讲话，财政部网站 www.mof.gov.cn。

政预算管理的透明度，关系到财政预算管理的科学化和规范化，是公共财政体制建设的一个重要环节①。

2007年开始的政府收支分类改革，是一次收支分类调整幅度最大的改革。改革旨在更好地对政府收入和支出进行分类，提高预算的透明度。主要内容包括三方面：第一，建立新的政府收入分类。收入分类反映政府收入的来源和性质。第二，建立支出的功能分类。支出功能分类反映政府各项职能活动。第三，建立一个支出的经济分类。

支出经济分类反映各项支出的经济性质和具体用途。新的政府收支分类体系可较好地克服原政府预算收支分类“体系不合理、内容不完整、分类不科学、反映不明细”等弊端，对进一步深化其他各项财政改革、提高预算透明度和财政管理水平，起到十分重要的推动作用。与过去相比，收入分类的变化包括：扩大了范围；对收入体系进行调整和完善；层次更加清晰和明细。

支出分类是2007年开始的政府收支分类改革的核心内容，主要是按照政府的职能活动来设置财政支出的分类科目，通过财政支出的分类能够清晰地反映出政府所履行的职能，如教育、文化、体育等各个方面的政府职能活动。支出经济分类主要是反映每一项的具体经济性质，如用于教育的资金，具体用在何处，是用于高等教育，还是用于义务教育；用于中小学的资金，是用于发放工资，还是盖楼。

通过这三个分类，再结合部门资金使用情况，能够准确反映财政资金的来龙去脉以及资金走向。

4.3.3 “收支两条线”管理

为了加强预算外资金管理工作，各地区、各部门不断推进和加强政府收费和罚没收入“收支两条线”的管理工作。罚没收入和相当一部分收费收入纳入预算管理，对绝大部分预算外资金实行了财政专户管理。但是，上缴的收费和罚没收入与执收单位的支出安排存在挂钩现象；部门预算未将执收单位预算内外资金统筹安排；中央本级大部分收费仍由单位自收自缴，没有实行收缴分离；执收单位预算外资金使用仍不够规范、合理等，从而导致部门之间行政开支、职工收入水平差距较大，收费和罚没收入中乱收、乱罚、截留、挪用现象比较突出。基于此，2001年，国务院办公厅转发了财政部《关于深化收支两条线改革进一步加强财政管理的意见》。深化“收支两条线”改革要求有三：第一，将各部门的预算外收入全部纳入财政专户管理，有条件的纳入预算管理，任何部门不得“坐收”、“坐支”。第二，部门预算要全面反映部门及所属单位预算内外资金收支状况，提高各部门支出的透明度。同时，财政部门要合理核定支出标准，并按标准足额供给经费。第三，根据新的情况，修订、完善有关法规和规章制度，使“收支两条线”管理工作法制化、制度化、规范化。这些要求决定了预算外资金存在的空间越来越小。即使某些形式的收入能够保留下来，但也很难在预算外存在。正是在这样的背景下，非税收入管理进入决策者的视野。

从实践来看，2002年，将公安部等5个行政执法部门按规定收取的11项行政事业性收费收入纳入预算管理，全额上缴中央国库。2002年7月1日，财政部将公布保留的政府性基金项目全部纳入预算管理。2003年1月1日，财政部将30个部门的118项收费纳入预算管理。2004年1月1日，财政部又将26个部门的76项行政事业性收费纳入预算管理。同年，又将依法新审批的收费基金全部纳入预算管理。政府性基金全部纳入预算管理。中央批准的行政性收费已全部纳入预算管理，事业性收费项目约90%也纳入预算管理。

---

① 财政部预算司司长李萍认为，2007年在全国全面实施的建国以来我国财政分类统计体系最为重大的一次调整——政府收支分类改革，可说是继1994年分税制改革、2000年部门预算改革以来，我国财政制度建设的又一座里程碑（宁新路，2008）。

4.3.4 2004年至今的预算外资金管理制度：以非税收入管理为重点

随着预算外收入纳入预算管理范围的扩大，“收支两条线”管理的推行，预算外资金范围事实上已经大大缩小。再以传统的预算外资金来界定一般预算之外的财政性资金显然已不合适。正是在这样的背景下，从非税收入视角处理预算外资金管理问题开始在实践中得到体现。

2004年《财政部关于加强政府非税收入管理的通知》首次明确提出政府非税收入的概念。所谓政府非税收入，是指除税收以外，由各级政府、国家机关、事业单位、代行政府职能的社会团体及其他组织依法利用政府权力、政府信誉、国家资源、国有资产或提供特定公共服务、准公共服务取得并用于满足社会公共需要或准公共需要的财政资金，是政府财政收入的重要组成部分，是政府参与国民收入分配和再分配的一种形式。按照建立健全公共财政体制的要求，政府非税收入管理范围包括：行政事业性收费、政府性基金、国有资源有偿使用收入、国有资产有偿使用收入、国有资本经营收益、彩票公益金、罚没收入、以政府名义接受的捐赠收入、主管部门集中收入以及政府财政资金产生的利息收入等。社会保障基金、住房公积金不纳入政府非税收入管理范围。

该《通知》要求对政府非税收入实行分类规范管理：从严审批管理收费基金，合理控制收费基金规模；完善国有资源（资产）有偿使用收入管理政策，防止国有资源（资产）收入流失；加强国有资本经营收益管理，维护国有资本权益，逐步建立国有资本经营预算体系；加强彩票公益金管理，提高彩票公益金使用效益；规范其他政府非税收入管理，确保政府非税收入应收尽收。

该《通知》还要求完善各级政府间的非税收入分成管理政策；深化政府非税收入收缴管理改革，加强政府非税收入票据管理；强化政府非税收入预算管理；健全政府非税收入监督检查机制；加快政府非税收入管理法制建设步伐。

总之，政府非税收入要分步纳入财政预算，实行“收支两条线”管理，要编制综合财政预算，统筹安排政府税收和非税收入①。

非税收入管理的进步，主要体现在将那些既不纳入预算内、也不纳入预算外的财政性资金管理起来上。但是非税收入管理也有其局限性，因为非税收入概念是一个与预算内收入有交叉的概念，一部分非税收入已经在政府预算内得到充分的体现。

4.4 市场经济条件下政府预算管理制度演进的逻辑

前已述及，政府预算管理制度改革相对于其他具体财政制度改革，显得有些滞后。自1998年公共财政改革目标确定之后，在多方力量的共同努力下，政府预算制度改革进程加快。市场经济条件下政府预算制度改革有其演变的逻辑。

---

① 目前，政府非税收入仍面临一些问题，其中主要是：政府非税收入规模偏大，特别是地方政府非税收入占本级财政收入的规模过大，一些县市的非税收入甚至超过了税收收入；非税收入结构还不合理，行政事业性收费和政府型基金占非税收入的比重约为60%；非税收入管理政出多门，财政职能被肢解；非税收入尚未完成纳入预算管理；法制建设相对滞后（苑广睿、邱江涛、魏岩，2006）。

4.4.1 预算外资金管理制度演进的逻辑机理

在市场化改革初期，当整个政府预算制度没有发生根本性改变的情况下，放权让利自然会扩大预算外资金的规模。1978 年开始一直到 20 世纪 90 年代初期，中国财政改革的特点之一是放权让利。放权一方面是中央财政向地方财政的行政性分权，另一方面是政府向部门的分权和企业的分权。行政性财政分权扩大了地方政府的预算外收入规模；政府向部门的分权实际上是统一的财政权在相关政府部门间的肢解，在一定程度上形成了“部门财政”，扩大了部门的预算外资金规模；政府向企业的分权旨在让国有企业成为市场竞争主体，自然会扩大企业的预算外资金规模。

在预算外资金管理体制基本没有变化的时候，预算内资金容易转化为预算外资金，甚至进一步转化为制度外资金，加剧预算内资金紧张的局面。行政事业性收费容易以各种各样的方式膨胀。特别是在地方实行财政包干制的情况下，地方政府不仅有动力化预算内为预算外，而且通过种种方式，截留中央财政收入，化财政收入为地方企业收入，藏富于企业，藏富于民。之后，地方政府再借助于不太规范的政府与企业的关系，通过乱收费、乱罚款、乱摊派的形式，保证了地方政府的运转。对于政府各部门来说也是如此。当部门预算内经费紧张的时候，各部门自行创收，预算外资金增大，这一方面是收费权落实的结果，另一方面是侵蚀预算内资金收入的结果。这最终导致预算内资金相对份额的进一步下降。

在国家财力陷入困境的背景之下，预算外资金的存在有其一定合理性。它弥补了预算内财力的不足，保证了一些公共服务的提供。这也是在很长一段时间内，预算外资金难以取消的直接原因。改革之后直至 1994 年，中国预算内财政收入占 GDP（国内生产总值）持续下降，政府仍能保证改革、发展和稳定的基本正常进行，也有赖于预算外资金。

当预算外资金规模逐步扩大，对整个社会经济活动带来较大影响的时候，特别是预算外资金活动所带来的负面影响扩大化之际，加强预算外资金管理或者改变预算外资金管理制度的需求就会凸现。

4.4.2 政府预算制度的演变与经济体制改革

从根本上看，中国政府预算制度的演变与经济体制改革有着密切的关系。还是以预算外资金管理制度为例来说明。

随着市场化改革的深入，预算外资金管理制度必然发生质的变化。首先，国有企业资金不应该再被视为预算外资金。国有企业是自主经营、自负盈亏的市场经营主体。企业对其可支配资金应有充分的自主权。这自然导致预算外资金范围界定的变化。其次，体现政府职能的预算外资金应纳入预算管理。预算外资金是历史形成的概念。在市场经济条件下，所有的政府活动都应该在政府预算中得到体现，这才能保证政府预算的完整性。再次，预算外资金管理制度的演变需要与事业单位的改革联系起来。事业单位何去何从，直接决定着目前占预算外收入最大部分的行政事业性收费规模的大小。最后，预算外资金管理制度的演变必须与财政制度的变革联系起来，不能采取激进的变革措施。预算外资金收支的专用性，决定了纳入预算管理，往往难以直接增加政府的可支配财力，只是起到列收列支的作用。但是，纳入预算管理之后，管理很难跟上，预算外资金收入的不确定性就可能会充分表现出来，收入不能够充分征收，反而加重了政府的直接负担。因此，预算外资金管理制度的演变必须处理好统一与监督的关系。在中国财政制度的渐进式改革背景下，预算外资金管理应先对各种资金加强监督，尔后再采取统一的措施。

从总体上看，要解决一般预算之外的财政性资金的管理问题，需要多方面改革的协调进行。这类财政性资金的管理问题不是简单的统一和并入预算管理就能得到解决的。需要在统一与监督之中找到平衡点，并最终实现全口径预算管理。

4.4.3 公共财政与政府预算制度改革的要求

如果说预算外资金管理制度的演变还带有浓重的计划经济色彩影响的话，那么公共财政制度改革目标确定之后，对政府预算制度改革的要求已经非常明确。广为市场经济国家接受的政府预算原则必然对政府预算的进一步改革提出要求。

广为市场经济国家接受的现代政府预算编制原则大致有以下五点：第一，公开性原则。政府预算的内容除了少数涉及国家机密的内容外，应该向社会公布，使之处于公众的监督之下。第二，完整性原则。它是指公共部门的所有收支经济活动，都应该在政府预算中得到反映①。第三，可靠性原则。它是指政府预算收支数字必须是准确无误的。第四，年度性原则。政府预算应按年度编制。预算年度也称财政年度，它是政府预算收支起止的有效期限，通常为一年。有些国家实行的是与日历年度相一致的预算年度；有些国家实行的则是与日历年度不一致的预算年度。第五，统一性。不同级别政府编制的政府预算应该有统一的计算口径，便于统计全国的预算收支状况。符合以上五个原则的政府预算，必须经立法机构审批，才有法律效力，各级公共部门必须贯彻执行，非经法定程序不得改变预算收支数额与使用方向②。

近年来，中国的政府预算制度改革向现代政府预算编制原则的要求大步迈进。随着《政府信息公开条例》的颁布实施，《财政部关于进一步推进财政预算信息公开的指导意见》（财预［2008］390 号）2008 年 9 月 10 日公布。财政预算信息是财政政务信息的重要内容，具体包括预算管理体制、预算分配政策、预算编制程序等预算管理制度，以及预算收支安排、预算执行、预算调整和决算等预算管理信息。该《指导意见》要求中央各部门和地方各级财政部门加大财政预算信息的主动公开力度；在此基础上，重点公开政府预算、部门预算、预算执行以及财政转移支付等内容③。

政府预算的完整性也不断在增强。规范预算外资金管理的过程，在很大程度上是预算完整性不断加强的过程。对于地方预算的完整性问题，财政部《关于进一步提高地方预算编报完整性的通知》（财预［2008］435 号）要求地方政府以行政权力和国有资产所有者身份集中的社会资源，都应纳入预算管理；要完整编报上级各项补助收入④。

政府预算的可靠性与财政收支预测的准确性密切相关。税收收入预测的准确性，直接影响到政府预算的可靠性（冯键，2006）。近年来突出的“预算超收”问题的解决，需要的不仅仅是超收资金的预算分配制度，更需要预测的准确性。以收定支编制预算⑤，收入预测的准确性就显得更为重要。超收所致的预算资金分配问题的解决，还需要转换财政理财观念，以支定收，支出落到实处，便无超收资金分配之烦恼。

市场经济条件下的政府预算原则能否真正得到落实，与国家的法治化与民主化进程密切相关。随着人民代表大会制度与政治协商制度的不断完善，政府预算制度自然会相应地得到完善。但是，在一定程度上，地方政府的积极探索，能够加快政府预算的改革步伐，如近年来广东省、河北省、北京市等不少省份（直辖市、自治区）的努力，就说明了这一点。一些地方还进行了预算编制方式的新探索，如浙江温岭的参与式预算，让更多的民众参与到政府

---

① 不管是什么样的财政收入，都应该列入政府预算。近年来在中国引起较多争议的所谓“超收收入”列入政府预算本不应有争议，但事实上不同的政府部门看法不同，这从一个侧面反映了一个问题：即使是取得共识的看法，在现实中要得到贯彻实施，仍然需要外部的推动力量。

② 具体论述参见杨志勇、张馨（2008，第十三章）。

③ 参见财政部网站，http://www.mof.gov.cn/yusuansi/zhengwuxinxi/zhengceguizhang/200809/t20080917_75533.html。

④ 参见财政部网站，http://www.mof.gov.cn/yusuansi/zhengwuxinxi/zhengceguizhang/200811/t20081117_90394.html。

⑤ 预算调整程序上的困难，更为相关部门低估收入提供了激励（冯键，2006）。

预算的编制过程中。

中国政府预算制度的法治化与民主化，还与人民代表大会的预算权力的界定相关。在国际上，议会是应该拥有不受限制的权力，还是拥有受到限制的权力，这是一个有争议的问题（马骏、林慕华，2007）。

政府预算制度改革的目标最终是提高公共资金的使用效率，但在国际上，绩效预算、零基预算等等推行同样有难度。因此，中国当前的政府预算制度改革应先易后难，先规范，后监督。

政府预算制度改革还与其他具体财政制度改革密切相关，例如财政转移支付制度的改革将有助于地方政府预算完整性与准确度的提高。

4.5 中国政府预算制度演进中的难题：公共预算与国有资本经营预算的衔接

自社会主义市场经济体制改革目标确认以来，政府预算体系改革的目标也确定为公共预算、国有资本经营预算、社会保障预算和其他预算。从理论上看，公共预算和社会保障预算都是公共预算体系的组成内容，国有资本经营预算是国有资本预算体系的组成内容。公共预算与国有资本经营预算体系理应衔接，但如何处理二者之间的衔接问题，则难度较大。

4.5.1 国有企业利润分配方式的演变

1978 年以来，随着经济体制改革的深入，国有企业分红形式经过了一个演变的过程（见表 4－5）。

表 4－5　1978 年以来国有企业利润分配方式的演变

时　期	利润分配（分红）方式
1978—1983 年	企业收入（国营企业利润不分税利上缴）
1983—1984 年	国营企业所得税和企业收入
1984—1986 年	国营企业所得税、国营企业调节税（仅对符合条件的国营大中型企业征收）
1987—1993 年	利润承包（包括所得税承包），部分地区的企业实行税利分流改革试点
1994—2005 年	企业所得税，税后利润基本上不上交，少数地方国有企业上交一定比例的税后利润
2006 年至今	企业所得税，中央企业分不同行业不同比例向国家缴纳税后利润

1994 年，政府与国有企业的分配关系力图通过税利分流的思路进行规范化。其基本思路是：政府以社会管理者的身份对企业征税，获得税收收入，以财产所有者的身份得到利润。但在实际操作中，大部分国有企业不分红，利润在企业内部累积，这主要是考虑到 1983 年开始实行基本建设投资“拨改贷”之后，企业还本付息负担重，分红不利于企业发展。地方国有企业分红的做法各不相同。少数地方维持了向国有企业收取红利的做法①。

近年来，国有企业经过休养生息，国有经

① 例如，深圳市 1987 年 7 月成立了全国首家国有资产经营管理机构——深圳市投资管理公司，负责市属国企的产权管理及运营。深圳市属国企即被要求缴纳国资收益。从当年开始，深圳市政府即委托该公司收取国企收益，其方式是“收缴按一定比例进行，钱直接交到管理公司的专用账户”。深圳亦是全国惟一可由国资委全权行使国资收益预算权的地区。

济利润增速较快。2004—2007 年，中国国有企业和中央企业的利润逐年增加（表 4－6）。停止上缴红利只是临时性举措。国有企业“国有”属性表现之一是“红利分配”。国有经济理应在经济和社会发展中作出更大贡献，国有企业长期不分红的做法需要改变。

表 4－6　　2004—2007 年中国国有企业利润　　单位：万亿元

年份	2004		2005		2006		2007	
	国有企业	中央企业	国有企业	中央企业	国有企业	中央企业	国有企业	中央企业
利润	0.75	0.48	0.9	0.64	1.2	0.77	1.62	1.1

数据来源：2004 年国有企业利润数据来自新华网（http：//www.xinhua.org），2005 年 7 月 12 日；其他数据均来自国资委网站（http：//www.sasac.gov.cn）。

财政部、国资委 2007 年 12 月印发《中央企业国有资本收益收取管理暂行办法》，要求以 2007 年作为试点，对国资委所监管企业 2006 年实现的国有资本收益（包括应交利润，国有股股息、股利，国有产权转让收入，企业清算收入）进行收取，其中，企业税后利润按标准减半收取。国有独资企业上交年度净利润的比例，区别不同行业，分以下三类执行：第一类为烟草、石油石化、电力、电信、煤炭等资源型企业，收取 10%；第二类为钢铁、运输、电子、贸易、施工等一般竞争性企业，收取 5%；第三类为军工企业、转制科研院所企业，上交比例三年后再定。这些企业将在财政部和国资委的共同监管下，上交国有资本收益。中国烟草总公司上交国有资本收益，则由财政部直接审核，按审核结果办理交库。国有控股、参股企业应付国有投资者的股利、股息，按照股东会或者股东大会决议通过的利润分配方案执行。国有控股、参股企业应当依法分配年度净利润。当年不予分配的，应当说明暂不分配的理由和依据，并出具股东会或者股东大会的决议。

与此同时，许多地方所属国企也结束了不分红的历史。例如，湖北省将国有企业分为两类，进行分红：资源型、垄断性国有企业上交净利润的比例为 10%；一般竞争性企业的比例为 5%①。

4.5.2　国企分红与国有资本经营预算编制中的难题

国企分红是国有资本经营预算编制的第一步。其中有许多难题需要处理：第一，怎么征缴？税后利润的提取比例怎么确定？对于国有控股和国家独资企业来说，都有一个提取比例的确定问题。从短期来看，提取比例应“适度、从低”，要有利于企业平稳发展，要有利于企业自生能力的增强。从长期来看，提取比例的确定应该服务于国有经济总体布局的要求。属于国家要退出的行业，可以适当提高提取比例。从根本上说，国企分红应有制度化的规定。但是，过于严格的税后利润提取比例无异于企业所得税，可能对企业的自主经营带来不利的影响。有一种说法是，让更多的民间资本进入国企，将国企改造成股份制企业，尔后以所持股份的多少为依据进行分红。但这种设想在实际操作中难免会遇到以下问题：到底由谁决定分红比例？如果国家所持有企业的股份是少数，那么股东大会决定的分红方案国家只能接受，这里可能会遇到如何保护作为少数股东的国家的权益问题。如果国家所持有企业的股份是多数，那么归根到底，企业分红的多少是由履行国家出资人职责的代表说了算的。这里难免会遇到履行国家出资人职责的代表是为

① 参见谢慧敏、傅正前（2008）。

政府说话，还是为企业说话的问题。如果是前者，那么政企不分可能干预企业的正常经营；如果是后者，国家作为出资人的权益又无法得到充分的保证。

第二，分红规则与政企不分问题。避免政企不分问题，可以尝试通过确立分红规则来加以避免①。国企分红比例不宜采取统一划定的办法，而应该根据国企在国有经济中的地位，参照企业的财务指标加以确定。企业分红比例应与企业发展战略、国家对国有经济的地位加以综合考虑。分红规则不是直接确定企业税后利润的分红比例，而是通过一套可为多方所接受的规则，来计算分红比例。

第三，国企分红的去向问题。国企分红是应该“取之于企，用之于企”，还是用于民生？不同类别的国有企业存在不同的问题。就目前而言，目前国有企业改革仍有许多难题待解，而且这些难题，越到最后，难度越大。不少问题牵涉多方利益冲突，在某种程度上需要资金赎买的方式才可能得到解决。政府充分利用国企分红，在国有经济大战略的框架内“以强扶弱，整体推进”，可以减轻国家在国企改革过程中的财政负担，提升国有经济的整体质量，从根本上服务于广大人民。国企分红从短期来看，可以用于调整国有经济布局，弥补国企改革的成本。但国企分红不属于某个国企，它应该体现“国有”，应该直接为所有公民作出贡献。从这个角度来说，国企分红完全可以作为社会保障基金的来源，通过社会保障支出，造福全体人民。国企分红还可以直接作为公共预算的资金来源，作为政府经常性支出的资金来源，用于公共物品和公共服务的提供，服务于民生改善之大局。

第四，国有资本经营预算的收入来源，除了国企红利之外，还应该包括国有企业变现收入。国有经济布局可能随着市场经济的发展和技术进步而进行调整。有一些领域，在某个阶段，私人市场主体可能不愿意投资，但这些领域对于一个国家长期发展可能很有帮助，这就需要政府的投资。随着时间的流逝，这些领域可能又成为市场各主体愿意介入的领域，这时，国有经济布局就可能作相应的调整。只要国家从某些国有经济领域退出，就会有国有企业变现收入。编制国有资本经营预算需要考虑到这部分变现收入。国有企业什么时候变现，以何种方式变现，则是一个很难处理的问题。

第五，国有资本经营预算由谁编制的问题。有一种看法认为，国资委应是国有资本经营预算的编制者。的确，国资委直接监管中央企业，在编制国有资本经营预算上有许多便利之处。但问题是，国资委监管的中央企业不是所有中央企业，中央金融企业就不归其所监管。还有，国有资本经营预算是政府预算的一个组成部分，政府预算的编制权不应该肢解。国有资本经营预算有其相对独立的内容，但这已经通过编制复式预算的方式得到解决。显然，这个问题还会随着国资委的定位而不断地得到讨论。从目前国资委的定位来看，国资委是国务院特设机构，不是直属部门；国资委既是出资人，又是监管人，两个角色之间经常会发生冲突。将国资委明确为监管人，可以避免国有资本经营预算编制权的争夺问题，还可以避免国资委身份不清所带来的行为混乱甚至对企业自主经营造成过度干预的问题。

4.5.3 国有资本经营预算背后的财政模式问题

国有资本经营预算与公共预算衔接问题的背后是中国财政模式的选择问题。财政模式的选择是当前中国改革面临的一个重要问题。社会主义市场经济体制目标的实现，要求有与之相适应的财政模式。社会主义市场经济不可能完全脱离政府干预而存在，政府的干预在很大

① 2006年初崔之元教授提出成立“中国人民永久信托基金”的建议。该基金由中央国企利润的50%作为本金组建，再将“中国人民永久信托基金”投资收益的50%作为社会分红发给每个公民个人。具体方案详见郭宇宽（2008）访问崔之元的报道。这是一个很好的还利于民的设想，但如何操作，特别是如何启动该方案，是一个难题。

程度上要通过财政。因此，探究与社会主义市场经济相适应的财政模式就有着深远的现实意义。财政模式的选择并不是凭空的，它需要实践的推动和检验。中国财政模式的选择也正是中国经济体制变迁的一个反映。

与西方国家相比，中国的公共财政模式路径的选择有着特殊性。这首先表现在财政模式选择的阶段性特征上。最终形成的适应市场经济需要的财政模式只能是公共财政模式，而在转轨经济中，国有经济仍然大量存在，且在经济社会中发挥较大作用，可以有与公共财政模式相区别的财政模式即“双元财政模式”（叶振鹏、张馨，1995、1999）。

“双元财政模式”论者将社会主义市场经济下的财政模式概括为“公共财政 + 国有资产（资本）财政”，这就必然要求有与之相适应的公共预算与国有资本预算。1993 年 11 月召开的中共十四届三中全会通过《中共中央关于建设社会主义市场经济体制的若干问题的决议》，提出要改进和规范复式预算制度，要建立公共预算和国有资产经营预算，并可以根据需要建立社会保障预算和其他预算。1995 年开始实施的预算法及其实施条例明确了各级政府预算要编制复式预算，复式预算由政府公共预算、国有资产经营预算、社会保障预算和其他预算所组成。

编制国有资产（资本）经营预算，既涉及国有资本经营预算的编制技术问题，还涉及国有资本经营预算与公共预算、社会保障预算等等衔接问题。从理论上看，公共财政所要解决的问题是与一般市场经济国家相似的问题，即致力于纠正市场失灵，由此，公共预算的目标相对容易确定。而且，各国政府所推行的公共预算已形成一整套可供借鉴的技术。难点在于国有资产（资本）财政。国有资本财政首先面对的是盈利性国有资产（国有资本）的保值增值问题。从理论上看，将财政区分为公共财政和国有资产财政，能够适应转轨中加强国有资产管理，促进国有资本增值的要求，因为它在一定程度上实现了国有资产的人格化，解决了委托人虚位的问题。但如何处理公共财政与国有资产（资本）财政的关系就成为一大难题。盈利性国有资产的盈利或亏损该怎么处理？是由公共财政拿走或补贴？如由公共财政拿走，该以什么标准拿走？盈利性国有资产在市场中，而市场活动的复杂性，就决定了公共财政无法以统一标准取走利润，此时若以不同标准取走，显然会留下许多漏洞：标准由公共财政确定，难免会出现“一刀切”，这不适应企业活动复杂性的要求；若由公共财政和国有资产财政协商解决，则可能出现两者就盈利的分割进行讨价还价，难以确定合理标准，而无助于问题的解决。标准由企业确定，虽能适应企业在市场活动中独立性的要求，但公共财政乃至国有资产财政的权益可能因此受到损害，出现“内部人控制”问题。再如，让盈利性国有资产大规模活动，也难以解决市场经济中可能出现的国有经济在市场有效领域中的垄断问题。可见本节一开始就论及的国企分红问题，实质上是一个财政模式的选择问题。

基于双元财政模式在运作中所遇到的困难，中国有必要实现财政模式的转换。在双元财政模式下，政府既要提供公共物品，又要组织私人物品的生产，很容易导致财政活动的“缺位”与“越位”。

财政模式的转换将更好地适应经济体制的要求。原先的财政模式所赖以生存的经济环境已发生了深刻的变化。改革以来，财力从政府向企业和个人倾斜。社会财力分配格局的变化使得财政同时承担公共物品的提供和私人物品的生产职责显得力不从心。这典型地体现在财政支出的“越位”和“缺位”上。“越位”是指相对于公共财政的要求来说，财政的活动范围太大了；“缺位”是指相对于公共财政的要求来说，财政在一些该活动的地方却没有活动。就财政的活动范围来看，中国财政的覆盖面极广，国有经济遍及从远程导弹到饮食店等大大小小的各种行业，而这些行业当中有许多本来应让市场机制发挥调节作用，财政是不用涉足的，这也就造成了国有经济战线拉得过长，有限的国有资本难以支撑的局面。同时，财政也是因之困难重重，国有企业有较大的亏损面，削弱了财政基础。这说明中国的财政模式的选择与现实还存在着较大的不适应性，也因之造成整个经济活动的低效率。

财政存在“越位”现象，并不意味着中国财政可支配财力的充裕性。事实上，“越位”是以“缺位”为前提的，是以财政放弃某些公共物品和公共服务提供为代价的。因此，重新选择适应经济体制要求的财政模式，是客观经济环境的要求。

如何按照经济体制的要求，选择适合中国国情的财政模式，是当前迫切需要解决的问题。适应中国社会主义市场经济体制要求的财政模式最终只能是公共财政模式。这一点，我们可以从前面对于市场经济条件下的财政模式的选择看出来。社会主义市场经济也是市场经济，它也要服从于市场机制在全社会的资源配置中发挥基础性作用的要求，由此也就决定了财政模式的选择只能是公共财政模式。

随着对国有经济实行战略性重组，国有资产财政的活动范围将主要转向市场失效领域，这样，国有资产（资本）财政与公共财政也将合二为一并成公共财政，由此也就决定了中国财政模式最终选择的将是公共财政模式。

另外，改革的目标虽然也是公共财政模式，但改革的起点却是与计划经济相适应的大一统的财政模式。这样，改革中最为重要的是政府的“退出”问题，即政府从原先的提供私人产品的领域退出，而不再提供私人产品。而在西方国家，公共财政模式的形成过程主要是政府进入私人部门不愿意介入的领域。这种路径的不同，也必然导致公共财政模式形成过程存在着极大的差异。在西方国家，由于政府增加干预的领域是私人部门不愿意进入的领域，这样，政府的进入，就意味着私人部门将普遍地获得公共部门提供的益处，因此，这样的过程也必然是利益冲突较少的过程。但是在中国，公共部门内部的利益受损在相当大程度上会构成公共财政模式形成的阻力。怎样才能顺利地形成公共财政模式呢？笔者认为，建立健全公共选择机制是减少阻力的措施，也就是说，让公众在公共财政模式的形成过程中发挥积极作用，并将之置于公众的监督之下。由于这样做，公众的选择主要是出于自身利益的选择，公众没有反对自己的选择行为的动力，而基本上没有人反对的选择是较易推行的。另外，增加公众的监督还能有效地阻止财政模式变迁过程中的腐败行为，从而降低改革成本。

总之，通过财政模式的转换，是可以从根本上解决当前国有资本经营预算编制中所遇到的一系列难题的。

主要参考文献

“地方预算外资金规范化管理研究”课题组（刘尚希、杨灿明、孔志锋、王辉 执笔）：“规范化：地方预算外资金管理的基本思路”，《管理世界》，1997年第4期。

薄一波：《若干重大决策与事件的回顾》，上卷，中共中央党校出版社1991年版。

薄一波：《若干重大决策与事件的回顾》，下卷，中共中央党校出版社1993年版。

财政部办公厅编：《中华人民共和国史料第二辑·国家预算决算（1950—1981）》，中国财政经济出版社1983年版。

陈云：《陈云文选》，第三卷，人民出版社1995年版。

丛树海、张桁主编：《新中国经济发展史（1949—1998）》（中），上海财经大学出版社1999年版。

丛树海主编：《中国预算体制重构：理论分析与制度设计》，上海财经大学出版社2000年版。

当代中国丛书编辑部：《当代中国财政》，上、下册，中国社会科学出版社1988年版。

邓小平：《邓小平文选》，第一卷，人民出版社1989年版。

邓英淘、姚刚、徐笑波、薛玉炜：《中国预算外资金分析》，中国人民出版社1990年版。

冯键：“税收预测使国家预算更准确”，《中国人大》，2006年第12期。

高培勇主编：《“费改税”：经济学界如是说》，经济科学出版社 1999 年版。

高培勇主编:《中国财税体制改革 30 年研究——奔向公共化的中国财税改革》，经济管理出版社 2008 年版。

郭宇宽:“设立‘中国人民永久信托基金’给全国人民以财产性收入——崔之元教授访谈录”，《上海证券报》，2008 年 3 月 22 日。

黄河:“深圳公民的‘公共预算之旅’”，《南方周末》，2008 年 11 月 6 日，http://www.infzm.com/content/19585/0。

贾康、阎坤:《中国财政:转轨与变革》，上海远东出版社 2000 年版。

李先念:《李先念文选（1935—1988)》，人民出版社 1989 年版。

刘积斌主编:《我国财政体制改革研究》，中国民主法制出版社 2008 年版。

吕宗恕、赵岩、朱大伟:“25 年审计路 不再是风暴而是透明”，《新京报》，2008 年 12 月 16 日，http:// www.thebeijingnews.com/news/reform30/2008/12 - 16/011@084845.htm。

马骏、林慕华:“现代议会的预算修正权力”，《中国改革》，2007 年第 6 期。

宁新路:“预算改革谱写精彩华章——财政部预算司司长李萍谈政府收支分类改革和改革开放 30 年来中央对地方财政转移支付制度创新突破”，《中国财经报》，2008 年 12 月 16 日。

裴德先:“预算外资金:理论分析与实践发展”，《湖北财税（理论版)》，2001 年第 3 期。

王雍君、张拥军:《政府施政与预算改革》，经济科学出版社 2006 年版。

王永礼:《预算法律制度论》，中国民主法制出版社 2005 年版。

项怀诚主编:《中国预算外资金管理理论与实践》，黑龙江人民出版社 1992 年版。

项怀诚主编:《中国政府预算改革五年:1998—2003》，中国财政经济出版社 2003 年版。

谢慧敏、傅正前:“湖北 11 企业上缴国资收益金 2079 万”，荆楚网，2008 年 6 月 18 日，http://news.cnhubei.com/hbrb/hbrbsglk/hbrb01/200806/t347223.shtml。

杨志勇、杨之刚:《中国财政制度改革 30 年》，格致出版社、上海人民出版社 2008 年版。

杨志勇、张馨:《公共经济学》，第二版，清华大学出版社 2008 年版。

叶振鹏、张馨:《双元结构财政》，经济科学出版社 1995 年第一版；1999 年第二版。

余小平、贾康、王玲:“预算外资金的历史、现状分析及改革建议”，《财经问题研究》，1996 年第 8 期。

苑广睿、陈怡芳、魏岩:“深化‘收支两条线’管理改革政策建议”，载于《2005 年财税改革纵论》，经济科学出版社 2005 年版。

苑广睿、邱江涛、魏岩:“政府非税收入的比较分析及政策研究”，载于《2006 年财税改革纵论》，经济科学出版社 2006 年版。

赵全厚:《论公共收费》，经济科学出版社 2007 年版。

中国发展研究基金会:《公共预算读本》，中国发展出版社 2008 年版。

中国社会科学院财政与贸易经济研究所:《人大代表政府预算知识 200 题》（修订版），中国民主法制出版社 2008 年版。

5

预算外收支管理：问题、成因与对策

- 中国政府近年来实施的财政管理改革，旨在将整个政府预算外收支都纳入财政部门管理的视野，使预算外收支管理逐步走上规范化的轨道
- 预算外收支的存在，始终影响着中国政府预算的完整性，导致公共利益部门化
- 缺乏完善严格的法律和制度约束、政府财权分割、预算管理不到位、地方政府缺乏稳定的财政收入等，造成当前预算外管理中存在诸多问题
- 对政府预算外收支加强管理，近期目标是将其全部纳入完整统一的预算管理，淡化部门利益，而长期目标则是逐步将预算外收支逐步纳入一般预算收支中，真正形成可由公共财政统筹安排的综合财力

Off – budgetary Management In China: Problems, Causes and Countermeasures

- In recent years, the reforms of financial management in China aimed at incorporating all the extra – budgetary funds into the fiscal control.
- The existence of extra – budgetary funds affects the integrity of the Chinese Government budget and results in the departmental partial interest.
- Lots of problems exist in current extra – budgetary management because of the lack of strict laws and regular constraints, scatter of financial budgetary power, absence of effective budgetary control, unstable fiscal revenue of local governments, and so on.
- For strengthening the management of extra – budgetary funds, short – term goal is to incorporate them into the unified budgetary management and decrease partial interests, and long – term goal is to integrate it into the general budget gradually and build up the comprehensive financial power that can be distributed by fiscal departments.

5. 预算外收支管理：问题、成因与对策

5.1 政府预算外收支的界定

在中国，一般而言，预算外收支主要是指国家机关、事业单位和社会团体为履行或代行政府职能，依据国家法律、法规和具有法律效力的规章而收取、提取和安排使用的游离于国家一般预算以外的各种财政性资金所形成的收支。

中国政府预算外收支由来已久。大体上，中国政府预算外收支经历了建国初期的初步形成阶段、改革开放初期到1993年之前的迅速膨胀阶段和从1993年至今的逐步规范阶段。预算外收支虽几经变化，也对它进行清理整顿，但它作为中国政府财力的一个重要组成部分却始终存在，并显著影响着中国政府预算的完整性。

5.1.1 预算外收支的范围

在中国的财经统计中，中央与地方的财政收支基本上是与中央与地方的一般预算收支相对应的。但从整个政府收支的角度看，规范的政府收支，中央政府一级不仅仅包括一般预算收支，还有政府性基金预算收支、预算外财政专户资金收支以及债务预算收支；由于中国的《预算法》规定“地方各级预算按照量入为出、收支平衡的原则编制，不列赤字；除法律和国务院另有规定外，地方政府不得发行地方政府债券”，因此在地方政府一级，规范的政府收支包括了一般预算收支、政府性基金预算收支（以下简称基金预算收支）和预算外财政专户资金收支三类。

各级财政部门每年向各级人民代表大会提交预算报告并经审查批准的，仅是中央与地方各级政府的一般预算收支；而且各级政府对外正式公布的财政收支情况，也只是各级政府的一般预算收支情况。因此，在中国，一般预算收支在法律上具有充分的权威性，这是基金预算收支和预算外财政专户资金收支所不可比拟的。鉴于此，以是否经人民代表大会审查批准而具有法律上的充分权威性为标准，把一般预算收支界定为预算内收支，而把一般预算收支

以外的政府收支界定为预算外收支。

还有一部分收支，既与“依法”征收支出的预算内收支不同，也与“依规”征收支出的政府性基金收支和预算外财政专户资金收支不同，它们是一定时期里某些部门、某些地方“自立规章、自收自支”的收支。这些收支，既受不到规章制度的约束，更没有法律上的明确依据，属于非规范性的制度外收支。以此来看，在中国政府收支格局中，有法律明确依据的预算内收支处于一极，属于非规范性的制度外收支为另一极，处于中间的则是预算外收支，也就是本章所要研究的那部分收支，具体指的是政府性基金①收支与预算外财政专户资金收支所构成的预算外收支。

具体来讲，预算外收支所涵盖的资金主要包括：（1）法律、法规规定和行政事业性收费、基金和附加收入；（2）国务院或省级人民政府及其财政、发改委等部门审批的行政事业性收费；（3）国务院以及财政部门审批建立的基金、附加性收费；（4）主管部门从所属事业单位集中的上缴资金；（5）其他未纳入预算内管理的财政性资金。国有企业折旧基金和税后留用资金不作为预算外资金管理；社会保障基金在国家财政建立社会保障预算制度之前，先按预算外资金管理制度进行管理。

5.1.2 预算外收支的特点

预算外资金经过这些年的规范管理，其内涵发生了不小的变化，预算外资金收支的特点相应地也发生了变化，预算外资金的使用权和所有权不再归行政事业单位所有，并实行了“收支两条线”管理。

规范性

预算外收支是在国家有关法规、文件所规定的范围内的进行。预算外资金要经过规定程序审批后方可收取，收入必须按规定上缴财政专户；预算外资金的使用，必须编制收支计划，按规定程序审批后才能执行。当前，预算外资金的所有权归国家，调控权归政府，管理权归财政，实行“收支两条线”管理，预算外收支纳入部门预算，实行预算外收支的预算管理，这与过去行政事业单位对预算外资金的收支享有较大的支配权有明显的不同。

财政性

1996年国务院发布的《关于加强预算外资金管理的决定》明确指出，预算外资金是国家财政性资金。预算外资金不是行政事业单位的自有资金，因此必须纳入财政管理。当前行政事业单位对预算外收支的自主权，在政府加强预算外资金管理的改革下，已有较大程度的降低。预算外资金是中国政府财力的一部分，其收支同预算内收支一道，共同构成中国政府的收支，它的收支，是一种政府行为，而非单位行为。

专用性

预算外资金从其形成到使用，都体现出专用性，即专款专用。它们都是为了解决某些专项支出的需要而设置的，一般都有着特定的用途，要求按规定的方向使用，原则上不能相互挪用。而预算内资金，如税收，一般能够做到统筹使用，这是预算外收支与预算内收支的重要区别。

分散性

预算外资金项目繁多，由不同的单位法定执收或委托代收；预算外资金目前尚无法做到由政府集中起来统筹使用，而是由承担专款专用之责的有关单位分散使用。

---

① 政府性基金是指各级人民政府及其所属部门根据法律、国家行政法规和中共中央、国务院有关文件的规定，为支持某项事业发展，按照国家规定程序批准，向公民、法人和其他组织征收的具有专项用途的资金。包括各种基金、资金、附加和专项收费。根据财政部1996年12月13日发布的《政府性基金预算管理办法》，各级财政部门单独编列一张“政府性基金收支预算表”，将基金收入与基金支出按照一一对应的原则排列，不计入一般预算收入总计和一般预算支出总计。据此，我们认为，政府性基金亦属于预算外资金范畴。

5.2 政府预算外收支的管理沿革及现状

近年来中国政府财政管理改革的实施，如部门预算、国库集中收付、“收支两条线”等，力图旨在将整个政府预算外收支都纳入财政部门管理的视野，消除长久以来在政府预算外收支管理上所存在的“多头化、分散化”的弊端，由“粗放”管理向“精细”管理迈进，使预算外收支管理逐步走上规范化的轨道。

5.2.1 预算外收支管理的沿革

根据预算外资金管理方式、范围变化等情况，可以将中国政府预算外收支管理划分为以下几个阶段。

预算外收支的初步形成期（1950—1957年）

在这一时期，国民经济开始恢复，由于实行高度集中的财政体制，预算外资金相当少，主要是机关生产收入和地方附加公粮。各地区、各部门对预算外收支自行管理，没有形成统一的制度。1952年经过整顿，几乎所有的收支都纳入国家预算，预算外收支因此出现萎缩。

在第一个五年计划时期，中国进入大规模经济建设时期，财政实行划分收支、分级管理的体制。为了解决某些特殊需要，预算外项目逐渐增多，主要是由企业管理的专项基金（企业奖励基金、福利基金、大修理基金）、事业收入（工商税附加、公路养路费、养河费、育林费、中小学校的杂费等），预算外收支规模仍然很小。

预算外收支的“U”型发展期（1958—1977年）

这段时期经历了中国历史上比较特殊的“大跃进”和“文化大革命”。“大跃进”时期，国家下放财权和管理权；大批国营企业下划地方，并实行了利润留成制度，分成的利润作为预算外资金管理；各地区、各部门以自筹资金兴建企业的利润在一定时期可以不纳入国家预算管理。由此，预算外资金有了较大发展，其收支规模逐渐扩大。

1961—1965年，国家开始纠正“大跃进”时期经济工作指导上的失误，对财政体制重新做了调整，对预算外资金进行“纳、减、管”，要求地方管理的预算外收支作为整个国家预算的附属部分逐级上报至财政部；1962年停止实行企业利润留成制度。经过整顿，预算外收支规模下降。

从1967年开始，国家将企业折旧基金留给企业用作固定资产和设备更新改造；从1970年开始，县办“五小”企业在两三年内将实现利润的40%留作预算外资金管理。此外，“文化大革命”时期由于各项规章制度和财经纪律受到严重破坏，导致预算外收支规模迅速膨胀。

预算外收支的快速膨胀期（1978—1993年）

从1978年开始，中国实行了改革开放的政策，经济体制改革不断深入，对预算外资金管理体制也进行了一些调整。

1978—1979年间。1978年1月，将企业基本折旧基金由100%改为50%留归企业，其余50%上缴国家财政。1979年1月，将上缴国家财政部分的20%作为预算外资金进行管理。对于全面完成国家八项指标的企业，可以按全年职工工资总额的一定比例提取企业基金。从1978年起，有些地方从盐税收入中提取1%，作为地方财政预算外收入。

1979—1985年间。1980年1月，国家推行利润留成制度，建立企业发展基金，职工福利基金和职工奖励基金，并实行多种利润留成和盈亏包干办法。从1983年起，国家对部分重点企业开始逐渐提高折旧率。从1985年2月起，原由国家按30%集中的折旧基金，不再上缴中央财政，由主管部门集中使用。对于高等学校校办工厂、农场、招待所等收入，从1980年6月起留归学校自收自支。

由于国家政策的调整，预算外收支规模有了很大增长，与此同时，也出现了乱收费、化预算内收入为预算外收入、用预算外资金安排计划外项目或私设“小金库”乱发奖金等现象，导致固定资产投资规模和消费基金膨胀。

为加强预算外资金管理，国务院于1986年专门发布了《国务院关于加强预算外资金管理的通知》（国发［1986］44号），主要内容包括：第一，界定了预算外资金的概念和范围。通知指出，预算外资金是由各地区、各单位根据国家有关规定，自行提取、自行使用的不纳入国家预算的资金。第二，规定了预算外资金的管理模式。各地区、各部门可以在资金所有权不变的前提下，采取不同的方式。对预算外资金应编制制度预算外收支计划和决算，并按季报送收支执行情况，逐级上报财政部。第三，明确预算外资金使用要体现专款专用的原则。

预算外收支的逐步规范期（1993年至今）

1993年，中共中央办公厅、国务院办公厅转发了财政部《关于对行政性收费、罚没收入实行预算管理的规定》，将86项行政收费项目纳入财政预算。同时，1993年实行企业与会计制度改革，国有企业折旧基金和税后留用资金不再作为预算外资金管理。由此，预算外资金的范围有所缩小，规模有所下降。但1993年以后，预算外资金规模又开始膨胀。

1996年，国务院发布了《关于加强预算外资金管理的决定》，明确指出“预算外资金是国家财政性资金，实行收支两条线管理”。同时，国务院决定将养路费、车辆购置附加费、铁路建设基金、电力建设基金、三峡工程建设基金等13项数额较大的政府性基金（收费）纳入财政预算管理。地方财政部门按国家规定收到的各项税费附加，从1996年起统一纳入地方财政预算，作为地方财政的固定收入，不再作为预算外资金进行管理。

2001年底，国务院办公厅转发了财政部《关于深化收支两条线改革，进一步加强财政管理意见的通知》，从2002年起选择部分单位进行深化“收支两条线”改革试点。至此，预算外收支进入了深化以“收支两条线”管理为中心的改革时期。

5.2.2 预算外收支管理的现状

预算外收支起源于中国过去计划经济体制下统收统支的财政体制，是在这种高度集中的财政体制下给予地方、部门单位一定的财务自主权，以调动其发展地方建设事业、增收节支的积极性，并弥补政府预算内资金的不足，减轻国家财政的负担。但改革开放初期自上而下实行的“放权让利”，因处在新旧体制转轨过程中，新的经济体制与财政体制还在探索中，无形中为预算外收支规模的迅速扩大提供了机会。随着预算外收支规模的膨胀，预算外收支的负面效应日益显现出来：它与政府预算的完整性是矛盾的；加剧了财政分配主体的多元化和分配秩序混乱；分散了国家应统筹安排的财力，挤压了一般预算收支；助长了“乱收费、乱罚款、乱摊派”，并诱发腐败。

随着中国建立公共财政体制，按照公共财政理念对预算管理体制进行改革，也意味着对日趋庞大的预算外收支进行治理。2000年，中国启动了预算管制体制改革，主要内容包括推行部门预算、实施政府收支分类改革（参见专栏5-1）、实行国库集中收付制度等。这些改革内容，也为治理预算外收支提供了解决方案。预算管理体制改革至今，形成了当前以“收支两条线”管理中心、以国库或财政专户为依托、以部门预算为统领、以财政信息化建设为技术支撑的预算外收支管理办法，将对预算外收支的管理向非税收入管理转变，并加强相应的规章制度建设。

专栏 5-1 政府收支分类改革的基本前提

政府收支分类，就是对政府收入和支出进行类别和层次划分，以全面、准确、清晰地反映政府收支活动。政府收支分类科目是编制政府预决算、组织预算执行以及预算单位进行会计明细核算的重要依据。

为积极稳妥地推进政府收支分类改革，2007 年实行政府收支分类改革后，暂不改变目前预算管理的基本流程和管理模式，不改变预算平衡口径及预算内资金（包括现有一般预算资金、政府性基金）、预算外资金、社会保险基金分别管理的方式，不改变向各级人大报送预算的口径和范围。

（一）不改变目前预算管理的基本流程和管理模式

实行新的政府收支分类后，各预算单位的管理方式不变，定额管理、“收支两条线”管理、二次分配权的管理、事业单位性质的管理、法定增长管理等的管理方式也不变。同时预算仍按“两上两下”的程序编报，自下而上，从基层编起，逐级审核汇总，最后由财政部门审核汇总形成财政总预算。

财政、国库、税务部门以及各预算单位继续按现行预算资金管理方式和预算编报程序编制预算、组织预算执行。

（二）不改变预算平衡口径

各部门预算按财政拨款收支、预算外收支、政府性基金收支口径分别平衡。在分别平衡的前提下，再进行部门预算平衡。

（三）不改变预算内资金（包括现有一般预算资金、政府性基金）、预算外资金、社会保险基金分别管理的方式

按照目前的预算管理模式，纳入预算管理的有预算内资金和预算外资金。预算内资金包括部门预算资金和专项资金，预算内收入全部缴入国库，支出由财政根据规定的标准统筹安排；预算外资金主要是部分目前按照“收支两条线”管理的资金，收入缴入财政专户。社会保险基金目前尚未纳入预算管理，包括社保基金、残保基金等，暂由专业的职能部门进行资金的安排和管理。在有关预算法律、法规修订健全前，政府收支分类改革暂不改变现行的预算内资金、预算外资金和社会保险基金分别管理的模式。

（四）不改变向各级人大报送预算的口径和范围

各级财政继续向各级人大报送一般预算、基金预算收支情况，报送的表式、口径不作改变和增加。

资料来源：上海财税网站，http：//www. csj. sh. gov. cn。

实现向非税收入管理的转变

在当前的财政管理中，预算外收支出现逐渐淡化及至消失的趋势，取而代之的是非税收入概念，因此在财政管理上开始用非税收入管理来取代预算外收支管理。

“非税收入”一词最早出现在《财政部、中国人民银行关于印发财政国库管理制度改革试点方案的通知》中。其后，在《关于 2002 年中央和地方预算执行情况及 2003 年中央和

地方预算草案的报告》中提出要“确实加强各种非税收入的征收管理”。2003年5月发布的《财政部、国家发展和改革委员会、监察部、审计署关于加强中央部门和单位行政事业性收费等收入“收支两条线”管理的通知》的文件中，首次将“非税收入”明确界定为“中央部门和单位按照国家有关规定收取或取得的行政事业性收费、政府性基金、罚款和罚没收入、彩票公益金和发行费、国有资产经营收益、以政府名义接受的捐赠收入、主管部门集中收入等属于政府非税收入”。在财政部2004年7月发布的《财政部关于加强政府非税收入管理的通知》（财综［2004］53号）中，对非税收入做了进一步的明确，指出“政府非税收入是指除税收以外，由各级政府、国家机关、事业单位、代行政府职能的社会团体及其他组织依法利用政府权力、政府信誉、国家资源、国有资产或提供特定公共服务、准公共服务取得并用于满足社会公共需要或准公共需要的财政资金，是政府财政收入的重要组成部分，是政府参与国民收入分配和再分配的一种形式”①。

根据政府对非税收入的界定，政府非税收入是按照收入形式来对政府财政收入进行分类的结果，而预算外资金是相对于预算内资金而言的，是按照资金管理方式时财政资金来进行分类的结果。非税收入泛指除税收收入以外的其他收入形式，预算外收支一定包括在非税收入范畴中，而非税收入则不仅仅包括预算外收支，它跨越了预算内与预算外两个范畴。从现有的财政统计口径上看，非税收入包括了一般预算的非税收入、基金预算的非税收入和预算外财政专户资金。

由于税收收入表现为预算内的财政收入，提出非税收入概念，并用非税收入管理来代替预算外收支管理，可以推测，这意味着政府逐步要将包括预算外收支在内的所有非税收入都纳入规范化的财政管理当中，并用对待税收收入的管理方式来管理非税收入。无论是税收收入还是非税收入，都统一进入政府收支分类这一个大盘子中，并结合部门预算，使全部政府收支都实现预算管理②，把非税收入与税收收入同等对待，消除预算内与预算外两张皮的现象。

深化“收支两条线”管理制度改革

当前对预算外收支实行“收支两条线”管理，其基本内容可追溯到2001年国务院办公厅转发的《财政部关于深化收支两条线改革，进一步加强财政管理意见的通知》③。通过实施“收支两条线”管理，在规范非税收入的同时，加大了对预算外收支的管理力度。

（1）设立非税收入财政专户。

财政专户是财政部门在银行设立的政府非税收入资金专门账户，用于对包括预算外收支在内的政府非税收入资金收支进行统一核算和集中管理，办理资金的收缴和拨付。它按预算内、外，分主管部门、执收单位、分预算科目（预算内收入）、分收入项目进行核算；向国库单一账户缴款；拨付未纳入预算内管理的非税收入。对于所属执收单位级次多、分布广、情况复杂的部门，可以申请由财政部门委托代理银行为其开设非税收入财政汇缴零余额专户④。

---

① 通知指出，纳入政府非税收入管理范围的项目包括：行政事业性收费、政府性基金、国有资源有偿使用收入、国有资产有偿使用收入、国有资本经营收益、彩票公益金、罚没收入、以政府名义接受的捐赠收入、主管部门集中收入以及政府财政资金产生的利息收入等；而社会保障基金、住房公积金不纳入政府非税收入管理范围。

② 预算管理是一个比较模糊的概念，在实际中不同的人会有不同的理解。依笔者看来，预算管理包括了对预算内收支与预算外收支的预算管理，因此，预算管理不一定就是指预算内收支的预算管理，也可能指的是预算外收支的预算管理，如在1996年国务院发布的《关于加强预算外资金管理的决定》中，要求在资金管理方面，实行预算外资金收支预算管理。这意味着资金虽是预算外的，但管理形式是实行预算管理的。

③ 在中国正式发布的文件中较早明确提出“收支两条线”概念的是1990年9月中央发布的《关于坚决制止乱收费、乱罚款和各种摊派的决定》，《决定》要求“对行政事业性收费，要按照资金性质分别纳入财政预算或预算外管理。对集资的资金，实行收支两条线管理”。

④ 缴入财政汇缴零余额专户的资金，由代理银行通过资金汇划清算系统，按日自动汇划财政专户。每日营业终了，财政汇缴零余额专户余额为零。

（2）规范收缴程序。

按照"单位开票、银行代收、财政统管"原则，建立直接缴库和集中汇缴两种程序。其划分的原则是：无须当场执收的非税收入，实行直接缴库；确须当场执收的收入，经批准，可实行集中汇缴。

直接缴库是指缴款人（单位或个人）根据执收单位开出的缴款书，直接到有关银行（即代理银行或缴款人开户银行）办理缴款，将应缴款项缴入财政专户（或财政汇缴零余额专户），直接缴款程序主要适用于无须当场执收的收入。

集中汇缴则是指缴款人将应缴款项直接缴给执收单位，执收单位每日及时将应缴款项缴入财政专户（或财政汇缴零余额专户）。集中汇缴主要适用于必须当场执收的收入、单次发生额较小的零星收费罚款和特殊公共服务性收费、代收银行网点不方便缴款人等情况。

两种缴款程序如图 5－1 所示：

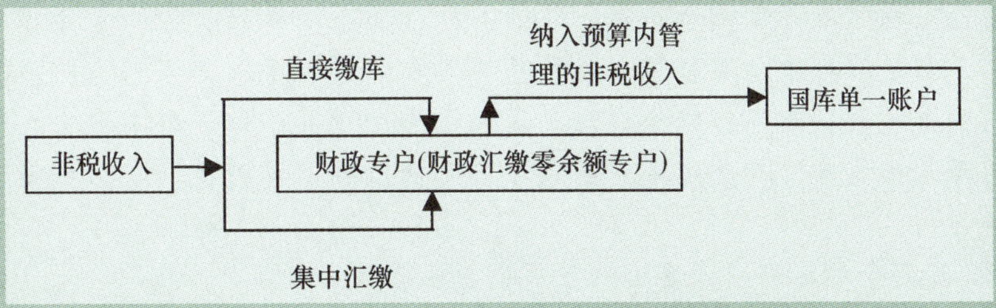

图 5－1　非税收入收缴的一般程序

（3）实施收支脱钩。

收支脱钩是"收支两条线"管理的核心内涵，也是治理预算外收支的关键。因此，对于按规定收取的所有预算外收入全部纳入预算从而全额上缴国库的政府部门，其支出由财政部门按该部门履行职能的需要核定，保证其经费供给；对于其预算外收入缴入财政专户的政府部门，财政部门按核定的综合定额标准，统筹安排该部门的年度财政支出，纳入本级综合财政预算安排满足其履行职能的需要。收支脱钩使执收部门的资金收缴与支出使用分开运行，可以让其收支活动置于财政部门的直接全面监管之下，有助于防止执收部门出于自身需要而滥收乱支。

（4）严格行政事业性收费和政府性基金审批。

中央部门和单位设立行政事业性收费项目，必须报财政部会同国家发展和改革委审批；中央部门和单位制定或调整行政事业性收费标准，必须报国家发展和改革委会同财政部审批；重要的行政事业性收费项目由财政部、国家发展和改革委报国务院审批，重要的收费标准由国家发展和改革委、财政部报国务院审批。中央部门和单位征收政府性基金，必须具有法律、行政法规和中共中央、国务院文件依据，并按照规定统一报财政部会同有关部门审批；重要的政府性基金，由财政部报国务院审批。严禁越权设立行政事业性收费和政府性基金项目、扩大征收范围、提高征收标准①。地方上的行政事业性收费，要依据法律、法规以及国务院、省人民政府或者省级以上人民政府财政、价格部门的规定收取；政府性基金依据法律、行政法规以及国务院或者国务院财政部门的规定收取。

以部门预算涵盖预算外收支

部门预算是包括部门各项收支的综合财政计划，不仅包括财政预算内收支，还包括预算外收支；体现了"大收入、大支出"的原则。

① 摘自财政部 国家发展和改革委 监察部 审计署《关于加强中央部门和单位行政事业性收费等收入"收支两条线"管理的通知》财综［2003］29 号。

部门预算的重要性在于一个部门的所有收支都应体现在部门预算中。现行的部门预算由一般预算和基金预算组成，两类预算之下又分为收入预算和支出预算。其中，一般预算收入包括财政拨款、预算外收入、其他收入；一般预算支出包括基本支出和项目支出。编制部门预算，把一个部门全部收支都纳入进来，为加强预算外收支管理及至最终取消预算外收支奠定了基础。预算外收支纳入部门预算管理的意义参见专栏5－2。

专栏5－2　预算外资金纳入部门预算管理的意义

预算外资金纳入部门预算，真正实现了“大收大支”的财政资金管理理念，推进了公共财政框架的形成。

（一）预算外资金纳入部门预算有利于提高预算的综合性、完整性

预算外资金与预算内资金统一安排，从根本上改变了预算内、外资金分列预算，同是财政性资金却相互割裂的局面；改变了一个预算单位由于资金来源渠道的不同，而不得不向不同的管理部门申报预决算的工作程序；改变了对于一个预算单位，由于资金的分散管理，无论是主管部门还是预算单位本身对其“家底”都无法准确掌握的状况。从而真正实现了“一个部门一本预算”。

（二）预算外资金纳入部门预算有利于提高资金的使用效益

以往预算资金的安排，由于考虑不同资金来源的收支配比关系，预算内、外资金重复安排、相互脱节的现象时有发生，造成资金浪费。纳入部门综合预算，一方面打破了预算单位对预算外资金的过度依赖，按所承担的职责范围在年初预算项目申报时尽可能全面、准确地反映年度各项事业任务，按支出项目实事求是逐项申报；另一方面弥补了各财政主管部门管理上的漏洞。编制部门综合预算，支出按用途分类，标准统一、程序规范、资金统筹，使对各预算单位的管理达到集中统一，弥补了过去因分散、割裂造成的管理上的真空。

（三）预算外资金纳入部门预算有利于提高预算的科学性、严肃性

一方面，由于预算外资金来源的确定具有延迟性，使以往年初编制的用款计划，与实际发生数额出现较大的出入，且这一出入数额一般年末才可确定，因此尽管预算编制有关规定此时要进行调整预算，但用款单位为了避免调整预算带来的繁琐，在实际发生数大于预算数的情况下，往往故意延缓征收当年应收预算外资金，造成预算外资金年度执行情况失真。另一方面，以往预算外资金是按计划核拨，由于预算批复较迟再加上预算外资金要通过银行上缴、财政主管预算外资金部门的核实、财政主管预算部门的确认、最后才到财政业务主管部门的返拨等诸多环节，资金拨到用款单位往往已到下半年甚至年末，造成用款单位为了完成当年的事业任务突击花钱，影响工作质量。预算外资金纳入部门综合预算，统一经过人大审议、批准，实行收支分离，且预算批复时间提前至年初，增强了预算的科学性、严肃性和可行性，强化了预算的约束力，使预算外资金的管理真正走上了法制化的轨道。

资料来源：摘自景彦勤：“部门预算中预算外资金的管理与思考”，《林业财务与会计》，2002年第9期。

以财政信息化建设为技术支撑

非税收入收缴管理信息系统建设是政府非税收入收缴管理的技术保障，按照“金财工程”建设（参见专栏5－3）的具体要求，建立并完善以财政票据信息化管理为源头，计算机网络化管理为手段，包括票据管理、执收单位开票与记账、代理银行录入信息并汇总、财

政部门汇总并记账、主管部门查询以及有关方面对账在内的，适应各地需要的能够实行全程监控的非税收入收缴信息管理系统。这方面的信息化建设包括了财政票据管理部门使用的票据管理系统软件、代理银行网点柜台使用的银行代收清算软件、非税收入专户开户银行使用的财政、银行间信息传输软件、财政非税收入收缴管理部门使用的收缴管理系统软件、财政部门内部使用的内部信息查询软件、财政国库部门使用的财政会计核算记账软件等内容。

专栏5－3 “金财工程”简介

“金财工程”是利用先进的信息网络技术，支撑预算管理、国库集中收付和财政经济景气预测等核心业务的政府财政综合管理信息系统。“金财工程”以财政系统纵横向三级网络为支撑，以细化的部门预算为基础，以所有财政收支全部进入国库单一账户为基本模式，以预算指标、用款计划和采购定单为预算执行的主要控制机制，以出纳环节高度集中并实现国库资金的有效调度为特征，以实现财政收支全过程监管、提高财政资金使用效益为目标。

按照系统工程规划设计，“金财工程”建设共分为业务应用系统、信息网络系统和安全保障体系三个方面，即以应用为中心，以网络为支撑，以安全为保障。一是建立财政业务应用系统，包括预算管理系统、国库集中支付管理系统、总账管理系统等12个业务应用系统；二是建立纵横向三级网络系统，包括本级局域网、纵向连接各级财政部门的广域网和横向连接同级各预算单位、国库、银行、税收等相关职能部门的城域网；三是建立安全保障体系，即建立以认证中心、数据加密为核心的统一安全保障体系，确保“金财工程”应用系统高效、稳定运行。

建立与实施“金财工程”，有利于规范财政收支管理，增加预算编制与执行工作的透明度。预算作为政府的财政收支计划，是政府筹集和使用集中性财政资金的重要分配杠杆，体现政府集中性的财政分配关系，是政府实现其职能的重要工具。按照市场经济体制的规律和建立公共财政体系的要求，预算编制与执行必须真实、统一与公开。建立与实施“金财工程”，将详细记录每个用款单位每一笔财政资金收支的运行状态，大大减少了预算执行的随意性，因此，它不是传统意义上只能做“事后”记账处理的一般财务系统，而是带有“事前”控制机制的政府财政“资源型”管理系统，也是自动化程度较高，依法理财的系统。它的建立与实施可以从根本上防止财政资金的体外运行和沉淀。既能对财政部门的管理工作进行规范，又能对支出部门的预算执行行为进行有效监督，从源头上预防腐败现象的发生。

资料来源：财政部网站，http：//www. mof. gov. cn/。

强化规章制度建设

对于预算外收支的规章制度建设，在中央一级，财政部2004年发布了《关于加强政府非税收入管理的通知》，对非税收入的概念、范畴、管理形式、管理权限、管理机构等做出了严格规定，使非税收入由分散管理向统一管理转变。在地方一级，各地也针对当地的具体情况，从加强非税收入管理的角度，颁布了许多政策法规，如河南省以政府公报形式公布了《河南省政府非税收入管理办法》，重庆市以政府文件形式发布了《重庆市人民政府关于进一步规范区县政府非税收入管理的通知》、广州市以政府令的形式2006年出台了《广州市非税收入管理办法》，等等。这些非税收入管理办法、通知等，属于行政性规章，法律层次较低。值得一提的是，《湖南省非税收入管理条例》是中国第一部规范政府非税收入管理的地方性法规，于2004年5月31日经湖南省第十届人民代表大会常务委员会第九次会议通过，已于2004年9月1日起施行。

5.2.3 预算外收支规模的演进

中国预算外收支规模的变化，与中国经济社会的发展密切相关，也与加强预算外收支管理的变化联系密切。从总体上看，相对于预算内收支，中国预算外收支规模呈逐渐缩小的趋势；在这一大趋势下，从结构上看，中央财政的预算外收支规模的下降趋势要比地方财政的预算外收支规模的下降趋势明显，地方财政对预算外资金的依赖要高于中央财政。

预算外收支的相对总规模趋于下降

开放初期，为较快地发展经济，实行了“放权让利”式改革，在预算内收支不能满足经济社会发展的资金需要下，预算外资金就成为弥补预算内资金的重要来源，其收支规模也越来越大，以至于在很长一段时期内，成为“第二财政”，甚至在某些年份，其收支规模竟然大于预算内收支规模。

（1）从预算外资金收入上看，图5－2显示，趋势上，无论是全国预算外资金收入，还是中央与地方各自的预算外资金收入，从中国建立预算外资金年度统计报告开始，以1993年为界，前后表现出不同的趋势。在此之前，预算外资金收入占财政收入的比重，基本上呈上升趋势，这种趋势在中央一级尤其表现明显。从中央预算外资金收入占中央财政收入的比重来看，从1987年到1992年，其占比都在100%以上，尤其是1992年中央预算外资金收入占中央财政收入的比重高达174.3%。中央预算外资金收入占中央财政收入的比重上升，也是造成全国预算外资金收入占全国财政收入的比重上升的重要原因之一。全国预算外资金收入在1993年以前，有三个年份，分别是1988年、1991年和1992年，其占全国财政收入的比重都在100%以上，其中1992年达到了110.7%。

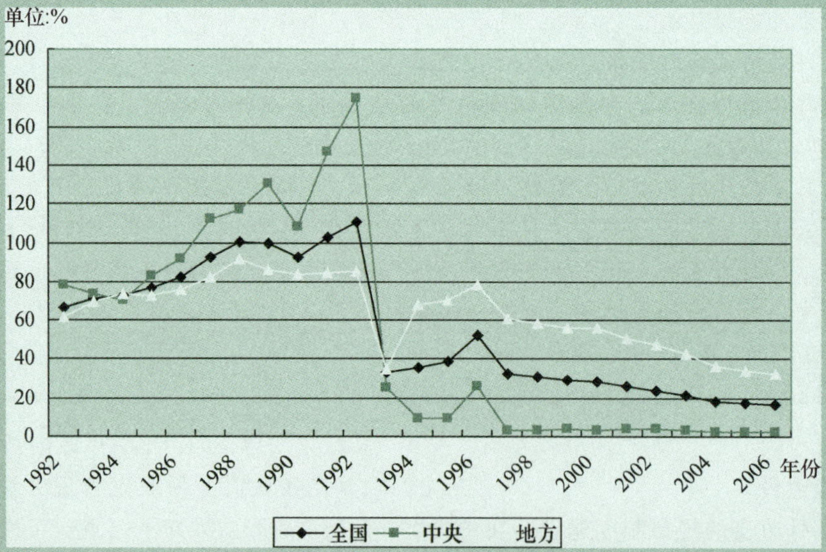

图5－2 预算外资金收入占财政收入的比重

注：1. 1982年预算外资金开始建立年度统计报告。

2. 1993—1996年的预算外资金收入范围分别有所调整，与以前各年不可比。从1997年起，预算外资金收入不包括纳入预算内管理的政府性基金（收费）。从2004年起，预算外资金收入为预算外财政专户收入。

资料来源：根据历年《中国统计年鉴》有关数据计算。

从1993年到现在，预算外资金收入占财政收入的比重虽有几年出现过反弹，如1994年、1995年和1996年，但大体上呈现下降的趋势，尤其是1993年下降得最为明显。在该年，全国预算外资金收入占全国财政收入的比重从1992年的最高点（110.7%）骤然下降到32.9%，其中中央预算外资金收入占中央财政收入的比重从1992年的最高点（174.3%）直降到25.7%，从而带动了全国预算外资金收入占全国财政收入的比重下降。

（2）从预算外资金支出上看，如图5－3所示，其占财政支出的比重有着与占财政收入的比重类似的走势：也是以1993年为界，在此之前，趋升；在此之后，虽有几年反弹，如1994年、1995年和1996年，但趋降明显。不过，与预算外资金收入稍有不同的是，全国预算外资金支出占全国财政收入的比重从未超过100%，只有中央预算外资金支出占全国财政支出的比重在1989年、1990年、1991年和1992年达到100%以上，特别是在1992年，这一比重高达136.1%，为历年最高。

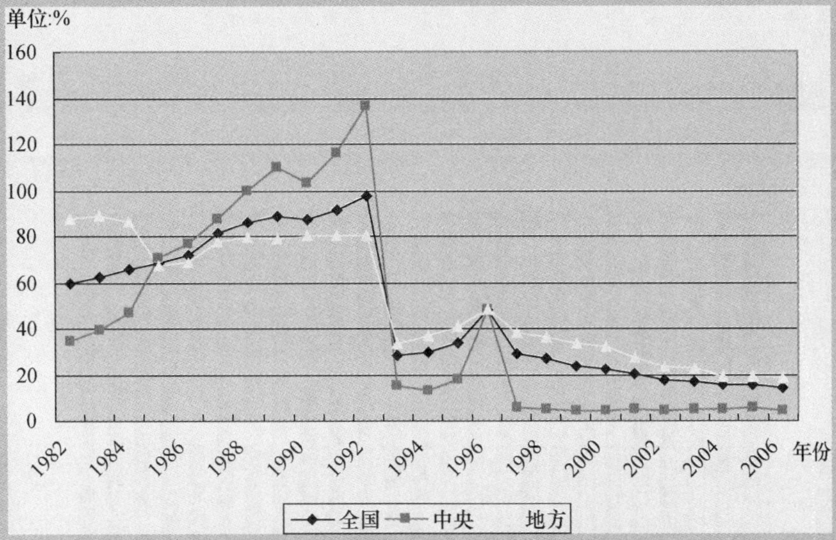

图5－3 预算外资金支出占财政支出的比重

注：1996年预算外资金支出范围有所调整，与以前各年不可比。从1997年起，预算外资金支出不包括纳入预算内管理的政府性基金（收费）。从2004年起，预算外资金支出为预算外财政专户支出。

资料来源：根据历年《中国统计年鉴》有关数据计算。

中央与地方预算外收支的相对规模升降各异

从图5－2和图5－3可以看出，也是以1993年为界，之前和之后中央与地方预算外资金收支占各自财政收支的比重发生不同的变化。在1993年之前，除少数年份，如在预算外资金收入方面的1984年，预算外资金支出方面的1982年、1983年和1984年，一般来讲，中央预算外资金收支占中央财政收支的比重都高于地方预算外资金收支占地方财政收支的比重。在1994年之后，这种情况发生了逆转。毫无例外的，历年地方预算外资金收支占地方财政收支的比重都要高于中央预算外资金收支占中央财政收支的比重。出现这种变化，与中央与地方预算外资金收支占全部预算外资金收支的比重发生变化有关，参见图5－4和图5－5。

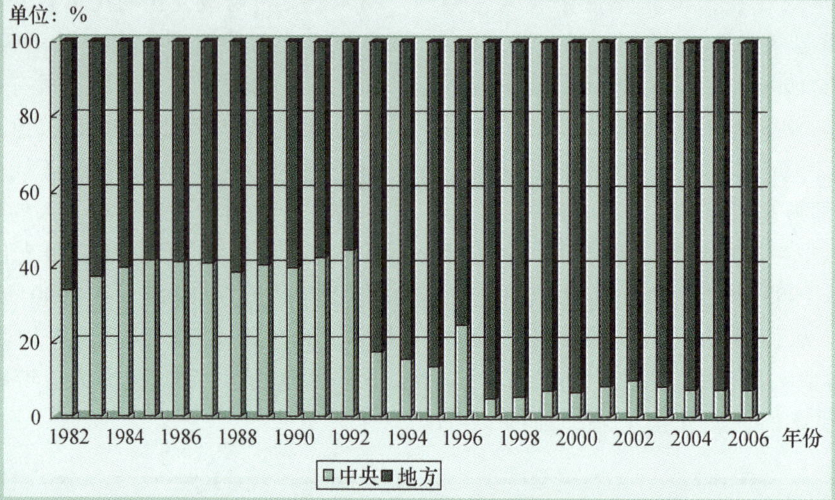

图 5－4 中央和地方预算外资金收入比重

注：同图 5－2 注。

资料来源：根据历年《中国统计年鉴》有关数据计算。

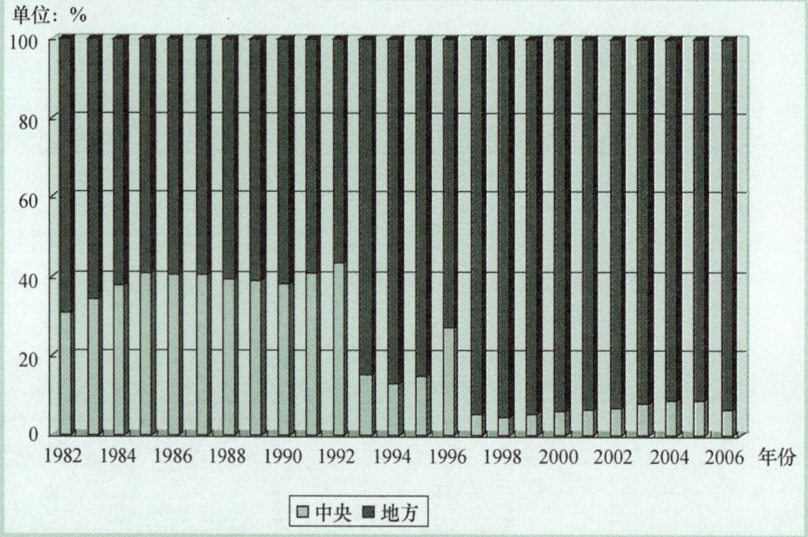

图 5－5 中央和地方预算外资金支出比重

注：同图 5－3 注。

资料来源：根据历年《中国统计年鉴》有关数据计算。

图中，中央预算外资金收支在全国预算外资金收支中的比重明显下降，而地方预算外资金收支的比重明显上升，其中尤其从 1997 年开始，在全国预算外资金收支中，地方所占的比重都在 90% 以上，说明地方对预算外资金收支的依赖程度要大大高于中央。因此，图 5－4和图 5－5 的走势也就呼应了图 5－2 和图 5－3 的走势：由于 1993 年前后中央与地方预算外资金收支在全部预算外资金收支中的比重发生了逆转，导致中央与地方预算外资金收支占各自财政收入的比重随之发生改变。从图 5－2和图 5－3 中可以看出，地方预算外资金收支占其财政收支的比重显著高于中央预算外资金收支所占的比重。

需要指出的是，由于从 1997 年起对政府性基金的管理由预算外改变为纳入基金预算管理，所以，从 1997 年起，图 5－2、图 5－3、图 5－4 和图 5－5 中都不包括政府性基金收支。在中国财政收支统计中，政府性基金同预算外财政专户资金收支一样，都不包括在内，根据本书的界定，政府性基金所属的基金预算，与当前的预算外财政专户资金一样，都属于本书所要考察的中国预算外收支的范畴。那么，假如将基金预算收支纳入考察视野，会是一种什么情况呢，参见专栏 5－4。

专栏 5－4　某地方政府的预算外收支规模

在考察其预算外收支规模时，我们把其政府收支界定为由一般预算收支、基金预算收支和预算外财政专户资金收支三部分构成；一般预算收支即是我们经常提到的财政收支，而基金预算收支和预算外财政专户资金收支即为本书所界定的预算外收支。从下表可以看出，在这个地方政府收支中，一般预算收支在政府收支中的比重呈逐年提高趋势，而基金预算收支占的比重，其变动幅度较小，预算外财政专户资金占的比重，却呈逐年下降趋势。由此，由基金预算收支与预算外财政专户资金收支共同构成的收支，在这个地方政府收支构成的比重中随着时间的推移而下降。

某地方政府收支规模

单位:%

年份	收入			支出		
	一般预算	基金预算	预算外财政专户资金	一般预算	基金预算	预算外财政专户资金
1997	52.34	7.92	39.74	63.65	6.95	29.40
1998	58.80	9.90	31.30	65.67	8.36	25.97
1999	62.28	9.23	28.49	71.51	6.14	22.35
2000	64.47	9.98	25.55	71.88	7.68	20.44
2001	69.47	8.70	21.82	73.70	7.36	18.95
2002	72.59	9.10	18.30	77.11	6.83	16.07
2003	74.79	9.26	15.95	81.02	8.22	10.75
2004	76.56	8.80	14.64	82.71	6.99	10.30
2005	81.71	7.83	10.46	85.11	6.42	8.46
2006	82.54	8.77	8.69	85.11	7.53	7.36

以上情况表明，随着中国加强对预算外收支的管理，许多预算外财政专户收支被纳入一般预算收支或基金预算收支以及一些基金预算收支被纳入一般预算收支，导致预算外财政专户收支与基金预算收支所占的比重在下降，尽管这两种收支的绝对规模在提高，但由它们所共同构成的预算外收支的相对规模却在下降，这与我们在正文中所分析的预算外收支的相对规模下降的事实是相符的。

资料来源：调研材料。

5.3 当前政府预算外收支管理存在的问题

虽然近几年通过加强财政管理，政府预算外收支的规范取得了不小的进展，但预算外收支的存在，却始终影响着中国政府预算的完整性，使公共利益部门化。在事前控制不能有效覆盖的情况下，对预算外收支的管理也往往缺乏，从而产生鞭长莫及的结果。

5.3.1 部分预算外收支未纳入预算管理，也未纳入人大监督范围

政府资金来源于公众、用于公众，理应受到立法机构的审查和监督，以确保行使的公正。而公众负担了政府提供公共物品的成本，自然也有权了解资金的使用情况。但现实情况是，尽管预算外资金名义上是财政性资金，但部门单位对其仍有很大程度的自主权。同时，一些预算外收支未能纳入预算管理，无法像一般预算收支那样受到严格管理，不需要通过预算的审核与批准，即使通过预算的审核与批准，也常常流于形式。目前尽管人大代表来自社会各阶层，其中也有不少精通预算的专业人士，但就总体来看，许多人大代表对预算本身的特点、项目之间的勾稽关系、内容结构、专业术语等缺乏必要的了解，使得预算的审核与批准难以深入下去。预算外收支得不到立法机构与公众的审查监督，甚至也缺乏上级行政部门的有效监督。其后果则是掌握这些预算外收支的部门单位可以出于本部门单位的需要而不是社会的公共需要去扩大本部门单位的利益，进而造成管理不规范、收支随意性强、暗箱操作等弊端。

5.3.2 预算外收支管理粗放，部门利益格局尚未完全打破

根据财政部《预算外资金管理实施办法》，各单位应按照财政部门的规定编制预算外资金收支计划，财政部门按照经费定额和开支标准对该计划进行审批后，汇总编制年度总计划。但实际的执行情况是，有些单位没有收支计划，财政部门也很难形成规范的汇总预算，只是粗略地按基数加增长的办法编制并下达预算外资金收支计划。具体收入时，有的单位只是将专户资金一缴了之，没有具体的资金项目名称，造成收入来源不清；支出时由于没有明确的定额标准，资金使用仍处于“以收定支”阶段。预算外资金管理粗放，给用款单位挤占挪用资金提供了可乘之机。

5.3.3 预算外收支预决算制度不健全，综合预算制度难以落实

按照规定，财政部门应建立预算外资金预决算管理制度。要在认真审核单位预算外资金收支计划和单位财务收支计划的基础上，编制本级预算外资金收支计划，报经同级人民政府批准后实施。年度终了，财政部门要审批单位的预算外资金收支决算，编制本级预算外资金收支决算，并报同级政府审批，在此基础上，编制包括预算内、外收支的综合财政计划。实际执行中，县乡两级均未建立预算外资金预决算制度，市级的预决算制度往往也是流于形式，难以发挥实际作用。此外，综合预算制度难以落实也很突出，这一点在经济欠发达地区尤为明显。由于预算内财力不足，财政平衡的基础很不牢固。多数经济欠发达地区的财政平衡实际上是建立在“应支未支、应保未保、应拨未拨”的基础上的，预算内欠账多，财政资金只能围着“保吃饭”低层次运行，财政宏观调控的能力很弱，搞建设的资金更是少得可怜。在这种情况下，如果将有专项用途的预算

外资金和预算内资金统筹使用，就会出现预算内吃预算外的现象，致使预算内、外两方面的资金需要都得不到保证，更达不到提高地方财政宏观调控能力的预期目的。

5.3.4 资金征缴模式陈旧，征缴程序缺乏科学性

资金征缴模式陈旧、征缴程序不科学，导致部分资金逃避财政监督，形成体外循环。尽管近几年各地都积极推行预算外资金“单位开票、银行代收、财政统管”的征管体制，但由于种种原因，一些地区仍处于自存自缴的状态。而预算外资金收入过渡户的存在，给个别单位截留预算内外收入、坐收坐支预算内外资金提供了可能。另外，由于征缴程序不严密、不科学，也容易形成资金体外循环。如一些地方出台的行政事业性收费属于省、地（州、市）、县（市、区）三级预算收入，应按比例纳入同级财政预算管理。但其具体征管模式是，由地县基层单位负责收缴资金，由省级部门归集资金、报批手续，待审批后，再由省级部门按比例逐级返还原单位，然后各自缴入国库。这种方法虽有利于资金到位，但对按级次入库的资金，由于征缴过程涉及多个环节，又没有必要的财政监督手段，容易形成既不解缴当地国库、又不纳入专户储存的体外循环资金。

5.3.5 收支未实现完全脱钩

预算外收支的自主权相当程度上归部门单位所有，尽管近些年强调预算外资金亦属于国家的财政性资金，但由于惯性的作用，有不少部门单位还是把这部分资金当作“自有财力”而加以支配使用。为了解决这一问题，政府采取了“收支两条线”的管理方式，希望以此切断政府非税收入与执收部门的直接利益关系，消除执收部门扩大预算外收支规模的激励因素。但实际工作中，如果实行真正的收支脱钩管理，执收部门通常会转向另外一个极端，由于相关支出完全通过财政预算保障，执收部门则不再去努力执收，甚至出现应收不收的现象。目前预算外资金已成为了保障一些部门正常开支的资金来源，如果做到完全收支脱钩，则一般性的财政拨款恐怕难以保证这些部门的正常开支需要。因此在实际工作中，虽然将预算外收支名义上纳入预算管理，实现收支脱钩，但为了保证某些部门的正常需要，往往对执收部门收取的预算外资金，仍部分或全部返还，使收支脱钩在实际当中无法真正实现。

5.3.6 收支脱钩影响了执收单位的执收积极性

虽然当前对预算外资金实行“所有权归国家，调控权归政府，管理权归财政”，但对预算外资金的征收，仍是由具体的部门单位负责执收，即目前预算外收支管理中的“单位开票”模式。长期以来形成的预算外资金是部门单位自有财力的做法，使一些部门单位认为这部分资金属于本部门单位所有，因此多收才能多支。即使不存在违法乱纪的滥收乱支的情况下，这也无形中给执收部门单位增加了执收的积极性。真正实现收支脱钩，将这部分财力从部门单位中拿走，必然会影响到执收部门单位的执收积极性。所以，如何在实现收支脱钩的条件下调动执收部门单位的执收积极性，是一个值得考虑的问题。

5.3.7 预算外收支体现了行政主导，缺乏必要的法律规范

规范预算外资金管理必须建立完备的制约机制，做到有法可依。但是，目前中国尚未将预算外收支管理上升到法律层次，中央只是出台了一些行政性规章制度，地方绝大多数也是以行政规章制度来管理预算外收支。由于缺乏必要的法律规范，预算外收支管理没能真正打破部门一体化的管理模式，有的部门和单位仍集收费政策制定权、征收权、使用权于一身。实行的财政专户管理流于形式，进入专户的资金仍归部门所有，财政专户只发挥了往返划转

资金的作用。同时，现行的管理法规只是些地方性规定，对预算外资金的性质、范围、用途、违纪的界限和处罚没有明确的法律规定，刚性不强，财政管理难以到位。

5.4 政府预算外收支管理存在问题的成因

当前政府预算外收支管理出现的种种问题，需要从中国经济体制改革以及财政体制演进的大背景中去认识，既有历史因素的延续，也有现实因素的使然。

5.4.1 缺乏完善严格的法律和制度约束

对于政府预算外收支的管理，除了中央发布一系列规章制度以及地方据以制定相应的配套管理措施外，至今未从法律层次上通过有关法律来规范约束预算外收支活动，不像有些国家，虽然存在预算外收支，却要受到相关法律的严格约束（参见专栏5－5）。尽管近几年存在着将预算外收支管理向非税收入管理过渡的趋势，但就非税收入管理本身而言，各级政府基本上是政府发布的规章制度作为管理非税收入的依据，尚没有专门的法律来进行规范①，这说明，在管理上体现了行政的主导作用，这使得预算外收支管理的法治程度不高。而已有的规章制度，尚未形成科学的管理体系，还存在不少漏洞，也没有足够的权威性和行之有效的实施机制。

专栏5－5 美国的预算外收支

根据美国参议院预算委员会的解释，预算外基金是指依法不列入总统预算提案和国会决议案的联邦基金或信托基金。按现行法律规定，目前联邦财政中有两项基金被列在预算外：一是社会保障信托基金（含联邦养老、遗属及残疾人信托基金），它是目前美国最重要的非预算项目，用于这方面的支出和来自于社会保障薪给税的收入，占了预算外基金的绝大部分；二是邮政服务基金，这项基金的数额很小，按规定其管理成本应列入预算内。

在美国，并非所有的专项基金都要列入预算外管理。美国的专项基金项目也很多，但列入预算外管理的却很少，目前只有上述两项。设立这些预算外基金项目的主要目的是为了保证那些必保项目的开支需要。

虽然预算外基金的收支自成体系，收入专款专用，支出不必列入总统预算提案。但是，这些收支行为仍然属于政府活动的一部分，必须和预算内收支一起纳入统一预算。预算外基金的盈余或赤字和预算内基金的盈余或赤字合并后，形成统一预算的盈余或赤字。

预算外不等于脱离财政规范。“预算外”的意义仅仅是指某项基金脱离总统的年度预算提案和国会通过的年度预算决议案，但它并不能脱离统一预算的大框架，预算外基金的赤字需要通过一定的程序从预算内获得资金弥补，预算外盈余只能用于购买政府债券。同时，预算外基金收支也不能脱离议会的审议和监督，不仅预算外基金的设立需要经过议会批准，而且其收支运作也只能根据相关立法，在国会授权范围内进行。

资料来源：摘自黄然：“美国的非税收入和预算外基金”，《经济研究参考》，2004年第18期。

① 湖南省是一个例外，于2004年5月31日经湖南省第十届人民代表大会常务委员会第九次会议通过并于2004年9月1日起施行的《湖南省非税收入管理条例》是我国第一部规范政府非税收入管理的地方性法规。

5.4.2 政府财权分割，理财分散化

无论是中央还是地方，其预算外收支都可还原为各级政府部门的预算外收支。尽管目前对预算外收支实行财政专户管理，也实行预算外收支的预算管理；虽然现在预算外收支的“所有权归国家，调控权归政府，管理权归财政”，但实际上对于预算外收支，财政部门充其量只不过是“账面”管理，那些负责执收的部门单位，依然对预算外收支享有较大的话语权。政府性基金及行政事业性收费的立项，虽然要根据有关法律法规，经中央及省级财政与发改委审批，其收支要纳入国库或财政专户管理，但由于体制的原因，这些基金及收费的执收目前仍为由主管部门单位负责，其支出也基本上归这些部门单位使用。因此，这就造成包括预算外收入的全部政府收入不能由财政部门负责征收，而对包括预算外支出的全部政府支出不能做到统筹使用，导致一些部门单位对预算外收支享有一定的“财权”，使本应归财政部门一家所有的财权被分割；预算外收支实际上由部门单位负责，财政部门只是“走账”，这就造成政府理财的分散化。

5.4.3 预算管理不到位，收支难以真正脱钩

目前，按照深化“收支两条线”管理要求，对预算外收支实行财政专户或国库管理，建立部门预算管理制度，但这仅是“收”与“支”的分离，而非“收”与“支”的真正脱钩，仍未能改变长期以来形成的是谁收费（基金）、谁罚款就由谁使用的收支挂钩管理办法。因此，收费罚款的多少与单位的经费开支、福利水平及至个人利益密切相关，多收多支，少收少支，这既是预算外收支规模膨胀的原始动力，也是现实的动因。它诱使没有收费项目的地方、部门和单位千方百计开设一些新的“业务”，争取主动；而已有项目的地方、部门和单位还想方设法上“新”项目，或以成本变化为由，争取提高“老”项目的收费标准。

5.4.4 地方政府缺乏稳定的财政收入

1994 年的税制改革使改革以来比较纷乱的中央与地方财政关系得到了规范，现行税制对中央与地方财政关系的一个重要影响，便是中央财政收入相对改革初期的情况有了明显改善，提高了中央财政收入的比重。相比较而言，地方财政收入的比重，在财政收入层层向上集中的情况下，改善得不是特别明显，而且出现越到基层，财政收入越不稳定的现象。我国现行的分税制实际上是在中央和地方之间划分收入，而不是分税。我国现行的中央税和地方税划分的标准同时存在按税种、企业、行业、部门、课税对象等多种标准，结果导致共享税种过多，几乎涉及所有主要税种。

财政分权要求地方政府拥有支持其正常运转的主体税种，该税种收入应稳定可靠，并在该管辖区内具有一定的调节作用。但由于中国的税收立法权高度集中于中央，地方几乎没有任何税收立法权，使得地方无法根据本地情况因地制宜地开征适合本地需要的新的地方税种，而现有的地方税种无法形成长期、稳定、可预期的税源，不利于地方财政收入的稳定，再加上转移支付的不完善，造成地方难以依靠一般预算收支来履行政府职能，发展当地经济社会事业。在这种情况下，许多地方政府不得不依靠预算外来满足其资金需要，为预算外收支的存在提供了适宜的土壤。如图 5－2、图 5－3、图 5－4 和图 5－5 所示，1994 年税制改革后，中国大部分的预算外收支发生在地方，例如一段时间以来的“土地财政”现象就是这方面一个生动的例证。

5.5 加强政府预算外收支管理的对策

预算外资金始终是政府财力的重要组成部分，预算外收支管理是构建公共财政体制不可分割的重要内容。不可否认，随着“收支两条线”、部门预算、国库集中收付等财政管理改革的深化，预算外收支管理取得了有效的进展。但与预算内收支管理相比，预算外收支管理因涉及面广、类型复杂而相对滞后，这在一定程度上制约了公共财政体系的构建与完善。对政府预算外收支加强管理，近期目标是将其全部纳入完整统一的预算管理，淡化部门利益，而长期目标则是逐步将预算外收支逐步纳入一般预算收支中，真正形成可由公共财政统筹安排的综合财力。

5.5.1 实现预算外收支的法治化管理

虽然预算外收支属于政府收入的一部分，但其游离于一般预算之外，因此难以得到有效的监督；尽管预算外收支实行“收支两条线”，但从目前看，还是照顾到了一定的部门单位利益。为了防止预算外收支不是出于公共利益而是出于部门利益，有必要借鉴税收的法定主义，强化预算外收支的法治建设。

法治化的实现可以分为两个层次：第一个层次是在尚未对预算外收支进行立法约束的情况下，所有的预算外收支都应依规进行，不能存在没有规章制度约束的预算外收支；第二个层次是在依规的前提下，对于预算外收支，应结合当前的非税收入管理改革，都应该像税收一样，由立法机关——人民代表大会决定，使预算外收支的法治化建设尽快地从第一个层次向第二个层次过渡。

现阶段中国预算外收支由行政机构主导，这种由行政机构本身决定自身收入来源的制度安排，与公共财政的法治化要求相差甚远。预算外收支作为法治化的公共财政的一部分，应借鉴成熟市场经济国家的经验，将预算外收支的决定权赋予立法机构，任何预算外收支项目的出台须经过严格的法律依据和程序，这样才能形成一个永久性的制度保障，起到维护公共利益的作用。

5.5.2 实现预算外收支的分类管理

在依法筹集预算外资金的基础上，按照各项目性质进行分类规范管理。对各种具有专项用途的专项收费和政府性基金（附加、基金）等，实行预算编制与统筹调剂相结合的办法；对用于执收单位人员支出和公共支出的政府预算外收入，要实行收支脱钩管理等在部门预算中单独反映；对社会公共资源有偿使用招标、拍卖等所得的收入，除安排相应的补偿性征收成本和手续费（佣金）支出外，其余由政府统筹安排使用；对有规定部门、规定专门用途的政府预算外收入，因这部分的收入并不构成财政重新分配的财力，为支持和支撑这部分事业的发展，在支持“来源不变、总量不变、用途不变”的原则下，根据财政预算管理制度和经济事业发展的客观需要，按照资金收支性质的不同，单独编制政府专项基金预算，进行单独监督管理。

5.5.3 实现完整统一的预算管理

政府预算的重要原则是完整性，按照这一

原则，所有政府收支都应纳入到一个统一的预算中，预算外收支因此也不应游离于预算管理之外。当前，结合部门预算改革的深入，按照“所有权属国家、使用权归政府、管理权在财政”的原则，将目前的全部预算外收支分期分批地纳入预算管理，编制综合财政预算，并在部门预算中得到完全反映。从长远来看，随着公共财政体制建设的深入，逐步缩小预算外收支规模应是预算外收支管理的趋势所在。在此基础上，将预算外收支逐步纳入一般预算收支内，成为完整统一的政府预算的一部分，彻底切断预算外收支与部门的利益瓜葛，真正形成可由公共财政统筹安排的综合财力。在这种情况下，即使因特殊情况存在某些少量的预算外收支，也应成为政府预算的附带部分，并向立法机构提交。

5.5.4 实现向非税收入管理的转变

当前政府对预算外收支的管理纳入了非税收入管理的范畴，出现逐步淡化预算外收支概念，建立政府非税收入的新理念，这是按照公共财政的要求、转换财政职能、强化财政管理的必然结果。非税收入与税收收入相对应，虽然非税收入横跨了一般预算收支、基金预算收支与预算外财政专户，将预算外收支纳入非税收入管理中，在一定程度上可以将税收收入的严肃性、规范性和权威性借鉴到预算外收支的管理上，为逐步消除预算外收支提供条件。

截至目前所进行的非税收入管理改革，如实行“收支两条线”，重点是在收支为一体的收的方面的改革。与过去相对无序的非税收入管理相比，无疑这是不小的进步，可以让非税收入基本上纳入财政部门的视野，这也符合渐近式改革的一般逻辑。

完整的公共财政应是由收入和支出共同构成，非税收入也是如此。所以，在初步理顺了非税收入的收缴后，下一步改革的重点应是非税收入的支出方面。按照建立国库单一账户管理体系的要求，改变现行政府非税收入拨付方式，建立并推行国库集中支付制度。对政府非税收入用于人员工资、基本建设、购买性支出及其他专项支出，实行由财政直接支付。通过实行财政直接支付，减少资金拨付的中间环节，防止挪用资金，提高非税收入使用的透明度。

5.5.5 实现预算外收支的公开披露机制

当前在中国政府预算中，公开披露的只有一般预算收支，而预算外收支却是明知存在而不知有多少。政府所有的收支都能完整详实地公开，这对于预算外收支具有重要的现实意义。首先，公开预算外收支规模，有助于公众了解政府财力的规模，因为预算外收支不管如何总是政府财力的重要组成部分；其次，公开披露有利于增加预算外收支管理的透明度，对于增强预算外收支管理的社会监督是非常有益的，可以及时促进预算外收支管理的改善。公开披露可以分为三个层次：第一个层次是向立法机构公开披露，第二个层次向行政机构公开披露，第三个层次是向社会公众公开披露。目前来看，在第二个层次上有不小进展，政府有关部门都会将其预算外收支情况向财政部门公开披露，而在第一和第三层次上需要大力推进，尤其是第三层次上的公开披露。可以这样认为，中国政府于 2008 年 5 月 1 日起施行《中华人民共和国政府信息公开条例》（国务院令第 492 号），将有助于推动包括政府预算外收支在内的财政信息向社会公开，财政部对此也出台了相应措施，以配合《中华人民共和国政府信息公开条例》的施行（参见专栏 5-6）。

专栏5-6 财政部关于进一步推进财政预算信息公开的指导意见

财政预算信息公开应当遵循的原则是：符合《中华人民共和国预算法》、《中华人民共和国保守国家秘密法》以及相关法律法规的规定；内容真实准确，清晰易懂；统筹规划，分步骤、分层次、分内容积极稳妥地推进。

财政预算信息是财政政务信息的重要内容，具体包括预算管理体制、预算分配政策、预算编制程序等预算管理制度，以及预算收支安排、预算执行、预算调整和决算等预算管理信息。中央各部门和地方各级财政部门要按照《中华人民共和国政府信息公开条例》的要求，加大财政预算信息的主动公开力度。在此基础上，重点公开政府预算、部门预算、预算执行以及财政转移支付等内容。

（一）政府预算

要逐步细化、规范和完善报送同级人民代表大会（以下简称人大）审批的政府预算体系。2009年，中央政府预算的重点支出要按政府支出功能分类的“款”级科目列示。地方财政也要争取在2009年将报送人大审批的政府预算主要收支按“款”级科目细化，条件不成熟的地方，可先对政府预算的重点支出按“款”级科目细化。在目前向人大报送审批一般预算收支、政府性基金预算收支的基础上，逐步拓展到报送国有资本经营预算、社会保险基金收支等。人大审议通过的政府预算收支和预算报告要及时向社会公布。

（二）部门预算

2009年，中央财政要继续扩大向人大报送部门预算的范围，除个别涉密程度较高的部门外，最终实现将中央一级预算单位的部门预算全部报送人大审批。地方财政也要扩大向人大报送部门预算的范围和数量。省级和地市级财政2009年报送人大审查的部门预算要基本涵盖政府组成部门及直属机构，并逐步扩大到一级预算单位。县级财政也要积极推进向人大报送部门预算的工作。

（三）预算执行

要及时、准确地向社会公布政府财政收支预算执行和决算情况。财政部门要及时通过政府门户网站或新闻媒体等发布月度（季度）财政收支情况，公布内容包括月度数字、累计数字及简要分析和说明。年度终了后，要及时向社会公布人大审议通过的年度预算执行情况和决算报告，并向政府门户网站、年鉴、杂志等有关方面提供年度决算的相关数据、文字和图表资料。

（四）财政转移支付

要不断完善一般性转移支付办法，加快形成统一规范透明的财政转移支付制度。2009年，中央财政在公开一般性转移支付办法的同时，要重点研究完善地区间基本公共服务支出标准体系和支出成本差异体系，科学量化各地支出需求。并在进一步规范完善一般性转移支付测算内容、口径、技术方法的基础上，适时向社会公开一般性转移支付的数据来源、测算办法和分配结果；研究出台《财政转移支付暂行条例》，建立健全转移支付规范化、透明化的法制框架。地方财政要提高转移支付预算编报的完整性，按照《财政部关于印发〈地方政府向本级人大报告预、决算草案和预算执行情况的指导性意见〉的通知》（财预［2005］454号）和《财政部关于地方政府向本级人大报告预、决算草案和预算执行情况的补充通知》（财预［2006］457号）的要求，全面反映本级预算情况。要进一步完善省对下转移支付办法，探索建立向人大报送分地区、分项目的转移支付预算安排的新机制。

资料来源：财政部网站，www.mof.gov.cn。

主要参考文献

（美）罗伯特：《公共预算系统》，清华大学出版社 2002 年版。

财政部：《2008 政府收支分类科目》，中国财政经济出版社 2007 年版。

财政部预算司：《中央部门预算编制指南》（2008），中国财政经济出版社 2007 年版。

曹艳杰："政府收支分类改革与重构政府预算监督体系"，《学术交流》，2007 年第 5 期。

董志刚："中国预算体制改革中的民主进程"，《决策与信息》，2007 年第 8 期。

傅道忠："政府非税收入管理的现状与前瞻"，《湖南经济管理干部学院学报》，2005 年第 11 期。

高培勇：《中国税费改革问题研究》，经济科学出版社 2004 年版。

高培勇主编：《费改税：经济学界如是说》，经济科学出版社 1999 年版。

韩春胜："地方人大预算审查监督之创新"，《人大研究》，2008 年第 1 期。

胡娟："湖南省非税收入分成管理存在的问题及对策研究"，《财政研究》，2008 年第 3 期。

黄佩华、迪帕克：《中国：国家发展与地方财政》，中信出版社 2003 年版。

黄然："美国的非税收入和预算外基金"，《经济研究参考》，2004 年第 18 期。

贾康、白景明："中国政府收入来源及完善对策研究"，《经济研究》，2002 年第 2 期。

贾康：《税费改革研究文集》，经济科学出版社 2000 年版。

李新辰、孙翠杰、李安东："深化'收支两条线'管理是预算改革的必然趋势"，《中国财政》，2005 年第 6 期。

李友志：《政府非税收入管理》，人民出版社 2003 年版。

卢洪友：《政府预算学》，武汉大学出版社 2005 年版。

马骏：《中国公共预算改革》，中央编译出版社 2005 年版。

马锟："深化'收支两条线'改革进程 强化预算外资金管理"，《财会研究》，2005 年第 12 期。

欧阳日辉："政府预算外收入膨胀及其对财政政策的影响"，《经济研究参考》，2008 年第 30 期。

王柏能、仲夏："人大监督：指向部门预算"，《浙江人大》，2004 年第 3 期。

王华："规范政府非税收入管理的基本思路"，《税务研究》，2008 年第 6 期。

王卫星：《政府预算管理程序与方法研究》，经济管理出版社 2005 年版。

项怀诚：《中国财政管理》，中国财政经济出版社 2001 年版。

徐永翥："美国政府非税收入管理的主要特点"，《经济研究参考》，2008 年第 18 期。

许德清："人大对政府基金和预算外资金加强监督的几点思考"，《人大研究》，2008 年第 1 期。

杨光明、李志平："政府非税收入管理实践与探索"，《财政监督》，2008 年第 13 期。

袁立华、沈海样："我国国库集中收付及'收支两条线'制度的现状分析"，《湖南商学院学报》，2006 年第 6 期。

赵永冰："我国非税收入体制的现状及改革设想"，《税务与经济》，2008 年第 4 期。

中国社会科学院财政与贸易经济研究所：《人大代表政府预算知识 200 题》（修订版），中国民主法制出版社 2008 年版。

周雪光："'逆向软预算约束'：一个政府行为的组织分析"，《中国社会科学》，2005 年第 2 期。

祝才："'收支两条线'管理制度改革的实践及完善对策"，《中国财政》，2005 年第 12 期。

6

制度外收支管理：发展、动因与治理方略

- 制度外收支是各级政府及部门凭借其行政权力，直接或间接掌握的，未通过正式预算管理程序、或游离于财政预算管理范畴之外的政府性资金
- 制度外收支的范围是与“制度规定”直接对应的，随着制度的调整，制度外收支的范围和管理也必然是不断变化的。我国制度外收支的治理在经历了“治乱”、“治标”阶段后，正在向“治本”的阶段迈进
- 政府间财权与事权的划分以及因转移支付制度不完善而造成的各级政府间财力与支出责任不对称，是政府、尤其是省以下级基层政府非规范收支活动产生的核心动因
- 政府收支机制不规范、健全的多元政府预算体系缺失和公共收费制度不健全是我国制度外收支的重要外在诱因
- 进一步完善分税制财政体制改革、健全公共预算体系和加强公共收费制度建设是治理制度外收支的有效途径

Off – off – budgetary Revenue and Expenditures in China: Evolution, Causes and Policy Recommendations

- Off – off – budgetary revenue and expenditures are the government fiscal funds controlled directly or indirectly by the governments at all levels or various administrative departments, which are not involved in the formal budget procedure, even dissociated with fiscal management.
- The content of off – off – budget is what on the opposite of the laws and rules regulate, hence, the scope and the management of off – off – budget is also changed constantly along with the adjustment of system. Experiencing the phase of “caring the mess” and “palliative treatment”, China’s governance of off – off – budget is in the stage of seeking permanent cure.
- The intrinsic factor to informal government revenue and expenses lies on the asymmetric financial relations between levels of government and imperfect transfer payment system, which results in the unbalanced fiscal resource and expense obligation among governments at all levels.
- The significant external motivations to informal government revenue and expenses lies on the lack of implementing multiple budget system, irregular motion of government revenue and expenditure, faultiness of administrative fees system, and so on.
- Regulating the off – off – budget activities should improve our tax – sharing fiscal system, reinforce the construction of public budget system and strengthen the administrative fees system.

6. 制度外收支管理：发展、动因与治理方略

6.1 制度外收支的界定

制度外收支并不是一个具有明确定义的学术用语，而是在我国财政预算管理实践与研究过程中诞生的词汇，用以对政府运行中不规范的财务行为的一种描述。事实上，无论在任何经济形式下的任何国家中，不规范的政府财务活动乃至腐败问题，都是难以完全杜绝的。但是，就中国政府收支活动乃至其财政预算管理而言，制度外收支的产生、发展与治理，更具有特殊背景与意义。

6.1.1 制度外收支的基本范畴：基于预算管理层次划分的视角

制度的定义范围是很广泛的，凡是制约人们行为的政治、经济、法律、社会规则都属于“制度”。因而，有必要首先指出的是，本章所论及的政府制度外收支，是以政府及其收支活动为规制对象的；这里的“制度内、外”，主要是以财政预算管理制度为标尺的。

基本界定

无论在何种社会制度下，财政收支活动都是政府活动范围和方向的体现。而制度外收支活动的存在，很大程度上，反映了我国政府职能、活动范围与财政管理体制之间的不匹配。

本报告对制度外收支的基本界定是：各级政府及部门凭借其行政权力，直接或间接掌握的，未通过正式预算管理程序、或游离于财政预算管理范畴之外的政府性资金。

学界对制度外收支展开的研究多侧重于收入视角，有学者称其为“非正规收入”（李扬、杨之刚等，1992）、“非规范收入”（樊纲，1995）；有学者将其与预算外收入合并称作“非预算收入”（黄佩华，1994）；也有学者称其为“制度外收入”（孙潭镇、朱钢，1993）、“体制外收入”（李利君，2005）。几种称呼都突出反映了其在形成与使用过程中的基本特征，即“非规范性”，这种非规范性与规范性的最主要区别在于，后者的运作依据法律法规程序进行、受执法机构常规监督；前者

的运作通常是有违法律的，或者虽然也有相关规定，但这些规定的法律级次极低，通常体现为行政部门或基层政府的行政文件、通知等，且对这些规定的实施缺乏法律强制，对非规范收支的监督也是不完整的。

制度外收支的具体类型包括：制度外收费；制度外集资摊派或罚没；建立制度外政府性基金或制度外使用基金；隐瞒、虚报、多领预算资金，挤占、截留、挪用财政专项资金；非法变相侵占国有资产；政府不合法举债；有违《预算法》规定进行管理的社会保险基金等。

基本特征

制度外收支的特征可以概括为五个方面：

（1）从收入表现形式上看，制度外收入均为非税收入形式。

（2）制度外收支具有非规范性，这种不规范性一方面表现为政府主动违法违规违纪，另一方面表现为相关制度建设不规范、不完整所导致的部分政府收支被动游离于预算管理体系之外。

（3）制度外收支具有隐蔽性，不公开、不透明导致难以监管，无法获得确切统计。

（4）通常与部门或单位利益挂钩，缺乏公平和效率的目标约束。

（5）缺乏连续性和稳定性，制度外收支很多情况下都出自地方政府和部门的权宜性、变通性和应急性安排，通常是相关利益主体博弈的结果，甚至是政府部门寻租努力的“成果”，在非规范性的基础上，必然不具有稳定性，并随着制度变革、经济社会条件的制约不断调整变化。

制度内外收支范畴的划分与比较

为划分制度内外收支范畴，首先有必要对“预算外资金”与“制度外资金”的含义与范围加以明晰。

在学界，大多数学者把非“预算内”的资金统称为预算外资金。如黄佩华（1999）认为，财政预算外资金是由政府行政机构直接或间接掌握的，处于正常预算过程之外的全部财力（这一观点所界定的范畴也被称为“广义的预算外资金”），此时，预算外资金范围涵盖了制度外资金（参见图6－1虚线部分）。根据笔者对众多文献的梳理发现，尽管有学者将制度外收支的范畴界定为“预算外之外”，但大多数预算管理的研究都没有明确将制度外资金从预算外资金中明确划分出来，而是模糊地加以同等对待。但两者是有本质区别的。从1996年起，根据《关于进一步加强预算外资金管理的决定》，预算外资金是依据国家法律、法规和具有法律效力的规章而收取、提取和安排使用的。也就是说，预算外资金是位于法律、法规、制度许可范畴内的政府收支。预算外和制度外收支之间的最根本区别，就在于其是否合法、合规。

就当前预算管理体制而言，根据预算管理层次，我们可以对全部政府收支作以如图6－1所示的分类[①]。整体虚线框定的范围反映了上面论及的学界对“预算外资金”的广义理解；但从目前财政管理部门角度看，当其在预算管理实务中谈及“预算外”时，基本是指虚线框中的左半部分，甚至特指预算外财政专户收支。当然，这里也反映出了理论界与实务界的不同理解，以及我国财政管理用语有待进一步规范和统一的要求。

此时，我们可以清晰看到，制度内收支划分为通过完整预算程序管理的预算内收支与部门预算管理视野内的预算外收支两块；从逻辑关系上看，“制度内”与“制度外”共同构成一个完整的集合，“制度外”是“制度内”的补集，也就是说，一切不属于“制度内”的均为“制度外”政府收支。那么，在清晰界定“制度内”的基础上，“制度外”的范畴则

① 本章对不同政府收支按预算管理层次的划分是以中国当前公共资金管理的制度与现状为基础来划分的，并不涉及到国际货币基金组织等国际权威机构对相关概念的界定。因为，仅就“预算外”一词，中、外理论与实践就存在极大差异，其比较不是本章所要涵盖的内容。

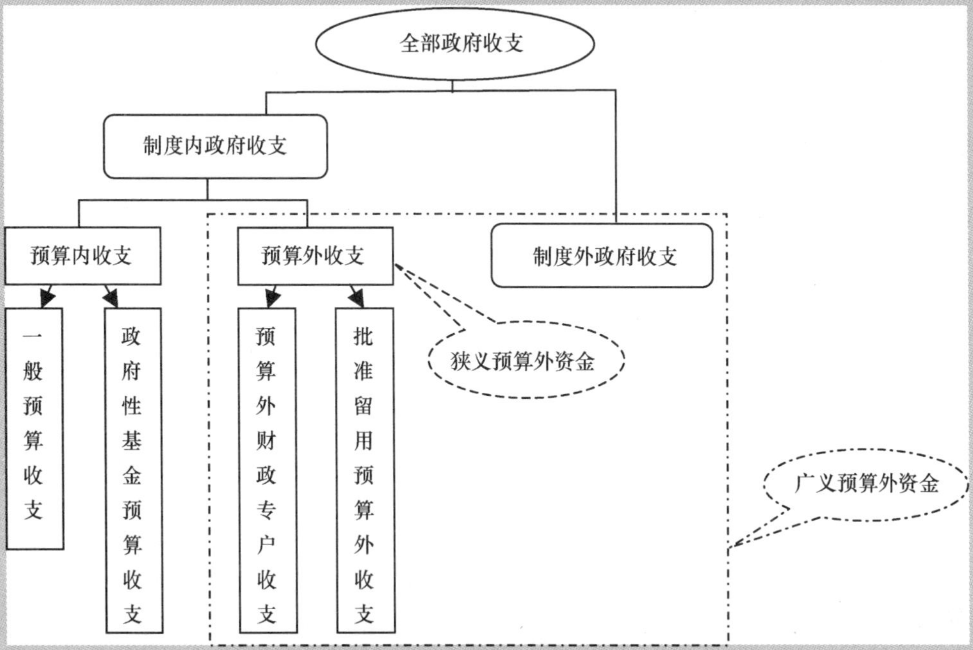

图 6－1　按预算管理层次划分的政府收支

不言自明了，即，与制度内收支相对，游离于财政管理体制之外，既没有纳入预算内，也没有纳入预算管理范畴的政府财政性收支。

从统计口径而言，制度外收支可以形象地以计算公式来表示：

制度外收入＝政府全部非税收入－纳入预算内和预算外管理的非税收入之和

其中，政府全部非税收入＝政府全部收入－全部税收收入。

然而，由于制度外收支活动所具有的隐蔽性和具体内容形式的多样性，从定量分析的角度看，无法进行准确的分项及总额的统计，现有的研究通常都是以排除法、或个案调查法来对制度外收支规模做以粗略估计的，不存在官方数据。如果仔细考量，任何一级政府部门，都会或多或少地依靠一些非规范收入，尤其是省以下级地方政府，越到基层政府，非规范收入越多。这为制度外收支的现状发展的考察、乃至归类都带来了极大的困难。

值得注意的是，虽然并非完全准确，但我们认为，在 2004 年以前，狭义预算外资金与制度外资金的范围不断交叉融合、管理措施也夹杂在各类文件中难以单独区分，因此二者的规模具有高度正相关性；而 2004 年，《财政部关于加强政府非税收入管理的通知》颁发，通过界定非税收入，不仅明确了国有资产有偿使用收入、国有资本经营收益等原本既不纳入预算内、也不纳入预算外的政府收支的法律地位与管理办法，更重要的是，《通知》规定从 2004 年开始，预算外收入的统计数为纳入财政专户的收入数，这就使预算外资金规模明确为以部门预算中的预算外财政专户资金作为统计口径，将未计入财政专户的部门留用收支、及其他制度外收支排除在外，而预算外财政专户资金实施“收支两条线”的资金管理办法，因此，从 2004 年开始，官方提供的预算外资金的统计数据在更大的程度上反映的是进入规范性管理的资金的规模，因此，不再与制度外资金具有正相关性。

6.1.2　制度外收支的经济影响

制度外收支的消极影响

制度外收支的存在导致了政府收支不等于

财政收支，破坏了国家预算的统一性，对国家的财政运行和经济发展的消极影响非常明显。

首先，制度外收支破坏了财政支出与政府优先事项安排间的关系，妨害政府职能的实现，不仅使掌握这部分资金的公共部门偏离了提供基本公共服务和为公共利益最大化服务的目标，也肢解了财政部门的职能。

其次，打乱了正常的国民收入分配渠道，制度外收支不仅破坏中央与地方间财力分配关系，而且破坏了地区之间、部门之间，乃至政府与企业、个人间的分配关系。

再次，制度外收支破坏市场效率。

此外，制度外收支增加财政风险。最后，制度外资金是各种贪污腐败行为滋生的土壤。

制度外收支的积极影响

然而，制度外收支并非仅仅具有负面的影响。事实上，在我国经济体制转轨的特殊背景下，非预算资金的存在具有客观现实意义，也发挥了很多积极的经济效应。其正面价值存在的最主要原因在于，在制度内财力有限的约束条件下，地方政府利用制度外筹资，在地方公共物品（Local Public Goods）的供给过程中发挥了不可替代的作用。制度外收支一方面有助于缓解财政压力，是政府及部门收支平衡的重要补充资金；另一方面，是政府提供公共物品、调控、优化产业结构的重要资金来源。当然，自由支配资金的存在，也必然在某种程度上对政府及部门、企事业单位的工作积极性形成有效激励。

6.1.3 当前制度外收支的主要表现形式

在我国政府收支财政管理制度不断发展的长期过程中，由于社会、经济形势的变化，乃至各种改革与调整措施、法规频繁出台，制度内、外收支的具体范围和具体内容也在不断变化，尤其是某些存在制度真空、或制度模糊的灰色地带，制度外收支的界定就更加困难①。如果从政府收入的具体内容形式而言，无非“税、费、利、债”四种形式。其中，税收收入与支出属于完全的预算内管理，其收支的规范性较强，但在支出方面，尚存许多不规范之处。而费、利、债三种形式的政府收支都存在极大的不规范性。这其中，有政府主动违规形成的，也有很大部分是由于制度不健全而被动形成的。

当前“制度内”收支合法性的考察

（1）部门预算的法律程序是不完整。我国推行部门预算和综合预算改革后，理论上看，部门的各项收入来源以及相关支出均已列入部门预算，似乎是符合“制度内”这一要求的。但从法律意义上讲，只有经过人大审批和通过的预算才是合法的。而事实上，一方面，从部门预算本身来看，部门预算是由政府各部门编制，财政部门统一汇总、审核，经政府研究同意后报人大审议通过的全面反映各部门所有收支的预算，绝大多数地方审议的是“政府预算”而非“部门预算”。人大审议的只是同级财政汇总上来的那几个“大数”，而并不知晓各部门的收支是多少、都从事哪些政府活动，从本质上看，“部门预算”在审批过程中几乎是隐形的，可见，无论是从形式还是实质，我国人大对部门预算的审批都是不完整的；另一方面，从政府收支来看，部分单位、部分收入在预算外财政专户管理，或由部门留用、自我管理，无需经人大审批，仍游离于人大监管之外。也就是说，尽管从行政层面讲，收支管理似乎已经实现了全口径预算管理，但立法层面而言，部门预算、财政专户管理的资金和那些既没有纳入预算内又没有实行专户管理的资金，其合法程度都是值得商榷的。

（2）部分单位的上级补助资金（专项资金）对口下拨，既不通过下级财政，也未纳入

① 除了预算内资金的违规使用外，社会保险基金、国有资本经营收支与国有资产相关处置收支、地方债务收支、财政超收收入、土地批租收入等几项典型政府收支的资金管理的变迁值得高度关注，这些资金的预算管理方式的演进，反映了我国政府收支预算管理的不断加强。

部门预算，对其收支情况财政难以掌握，是不规范收支行为的多发区。

（3）政府性基金收支同一般预算收支被共同列为预算内收支。然而，当前政府性基金的预算内管理，只报总额不报细化，更多体现了程序意义，并没有真正意义上接受人大的审核批准，其使用过程中的规范性也亟待加强。

不规范的政府收费系制度外收支的重要内容

我国目前的确还存在名目繁多的非规范的行政事业性收费，规模也比较大，支出随意性大，透明度差、管理不到位，是制度外收支的重要组成部分。各类政府不规范收费的表现不一而足，既有行政类收费，如质量检测项目等的超标准、跨环节收费；也有教育、医疗等事业单位的不规范收费。

一项重要的案例是我国公路建设事业中出现的，被讽刺为“靠水吃水、靠山吃山，设下一道槛、留下买路钱”。就养路费这一项政府收支而言，早在 1997 年 1 月 1 日起，其在形式上按规定进入基金预算，但由于人员经费标准、公路养护标准、办公标准等具体技术性指标的不完善、不确定，其预算的编制、执行就有别于一般预算。而更重要的是，公共物品与准公共物品政府供给机制混乱，政府与市场边界不清，也给政府的制度外收支行为营造了广阔的空间。收费公路具有准公共物品特征，可以作为当前政府制度外收费不规范行为的一个缩影。地方收费公路的经营管理，形成了部门利益，并留下了“寻租”空间，导致违规设站收费、随意延长收费期限、收费标准高、经营权转让不合理等问题屡禁不止。

社会保险基金收支——既非合法、也非非法的尴尬地位

根据《中华人民共和国预算法实施条例》第三章第二十条的规定，“各级政府预算按照复式预算编制，分为政府公共预算、国有资产经营预算、社会保障预算和其他预算。复式预算的编制办法和实施步骤，由国务院另行规定。”然而，13 年过去了，现实情况是，我国迄今为止并没有建立真正的社会保障预算，国有资本经营收益预算也刚刚开始试行。那么，从预算法这一立法层次看，二者的资金管理基金始终在以“非法”的方式进行管理。

在我国目前的政府收支安排与预算管理体系下，除社会保险基金，其他的社会保障资金都能够在部门预算、政府预算中得到安排和管理。根据 1996 年《国务院关于加强预算外资金管理的决定》，社会保险基金在国家财政建立社会保障预算制度以前，先按预算外资金管理制度进行管理，专款专用，加强财政、审计监督。从这一角度看，由于有相关法规的提及，其地位又是合法的，虽然，这一法律层次是极低的。这也就使得社保基金的管理尽管违反预算法，但我们也无法一刀切将其归于制度外收支。而这一尴尬境地，恰恰是我国当代制度外收支的典型写照。

由于我国社保基金的规模与比重都在不断扩大，政府对社保基金管理的受托责任也越来越大，因此，社保基金是政府财政管理的重要内容，其重要性不断凸显。所以，尽管我国现行法规并未明确要求政府编报社会保险基金预算，但各地政府都在向社保基金预算管理的基本模式在靠拢。各地方政府管理社会保险基金的常规程序是：基层社保机构通过比较粗糙的计划形式，将相关收支逐级汇总至省（市）劳动部门，劳动与社会保障部门再报同级省（市）财政部门，然后由财政部门报送政府。这里，由于社会保险基金并未纳入法定预算管理体系，社保基金只向政府报告而不上人代会，因此，其政府收支目前是在服从于“计划”而非“预算”。然而，不难看到，我国社会保险基金进入预算管理正轨已经具有了良好的基础。

与社会保险基金情况相似的还有国有资本经营收支、国有资产处置收支。一直以来，国有资本经营收益资金以财政专户、“收支两条线”的方式进行管理，而国有资产的处置收支，极少部分得以在政府预算或部门预算中得

以体现，另有相当大的部分，处于灰色地带。但与社会保险基金不同的是，我国国有资本经营收支的预算制度建设从 2007 年已经开始摸索起步。出台的法规对试行国有资本预算的指导思想与原则、收支范围、编制执行程序等问题给予了指导性安排，但 2008 年的主要的试行单位是中央本级国有企业，而各地区国有资本经营预算的试行时间、范围、步骤，有待于各省及以下级政府进一步决定。

截至目前为止，尽管 2007 年政府收支分类改革新修订的政府收支分类科目中有社会保险基金、国有资产资本的预算科目安排。但事实上，这里涉及到一个重要问题，就是本章后面会谈到的，我国现有的政府预算体系是残缺而不完整的，在这样的体系下，即便有良好的收支分类，各类资金预算管理依然难以实现。

地方政府债务收支——不合法的合理收支

一直以来，我国对地方政府举债采取了相当谨慎的态度，地方政府举债是直接违反我国《预算法》规定的，即属于非法行为。然而，不得不面临的尴尬境况是，我国各级地方政府，都有实质性的债务收支活动。

1978 年前，在我国“统收统支”的财政体制下，地方的债务行为是由中央政府统一安排和统一偿还的，完全在中央控制下。从改革开放开始，为促进经济发展，随着地方政府资源配置的积极性不断提高，其举债行为开始逐步发展；而到了 1998 年，我国开始实施积极财政政策，地方政府举债的积极性被进一步提升，开始大规模的举债用以缓解财政收支矛盾、扩大基础设施建设。因此，2005 年，财政部专门发文（财金［2005］7 号）要求地方财政严格遵守有关法律规定，禁止违规担保。在此之前，地方政府普遍以地方财政收入做担保直接向商业银行和国家政策性银行贷款；而此文件下发后，地方政府的举债方式开始变化：地方财政不再直接向金融机构融资，目前的通常做法是通过成立特定的国有企业作为融资平台，再以“流动资金贷款”和“项目贷款”等方式来间接融资。而以国有企业作为举债主体，则进一步造成地方政府债务形式多样、规模膨胀、或有债务透明度差的特点。

地方债务资金在实质上已经成为各个地方的政府收支的一个特定组成部分，但由于目前并没有合法的地位，是典型的法律制度外收支。地方债务已经成为各相关主体心照不宣的一项政府收支活动，甚至，对政府资金管理相对严格的省市，会通过同级人大审批，来公开确定合理的举债规模。可见，地方政府债务活动，具有存在的必要性与客观性。那么，我们是不是首先应该考虑给地方债务收支一个合法的身份，再用预算更好地去管理它。

对这类由于制度与实践不匹配而引起的制度外收支行为，最主要的对策无疑在于加强相关财税法规制度建设。事实上，在笔者写作的过程中，一起新闻报道引起笔者的注意，“国家正在酝酿允许地方政府发债并严格加强对其管理。”据 10 月 30 日人民网报道，一份由财政部牵头起草的有关加强地方政府债务管理的方案，已多方征求过意见，并提交到国务院等待批复，财政部也已在预算司下新设立了地方政府性债务管理处，专门负责地方政府债务的管理，人员已初步到位。开放并加强地方政府发债管理的改革大思路，正在被官方采纳并逐渐浮出水面。

当前制度外收支的典型性

综上，可以对当前制度外收支的典型特点作简单总结：

概括而言，当前制度外收支的特点，一方面体现为政府部门对既有规章制度的主动违规、违纪，如擅自设立收费项目，超标准、跨环节的行政事业性收费，违规通过经营或处置非经营性国有资产获取收入，挪用、违规使用预算内资金等。

另一方面，其突出特点在于，当前制度外资金收支很大程度上是由制度供给失衡造成的。即主要是由于制度的不健全或制度变革没有与实践进程保持同步、政府与市场边界不清，形成制度真空或灰色地带，而使某些政府收支被动进入制度外领域，比较有特点的如社会保险基金收支、地方政府债务收支行为。

最后，从上文对目前制度外收支的具体表现的介绍来看，在不断规范的财政管理制度下，主动性的不规范政府收支仍然更多体现为地方政府行为，其主要承担对象为非国有经济。

6.2 制度外收支管理的历史沿革

顾名思义，制度外收支的范围是与“制度规定”直接对应的，随着制度的调整，制度外收支的范围和管理也必然是不断变化的。因此，对制度外收支的历史考察也必然以制度变迁为逻辑主线，本章的这一部分完全按时间顺序展开梳理。

6.2.1 制度外收支的演变脉络

从制度外收支的演变脉络来看，一个大致的线索是：

从建国到 1978 年改革开放之前，我国基本不存在不规范收支，当然，这在很大程度上与计划经济财政体制的强计划刚性特征相一致，但预算外资金在转轨过程中的不断发展演变，为制度外资金的出现撒下了种子。

改革开放到 1999 年，伴随我国经济转轨与财政制度的不断探索，该阶段成为制度外收支行为的产生与不断膨胀阶段，制度外收支演变成为财政管理中的大问题，各类整顿措施不断出台，但始终无法治本，制度外收支陷入“清理－膨胀－再清理－再膨胀”的怪圈。这一阶段，制度外收支以“三乱”为主要内容，具体表现侧重为企业和农民负担。政府部门对这一时期的制度外收支形成具有较强的主动性。

从 2000 年我国部门预算改革为起点，我国进入全面的财政管理制度改革进程，对制度外收支的管理由“治标”走向“治本”，政府制度外收支行为的主动性有所减弱。随着各项改革的推进、农村税费改革的成效显现，这一阶段“三乱”行为基本得到了较好的控制，农民制度外负担极大解除。2006 年以后，乱收费负担的分布，由原本的农民税费负担重转变为城市居民行政性、事业性（医疗、教育、过路过桥等）费用负担重。

6.2.2 1978—1999 年间的制度外收支

在计划经济时期，统收统支、高度集中的管理体制下，预算外资金是为照顾部门、企事业单位通过预算内难以完全满足的极少部分的机动性需求而存在的、为满足弹性需要而产生的，不属于非规范收支。

1978 年 12 月中共中央十一届三中全会的召开标志着我国改革开放的大幕正式拉开，为适应改革需要，企业利润留成制度、建立学校基金、事业单位收入留用制度等措施依次出台，使大量预算内资金转移到预算外，预算外资金结构发生变化、资金规模迅速膨胀，其增长速度甚至超过 GDP 与预算内收入的增长速度，成为与预算内资金旗鼓相当的、政府与部门可支配的财力资源。

20 世纪 80 年代初期，为了增强国家行政管理手段、促进社会事业和经济的发展、解决财政经费不足的问题，允许少数行政事业单位收费，其收费项目并不多，收费数额也不大，而且大部分纳入财政预算。不过，随后的“两金”开征对制度外收支产生了深远的影响。1983 年 1 月，国家能源交通重点建设基金开始征收；1989 年 1 月，国家预算调节基金开始征收[1]。政府开征这两项基金的本意在于为能源、交通等基础产业及重点产业筹集投入资金，而且是以预算外资金为征收对象，希望缓解预算内收支矛盾并抑制预算外资金的过快增长。然而，作为一种特殊困难条件下的不规范的权宜之计，两金的征收非但没有从根本上解决预算内的财政困难，反而成为各种行政事业性基金与收费膨胀的诱因，并进一步演变成后来的“三乱”问题。各级行政事业单位的“三乱”行为之所以屡禁不止，很大程度上，是因为大量合法的预算外资金项目设置，为其扩大收费范围、提高收费标准等制度外收支提供了借口或庇护。正是由于有预算外资金的存在，为制度外收支行为留下了经济根源与生存空间。

更为负面的效果是，改革开放、体制转轨和财政分权改革的制度变更过程中，预算外资金的存在为各利益主体化“预算内”为“预算外”、化生产资金为消费资金、化公为私等行为活动提供了生存的土壤，“小金库”等制度外收支现象也开始泛滥。

为此，1986 年 4 月国务院发布了《关于加强预算外资金管理的通知》。然而，《通知》并没有打破“部门所有”的观念，因而也无法改变预算外的预算外资金泛滥的势头。1987 年以后，收费项目越来越多，收费标准也普遍偏高。出现了愈演愈烈的自定项目收费、巧立名目收费、扩大范围收费、增加收费环节、提高标准收费等问题。这一阶段，不仅国有企业单位的预算外资金大幅增长，行政事业单位管理的预算外资金也激增。

为加强行政事业单位收费管理，国家多次下发治理乱收费的规定和通知。1988 年《国家物价局、财政部关于加强行政事业性收费管理的通知》，对行政性收费和事业性收费作了重要界定，对收费管理体制、收费标准的确定、乱收费的范围等作了规定，并要求必须按国家有关规定合理使用收费收入，不得乱搞福利，滥发奖金、津贴和实物。当然，效果是极其有限的。

在这一阶段，预算外资金存在所引发的制度外收支已开始成为我国财政管理体制中的大问题。为此，各级政府和财政部门也开始重视对非规范收入的管理问题。

6.2.3 1990—1995 年间的制度外收支

当不规范的政府收支行为不断升级，我国开始加大对这部分收支的预算管理改革力度。从这一时期，我国预算外、制度外政府收支的管理开始成为预算管理改革的重要内容。从时间段的划分上来，在这里以“收支两条线”概念首次在官方发布的文件中出现为起点，作为预算外、制度外资金管理开始走向规范的标志。

1990 年 9 月，针对地区和部门的“三乱”屡禁不止现象，中央发布了《关于坚决制止乱收费、乱罚款和各种摊派的决定》，在全国范围内展开治理。要求“对行政事业性收费，要按照资金性质分别纳入财政预算或预算外管理。对集资的资金，实行收支两条线管理。”该文件的发布为建立健全收费、罚款和集资的财务管理奠定了基础。

这是我国首次正式提出对预算外资金实行“收支两条线”管理，为原本监督极弱的预算外资金管理初步指明了方向。此后，有关规定逐渐见于相关财经制度。从这里也不难看出，制度外收支管理与预算外资金管理密不可分，对制度外收支的清理都是先从规范预算外收支做起。

此后的 1991 年到 1995 年，几乎每年，政府都有关于调整预算外资金范畴、治理“三乱”的法规、办法出台。然而，根据 1978 年到 1995 年的预算外分项目收入（如图 6－2）我们可以看到，1990 年到 1995 年的行政事业性收费收入增速却在不断加快。另一个值得关注的变化是，在 1992 年之前，国有企业及其主管部门所掌握的资金曾经是预算外收入的最

---

① 在我国 1994 年的税制全面改革过程中，取消了国有企业上缴国家能源交通重点建设基金和国家预算调节基金的规定，见《国务院关于实行分税制财政管理体制的决定》（国发［1993］85 号）。

重要项目，我国政府财务与企业财务相关甚密，而1993年事业企业财务与会计制度改革改变了这一状态。1993年后的若干年里，地方政府通过国有企业收费的渠道受到阻碍，于是通过各个部门来收费越演越烈，政府性基金与行政事业性收费变成为预算外资金的主要来源。

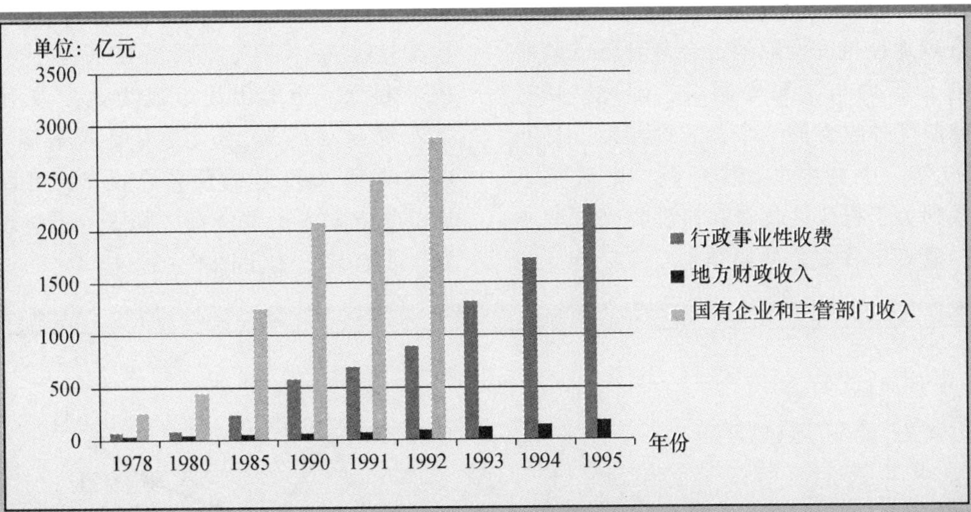

图6－2　1978—1995年预算外分项收入比较

此外，在1996年之前，一项最重要的制度外收支、但又难以通过预算外资金规模得以间接反映的资金，便是乡镇自筹、统筹资金。根据1991年的《乡镇财政管理试行办法》，乡镇级财政收入可分为预算内资金收入、预算外资金收入和自筹资金收入三个部分①。事实上，最初的自筹资金是作为一项合法财源而存在的，但由于乡镇财政管理体系的混乱，这部分资金根本得不到应有的控制和管理，因而，被早期研究学者称为是制度外资金的重要组成部分。

在1991年下发的《农民负担费用和劳务管理条件》中明确规定，乡统筹村提留“以乡镇为单位，不能突破农民上年人均纯收入的5%”。但是各级政府行政部门仍然能够绕开5%的硬性指标，以形式合法的文件下达各种收费项目、各种达标摊派集资。这些名目繁多的收费往往是通过行政隶属关系借助行政的强制力量来实现，具有相当大的随意性和主观性。在缺乏有效监督的情况下，这部分公共资源筹集与使用过程中充斥着挥霍浪费、贪污挪用。而到1996年国务院公布《关于加强预算外资金管理的决定》，将自筹资金正式界定为预算外资金，进入预算外管理。应该说，我国早期（1998年税费改革前）的制度外收支以农民负担重为突出特征。此后若干年，农民税费负担始终居高不下，随着研究与实践的深入，国家不断加大“减负”力度，政府出台了各项规定，而直到2006年，我国农村税费改革的基本完成，农村人口所面临的“制度外负担”才基本消除。

6.2.4　1996—1999年间的制度外收支

从1994年我国分税制财政体制改革后，地方政府在一定程度上可以不用再顾及取得收入的不确定性，因而出于地方政府工作的需要，好多地方要求把所有政府资金纳入一个账户以便于管理。于是在1996年，出台了《关

① 事实上，正是对乡镇财政问题的研究关注，而引发了最初的对制度外收支的大讨论。很多早期学者对自筹资金的研究中，都将其定义为最主要的制度外资金，如孙潭镇、朱钢（1993）在《我国乡镇制度外财政分析》一文中提出，“我们将财政划分为制度内财政和制度外财政。前者指在现行财政管理体制下的预算内财政和预算外财政。后者指乡镇政府以各种形式筹集的自筹资金以及由此发生的政府支出。”

于加强预算外资金管理的决定》，预算外资金口径再一次大范围调整，乡镇自筹、统筹资金开始成为预算外资金收入项目①，不再定义为制度外收支。以此《决定》为标志，“小金库”的合理地位被完全取消，合理合法的政府收支只有预算内与预算外两块。因此，1996年是研究制度外收支的一个标志性年度。1996年到1999年，中共中央、国务院、财政部下发了一系列关于行政性收费和罚没收入“收支两条线”管理工作规定的通知。

令人不无遗憾的是，在行政事业性收费管理不断加强的情况下，各地又有了新的生财之道——转向出卖国有资产、土地和其他资源以获取预算外收入。事实上，1995年到1999年预算外收入（广义上）主要来源于税费；而1999年后，土地出让金成为地方政府谋取预算外资金（广义上）最主要的来源②。纵观1978年到2000年的预算外收支，可以说，不规范收支陷入了“清理-膨胀-再清理-再膨胀”的怪圈，参见图6-3。

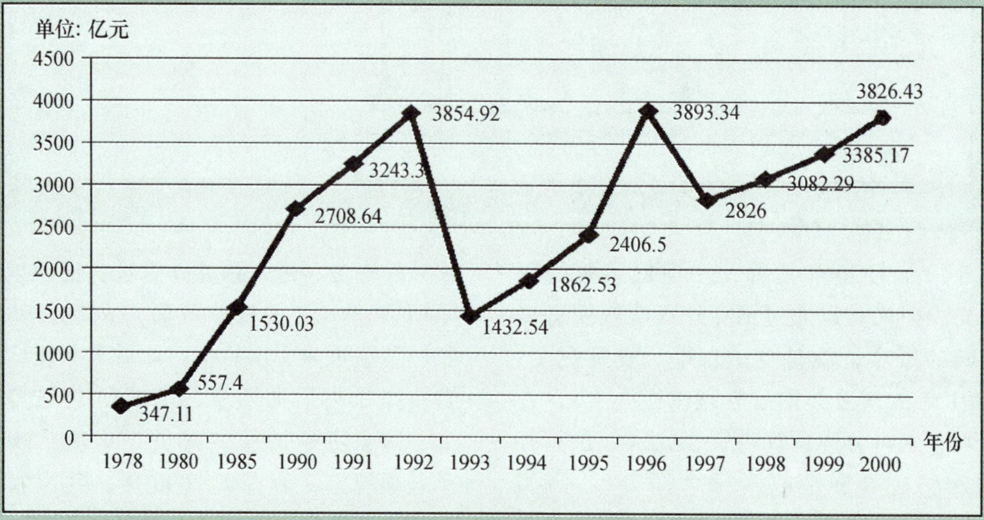

图6-3 不规范收支的怪圈

6.2.5 2000年以后的制度外收支

有学者进行了统计研究，截至2000年，在全部的政府收入中，预算外和制度外收入合计规模大致相当于全部政府收入的一半左右（参见表6-1）。自此，学界与财税部门都不断认识到，制度内、外收支混乱仅仅是表象，而真正的治理需从财政税收制度乃至财政预算管理体制入手。此后，2000年部门预算改革正式拉开了政府部门收支全部进（部门）预算的大幕。在制度约束加强的条件下，制度外收支的非规范特征更加明显。

---

① 1985年国家财政部颁发的《乡（镇）财政管理实行办法》规定，乡（镇）财政收入由国家预算内资金、预算外资金和自筹资金组成。从理论上看，自筹资金的存在是有法可依的，但自筹资金由乡镇政府自行支配，并不进入上级政府的财政安排，因而有学者（孙潭镇、朱钢，1993）称之为制度外财政收入。但从1996年起，乡镇自筹（统筹）资金计入狭义预算外，摆脱了制度外收支的界定范围，当然，其合法合规性究竟有多彻底，就难以简单论之了。从这里我们可以看到，随着预算外资金的定义、范围与管理办法的不断变更，预算外资金与制度外资金的范畴也是不断交叉融合的。

② 来源于土地租赁、销售的收入，由于具有不经常发生和不重复发生的特点，为了不影响税收分享基础，财政部同意将其归入地方预算收入。在2007年之前，土地出让收入属于预算外管理，但随着经济的发展，房地产业发展迅速，这部分收支的规模不断扩大，预算外管理方式弊病日益显现，因而，伴随着政府收支分类改革，从2007年1月1日起，土地收益金收入纳入政府性基金，实行预算内管理。这反映了一种典型的政府收支由非规范预算管理到预算内管理的演变过程。

表 6－1　1987—2000 年中国政府收入格局

年　份	全部政府收入（亿元）	预算内收入		预算外收入		制度外收入	
		数额（亿元）	比重	数额（亿元）	比重	数额（亿元）	比重
1987	4894.58	2199.35	44.9%	2028.80	41.4%	666.43	13.6%
1988	5549.71	2357.24	42.5%	2360.77	42.5%	831.70	15.0%
1989	6184.65	2664.90	43.1%	2658.83	43.0%	860.92	13.9%
1990	6696.76	2937.10	43.9%	2708.64	40.4%	1051.02	15.7%
1991	7883.59	3149.48	39.9%	3243.30	41.1%	1490.81	18.9%
1992	9525.16	3483.37	36.6%	3854.92	40.5%	2186.87	23.0%
1993	8922.85	4348.95	48.7%	1432.54	16.1%	3141.36	35.2%
1994	12051.93	5218.10	43.3%	1862.53	15.5%	4971.30	41.2%
1995	14214.27	6242.20	43.9%	2406.50	16.9%	5365.57	37.7%
1996	17081.04	7407.99	43.4%	3893.34	22.8%	5979.71	35.0%
1997	18690.86	8651.14	46.3%	2826.00	15.1%	7213.72	38.6%
1998	20803.66	9875.95	47.5%	3082.29	14.8%	7845.42	37.7%
1999	23837.85	11444.08	48.0%	3385.17	14.2%	9008.60	37.8%
2000	25576.15	13395.23	52.4%	3826.43	15.0%	8354.49	32.7%

资料来源：高培勇：《中国税费改革问题研究》，经济科学出版社 2004 年版。

在 2000 年之前，我国财税体制改革的重点，基本上是对收入分配关系和分配体制进行调整和完善，尤其是 1994 年分税制改革，形成了我国政府间财政收入分配的基本格局沿用至今，但对预算执行、国库管理等财政管理制度基本上没有触及。中国预算体制的全面改革自 2000 年开始正式启动。部门预算改革、收支两条线改革、国库集中收付改革、政府采购制度改革、政府收支分类改革奠定了当前我国政府收支管理的基本制度框架，对非规范收支形成了极大的制约。这些改革举措向着打造民主、透明的财政管理体制，有效规范制度外收支迈出了重要的步伐。

6.3　制度外收支的原因剖析

以发展眼光来看，成熟而规范的政府运行机制与管理体制下，制度外资金应该是指那些确实无法通过制度改进纳入预算管理的、是必须予以铲除的资金。但在我国特定的社会经济发展路径中，制度外收支绝不简单等同于“腐败”，它也发挥过积极作用。然而，随着我国预算管理制度建设的不断推进，不规范政府收支还是屡禁不止——如“离离原上草，春风吹又生”，显然，这种现象背后的深刻的内、外在动因值得深思。

6.3.1　制度外收支活动的内在动因

财政压力下的制度变迁

计划经济时期的财政压力引致市场化改革。伴随着经济权利、经济责任以及经济资源向部门、企业、个人等方向的转移，也就是所谓的“放权让利”，使政府各组成部分成为具有自身相对利益的行为主体，激活了部门和局部利益。与此同时，市场化改革与尚未从根本上加以变革的旧的财政体制发生冲突，不恰当的分权路径造成中央与地方政府间的收入分配博弈。这一过程中，由于中央政府掌握着收入分配规则的制定权和调整权，地方政府在规则的不断变革中难以得到稳定的收入保障，同时，在计划经济延续而来政府部门习惯于以行政命令的方式组织收入、且具有强烈的参与生产的意识的背景之下，在管理宽松的预算外资金的土壤之上，财政收支压力大的各级政府与部门努力寻求制度外收支，这是制度外收支活动产生的最初动因。

尚未完全理顺的政府间财政关系

虽然1994年财政体制改革在收入划分方面的成就无可否认，但改革迄今为止，仍未完全理顺政府间财政关系，而政府间财力与支出责任的不对称，是制度外收支行为仍大量存在的核心动因。

一方面，财权向中央政府集中。从表6-2中数据可见，分税制改革前，除1985年和1990年，中央财政收入占整个国家财政收入的比重均在30%以下；改革后，中央财政收入显著增加，各年度该比重虽然略有变化，但基本稳定在50%—55%之间。总的来看，分税制改革在一定程度上确立了地方收入的制度框架，使其具有一定程度的稳定性，但中央政府仍然能够比较自由地变更事权与财权的分配格局，中央、地方间确立的收入分配关系并没有获得制度上的保障，收入不断向中央集中。

表6-2　1978—2007年中央和地方财政收入及比重

年份	财政收入（亿元）			比重（%）	
	总额	中央	地方	中央	地方
1978	1132.26	175.77	956.49	15.5	84.5
1980	1159.93	284.45	875.48	24.5	75.5
1985	2004.82	769.63	1235.19	38.4	61.6
1990	2937.10	992.42	1944.68	33.8	66.2
1991	3149.48	938.25	2211.23	29.8	70.2
1992	3483.37	979.51	2503.86	28.1	71.9
1993	4348.95	957.51	3391.44	22.0	78.0
1994	5218.10	2906.50	2311.60	55.7	44.3
1995	6242.20	3256.62	2985.58	52.2	47.8
1996	7407.99	3661.07	3746.92	49.4	50.6
1997	8651.14	4226.92	4424.22	48.9	51.1
1998	9875.95	4892.00	4983.95	49.5	50.5
1999	11444.08	5849.21	5594.87	51.1	48.9
2000	13395.23	6989.17	6406.06	52.2	47.8
2001	16386.04	8582.74	7803.30	52.4	47.6
2002	18903.64	10388.64	8515.00	55.0	45.0
2003	21715.25	11865.27	9849.98	54.6	45.4
2004	26396.47	14503.10	11893.37	54.9	45.1
2005	31649.29	16548.53	15100.76	52.3	47.7
2006	38760.20	20456.62	18303.58	52.8	47.2
2007	51321.78	27749.16	23572.62	54.1	45.9

注：中央、地方财政收入均为本级收入；本表数字不包括国内外债务收入。

资料来源：根据中国统计年鉴2008（电子光盘版）数据整理，中国统计出版社2008年版。

另一方面，支出责任向地方政府下放。分税制改革虽然较好地划分了“财权”，但各级政府间“事权”却没进行制度化明晰。在1994年财税体制改革的文件中，关于各级政府所承担的基本职责的规定是不清晰的，比如社会保障职责，在实际操作过程中，被层层下移，最后都变成最低端的基层政府的支出责任。特别是县乡两级的支出，它们共同提供庞大而重要的公共服务，包括70%的预算内教育支出和55%—60%的医疗支出（黄佩华，2002）。从长期走势（如图6－4）来看，1990—1994年，中央、地方预算内财政支出关系相对稳定；1994—2000年，中央支出相对增加、地方支出相对降低；但从2001年开始，中央财政支出所占份额不断减少、而地方财政支出不断增加，到2007年这种现象已经非常突出，正如下图6－4中记录的，中央占23%，达到历史最低值。

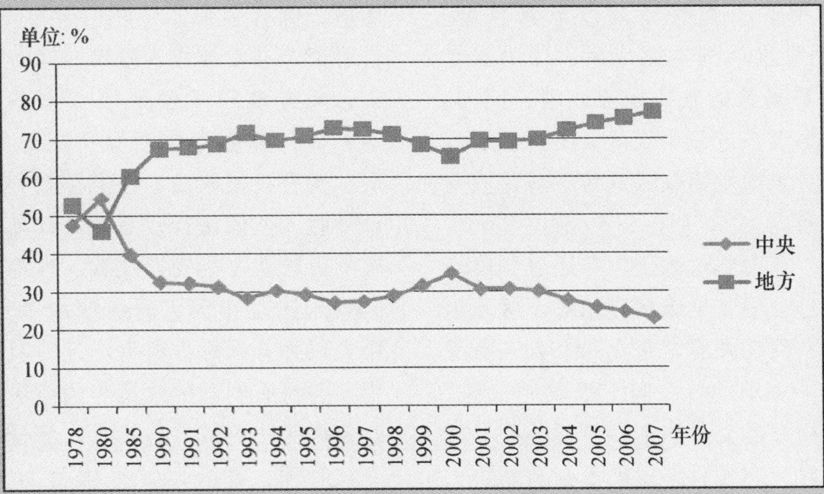

图6－4　1978—2007年中央与地方财政支出走势图

结合上面两方面来看，一升一降，中央政府的财政压力得到极大缓解；而反之，改革过程减少预算内地方政府收入比重，但其支出责任却在不断增加，这意味着地方政府财政增收节支的压力不断增加。

高效率水平的转移支付额是政府间财政关系的一个重要特征，是分税制的重要配套政策。理论上讲，财权不等于财力，财权与支出责任的不对称所形成的资金缺口在正常情况下应通过上级政府的转移支付得到弥补。然而关键问题在于，我国的转移支付制度也是不完善的。现行政府间转移支付制度主要由税收返还、体制补助、结算补助、财力性转移支付、专项转移支付五种方式组成。除结算补助外，各类转移支付办法都存在一定问题，无力改变财力与支出责任的不匹配的问题，为应对这种格局，地方政府采取的“上有政策，下有对策”就是扩大预算外乃至制度外收支活动。

也就是说，分税制改革非但没有解决市场化改革之初所产生的制度外收支问题，反而更进一步推动地方政府脱离权力中心的制度安排轨道，加倍努力在制度外寻求补充资源。而与此同时，市场经济的不断发展为政府提供了多元化的收入来源渠道。

省以下分税制改革的不彻底

上述事实折射了中央与地方之间在财政关系上的矛盾。而除此之外，对制度外收支具有更严重影响的一个问题是，我国省以下分税制改革是不彻底的。1996年3月，财政部下发《关于完善省以下分税制财政管理体制意见的通知》，要求各地区要参照中央对省级分税制模式，结合本地区的实际情况，将分税制体制落实到市、县级，有条件的地区可落实到乡级。与政府结构对应，我国实行中央、省、市、县、乡镇五级财政，在没有明确法律规定的条件下，但由于制度供给不足，省级以下地方政府实际上始终没有实施真正的分税制，而是延续着原本极不稳定的、讨价还价特征明显的分成制和包干制。

从20世纪90年代实行的“分灶吃饭”财政体制，到后来不彻底的分税制财政体制至今，都使县乡财政一直处于高度紧张状态。2006年农村税费改革基本完成后，作为县乡财政收入的重要来源的农业税被取消，同时，基层财政收入渠道被进一步规范，使县乡财政压力彻底暴露。土地批租收入成为不规范收支行为的重要平台。

总体来看，在面临财政压力并通过制度变革化解压力的过程中，上级政府相对下级政府处于主动地位；而在政府、企业和个人三者关系中，政府处于主动地位。向上级政府“讨”钱不仅要付出极大的交易成本，而且还要处处受制于人，同时，向预算外发展不会遇到很大的制度障碍，也无须花费高昂的“违规成本”，因此，地方政府化解财政压力的途径也必然是向下一级政府、乃至向其辖区内的企业和个人传导。我国基层政府的收支在财政管理的末端，除去税收具有相对明确的管理外，其他政府收入一般没有得到完整的管理，甚至很多本该作为预算外管理的资金，也没能进入预算管理体系，而成为制度外收支。

6.3.2 我国制度外收支活动的外部诱因

前文分析了根植于我国财政体制内部的制度外收支活动的内在动因。内在动因反映了政府及部门追逐制度外资金的动机与目标，然而，任何行为的产生都是由内、外两方面原因共同起作用的结果，外在诱因使内在起因转化为真正的行动成为可能。政府制度外收支活动的外部诱因，可归结为如下几个方面。

政府收支机制不规范——“双轨制”

政府部门违规收钱用钱的现象之所以屡禁不止，一个重要原因在于政府部门经费来源的“双轨制”（高培勇，2007）。所谓收入双轨制，也就是一部分收入来自于财政拨款，另有一部分收入来源于“自筹”。

根据我国财政管理制度的规定，自筹资金是指由各地方、各部门、各企业及各行政、事业单位自行筹措，按预算外资金规定的用途使用后，确有多余，允许用于投资建设的资金。自筹资金通常被作为政府的储备财力和机动财力，地方政府一般采取“多积累，少消耗”的原则，资金主要来源于统筹部门预算外收入、国有投资收益、各类存款利息等。部门预算外收入虽依法行政后财力日渐缩小，但如法院的诉讼费、公安罚没款、教育收费等个别部门收入还是很大，同级政府一般进行统筹使用，以弥补预算内财力不足，但统筹后如何使用，并没有明确的政策和法律法规依据，人大监督也无法可依。这些收入部分以预算外财政专户管理，部分以“汇报备案”的方式归单位自有，为非规范收支提供了存在的土壤。

健全的多元政府预算体系尚未建立

就全部政府收支而言，现行的预算管理体系是不完整的，没有依据不同性质的收支确立与收支特征相适应的、规范的预算管理框架。因此，各类收支间，也没有法制化的资金流转渠道。从而造成了财政资金使用权力的人为割裂，强化了部门利益或局部利益，并使非正式制度在预算决策中占有举足轻重的地位。我国在1993年《中共中央关于建立社会主义市场经济体制若干问题的决定》就提出要“建立政府公共预算和国有资产经营预算”；1995年《中华人民共和国预算法实施条例》规定，“各级政府预算按照复式预算编制，分为政府公共预算、国有资产经营预算、社会保障预算和其他预算”；1998年，伴随政府预算收支科目变更，政府预算的主要内容包括一般预算收支、基金预算收支和国内外债务预算收支等三个部分。然而，从当前的实际运行来看，完整的预算管理框架仍然没有真正建立起来，甚至连基本的形式都不具备。

在这种基本内容框架的缺失下，我国当前的预算管理制度必然是分裂的，既包括正式的预算管理，又包括非正式的、或者说“准”预算管理。除一般预算，其他预算都或多或少的具有非规范性；基金预算基本被认为是正式预算，尽管在预算过程中只报总额不审批具体细目；预算外财政专户管理就是标准的非正式预算，尽管其规范性正在不断加强；此外，还有完全不进入预算管理范畴的非预算。“准预算管理”这是我国在渐进式的财政制度改革过程中的过渡做法，然而，在这种二分式的、甚至是三分式的预算管理制度下，预算不具有完整性，更没有覆盖所有以政府为主体的收支活动。因而，是大量的预算外资金和制度外资金存活的外部土壤。

公共收费制度不健全

根据我国的法规规定，行政事业性收费执行中央与省两级审批的管理制度。行政事业性收费按隶属关系分别报国务院和省级人民政府的财政部门会同计划（物价）部门批准，收费标准的确定和调整则以计划（物价）部门为主，会同财政部门确定，省级以下的各级人民政府及其部门无权立项和定费，政府性基金必须报财政部审批，地方无权批准设立基金项目，也不得以行政事业费的名义变相批准设立基金。但实践中，事业性收费的管理较松，由地、市有关部门根据实际情况拟定项目和标准报省级财政主管部门批准，审批后即可执行。

正是这种收费审批模式再加上由于我国现阶段审批收费缺乏法律法规依据，政府的哪些行为可以收费，哪些行为不可以收费，都缺乏明确的界限，收费的立项与收费标准的核定随意性很大。实践中，一般是由业务部门向主管部门提出收费申请，审批机关依据财政支持程度确定。弥补机关经费不足实质上就成为审批收费的基本依据，结果就是使得一些在中央得不到批准的收费项目分散到地方进行审批，以一种名目得不到批准的就换另一名目审批，从而导致地方政府将预算内收入转移到预算外收入基本上没有法律上的障碍。

而且，目前行政事业性收费收入一部分在预算内管理，一部分在预算外管理，这种双轨式的管理模式也留下了制度外隐患。

6.4 规范制度外收支的政策建议

就政府收支管理而言，“制度外”问题要靠“制度内”规则加以解决，规范制度外收支的核心任务是建立、健全我国公共财政与相关财政管理制度。从制度外收支的内在动因与外部诱因的分析我们已经得到结论，稳定性、透明性不足的分权体制不能形成有效的经济激励和政治激励，制度外收支是市场经济发展和财政体制改革滞后相矛盾的产物。因此，对制度外收支的治理，要从“治本”开始，不能简单通过法律行政手段加以否定和限制，更重要的是通过改革财政体制，将诱发地方政府的道德风险、机会主义的因素和公共服务供给融资的困境消除，然后，才是通过加强预算管理的技术、水平等手段，对不规范的政府收支活动加以规范、控制和监督问责。

6.4.1 深化分税制财政体制改革

政府间财政关系决定着一国的财政稳定性、经济增长、公共服务的有效供给、良好的治理、平等与贫困削减等目标的实现。在我国进一步深化分税制改革的过程中，体制安排需要在各级政府间的关系中，沿着事权、财权和财力的内在关联，做好制度设计。

明确划分各级政府间事权

我国当前的政府预算制度改革，是经济市场化与财政公共化程度不断加深的必然要求与结果。政府预算改革正在经历一个由形式到内容、由过程到实质的过程，政府预算法治性在不断提高，反之，这又是规范政府与市场关系的关键步骤与基本手段，能够促使经济市场化与财政公共化程度的不断提高。在这个互动过程中，各级政府职能的定位至关重要。各级政府间事权和支出的科学划分是分税制改革的关键。

要治理非规范收支，首先必须明确划分政府与市场的界限，界定政府职能范围以及相应地需要多少财力支持。预算应当反映政府的所有活动，满足教育、医疗、扶贫、环境、基础设施等优先领域对于预算资金的需求。

完善省以下政府间收入分配结构

省以下分税制财政体制是中央对省级分税制的贯彻和延伸，其结构和内容以后者为基本依据。因此，完善既有中央与地方政府间的分税制结构，是深化省以下分税制的基础。在加快增值税转型、个人所得税从分类征收转向综合征收、调整营业税征收范围并解决营业税重复征税问题等主体税种改革步伐的同时，应调整主体税种在政府间的划分，侧重健全地方税系。

整体来看，中央应掌握与全局宏观调控、国家主权紧密相连的一些税种，如关税、个人所得税；作为中间层级的省级可掌握营业税，因为营业税最密切关联的是第三产业的发展，适合省一级政府来掌握；而对于政府低端的市和县级政府，财产税具有成为地方税主体税种的良好秉赋，一般不会因课税而引起财产的区域间流动，且税收收入稳定可靠，不容易发生周期性波动，因此，将财产税培养成为基层地方政府的主体税种是可行的。首先，完善开征财产税的基础条件，建立健全财产法规，建立健全财产登记制度，赋予地方财产税的税政管理权，并加快建立财产评估制度，为开征财产税奠定良好的环境基础；其次，加快物业税改革，以税源充裕的物业税改革作为财产税改革的突破口和切入点，减少社会的抵触和实施的困难，解决“费挤税”的问题，增强财产税的收入功能；再次，全面整合地方税种，同步开征遗产税和赠予税等相关税种，建立地方财产税税种体系。

完善转移支付制度

现行转移支付制度更多关注的是中央与省两级财政，而对省级以下财政没有统一方案，具体政策设计因省而异，五花八门。在“非对称性目标”的税收收入划分模式下，作为财力与支出责任平衡机制主要内容的转移支付制度，在完善过程中，应注意如下几个方面问题：

（1）建立以一般性转移支付为重点、以有条件转移支付相配合、以特殊转移支付为补充的复合形态。扩大一般性转移支付比重。规范既有的专项转移支付，清理现行分散在各个预算支出科目中的专项性补助，完善专项转移支付的资金管理和监督机制。考虑引入特别需要拨款，主要用于满足一些省份的特殊需要，其中应包括专项拨款，但不同于现行体制下的专项拨款，这类款项应主要专用于遭受自然灾害和发生意外事件地区的救急和跨省际的大规模工程项目。

（2）完善转移支付的计算方法，把用“基数法”确定的税收返还逐步过渡到用“因素法”计算，逐渐减少富裕地区税收返还增量，增加贫困地区税收返还增量。

（3）在事权与财权重新划分的基础上，着重规范对县、乡两级的转移支付制度，加强财政信息、统计制度建设，有效收集有关地区的资料和信息，从而尽量准确地测算地方政府提供最低公共服务水平的需要，合理加大中央、省对基层政府财政的直接转移支付规模。

（4）从转移支付模式来看，在完善纵向财政平衡功能的同时，逐步向以纵向转移支付为主、横向转移支付为辅的纵横结合的财政平衡形式转化。

（5）提升转移支付制度相关的法律法规的法律层次，以保障转移支付的规范性和执行的严肃性。制定转移支付法律法规，首先要确认转移支付制度在宪法中的地位；其次是要制定财政转移支付基本法，由全国人民代表大会立法，确立转移支付的目标、基本原则、形式、转移支付的资金来源、核算标准、分配方法、支付规模和程序、管理分配机构及转移支付的监督及法律责任等，使财政转移支付全过程纳入法制化轨道；同时，完善转移支付执行的监督体系，加强人民代表大会对转移支付的监督。

简化财政层级

根据我国《宪法》，实行中央、省（直辖市）、市、县、乡（镇）五级政府的行政体制，与之相对应，《预算法》规定，“国家实行一级政府一级预算，设立中央、省、市、县、乡五级预算”。然而，国内外实践证明，三级财政较易于形成与各级政府事权相对应的稳定的财权。

我国不到30个税种在5级财政间进行分税，省以下是四个层级，遭遇较大的技术难度，由于各个税种收入的高度不均衡，如果完整地按税种划分收入，势必形成政府间收入分配高度不均衡，然而如果一味扩大共享部分，又会反过来影响分税分级财政基本框架的稳定（贾康、白景明，2002），可见，财政层级过多这个基本的现实阻碍了分税制在省以下的贯彻实施。为应对在短时期内无法将行政层级进行压缩的操作困难，我国实践中产生了“乡财县管乡用”、“省直管县”等财政管理模式的探索。现在看来，这些做法较好地简化了财政管理层级，值得推广，但也存在相应问题有待进一步解决。

更重要的是，在“乡财县管乡用”、“省直管县”模式的创新下，财政层次得到实质性的简化，在这一基础上，才能基本构架出中央、省级、地方级三级财政，从而，使政权、事权、财权、税基得到更好的匹配，进而就可以在各个层级上以现代意义的预算来追求公共财政所有的理念、目标，并履行各级政府应该发挥的职能。

6.4.2 健全公共预算制度

加强预算管理的法制化建设

我国的《预算法》及《实施条例》已经运行了14年，有些规定与现行部门预算等实际需求脱节，很多条款需要修改以应对新的变化，预算法修订势在必行。而就其他的预算管理相关的法规而言，这些则过于零散、分散，应加以清理整合和明确，提高立法层次。不仅仅要从行政层面、而且要从立法层面加强预算管理的严肃性和规范性。为严格控制制度外资金的产生，特别要明确，在现有的渐进式的预算改革的过程中，还要客观存在一段时间的预算外资金的概念、性质、范围、用途，尤其是违纪的界限和处罚手段。仅靠国务院颁布的行政性法规，预算外资金在管理没有足够依据、处罚没有明确标准的状态下，成为制度外资金的转换平台。财政监督实际上是有职无权，难以到位。因此，只有清理预算外资金、改变现行的预算外资金管理方式，建立科学合理的预算外资金管理制度和监督管理机制，使之制度化、法制化，才能使预算外资金的收取和使用，同样受到人大、政府和财政等部门的监督；使真正违规违纪的制度外收支暴露出来，一旦出现，要么被铲除、要么面临更加严格的问责与处罚。

真正建立全口径预算管理体系

从公共财政建设角度来看，无论是预算内、还是预算外或制度外收入等都应该纳入预算管理。我国存在的大量的非预算收入，很大程度上反映出政府预算的非完整性，预算没有能够覆盖政府从事的全部活动。完整的多元政府预算体系是其他财政管理制度运行的基本平台。政府预算体系需要考虑到各类收支不同的性质，以复式预算的形式使各类公共收支行为完整受到人大的审批与监督。作为一个完整的政府预算体系，应在政府公共预算、社会保障预算、国有资本经营预算、与债务预算间应形成统一与平衡，建立规范透明的资金往来渠道，也可能还需建立其他的特别预算或专门预算。构建完整政府预算体系的基本目标在于实现预算的完整性，取消局部利益。

在完整的预算体系平台上，废除各级政府和部门的“自筹”制度，政府只能通过财政获得收入，并从事预算安排了的活动，切断各个政府职能部门的行政、执法同其经费供给之间的直接联系，从而真正实现财政部门统揽政府收支，使其能够真正成为接受立法机构和社会公众的问责的主体。

6.4.3 加强我国公共收费制度建设

明晰税费划分范围，深化税费改革

中、外税收与收费的理论与实践均表明，税与费作为政府筹集财政收入的两种主要手段，各有其性质、内涵和重要性，二者并不是矛盾对立的。政府是以税收的形式、抑或是以费的形式取得财政收入，取决于该项收入在支出上的用途，具体而言，税服务于公共物品，而费则主要地服务于准公共物品。基本上，我国公共收费也可以界定在提供准公共物品的范围。具体来看，“准公共物品”领域主要包括：反垄断的规制性收费、反欺诈的规范性收费、非赢利组织的补偿性收费、消除负外部效应的惩罚性收费、消除拥挤的准入性收费和发展公共物品生产的集资性收费等。

深化税费改革，是以清理整顿预算外、制度外资金和各种收费为前提，使政府税收、各种行政收费和非政府预算的经营性收费各自分流归位的一种综合性改革。对应于纯公共物品供给的收费（包括纯粹属于政府职责范围内的服务），应该以税收方式征收，并入相关税种或开征新税种，例如将目前征收的养路费、车辆购置附加费、车辆过路过桥费、公路建设费、江河航道养护费、交通监理费、船舶管理费、港口建设费、机场建设费、水运客运附加费等，清理归并，开征燃油税；对应于准公共物品供给的收费应予以保留，尤其是具有准入性和惩罚性的收费，而为提供准公共物品而征的税，则应改为收费；取缔属于政府职责范围内应提供的服务而开征的收费项目，行政单位的经营性收费项目应全部取消，尤其是省级以下政府自行设立的各种收费项目，或既无法律法规依据，又无正式行政文件的各种乱收费、乱摊派、乱集资，均应全部予以取缔；将事业单位收取的带有经营性的收费，改为价格。

健全公共收费立法

收费同税收一样，也具有严肃性和规范性要求，也要依法治费，公共部门出台任何收费项目都应该具有严格的法律依据，若要变动收费标准等，也须经过严格的法律或行政审议程序。目前《中华人民共和国行政许可法》对行政机关行政许可行为中的收费方面有所规范，但还不能覆盖所有行政、事业单位的收费行为。相关管理规定也零散而不成体系，因此，需提高公共收费法律依据的法律级次，由全国人大制定统一、完善的《行政收费法》，对收费项目的审批、收费标准的制定及调整、收费管理权限的划分、收费收入的征管及票据管理、资金管理、监督、违纪惩处等内容加以明确规定，强化执收单位与缴费者的法律意识，做到有法可依。

完善收费管理制度

（1）合理地确定收费标准，公共收费标准的确定应以服务成本和缴费者受益程度为基本依据，根据各类收费不同的性质和特点，运用成本法、收益法、比率法等方法科学计量。

（2）对所有的行政收费，实行统一的财

政预算管理制度，不论采取何种收入形式和支出管理方式，均应全部纳入预算管理，在完整的预算内，对不同的收支采取有区别的管理办法，从而割断收费部门、单位与收费行为的利益关系。收费资金纳入预算管理后，相应的部门经费由财政拨付，不留缺口，并停止国家机关“创收”行为。对不能“应收尽收”的部门采取行政问责机制。

（3）深化“收支两条线”改革，划分收费资金管理权限，实行资金收缴分离，采取由收费主体决定、专门收费机关负责收取、专门检查机关实施监督检查的“决定、收取、检查”三权分离制度。对截留、坐支公共收费资金或账外设账、小金库等违纪行为，施以有效的监督检查机制和对违纪行为的处罚制度。对执收单位收费资金安排和使用效益进行必要的跟踪管理和监督，变被动式的事后检查为主动式、防范式的事前监督，形成遏制不规范公共收费行为的约束机制。

（4）公共收费实行公告制，增加收费透明度。一方面，把所有的公共收费规范性文件在制定部门的网站和指定的报纸或杂志上公告。刊登公告的报纸和杂志可分为中央一级、省一级和其他地方级，各级别指定一种法定的刊物，所有的该级别范围内的规范性文件都应当在这一刊物上公告。另一方面，每一个征费部门都应当在收费大厅或征费场所等显著、缴费人可获得的位置公告该部门征费依据及征费项目和征费数额。

主要参考文献

樊纲：“论公共收支的新规范——我国乡镇‘非规范收入’若干个案的研究与思考”，《经济研究》，1995 年第 6 期。

高培勇：“政府预算管理的三条‘底线’”，《人民日报》，2007 年 8 月 10 日。

高培勇：《中国税费改革问题研究》，经济科学出版社 2004 年版。

黄佩华：“中国：省级支出考察报告”，中国农村公共财政国际研讨会（北京）论文，2002 年10 月。

黄佩华：《中国地方财政问题研究》，中国检察出版社 1999 年版。

贾康、白景明：“县乡财政体制解困与财政体制创新”，《经济研究》，2002 年第 2 期。

贾康、白景明：“中国政府收入来源及完善对策研究”，《经济研究》，1998 年第 6 期。

贾康：“财政的扁平化改革和政府间事权划分”，《中共中央党校学报》，2007 年第 6 期。

李扬、杨之刚、张敬东：“中国城市财政的回顾和展望”，调研报告，1992 年。

孙潭镇、朱钢：“我国乡镇制度外财政分析”，《经济研究》，1993 年第 9 期。

王绍光：《美国进步时代的启示》，中国财政经济出版社 2002 年版。

杨雷：“财政分权过程中非正式财政收入的发展及对策”，北京大学中国经济研究中心工作论文（2003 年），www. cenet. org. cn/cn/CEAC/。

7

建立国有资本经营预算

- 2007 年中央企业层面试行国有资本经营预算的实践破冰而出
- 国有资本经营预算是实现全口径预算管理的前提和必要条件
- 国有资本经营预算内涵经历了建设性预算、国有资产经营预算、国有资本金预算、国有资本经营预算四个阶段
- 下一阶段全面推进国有资本经营预算面临着理论认知层面、技术操作层面和法律层面的障碍
- 进一步的改革路径：处理好预算管理部门、企业各方的利益关系；规范预算收支范围；完善相关的法律制度

Establishing State – owned Capital Operation Budget in China

- In 2007, the trial implementation of state – owned capital operation budget was initialed at the level of central government.
- State – owned capital operation budget is the premise and a necessary precondition to realize full – covered budget management.
- The meaning of State – owned capital operation budget experienced four stage: constructive budget, stated – own assets budget, stated – own principal budget and stated – own capital operation budget.
- Improving state – owned capital operating budget needs to overcome the obstacles at cognitive level, the technical level, as weell as legal level.
- To deepen the reform of state – owned capital operating budget should coordinate the interests between the budget management department and the stated – own enterprises, standardize the budgeting income and expenditure, and improving the relevant laws and regulations.

7. 建立国有资本经营预算

随着公共财政框架的构建和国有资产管理体制改革的深化，国有资本经营预算作为一种监督、管理、运作国有资本的重要手段日益引起各级政府的高度重视。2007 年 5 月 30 日，国务院常务会议同意了财政部、国资委提出的试行国有资本经营预算的具体意见，决定从 2007 年开始在中央本级试行国有资本经营预算制度，地方试行的时间、范围和步骤由各省（区、市）及计划单列市人民政府决定。这不仅结束了我国国有企业 13 年不向政府分红的历史[①]，也在中央层面拉开了建立国有资本经营预算的实践序幕。

国有资本经营预算的建立，有利于完善国有企业的收入分配制度，有利于增强政府的宏观调控能力，有利于解决国有企业发展中的体制性障碍，有利于推进国有经济布局与结构的战略性调整和支付改革的必要成本。对于促进国有企业改革和发展，推动社会主义和谐社会建设，促进国民经济持续、稳定、协调发展具有重要意义。同时，国有资本经营预算的建立有利于实现以全口径管理为核心目标的多元复式预算体系的完善，真正体现了国家作为国有资本所有者的职能，也实现了与国家作为社会管理者职能的政府公共预算的分离。

本章拟从国有资本经营预算和全口径管理的视角出发，依照历史发展的脉络，从理论和实践两个层面揭示国有资本经营预算的制度演进过程，在此基础上，分析全面推行国有资本经营预算所面临的障碍，提出完善国有资本经营预算的相关建议。

① 1994 年分税制后，由于大多国有企业经营效益下滑甚至亏损，暂停对国有企业的利润分红。

7.1 国有资本经营预算与全口径预算管理

7.1.1 全口径预算管理的内涵

我国当前的政府预算，未能覆盖全部政府收支。在预算覆盖范围之外，还存在许多脱离预算管理的政府收支。以政府收支而非财政收支作为统计口径，可以纳入这一口径的有预算内收支、预算外收支（包括纳入预算管理视野但未完全纳入预算的收支）和制度外收支。因而，全口径预算管理的基本含义在于，要通过预算制度的改革，形成一个能够覆盖所有政府收支、不存在游离于预算之外的政府收支的政府预算。

从预算编制的范围来看，全口径预算制度应是一个包括政府公共预算、国有资本经营预算、社会保障预算在内的复式预算体系，而且复式预算体系内的各项预算之间应建立规范、明确、透明的资金往来渠道。

从预算审议的内容来看，全口径预算管理要求所有的政府收支，尤其是由非财政部门掌握的政府收支应当全面、完整地在预算中反映并受到立法机关的有效监督。

7.1.2 国有资本经营预算的内涵

2002年党的十六大作出了关于建立国有资本经营预算的决定。国有资本经营预算是建立在“公共财政和国有资本财政并存的二元财政”理论基础之上的。但国有资本财政是前所未有的财政类型，且没有其他与之相适应的预算制度可供借鉴。尽管理论界结合我国国有经济的发展现状对国有资本经营预算的意义、目的、内容等相关问题进行初步的理论分析，但是国有资本经营预算的概念至今还没有一个统一的界定。国务院2007年制定了《国务院关于试行国有资本经营预算的意见》（以下简称《意见》）。《意见》指出，“国有资本经营预算，是国家以所有者身份依法取得国有资本收益，并对所得收益进行分配而发生的各项收支预算，是政府预算的重要组成部分。”

根据《意见》所给出的定义，国有资本经营预算至少包含以下几方面的内容：

（1）国有资本经营预算体现的是国家作为国有资本所有者的职能。国家作为出资人收取部分收益，能解决“所有者缺位”的问题，保证国有资本不流失。资本所有权是国家参与收益分配的依据。

（2）国有资本经营预算的对象是国有经营性资本所获得的收益。这里包含两层意思，首先，只将经营性的国有资产纳入国有资本经营预算；其次，只是对这部分资本所产生的收益进行分配，即从国有企业收取部分利润由国家统一分配。因此，国有资本经营预算收支内容基本上体现的是对经营性国有资本的价值管理和分配。

（3）国有资本经营预算是国家预算的重要组成部分，它与政府公共预算以及社会保障预算一起构成我国的复式预算体系。国有资本经营预算与政府公共预算的分离，清晰地界定了政府社会管理和资产所有者双重身份的不同属性和不同要求，把政府作为社会管理者征收的税收收入和作为资产所有者获得的资本经营收益，分别纳入政府公共预算和国有资本经营预算进行管理和使用。

7.1.3 二者的关系

建立国有资本经营预算与实现全口径预算

管理之间的联系在于：

前者是后者的前提和必要条件

全口径预算管理的基本含义在于，要通过预算制度的改革，形成一个能够覆盖所有政府收支、不存在游离于预算之外的政府收支的政府预算。从预算编制的范围来看，全口径预算制度应是一个包括政府公共预算、国有资产（本）经营预算、社会保障预算在内的复式预算体系。可见，国有资本经营预算的是全口径预算管理的一个重要组成部分，二者之间是一种包含与被包含的关系。只有建立了国有资本经营预算，全口径预算管理才成为一种可能。因此，建立国有资本经营预算是实现全口径预算管理的前提和必要条件。

后者是前者的客观要求

全口径预算管理是一种理念，它要求政府预算必须涵盖所有的收支项目、所有的资金。因此，完善国有资本经营预算也必须按照全口径预算管理的要求，国有资本经营预算的收支项目必须涵盖所有的国有资本活动范围，所有的经营性国有资本都必须纳入相对应的预算科目，不存在游离于制度外、预算外的资金。而国有资本经营预算尚未建立时，国家经济管理部门和行政事业单位，通过各种方式组织的国有资产收入，包括国有企业收入、国有投资分红、国有资源收入等，除一部分上交财政外，有相当一部分归政府部门和国有企业、事业单位自主支配。这些巨额资金长期游离于预算之外，进行“体外”循环，脱离国家监督，不利于综合反映国家资金的全貌。为此，就需要采用一种更为系统、全面、使用的预算方法，将不同性质的国家资金纳入预算统筹管理和调控。所以，以全口径预算管理为核心目标的复式预算体系的完善，是建立国有资本经营预算的客观要求。

7.2 国有资本经营预算的制度演进

国有资本经营预算目前在我国很多地方已经开始试行，中央一级的国有资本经营预算也从 2007 年开始试编。但是，我国的国有资本经营预算制度却不是一开始就有的，从建国伊始的单式预算，到如今包含国有资本经营预算的复式预算体系的建立，有着一段曲折的历程。建国伊始，我国实行的是计划经济体制，其基本特征就是政府代替市场进行资源配置。因此，当时实行的是统收统支、高度集中的单式预算。在单式预算制度下，全国实际上只有“一本账”，国有资本经营预算根本无从谈起。直到 20 世纪 80 年代末期，我国才开始探索复式预算制度，国有资本经营预算的思想才开始萌芽，其间大致经历了建设性预算、国有资产经营预算、国有资本金预算、国有资本经营预算四个阶段。

7.2.1 20 世纪 90 年代：首次提出国有资产经营预算

理论探索

在我国建立国有资本经营预算的思想可以追溯到 1986 年。由于我国的单式预算已经不能适应市场经济体制的需求，当时有一些人大代表提出实行复式预算的议案，建议政府将政府单式预算分成经常性预算和建设性预算。经过一年多的研究，1988 年，财政部向国务院报送了实行复式预算的初步方案。1989 年全国人大常委正式提出了实行复式预算的意见。1991 年年底，财政部再次向人大报送了修正的复式预算方案。1991 年国务院颁布《国家预算管理条例》，规定从 1992 年起国家预算分为“经常性预算”和“建设性预算”两部分。从1992年开始，中央预算和部分省级预算按“经常性预算”和“建设性预算”进行了试编①。关于国有资本方面的支出反映在建设性预算里。

建设性预算是国家以资产所有者身份取得的收入，以及国家特定的用于建设方面的某些收入和直接用于国家建设方面的支出的预算。其中收入包括经常性预算结余、专项建设性收入、企业收入、生产性企业亏损补贴和调入资金、国债收入和国外借款收入等；支出包括生产性基建支出、支农支出、城市维护建设支出、支援不发达地区发展资金和国内外债务还本付息支出。之所以要建立经常性预算和建设性预算分离的复式预算，就是为了要把财政的“吃饭钱”与“建设钱”区分开来，以便更好地安排财政经费的使用和财政资金的投资。当初采用“建设性预算”的措辞，更多地参考了市场经济国家中资本预算（capital budget）的理念，但因为“资本”一词在当时的中国，具有过于强烈的意识形态色彩，故采用了“建设性”的提法。

这较以往计划经济下“吃饭钱”与“建设钱”不分的单式预算，已有很大的进步，并且隐约含有依据市场经济的要求，区分国家在财力使用上的社会管理者和资本所有者两重身份的用意。

但是建设性预算并没有明确反映出国有资产的收支，不便于对国有资产（特别是经营性国有资产）进行考核、管理和制定政策。从涵盖范围上看过于狭窄，当时的复式预算拘泥于单式预算下的收支范围，只是对单式预算下的收支项目按其性质，分别编入经常性预算和建设性预算。国有资本收支项目没有完全纳入预算体系，存在着大量的预算外与制度外的收支活动，对国有资本收支活动的反映并不完整。这也与全口径预算管理的要求相去甚远。

为了解决建设性预算存在的问题，20世纪90年代初期，我国理论界又开始探索建立国有资产经营预算，并且最终在法律制度上得到了体现。1993年11月中共中央十四届三中全会通过的《中共中央关于建立社会主义市场经济体制若干问题的决定》首次明确提出了“国有资产经营预算”。1994年颁布的《中华人民共和国预算法》从法律上规定政府预算按照复式预算编制，1995年的《中华人民共和国预算法实施条例》第二十条明确规定各级政府预算按照复式预算编制，分为政府公共预算、国有资产经营预算、社会保障预算和其他预算。

这一系列的法律和政策出台，确立了我国由政府公共预算、国有资产经营预算和社会保障预算构成的复式预算模式，对于改变以往实行的单式预算，区分政府以社会经济管理者与国有资产所有者身份取得收入和支出的不同性质，具有重大意义，为国有资产经营预算的建立铺平了道路，是向建立国有资本经营预算制度方向迈进的第一步。其中，国有资产经营预算收入包括公共预算结余转入，国有企业上缴的利润（包括股份制企业中国家股份分得的股息和红利）；基本建设贷款归还收入，国家能源交通重点建设基金收入，国家专项建设基金收入及国内外债务收入等；预算支出则包括工业、交通、能源、水利、城建等部门的经营性基本建设支出，挖潜改造和新产品试制费支出，国有生产性企业亏损补贴支出、各种建设性专项基金支出等。

与建设性预算相比，国有资产经营预算能够单独反映国有资产的收支状况。这是我国在解决国有资本产权归属和委托代理问题上向前迈出的关键一步。众所周知，国有资产属于全民所有，而在实践上，全民不能以个体的形式直接地行使其所有者权能，必须通过委托授权给代理人行使，因而不可避免产生国有资本委托代理关系。但是长期以来我国国有资本委托代理关系中，委托代理链相对过长，导致监督积极性和最终代理人工作努力水平降低；中间委托人与代理人地位不平等，行政管制替代了

---

① 叶振鹏、梁尚敏：《中国财政改革二十年回顾》，中国财政经济出版社1999年版。

产权约束；剩余索取权的分配没有落实到具体委托人，致使委托人激励不足，成为对国有资本营运绩效“无所谓”的委托人。而通过国有资产经营预算将大量国有资本经营过程中的预算外和制度外收支活动纳入预算体系，有助于解决所有权缺位和委托代理机制失效。

实践探索

理论上探索的同时，在实践层面也开始了国有资产经营预算的有益探索。只不过中央政府的国有资产经营预算并没有取得实质性的进展或没有实质性启动，而地方政府则早已开始了实践上的探索。

深圳市早在1994年后构建了三个层次（国资委/国资办—国有资产经营公司—国有企业）的国有资产管理模式，其中包括编制国有资产预算。1995年就开始为编制国有资产经营预算做好了制度上的准备工作，颁布了《深圳经济特区国有资产管理条例》，条例对国有资本经营收益预算管理进行了规范。1996年又着手制定《深圳市经营性国有资产收益预算编制暂行办法（送审稿）》，并且在随后的实践中进一步完善了经营性国有资产收益预算。

上海市也是国有资本经营预算试点最早的城市之一。1998年，上海市在黄浦、闵行两区和两个控股公司进行国有资本经营预算试点，后来又有徐汇等区进行类似尝试。但在试点单位中，由于很多预算收入项目没有落实，预算支出也只是停留在纸面上，实际发生的很少。

7.2.2 2003年——从国有资产经营预算到国有资本经营预算转变

理论探索

国有资产经营预算提出以后，受国有资产管理体制改革和其他配套改革的制约，建立国有资产经营预算的进程十分缓慢。特别是中央一级预算，几乎没有进行过建立国有资产经营预算的探索，长期以来延续着政府公共预算和建设性预算的两分法。但是，实践的落后并没有阻止理论和制度进一步演进。1998年中央政府机构调整，原国家国有资产管理局并入财政部，相应的财政部新“三定”方案再次提出改进预算制度、强化预算约束，逐步建立起政府公共预算、国有资本金预算和社会保障预算制度。新方案中的明确提法是“国有资本金预算”。至此，预算理念从国有资产经营预算开始向国有资本经营预算转变。

2003年3月，国务院总理温家宝在十届全国人大二次会议上作的《政府工作报告》中谈到，“抓紧完善国有资产监督管理相关法规和实施办法，研究建立国有资本经营预算制度和企业经营业绩考核体系，进一步落实国有资产经营责任。”在此后的理论研究和制度建设上，基本上都是从国有资本经营预算这个概念出发的。那么，既然提出了国有资产经营预算，为什么又要转而建立国有资本经营预算呢？或者说，国有资产经营预算和国有资本经营预算有什么区别呢？

要了解国有资产经营预算和国有资本经营预算的区别，我们首先要区分“资产”与“资本”的不同。一般来说资产是指人们所拥有的各类具有价值的资源，资本则是出于盈利目的而投入到生产经营活动中的那部分资产。两者之间是静态与动态的关系，不论是否参与生产经营，只要是归属明确且有价值的资源都可以称为资产，资本则必须参与到生产经营活动中。另外，资产虽然也可能增值，但增值不是盈利，而资本的增值则是建立在以盈利为目的的基础之上。

当我们把资产和资本的区别，映射到国有资产经营预算和国有资本经营预算时，就会发现，两者之间也有这样的差异，这样的差异则导致两者所涵盖的范围大不一样。如果是国有资产经营预算，那就必须在预算中涵盖国家依据法律取得的，或用各种方式投资在各领域、各部门以及在海外形成的经营和非经营性的财产，即中华人民共和国境内和境外的全部属于国家所有的一切财产。如果是国有资本经营预算，那就只需要涵盖国家投资于经营性企业中的所有资源。

这个区别正是我们进行预算体制改革和国有资产管理体制改革需要实现的目标之一，即把经营性的国有资产纳入国有资本经营预算体系，把非经营性（公益性）的国有资产纳入一般公共预算体系，以便我们树立国有资本经营的观念，树立以搞活资本为中心的改革思路，使国有资本不仅表现为国家所有的“资产”，还要充分展现其资本的天然属性。同时，国有资本经营预算将进入生产经营领域的经营性的国有资产从预算体系中独立出来还有助于国家通过国有资本的流动来调整产业结构，体现产业政策，可以对国有企业进行股份制改造，国家还可以通过国有资本的控股，使国家可以控制比国有资本大得多的资金的运营，从而发挥“乘数效应”，大大增强国家控制经济的力量，增强宏观调控能力。

实践探索

尽管国有资本经营预算的理论研究和制度建设已经取得了一些进展，但是在实践探索方面显然相对落后，尤其是中央一级国有资本经营预算基本上陷于停滞状态。而地方上的实践则是此起彼伏，一直没有停止过探索。特别是2003年新的国有资产管理体制建立后，各地相继制定并出台了有关国有资本收益管理办法，主要有北京、云南、江苏、上海、吉林、安徽、重庆、深圳、大连等地区；已组织开展国有资本经营预算试编工作的有吉林、重庆、河北、湖北、四川、上海、深圳等地区，但并没有形成可以推广的统一模式。如上海市国资管理机构也曾在2002年要求30多家国有企业编制预算，以期对未来国有资本预算的编制积累经验。2003年确定了“两级两个层次”的国有资本经营预算体系，印发了《上海市国有资产营运机构国有资产经营预算管理办法（试行）》的通知，对国有资产营运机构、国有资产经营预算的内容和编制、执行和评价等进行了规范，并于当年9月底开始试行。此外，吉林省也于2004年制定了《吉林省省直企业国有资本经营预算管理试行意见》和《吉林省省直企业国有资本收益收缴办法（试行）》，对国有资本经营预算管理和收益收缴进行了规范，并于当年开始试行。概括起来说，国有资本经营预算的试编大致有四种模式（见表7－1）。

表7－1　国有资本经营预算的模式

类　型	编制主体	编制内容	其　他
北京模式	国资委单独编制	编制国有资本收支预算	国有资本收支预算资金实行财政专户储存
江苏、云南模式	财政部门编制	将国有资本经营收益编入财政预算	国有资本收益纳入公共预算管理，接受人大监督
深圳模式	国资委单独编制	编制国有资产收益预算	与公共预算分离
湖北模式	财政部门单独编制	编制国有资产经营预算	是一种较为规范的编制模式

虽然就全国而言，这一时期还没有建立统一的国有资本经营预算制度，但从各地的实践探索经验来看，最关键的是国有资本经营收益的投资权、分配权如何使用且必须得到有效的监督。

7.2.3　2007年——国有资本经营预算制度在中央层面初步实施

近年来，本着积极稳妥的原则，中央在完善国有资本经营预算制度方面做了不少努力，逐步理顺国有资产管理体制，这为2007年在中央预算中试行国有资本经营预算提供了制度保障。

首先，财政部从2006年6月份开始起草，并向各部委广泛征求意见的《国务院关于试行国有资本经营预算的意见》，旨在建立国有资本经营预算的原则性制度框架，将国有资本经营收支从公共预算中分离出来，单独反映。

尤其是2007年9月中旬，国务院颁布了《关于实行国有资本经营预算的意见》要求，中央本级国有资本经营预算从2008年开始实施，2008年收取实施范围内企业2007年实现的国有资本收益。中央国有资本经营预算试行范围确定为中央监管企业和烟草企业。这不仅意味着长达13年的国有企业只向国家缴税而不分红的时代画上了句号，同时意味着在中央企业建立国有资本经营预算的实践在2007年破冰而出。毕竟中央企业相对于地方企业来说，这些年获得了巨额的利润①，这为国有资本经营预算的实施提供了雄厚的财务基础。

通过这些法律条例，国有资产管理体制逐渐理顺，也解决了国企分红、收益收缴等问题，明确了国有资本经营预算的编制主体和编制内容，这为国有资本经营预算的整体推进提供了制度保证。

专栏7-1　2008年国有资本经营预算支出548亿元

国务院国资委昨日宣布，2008年中央企业国有资本经营预算已经国务院批准，确定国资委国有资本经营预算支出总额547.8亿元。国资委称，2008年国有资本经营预算支出的下达，配合了近期出台的国家重大宏观经济调控政策，对于引导中央企业抵御全球金融危机的影响，帮助中央企业渡过难关将起到积极作用。

据悉，近550亿元预算支出中，用于关系国计民生和国家经济安全的重点中央企业新设出资和补充国有资本的预算支出为270亿元（约占49%），用于支持特大自然灾害中损失较重的中央企业灾后恢复重建的预算支出196.3亿元（约占36%），用于推进中央企业产业布局和结构调整等方面的预算支出81.5亿元（约占15%）。

国资委相关负责人表示，中央企业国有资本经营预算刚刚起步，国资委将进一步建立和完善国有资本经营预算工作制度，引导和监督中央企业按照有关规定管好、用好预算资金。

2007年9月，国务院下发了《国务院关于试行国有资本经营预算的意见》，决定试行国有资本经营预算，标志着我国国有资本经营预算制度的建立。目前，除2008年中央本级国有资本经营预算已获国务院批准外，地方国有资本经营预算也在积极开展。

财政部统计数据显示，目前，全国共有14个地区以政府文件的形式确定开始实施国有资本经营预算工作。财政部要求，目前尚未开展这项工作的地区，或工作进展缓慢的地区，应当抓紧组织协调工作，尽早出台办法，开展试点。

据财政部企业司负责人介绍，按照国务院文件的要求，2009年财政部将扩大国有资本经营预算试点范围，将部分地区和部门单位纳入全国试点，汇总编制中央本级及部分地区国有资本经营预算。

资料来源：《证券时报》，2008年11月27日，第9版。

① 据统计，2006年，国有企业实现利润1.2193万亿元，税后利润达6252亿元。其中，央企实现利润7546.9亿元，占整个国企利润的62%。而这部分利润的69%来自中石油、中国移动、中石化、中国电信、中海油、宝钢、神华、中铝和国家电网九家企业。

7.3 全面推开国有资本经营预算的障碍分析

2007年，为了尽快建立国有资本经营预算制度，政府选取了国资委监管的中央企业和中国烟草总公司作为试点，试编国有资本经营预算。自此，国有资本经营预算在中央层面的实践探索拉开了序幕。但是，要全面推开国有资本经营预算还面临着一些制度障碍，主要包括理论认知层面的障碍、技术操作层面的障碍和法律层面的障碍三个方面。

7.3.1 理论认知层面的障碍

国有资本经营预算和政府公共预算关系的定位

按照复式预算体系的内涵，作为其组成部分的子预算之间应该是并列的关系。例如，国际上的复式预算体系一般由运营预算（operation budget）和资本性预算组成，而运营预算和资本性预算是一种并列关系。继而可以推断出，作为我国复式预算体系的重要组成部分的政府公共预算、国有资本经营预算和社会保障预算之间应该处于一种相互平行、并列关系，在复式预算体系中发挥着各自的功能。

可是，目前理论界有一种观点认为“国有资本经营预算应该作为政府公共预算的一个附加预算”。但是笔者认为既然国有资本经营预算定位于政府预算的重要组成部分，其主要发挥政府作为资产所有者的职能，它和政府作为社会管理者职能建立的政府公共预算，集中体现了市场经济体制下国家的双重身份①。所以，至少就目前阶段而言，二者之间还应该是一种并列关系，而不应该是从属附加关系。就长期来看，还要看理论的发展演变，是逐渐向一元财政结构演化，还是继续二元财政结构的状态，即如何处理国有资本财政和公共财政的关系问题。这些理论层面的问题不厘清，看似对国有资本经营预算的全面推行无关紧要，实质上制约了它的健康发展。

国有资本经营预算的收支平衡

从理论上追溯，国有资本经营预算的前身相当于我国过去复式预算体系下的建设性预算②，其和经常预算作为复式预算的两个组成部分。按照国际惯例，应该遵循“经常预算不列赤字，而建设性预算可以允许出现赤字”的原则，进而规定，经常性预算的结余可以转入建设性预算。而我国1991年国务院颁布《国家预算管理条例》，把预算分为“经常性预算”和“建设性预算”，其中建设性预算就包括经常性预算结余转入。按照此种规则的延续，我国1995年预算法实施条例规定，各级政府按照复式预算编制，分为政府公共预算、国有资产经营预算、社会保障预算和其他预算，其中国有资产经营预算收入就包含有公共预算结余转入。

而目前关于国有资本经营预算的规定，国有资本经营预算由预算收入和预算支出组成，预算收入根据财政当年取得的企业国有资本收益以及上年结转收入编制；预算支出根据预算收入规模编制，不列赤字。不过，既然是国有资本经营预算，涉及资本的经营问题，在经营中，就必然会或许赢利或者亏损。那么如果出现资本经营中的极端异常情况，而出现普遍的大面积亏损，不列赤字，恐怕也是不可能的。从立法规范周延性的角度考虑，对于是否运行列报赤字的问题，也需要加以重新考量。

---

① 就这一点儿而言，也是和叶振鹏、张馨提出的“双元”结构财政相适应的。

② 国外大多称为“资本预算”。

此外，现实中还有一种观点就是“以部分国有资本经营预算收入弥补政府公共预算的收支缺口”。换一种角度解释，就意味着用资本性预算的结余弥补经常性预算的赤字。而我国1994年预算法规定，经常预算的盈余，可以转入建设性预算，但公共预算不得有赤字。当然出现这些问题的关键在于，由于我国的复式预算由1992年的“经常预算”和“建设预算”的架构体系，改为了1995年的“政府公共预算、国有资产经营预算和社会保障预算”架构的复式预算体系。这样，我们过去所谈的“建设预算”被一分为二，一部分仍然在政府公共预算中体现，一部分体现为国有资本经营预算。这样，政府公共预算实际上就既包含经常预算也包含资本预算，究竟是否允许出现赤字，是没有国际惯例可遵循的。但是国有资本经营预算仍然属于资本预算的范畴，按照国际上规定，是允许有赤字的。

所以说，要全面推行国有资本经营预算，必须解决这些历史遗留的理论层面的问题，因为理论的完善决定着现实的进程。

国有资本经营预算制度的会计基础

现实中，一个经济主体会计计量基础的选择有两种：即权责发生制和现收现付制。近年来，全国部分省市的国资委开始在所出资企业推行国有资本经营预算制度，总的做法是：以收付实现制为基础，对出资企业的现金收支活动进行列收列支反映。通过建立国有资本经营预算制度，反映出资企业的资金来源、占用和结余情况。但是单纯以收付实现制为基础已不能真实反映国有资本的来源、收益及效益情况，理论上的准备不足必然带来现实的困境，主要表现为：

（1）现收现付制与出资企业的现行会计基础存在矛盾。在传统的计划经济体制下，国有企业只是国家的一个预算单位，利润上交国家，亏损由国家弥补，国家和企业之间主要是缴拨款关系，与此相对应的预算制度的会计基础是收付实现制。随着市场经济体制的确立，企业已经不再是国家的一个预算单位，而是成为了自主经营、自负盈亏的经济主体，而依照法律规定，国有企业也以权责发生制为会计基础。因此，沿袭传统观念以现收现付制为基础建立的国有资本经营预算制度，必然与企业的现行会计基础存在较大矛盾和冲突。

（2）现行国有资本经营预算收支反映的内容和结果不全面。现收现付制下建立的国有资本经营预算制度，从报表形式上看，仅仅是出资企业现金流量预算表的简单叠加。而在一个预算年度内，出资企业还会发生大量的非货币性交易，例如以股权换股权、资产置换、资产核销等，这些业务没有纳入国有资本经营预算，也就无法真正反映出企业的国有资本运营全貌。所以，目前推行的国有资本经营预算的预算结余数，只是出资企业的货币资金余额，而对于判断出资企业的效益、资产保值增值情况，还远远不够。而且，在目前现收现付制下，预算无法反映国有企业的担保形成的或有负债情况，也无法知晓出资企业目前的债务规模和水平，无法获得全面的债务信息，不利于出资人制定宏观决策调整和债务风险的防范举措。

7.3.2 技术操作层面的障碍

衔接与分离

国有资本经营预算如何实现与政府公共预算、社会保障基金预算的衔接，可以说这是一个老生常谈的问题，在中央选取试点试编国有资本经营预算前，理论界和实践部门一直在讨论这个问题。即便在2007年9月《国务院关于试行国有资本经营预算的意见》出台后，这个问题仍没有很好解决。不过，从《2009年政府收支分类科目》表中可以发现，在国有资本经营预算支出功能分类科目里面新增设了一个科目，即增添了转移性支出功能，相对应的科目是“调出资金——国有资本经营预算调出资金”。其意义在于构建三个预算之间的资金融通渠道，国有资本经营预算的结余资金可以通过这个科目向社会保障基金预算以及政府公共预算转移资金，以弥补社会保障资金的缺口或公共财政的缺口，从而实现三者之间的有效衔接。

还有一个问题，就是如何实现国有资本经营预算和政府公共预算的分离问题。因为在编制国有资本经营预算之前，“国有资本经营收入”是作为政府一般预算里面的非税收入项目体现的，现在国有资本经营预算实现了单独编制、相对独立，是否意味着要从政府公共预算中分离？在笔者的调研中有两种观点：一种是国有资本经营收入作为缴入国库收入，还要继续在政府公共预算中体现；一种观点是对于已经实现单独试编的这部分国有资本经营收入，就不需要在政府公共预算中体现了，而对于没有进行单独试编的国有资本经营收入依然在政府公共预算中体现。

国有资本经营预算的收缴

国有企业利润上缴是国有资本经营预算的主要收入来源，也是最具有可持续性的收入来源，它是国有资本经营预算可持续发展的关键因素。

（1）国有企业利润上缴比例的确定缺乏科学的依据。按照财政部、国资委印发的《中央企业国有资本收益收取管理暂行办法》的通知规定，国有独资企业上交年度净利润的比例，区分不同行业，分三类执行：第一类10%；第二类5%；第三类暂缓3年上交或者免交。以此类推，地方上参照中央企业的上缴比例，也大致分为两三种情况，上缴比例从5%、9%到10%不等。但这些上缴比例的依据是什么？笔者在调研中，发现有的地方国有企业的上缴比例就是“拍”[①] 出来的。在试点阶段，尚且可以用“向国有企业分红主要是为培养国有企业的意识，而主要意图不在于收入多少”这样的思维方式考虑问题的话，那么在下一阶段全面推开国有资本经营预算的话，再抱有这种思想则难免将国有资本经营预算的管理引入歧途。

（2）国有资本经营预算收缴基数的确定。目前国有资本经营预算的收缴基数是按照当年的税后净利润，扣除弥补企业以前年度亏损，再扣除法定公积金后确定的。这里存在一个技术性问题就是，对于法定公积金的扣除比例如何确定？因为按照《公司法》规定，公司在分配当年税后利润时，应当提取利润的10%列入法定公积金，已达到注册资本的50%时则不再扣除。这就会造成不同企业由于历史情况不同，提取的法定公积金则不同，如有的企业可能已经达到注册资本的50%则不再提取公积金，从而使利润上缴基数较高，按一定比例提取的国有资本经营预算收入较高，造成企业之间的苦乐不均。这也是在调研过程中，实践操作部门反映的一个问题。

国有资本经营预算的部门利益之争

（1）国资委和财政部门的利益关系。2007年9月8日，国务院下发的国发［2007］26号文《关于试行国有资本经营预算的意见》（以下简称“《意见》”），批准了有关国有资本经营预算的总体方案。《意见》明确了财政部门和国资委在国有资本经营预算编制和执行中的职责边界，至此，国有资本经营预算编制主体之争画上了句号。但是，在预算编制和执行及预算指标的确定过程中，国资委和财政部门还是会产生一定的摩擦和博弈：国资委作为国有企业的出资人，对国有企业的保值增值负有重要职责，因此会更多地关注国有企业和国资委自身的部门利益，主要体现在国有资本经营预算的支出部分，如需要通过国有资本经营预算对国有经济布局和结构调整的支出和弥补国企改制的成本支出等；而财政部门作为预算收入的组织者，显然更多地关注国有企业的收益收缴。

---

① 即领导拍脑袋想出来的，充分体现了领导意志，而无法体现民主决策。

（2）预算管理部门①和国有企业的利益博弈。国有资本经营预算的建立，意味着国有企业13年不分红历史的结束，而由于长期不向国家分红，国企已经习惯了税后利润留在企业内部循环作为国家投资的模式。所以从表面上看，国有企业虽然口头同意，实则由于本身利益被触动，是存在抵触情绪的，主要表现为和预算管理部门的利益博弈。

国有资本经营预算实质上是围绕国有资本利得分配进行的复杂博弈过程，尤其是对国有资本经营预算收支范围及比例的确定等决定预算多少的因素，就成为博弈的焦点所在。按照信息经济学理论，拥有信息的一方处于优势地位。那么，在国有资本经营预算中，谁掌握更多的信息呢？可以说，国有企业提供的财务信息会影响到预算管理部门对预算指标的确定，因为国有收益的上缴比例是按照企业提供的财务信息来确定的，而预算指标又反过来会对企业的财务信息产生影响。也就是说，预算指标的确定和企业提供的财务信息，既是双方博弈的前提，也是双方博弈的结果，二者互为约束，又互相依赖，各自拥有不同的信息优势。因此，如何正确地处理好预算管理部门和国有企业的利益博弈，降低博弈成本，同时又能解决好对国有企业的激励约束问题，就成为下一步全面推开国有资本经营预算的关键所在。

7.3.3 法律层面的障碍

国有资本经营预算的建立和完善是一项系统工程，“法”要先行是基本准则，但在实践中我们发现，国有资本经营预算的法律准备尚显不足。

缺乏明确的法律规定和办法

我们在确认国有资产收益时，一般是按照《企业会计制度》的规定处理的。然而，企业会计制度和税法的规定都是从国家税收的角度出发，没有兼顾出资人的利益。企业只要依法进行纳税调整，任何支出都可以进行列支。特别是2008年1月1日新的税法规定，企业只要是实际发生的合理的工资支出，都允许全额扣除。这样，在企业追求自身利益最大化的目标时，为了减少国有资本经营预算的上缴基数，就会出现人为加大工资性支出的情形，部分国有资产收益就会失去监控，悄然流失到企业和职工手中。

国有资本经营预算执行主体的法律依据

我国的国有资产监督管理框架为“两级三层”，即国家和地方国资委两级，国资委、国有资产营运机构和国有企业三层。在国有资本经营预算管理中，国有资产营运机构作为中间机构将发挥重要的作用。首先它作为国资委的代表，代表出资人对企业的国有资产进行监督管理，促使其保值增值。同时它将收集所管辖的国有资产的财务报表，集中汇总后上报国资委，国资委再上报财政部门，作为编制国有资本经营预算的基础。而由于法律制度不明，国有资产营运机构的资格、法律地位以及权利义务没有明确的定义和要求，导致在实际操作中，市场上充斥着各类行政性、半行政性行业公司和投资公司，仍旧在用行政手段管理所属企业，而没有真正以产权关系为纽带进行资本经营，促进国有资本向高效益领域转移。因此，作为中间环节的国有资产营运机构无法正常运转，建立国有资产经营预算制度的作用也难以体现。

现行《预算法》的修订

（1）缺乏与时俱进的监管制度。从1995年的《中华人民共和国预算法实施条例》的相关规定可以看出，在国有资本经营预算制度的监管问题上，法规没有针对国有资本经营预算明确新的、可行的监管办法；没有制定或建立监管国有资本经营预算的机构。造成的结果：一是仍然沿用原有单一预算体制下的方法，来监督管理复式预算体系下的国有资本经

① 这里的预算管理部门主要是指财政部门和国资委。

营预算。从更深层次上讲，建立国有资本经营预算制度与建立单一的整体性公共预算体制的思想基础发生了变化，而相应的监管制度不随之变化。二是监管的长效机制难以形成。

（2）从法理上溯源，国有资本经营预算的称谓是和现行预算法相悖的。1994 年我国《预算法》出台，随后 1995 年的《预算法实施条例》二十条规定："各级政府预算按照复式预算编制，分为政府公共预算、国有资产经营预算、社会保障预算和其他预算。"当时的称谓是"国有资产经营预算"，后来由于对国有资产内涵的进一步认识，把经营性国有资产定义为国有资本，随后在 2003 年十六届三中全会提出了"国有资本经营预算"的概念。但是，如果从法律的权威性角度分析，1995 年《中华人民共和国预算法实施条例》作为上位法，其法律效力要高于后者。可以说，"国有资本经营预算"的提法是和现行预算法相悖的。因此，对现行预算法修订，也是国有资本经营预算法律地位更加明确、更加合法的现实要求。

7.4 完善国有资本经营预算的措施

7.4.1 进一步明确国有资本经营预算的角色定位

随着国有资本经营预算制度的建立和在全国实施，中国财政改革中构建以公共财政和国有资本经营财政为主体的双元结构财政模式将形成并逐步完善，也标志着以全口径预算管理为核心目标的复式预算体系的初步建立。

平行并列关系

目前公共财政中一些涉及生产经营领域的经营性收支将纳入国有资本经营预算，这将使公共财政成为名副其实地为社会提供公共物品和服务的公共财政。非市场经营性公共资金与市场经营性资金，将分别按其性质纳入到公共预算和国有资本经营预算。资金性质和运行范围的清晰，将有利于提高预算管理的水平。从政府层次上讲，这将有利于真正实现"政资分离"、"政企分开"，使作为行使公共权力的社会管理机构的政府，能更好地实现公共服务型政府的任务，解决好社会的民生问题和市场运行所必需的良好环境；而作为国有资本所有者的政府，将通过其特设授权的出资人代表的资本经营监督管理机构，履行出资人的权力和职责，在确保国有资本保值增值的基础上，合理配置国有资本，引导和促进国民经济结构的优化、升级，发挥国有经济在国民经济中的作用。从而使国有资本经营财政成为宏观经营财政，成为国家对国有经济实施战略性结构调整的重要手段。

所以，二者在全口径预算管理中各自有不同的功能定位，是一种平行并列关系，不存在谁依附谁的问题。

功能定位

在全口径预算管理的框架下，国有企业与公共财政的关系将通过国有资本经营预算来实现，如国有企业承担的政策性任务或政府委托的任务所发生的开支，将纳入国有资本经营预算并通过公共预算对国有资本经营预算的转移性支付来实现；国有企业收益分配中向社会保障基金提供的资金，亦纳入国有资本经营预算，通过国有资本经营预算与社会保障基金预算发生关系。国有企业与公共财政之间在资金运作中除税收的缴纳关系外，没有其他直接的关联。这将有利于政府职能的转变，避免政府对国有企业生产经营活动的行政干预，使企业真正成为自主经营的市场主体。

7.4.2 协调好部门利益关系

处理好财政部门和国资委之间的关系

国有资本经营预算纳入政府预算体系之后，关键要处理好财政部门和国资委之间的关系，这是下一步国有资本经营预算全面实施的重要因素。

从国资委角度讲，要摆正自身的位置，充分发挥国资委在国有资本经营预算编制和执行过程中的职责，不能“越位”和“缺位”。国资委虽然不是国有资本经营预算编制和执行的主管机关，但它负责编制本单位所监管企业国有资本经营预算建议草案，可见其在预算编制和执行中的作用是非常重要和独特的。而且，财政部门下达的预算指标需要经过国资委的协调和配合才能得到有效执行。

从财政部门角度讲，财政部门应充分征求国资委的意见。国资委作为一个具有准法人性质的机构，对预算收支指标的确定有着本能的关注。所以，在预算权利的分配中，财政部门一般只保留对国有资本经营预算的组织、业务指导和监督权，要给予国资委适度的自主权力，保持国有资本经营预算的完整性和相对独立性，以充分调动国资委的积极性。

处理好预算管理部门和国有企业的关系

如何解决好预算管理部门和国有企业之间的利益博弈，科学地选取国有资本收益的收支范围和比例？我们认为既要按照客观规律办事，考虑到不同企业的行业差别，在方法上又要适当引入民主决策机制，以更好地解决好预算管理部门和国有企业之间的利益冲突。

（1）考虑企业的行业差别制定不同的收益上缴比例。我们认为可以遵循以下思路：对垄断性和资源性行业，如电信、烟草、电力、煤炭、石油等要确定较高的收取比例；对处于竞争性行业的国有企业，可具体问题具体分析，适度降低收取比例；对国有独资企业，可以在和企业充分沟通协商基础上，结合企业的未来发展，制定一个合理比例；对控股企业，则要按照企业董事会的决策收取股息收入。

（2）适当引入民主决策机制。国有资本收益说到底其所有权是属于全体人民的，所以国有资本经营预算的收支范围以及比例上缴等问题的确定，应当引入民主决策和民主监督机制，通过一定的政治程序来表达大多数人的偏好。

7.4.3 逐步规范国有资本经营预算的收支范围

目前推行的国有资本经营预算的收支范围还有待于进一步规范，尤其是收入范围仅仅包括利润收入、股利和股息收入、产权转让收入、清算收入和其他国有资本经营预算收入，范围相对狭窄。例如部分行政事业单位转作经营性的收入还一直游离在预算管理之外，没有在财政专户储存，这一方面有悖于全口径预算管理的目标，也造成国有资本经营预算范围的狭窄。另外，有学者提出要建立国有资本变现预算，国有资本变现预算也应该是国有资本经营预算的组成部分。不过值得欣慰的事，笔者看到2009年新编制的政府收支分类科目中，新增添了两个科目——“其他国有资本经营预算收入”和“其他国有资本经营收入”，这为拓展国有资本经营预算的收入范围提供了制度接口。

7.4.4 完善国有资本经营预算的考核和评价机制

如何能使国有资本回报最大化，是国有资本经营预算的核心问题。资本回报取决于资本的运营效益，其中又以企业的经营利润为基础。为了保证国有资本的保值增值，就需要建立国有资本经营预算的考核和评价机制，而考评对象至少要包括企业经营业绩和国资委部门营运资本绩效。

企业层面的考核

(1) 要建立有效的经营者激励与约束机制。完善国有资本经营预算的考核和评价，应实行国有资本经营预算管理定期分析和报告制度，要把国有资本经营预算的执行情况和效果作为对国有资本经营预算考核和评价的依据之一，同时与国有企业考核评价、年薪制、股票期权激励挂钩。对国有资本经营预算执行情况好、效果突出的企业，应予以表彰和奖励对虚报、瞒报及不按规定完成预算收支任务的予以处罚。可通过设立国有资产监管专项资金，主要用于授权经营国有资产运营机构业绩的考核评价、经营者年薪及其奖励、财务总监委派等费用支出，该专项资金原则上从收缴的国有资本收益中列支，但在试点初期可由各相关授权经营国有资产的运营机构和企业集团单独缴纳，在其费用中列支。该专项资金由财政部门或国资办负责收缴，专户存储、专款专用，并接受财政部门的监督。

(2) 要建立针对国有资本经营预算的具体考核和评价指标。通过这些指标形成激励与约束的对称机制，在经营预算指标与经营者考核指标相结合的基础上，再将企业国有资本经营预算完成情况与企业经营者的收益、奖惩以及升迁等适度挂钩，消除过去存在的对经营者激励偶然性、随意性现象，使对企业经营者的激励与约束进入法制轨道，从而形成有效的激励与约束机制，全面落实国有资产保值增值责任。

国资委层面的考核

在国有资本经营预算的考核中，国资委负有双重身份。首先，它作为国有资本的出资人代表，对国有企业负有监督职责，无疑对国有企业经营者和企业的经营业绩的评价与考核，具有义不容辞的责任，从这一视角考察，它应该是考核主体。同时，国资委又是国有资本经营预算的执行者，对预算支出具有一定的投资权，而且对所监管的企业的国有资本经营预算有建议权。从这一角度考察，它又是被考核的一方。

这就要求建立对国有资本投资项目性支出的约束和责任追究制度。在国有资本经营预算制度下，国有资本投资项目性支出将是主要的支出项目，投资项目效益的好坏在很大程度上决定国有资本经营预算制度施行的结果。在国外，一些国家对资本预算项目性投资都建立了比较详细的制度和办法，以规范投资行为和提高资金使用效益。如加拿大就专门设计出资本预算评价层次分析法对每个资本项目的投资前景、风险和效益进行评估分析，以降低风险提高效益。所以，对国资委层面的考核也要建立相应的支出项目责任追究制度，以形成对国资委的有效监督，实现国有资本运营收益的最大化。

7.4.5 完善国有资本经营预算的相关法律和制度

作为一项关系重大、内容复杂的制度建设，国有资本经营预算的顺利构建和有效运作，与复式预算体系的健全、国有资本收益分配制度的完善等密切相关。但其首要工作是加强预算法制建设，以健全的预算法律法规来加强和规范国有资本经营预算制度。为此，我国必须借鉴发达国家资本预算的先进经验，制定一系列更符合国有企业实际，更具有操作性的指导国有资本经营预算工作的制度和法律法规，把国有资本经营预算立法纳入《预算法》的修改中，加快国有资本经营预算制度化和法制化的建设。值得欣慰的是，《中华人民共和国企业国有资产法》已由中华人民共和国第十一届全国人民代表大会常务委员会第五次会议于 2008 年 10 月 28 日通过，而且第六章专门对国有资本经营预算进行了制度性的规定，这是完善国有资本经营预算的重大进步。但是，《预算法》的修订还有待进一步完善。

抓紧修订《预算法》及其实施条例

首先要确立国有资本经营预算的法律地

位，明确国有资本经营预算的内涵。其次，要完善国有资本经营预算管理体系，应适时修改《预算法》及其实施条例的相关条款。国有资本经营预算的性质、编制、审批、监管、考核和评价等相关规定，都应该在新的《预算法》中加以明确。同时对国有资本经营预算编制的时间、内容和程序也应做出更加科学和细化的规定，增强《预算法》的可操作性和指导作用。

加快建立国有资本经营预算管理制度条例

为保证国有资本经营预算的管理的可操作性，应建立国有资本经营预算管理制度条例，对国有资本经营预算管理的基本内容、编制主体、编制程序等以制度的形式规范下来，避免操作的随意性。同时，在一定的原则下，可允许地方结合各地的实际情况，对一些问题给予一定的自主权。

主要参考文献

国务院《关于试行国有资本经营预算的意见》，国发［2007］26号，2007年9月8日。

财政部关于印发《中央国有资本经营预算编报试行办法》的通知，财企［2007］304号，2007年11月20日。

财政部　国资委关于印发《中央企业国有资本收益收取管理暂行办法》的通知，财企［2007］309号，2007年12月11日。

“建立国有资本经营预算制度研究”课题组：“国有资本经营预算法制建设存在的问题”，《经济研究参考》，2005年第55期。

叶振鹏：“论国有企业改革与财政”，《财经问题研究》，2007年第5期。

财政部：《2009年政府收支分类科目》，中国财政经济出版社2008年版。

国务院国资委研究中心课题组：“加快建立国有资本经营预算制度”，《国有资产管理》，2007年第7期。

文宗瑜、李薇：《国有资本经营预算管理》，经济科学出版社2007年版。

张贵平：“实施国有资本经营预算要处理好两大关系”，《国有资产管理》，2007年第12期。

武汉市国资委政策法规处课题组：“浅议国有资本经营预算制度的会计基础”，《国有资产管理》，2007年第3期。

新浪网：“建立国有资本经营预算制度的综述”，http：//gov. finance. sina. com. cn/chanquan/2006 - 06 - 18/10385. html，2006年6月18日。

8

建立社会保障预算

- 社会保障预算是经法定程序编制和审批的、涵盖社会保障各项目的财力配置计划，其核心是社会保障资金收支计划
- 社会保险基金要遵循“收支平衡”的原则，根据不同的平衡方式，可分为现收现付制、完全积累制、混合型或部分积累制等三种机制
- 各国社保资金使用管理大多实行全国统筹，欧洲则实行条条统筹。无论是老牌的发达资本主义国家还是发展中国家或前苏联东欧转型国家，社会保险制度全国高度统一，全国只有一个制度标准，一个全国水平的统筹级别，统收统支
- 各国政府普遍对养老金给予税收政策支持，允许企业和个人参与的养老计划在一定限额内延期纳税
- 社会保障预算的编制有单式混合预算和专项基金预算两种模式
- 各国负责社会保障事务的管理机构、采用的管理模式、所具备的管理水平差异很大，具体掌握与社会保障相关数据的部门每个国家都有所不同，但财政普遍位居主导地位
- 我国的总体目标应该是：将政府强制性实施的各项保障资金全部纳入社会保障预算，收支管理及投资运行活动规范化、各项政策措施完整配套

Establishing Social Security Budget in China

- Social security budget is the income and outlay plan for social insurance funds, which is of the lawful procedure of budget drafting, budget approval, and budget enforcement and also could contain the financial allocation plan of all the social insurance items.
- Social Insurance Funds should be followed in the principle of balancing the revenue and the expenditure. According to different patterns of balancing, there could be Pay – as – you – go System, Full – funded System and Partial Accumulation System.
- About the management of social insurance funds, most countries adopt the national pooling, but European countries adopt the item pooling. Social insurance system within a country usually carries out the only and unified criteria, the same level of pooling and unified collection and allocation of funds.
- Generally, all the governments give support to the endowment insurance by tax policy, that allows businesses and individuals who participate in the pension plan deferred payments within a certain amount.
- Social security budget could have the modes of mixed budgeting and special budgeting.
- Countries have great differences in institution, pattern, capability, and data statistics of social security management; however, it is in common that the finance departments are in the leading position.
- We should incorporate all the funds of mandatory social insurance items into the Social Security Budget, so that achieve the standard fund management and operation.

8. 建立社会保障预算

在经济增长进程中，社会保障是烫平经济波动的平衡器，为满足公民基本生活需求提供安全网，可以缓解我国长期偏重经济高速增长而积淀的深层次矛盾。

8.1 社会保障预算的界定

8.1.1 社会保障制度先导于社会保障预算

社会保障预算是经法定程序编制和审批的、涵盖社会保障各项目的财力配置计划，其核心是社会保障资金收支计划。社会保障预算的规模和范围取决于社会保障制度的设计，社会保障制度是为老弱病残者提供基本生活需要条件，为社会成员预防经济社会发展的风险而形成的制度体系及其运行机制，以确保人们的生存权、发展权，维护社会稳定。

从 19 世纪 80 年代德国的冯·俾斯麦开创社会保险法起，现代社会保障制度经过了 100 多年的发展，许多国家到 20 世纪 60 年代形成一套全面完整的保障体系，这前后经历了 80 年左右的时间。美国的社会保险制度始于 20 世纪 30 年代，经过 1986 年改革才形成目前的体系。由于社会保障事关人民生活安定和国家安全，各国大都将社会保障资金作为财政管理的客体，一些国家经历了逐渐将其纳入预算的过程，迄今，社会保障预算只有 30—50 年的历史。例如，德国是 1965 年正式将社会保障纳入联邦预算，法国则在 1996 年规定由国民议会对社会保障预算进行年度审查，2000 年正式纳入预算的。

社会保障预算的范围和管理重点取决于社会保障项目的设置。通常，社会保障包括社会保险、社会救济和社会福利，其中社会保险是核心，例如，德意志联邦共和国 1993 年社会保障支出为 10620 亿马克，占 GNP 34%，其中3/4是社会保险支出、政府救济支出只占到1/4，主要用于政府官员的退休金、子女补贴、供养战争受害者、社会救济金等。与社会救济相比，社会保险无论从费用支出和受益人看都是社会保障中最主要的部分，社会保险是一种通过社会力量转移消费，分担风险的机制，并以国家法律的形式规范，具有普遍性、强制性、互济性、储蓄性及补偿性等特征。社会保险的重点是养老保险，随着人口老龄化，养老所占的比重往往趋于上升，如德国，1994年，全国领取法定养老金的人员总数达2016万人，占全国总人口的24.69%，养老金支出3355亿马克，占社会保障总支出的30.3%，是德国社会保险支出费用最高的一个项目。2007年，德国社会福利支出占当年财政预算支出的25%，占GDP的1/3，德国养老金支出占整个社会福利支出的50%。

8.1.2 社会保障制度的类型

全面福利型社会保障制度的高保障、高福利国家

以英、法、德、瑞典等北欧国家为代表。这种类型的理论基础是福利学派思想，主张建立合理分配、收入均等的国家，强调风险防备不应是（或者至少不应主要是）个人的责任，而是国家的责任。政府通过课征高累进税，向全体居民提供“从摇篮到坟墓”的一切社会保障。

国家福利型社会保障最大的特点，就是个人不缴纳或低标准缴纳社会保障费。福利开支基本上由企业和政府负担，福利型社会保障内容庞大，覆盖面广，保障水平高；追求社会公平，强调国家、社会责任，政府大包大揽，公共财政在社会保障体系中居主导地位，社会保障支出在整个财政支出预算占比高，社会保障纳入政府公共预算，即政府将社会保障收支视同政府的经常性收支，在政府公共预算中统一安排，不存在单独的社会保障预算。英国政府对国民保险承担的责任较重，政府不仅对国民保险的支付赤字提供财政补贴，而且提供经常性的财政支持。

投保资助型社会保障制度的相对低保障国家

投保资助型社保制度实行公民积累为主与国家补助结合，为公民提供一系列的基本生活保障，强调个人缴费保险自助、社会公保，不足部分政府资助。政府主要负责社会救助和社会福利支出，主要手段是社会救济金和公共补贴，政府仅对特定对象提供社会保障，主要是针对那些生活贫困者，其余社会成员通过市场途径来寻求社会保障，政府仅对社会保险亏空部分予以补贴。代表性国家为德国等多数欧洲大陆国家、美国及战后日本。

欧洲大陆国家社会保障制度的特点：一是公民必须参加法定的社会保险，定期交纳社会保险费，从而享有申请保险待遇的权利；二是除失业保险外，其他保险均由独立的保险机构经营，实行自治管理，政府只起指导作用，保险基金由雇主和雇员共同承担。其主要代表是德国，德国在20世纪60年代形成一套全面完整的保障体系，目前实行家庭中工作者参保全家受益，法定社会保险体系的覆盖面为全国人口的90%左右。社会保险主要包括养老保险、事故保险、失业保险和医疗保险等；社会救助则由政府统一实行，包括生育补助和儿童补贴、社会补贴、社会救济金等。

美国、日本为低保障国家，美国是典型的低储蓄率国家，日本却是高储蓄率国家。美国商业保险非常发达，公民普遍较富，加之奉行“个人负责”的价值观，因而，社会保障制度更趋向于对低收入工人的倾斜，公共补助、社会救济都是针对特定对象（贫困者）而设计的，如医疗补助和食品券等。美国社会保障项目多，但覆盖面和保障水平不及“福利型”高，如投保者每日领取的养老金只相当于原工资的50%，美国养老保险基金由雇主和雇员缴纳养老保险费筹集，国家只在税收、利息等政策上给予优惠，财政不给予直接的资助，但养老保险基金入不敷出时，国家必须动用财政拨款弥补基金亏空。日本政府则给予养老金的经常性资助，相当于养老金给付总额的 20%。

政府强制储蓄型社会保障制度

在储蓄型社会保障制度下，保险基金主要由雇主和个人二方或其中之一单方承担，政府不承担任何经济上的责任，实际上是一种公民"自我养老"的模式，主要存在于发展中国家和欠发达国家，由于受经济条件制约，国家给公民提供的社会保障很少，一般是靠个人积累或社会单项保障。代表性国家为新加坡、智利等新兴国家和发展中国家。

8.1.3 社会保障预算规模及其财政投入的比较分析

各国保障范围从小到大，保障水平从低到高，保障项目从少到多，无不随着经济的发展阶段而逐步完善，社会保障水平的确定要以各国经济发展水平为依据。

社会保障支出占国内生产总值（GDP）的比例

发达国家社会保障支出占 GDP 的比例较高，德国建国初期，社会保障支出占 GDP 的 20%，1965 年上升为 25%，1990 年为 30%，1995 年占 1/3，数额为 1.1 万亿马克。经济实力较强的国家，如德国、法国、荷兰等一般接近 30%（贾俊玲，2001），现在经济实力相对较弱的国家，如葡萄牙、希腊、西班牙等，其社会保障支出占 GDP 的比例一般为 15%—18%；一般约 25% 左右。1981 年，英国为 23.5%，法国为 27.2%，联邦德国为 29.5%，意大利为 24.7%，荷兰为 31.1%；20 世纪 80 年代中期，瑞典为 33%，美国为 20%，日本为 15%；1996 年日本社会保险支出预算相当 GDP 的 22.2%。

社会保障支出占财政总支出的比重

发达国家的社会保障支出在财政总支出中占据了相当的比重，一般占整个财政支出的 1/3 左右，英国社会福利计划各项开支占到公共支出总额的 50%，法国为 30.6%，德国为 30.5%，瑞典为 32.5%，丹麦为 30%，欧盟 15 国的平均水平也达到 27.5%。北欧国家税收的 80%—90% 用于社会福利，目前有 1/3 的人口不同程度地从政府得到补贴，实际收入的 30% 来自于社会福利。1991 年，瑞典为 49.0%、法国为 34.9%、德国为 29.7%、英国为 24.5%、日本为 13.8%、美国为 18.0%，目前美国税收的 40% 用于军队，30%—35% 用于福利。

实行社会主义制度的古巴，其社会保障制度"从襁褓到坟墓"无所不保，近年社会保障资金连年增长，2006 年的社保资金已经占到全国财政预算的 15% 和全部 GDP 的 11%。

社会保险项目中的政府拨款比例

20 世纪 80 年代初欧洲共同体国家中，政府资助占社会保险基金的比例最高的是丹麦，达 85%；较低的是法国、荷兰、意大利，其中最低的是法国，不到 18%，但到 1995 年，这些国家的比重大幅提高。

从国际经验看，20 世纪八九十年代提高社会保障支出在财政总支出中的比重、明确中央和地方政府的财政投入责任是公共财政的基本发展趋势，这种趋势通过表 8－1、表 8－2 的对比即可体现，例如，1985 年，英国政府的财政补贴占社会保险资金总额的 11.5%，为 24.02 亿英镑；1995 年国家社会保险项目的拨款比例提高到 33.5%。德国建国初期，社会保障支出占国内生产总值的 20%，1965 年上升为 25%，1990 年为 30%，1995 年占 1/3、数额为 1.1 万亿马克。国家社会保险项目的拨款比例也从 20 世纪 80 年代的 26.7% 提高到 1995 年的 34.54%，但 2007 年，社会福利支出占财政预算支出的 25%，占 GDP 的 1/3。

表 8－1　20 世纪 80 年代初欧洲共同体各国社会保险基金构成　单位:%

	社会保险基金	雇员缴纳的保险费	雇主缴纳的保险费	政府资助	社保机构利息
比利时	100.0	20.1	41.0	34.7	4.2
丹　麦	100.0	1.8	9.6	84.9	3.7
法　国	100.0	23.7	56.0	17.7	2.6
德　国	100.0	22.1	42.7	26.7	8.5
意大利	100.0	13.6	58.8	24.9	2.7
卢森堡	100.0	22.6	36.2	31.6	9.6
荷　兰	100.0	25.8	37.1	20.4	16.7
英　国	100.0	14.6	33.3	43.6	8.5

资料来源：欧洲共同体委员会：《社会保险问题：值得思考的问题》（英文版），1982 年；转引自侯文若、孔泾源主编：《社会保险》，中国人民大学出版社 2002 年版，第 88 页。

表 8－2　1995 年 OECD 有关国家社会保险项目的拨款比例　单位:%

国　家	比　例	国　家	比　例	国　家	比　例	国　家	比　例
澳大利亚	1.25	法　国	29.43	意大利	56.95	西班牙	34.91
奥地利	42.50	德　国	34.54	日　本	26.62	瑞　士	14.14
比利时	40.51	希　腊	35.85	荷　兰	49.68	土耳其	33.50
加拿大	14.10	冰　岛	19.75	新西兰	2.65	英　国	33.50
芬　兰	39.45	爱尔兰	19.95	挪　威	22.00	美　国	21.00

资料来源：美国社会保障管理署（1995），转自贾洪波、李国柱，2006 年。

近年来，各国（包括福利制度最为普遍的北欧各国）社会保障的“社会分担化”趋势日益显著，例如芬兰政府财政投入占社会保障资金的比重从 1995 年的 45.8% 下降到 2002 年的 42.4%，而雇主缴费比例则由 37.7% 上升到 39.2%。2005 年芬兰社会保障资金预算为 418 亿欧元，其中政府预算内支出不到总预算金额的 35%，而来源于雇主、个人和保险市场的资金投入则不断增加。这种趋势在德国也可见一斑。

中国社会保障支出增长快，但投入依然不足

1978 年中国社会保障支出为 106 亿元，仅占国内生产总值的 3.1%；1994 年，社会保障支出总额达到 2400 多亿元，占国内生产总值 5.4%。目前，社会保障资金已成为中国第一大专项资金，其支出约占 GDP 的 6%—7%，资金流量近万亿元，存量 6000 多亿元。2003—2007 年，全国财政收入累计约 17 万亿元，全国财政用于社会保障的支出累计达 1.95 万亿元，比上一个五年增长 1.41 倍（财政部，2008），财政社会保障的支出占财政收入的比重为 11.5%，1996—2000 年该比重约为 7%。

2006 年全国财政就业和社会保障支出 4337.65 亿元，其中，中央财政社会保障支出占全国财政的比重约为 35%；2007 年全国财政用于就业和社会保障的支出 5396 亿元，是 2002 年的 2.05 倍，2007 年中央财政用于社会保障和就业支出占全国财政就业和社会保障支出的比重约为 34%（见表 8－3）。

表 8－3 财政用于社会保障和就业支出 单位：亿元，%

年份	财政用于社会保障和就业支出			五项社会保险基金金额	全国财政社保支出占保险项目的%
	全国财政	中央财政	中央占全国的%		
2006	4362	2010.02	46.08	8006	35.27
2007	5396	2303.16	42.68	10724	33.47

资料来源：根据财政预决算报告和社会保障事业发展公告有关数字计算整理。五项社会保险为基本养老保险、基本医疗保险、失业保险、工伤保险和生育保险。全国财政社保支出占保险项目的比例为全国财政用于社会保障和就业支出除以全国财政用于社会保障和就业支出与五项社会保险基金收入之和形成的比值。

五项社会保险基金从2002年开始每年结余1000亿元，到2006年底余额累计已达8006亿元。加上农保基金和企业年金已超过1万亿元，如再加上全国社保理事会的4600亿元，总计将超过1.5万亿元。2007年，全国基本养老保险、基本医疗保险、失业保险、工伤保险和生育保险五项社会保险基金总收入首次突破1万亿元，达到10724亿元，比2002年增加6675亿元，年均增长21.5%。但我国从1949年到20世纪90年代初的40年中基本没有建立社保基金，美国、日本、英国、瑞典这些国家的社保基金积累都已达到数十万亿。我国和西方发达国家社保基金积累差距达10倍甚至几十倍，我国人口多，但社保物质基础非常单薄，基金积累少，压力大（见图8－1）。

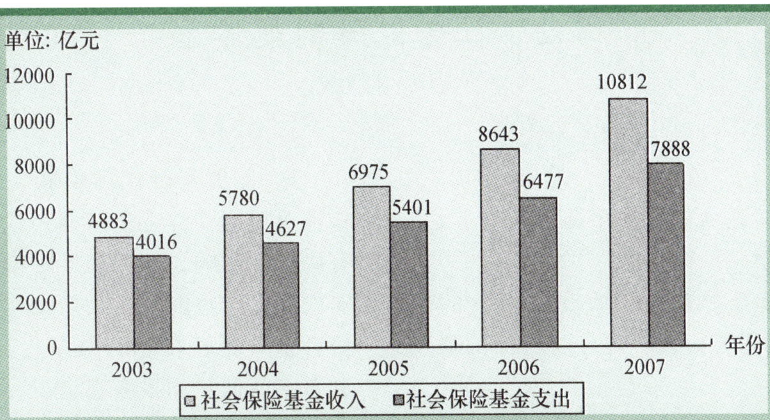

图 8－1 2003—2007年社会保险基金收支情况

8.1.4 社会保险基金的筹资模式

责任分担制与社会保险福利制

按照责任主体的构成，各国的社会保障大致可以分为以下几类：

（1）责任分担制，即由雇主和雇员双方共同承担筹集社会保险基金的责任，并在法律上对各方的责任作了明确的规定。而政府对社会保险不仅提供税收、基金存款利率政策上的资助，还予以财政支持，即政府在制定下一年度的财政预算时要列入社会保险预算所占总预算的比例或者款额，并按规定期限拨付到社会保险基金账户；或者当由于人口结构或社会结构的变化导致社会保险基金入不敷出时，政府承担财政补贴责任。

（2）社会保险福利制，对一些保险项目采取责任分担原则，一些则完全由政府从财政支付。如英国、加拿大的医疗受保险人不需要缴纳医疗保险费，瑞典传播很广的思想是通过社会保障建立囊括全体社会成员的“人民之家”，其最极端的表现是按照社会主义公民供应模式实行社会保障福利原则；国民基本养老保险以来，受保险人不需要缴纳养老保险费，在达到65岁时，就能够获得政府提供的一份基本养老金，养老保险基金的57%来自雇主缴纳，43%来自国家财政资助。此外，我国香港地区、新加坡、新西兰和智利，失业保险基金全部由政府提供，雇主和雇员不缴纳失业保险费。

责任分担制下保险资金的来源

世界上建立了社会保险制度的国家中绝大多数社会保险基金的筹集采取责任分担制，责任分担制下保险资金的来源，通常有三种：

（1）职工本人按其工资总额的一定百分比交纳保险费；

（2）雇主按工资总额的一定百分比交纳保险费；

（3）许多国家由政府负担一部分保险费。

从126个国家和地区的调查来看，由政府、雇主、受保人三方共同负担的约占30%多，如加拿大、丹麦、阿根廷、英国、美国等国家。雇主和受保人（或政府和雇主、政府和受保人）双方负担的占60%，如芬兰、法国、新加坡和部分发展中国家和地区，这其中90%为雇主和受保人负担，政府和企业及政府与受保人负担的仅占10%。单方面负担的仅占6%，其中完全由政府负担的有澳大利亚、新西兰、南非、中国香港（地区）。由雇主负担的有黎巴嫩、巴基斯坦。由受保人负担的有苏里南、南斯拉夫。

8.2 社会保障制度体系

8.2.1 社会保险基金的收支平衡机制

社会保险基金要遵循“收支平衡”的原则，根据不同的平衡方式，可分为三种机制：

现收现付制

即“待遇确定型”（简称“DB型”），它是国家将当代在职职工缴纳的养老保险费筹集起来的社会保险基金统一调配，用来支付退休人员养老金的基本融资制度，是养老保险基金在代际之间的转移。中央政府为了减少支付压力，将之投资于某种金融工具，例如政府债券等。退休一代人的养老金给付标准的计算方式主要是他在整个工作生涯中的工资总水平，尤其是最后几年的水平，还有资历、工龄、级别和贡献等综合因素，这就是“待遇确定型”的主要含义。目前绝大多数发达国家采用的都是这种模式。

DB制度实行代际赡养，两代人的人口结构情况对享受养老金待遇一代人的生活水平具有决定性影响，在职职工的缴费率取决于支付需求的多少也取决于人口结构的状况。如果缴费者多（年轻在职的人多），退休者少，那么缴费率就低；如果缴费者少，退休者多（老年人多），那么缴费率就高，否则，退休者领取到的养老金无法保障他们的基本生活。人口老龄化趋势下，唯有提高在职职工的养老保险费率，才能保障养老金按时足额发放，这将增加在职职工的负担，影响他们的收入水平和生活质量。

DB的优点是：筹集起来的基金立即用于社会保险待遇的支付，不存在长期积累的问题；现收现付制贯彻“以支定收，略有结余”的原则，不会形成巨额的基金积累，也不存在因通货膨胀导致基金贬值的问题；能够比较充分地体现社会保险的收入再分配功能。它的缺点是：由于缺乏积累，所以这种制度抗风险能力弱，遇到筹集资金困难的意外情况时，将同时遇到支付困难的问题。

完全积累制

即“缴费确定型”（DC 型），这是指在职职工依据退休后的基本生活需求量确定在职期间缴纳养老保险费的数额，每个人所缴纳的养老保险费储存在国家为他们设立的个人养老保险账户上，他们退休后可将账户上积累的款额及其投资收益按照法定方式一次性或按月发放给受保险人。

完全积累制有两种形式：一是智利模式，大约近十个拉美国家采用了这种模式，个人缴费完全在个人账户里，国家提供几个投资基金，由个人来决定投资组合，基金管理人负责具体运作，亏了赔了都由个人来承担，国家不承担任何责任，未来的养老金给付水平几乎完全取决于缴费余额和投资收益（减去管理费用），这就是“缴费确定型”的含义。

另一是“中央公积金制”，印度、印度尼西亚、马来西亚、斯里兰卡、尼泊尔、坦桑尼亚、肯尼亚、赞比亚等国家也采取中央公积金制，即政府通过立法强制国民为养老和医疗等保险项目进行个人专项储蓄、采取完全积累模式的社会保障制度。这种类型社保基金在养老金给付上基本上是 DC 型的，其收益率由国家根据投资收益情况统一确定，但基金投资则完全由国家来运作。这种制度下，养老金的最终给付与以往的缴费积累有一定的联系，但这种联系又不是完全精算型的，因为投资收益率是经过国家“调整”与“管理”的。在英国前殖民地国家中约十个左右采用这种模式。

采取 DC 制，退休人员领取的养老金是其在工作期间所缴纳的养老保险费的积累，是退休人员本人资产在生命周期内的时序转移，而不是资产的代际转移，因而它的本质是“同代自养”。其优点是：实现了资金供求的纵向平衡，受老龄化影响较小；激励作用强，能促使劳动者延长工作年限，多缴社会保险费；储蓄积累制能够形成巨大的资金规模，合理利用社会保险基金能够推动经济发展。它的缺点是：积累的资金容易受通货膨胀的影响，导致社会保险基金贬值；参加社会保险的人，自己为自己积累，不能体现社会保险的互济功能。

混合型或部分积累制

即以上两种筹集资金方式的混合，这是指在确保养老金充分给付的条件下，按照偏低的积累率，提出一部分养老保险资金储备起来，以应对将来可能出现的例如人口老化或者经济结构变化引起的养老金支付上的需要。对于实行半积累制的国家来说，具体制度细节也是千差万别，但一般是国家掌握现收现付制的那部分基金。目前中国社保制度的设计框架就是半积累制性质的。美国 1935 年在建立社会保障制度时，实行的是现收现付模式，到了 20 世纪 70 年代，随着人口老龄化的出现和不可预测的通货膨胀，美国拟议中的三种改革方案就属于典型的半积累制。

从趋势上看，目前发达国家的社会保障财政来源制度纷纷向积累制和现收现付制结合的方向转换；鉴于高福利的负向激励，发达国家调整了财政给付方式，将重点集中在基本的社会保障需求满足方面，其他需求则交由社会保险和个人账户等方式加以解决。

8.2.2 个人名义账户制度

“名义账户制”，也称“名义缴费确定型”（NDC），它是 DB 与 DC 制、待遇确定型与缴费确定型相结合的一种模式，兼具二者的优点，它采用 DB 的融资方式，用当代就业者的缴费来支付当前退休的一代，这可避免 DB 向 DC 制过渡的转型成本，但在给付方面则是缴费确定型的，严格按缴费的数量给予退休津贴，将缴费与未来津贴紧密联系起来。20 世纪 80 年代以来，世界范围内近 20 个国家纷纷引入个人账户或名义账户，1995 年以来，自欧亚 6 国（瑞典、意大利、拉托维亚、波兰、蒙古和吉尔吉斯斯坦）近几年来带头采用了这种崭新的制度，基本完成了从现收现付制向“名义账户”制的平稳过渡，克服了转型成本的难题。

“名义账户”既有某些“DB型现收现付制”的特征，又有“DC型积累制”的某些特征，所以，它既可称为“DC型的现收现付制”模式，也可以被认为是“DB型现收现付制”的某种变型。个人名义账户制度改变供款性质，旨在是强调社会和个人的责任，减少政府负担。

（1）从融资的方式来看，“名义账户”制是建立在现收现付制的基础之上，即社会缴费直接用于支付当前的退休者，但它又不同于传统的DB型现收现付制，因为“名义账户”制建立的个人账户只是“名义上”和“模拟的”，不是真正意义上即“资本化”的积累制，可以说事实上是“非积累制”。这种“名义账户”制的账户系统仅仅是一种“记账”的管理方式，而不需实际存入缴费。

（2）从养老金给付的条件和规则来看，虽然个人账户中的资产是“名义”性质的，但在退休时却变得具有真正的实际意义，成为计发标准的根本依据。退休金的给付标准严格按“DC型积累制”规则运行，就是说，在领取养老金的时候个人账户中的“名义资产”即刻便被年金化了。一般来说，养老金给付的标准主要取决于记入个人账户缴费的积累、“名义资产”的投资增殖、“名义资产”转成退休年金的计算公式、退休给付指数化的公式等，上述4个因素的合计便可得出养老金给付的总额。

8.2.3 社会保障的多支柱：由三支柱到五支柱模式

三支柱

世界银行1994年出版的《防止老龄危机》一书向各国政府推介三支柱理念，后来逐渐被各国政府所接受。第一支柱是强制性、非积累制的、由政府管理的DB（待遇确定型）型制度；第二支柱是由市场管理的强制性DC（缴费确定型）型积累制的企业年金养老计划；第三支柱是自愿性养老储蓄，如个人购买的商业保险之类。在各国情况差异较大，但框架基本相同，而且，一些高福利保障的国家逐步趋于强化补充保险。

发达国家“企保”提供的退休收入一般占到退休者全部收入的60%，占资本市场的比例非常高，如美国十几万亿美元的资本市场中就占1/3左右，覆盖率也非常高，例如丹麦几乎是100%，荷兰85%，英国60%，美国50%，爱尔兰40%，最低的西班牙也高达15%。

五支柱

从理论发展脉络看，传统的养老金三支柱理论已经扩展为五支柱，一是非缴费型的零支柱，二是缴费型并与个人收入水平挂钩的第一支柱，三是强制性的第二支柱即个人储蓄账户式的企业年金，四是自愿型的多种形式的第三支柱，五是非正规保障形式的第四支柱。当然，根据各国的实际情况，支柱的数量和结构可以按需要确定。五支柱理念的核心在于它扩展出了另外两个支柱，一个是以消除贫困为目标的零支柱，一个是非经济性的支柱即第四支柱，包括其他更为广泛的社会政策，如家庭赡养、医疗服务和住房政策等。

2005年世界银行进一步提出五支柱模式，明确提出引入零支柱的概念，“五支柱”框架不再是从“责任主体”的角度进行划分，而是从更为合理的“制度内涵”的角度进行划分。比如，原来三支柱中的第二支柱企业养老保险和第三支柱个人养老保险，虽然“责任主体”不同，但是它们的“制度内涵”是相同的，即都是自愿性的养老金，这说明世界社保研究逐渐从财务可持续性优先，逐渐向效率与公平并举的方向移动。

8.2.4 养老保障：至少设两层级，以满足不同收入群体的需要

世界各国养老保险制度大多依靠“共同付

费”的方式，实行多层次的分工管理，开辟多渠道筹集资金。1940 年时，世界仅有 33 个国家和地区实行社会养老保险，而目前已发展到 130 多个。许多国家连第一支柱的津贴给付也至少由两个层级构成，例如可分为最低养老金（也有的国家称为基本养老基金）和与投资收益挂钩的养老金。

第一个层级是给退休者提供一个基本生活保障，主要来自“统筹基金”，是现收现付制的指数化给付，它与过去的资历、贡献和工薪水平等因素是联系在一起的。

第二个层级来自于“账户基金”，其给付水平主要取决于投资收益的水平，这两部分合起来就构成了退休者来自于第一支柱的退休养老收入并作为计算第一支柱替代率的基数。美国目前设计中的半积累制方案和英国目前实行的都是两个层级结构。

例如，英国第一支柱包括 3 个层级，第一层级为统一缴费率的现收现付制的“国家基本养老金”（state basic pension）；第二层级是“收入相关联的养老金计划”（earning - related pension），它只是一个概念的总称，分别由 4 种性质不同的养老计划组成，以适应不同的群体：一是国家提供的“国家收入关联计划”（SERP）；二是国家提供的“国家第二养老金”，这是 1999 年工党政府专门建立的一个制度，因为第二层级中的其他三个计划都有最低收入的限制要求，年收入低于一定数额就没有资格参加，为了解决由于收入低而没有资格加入第二层级的退休保障问题，“国家第二养老金”规定年收入低于 9500 英镑的目标群体可以参加该计划，以代替现有的“国家收入关联计划”（SERP）。该养老金计划与国家基本养老金相似，是统一费率的定额给付。

8.2.5 医疗保险制度、失业保险和社会救济

医疗保险模式

（1）医疗受保险人不需要缴纳医疗保险费的英国模式。英国的医疗资源全部由国家通过税收资金提供，包括办医院、雇佣医务人员，或者采取政府购买的形式，向私人开业的医师购买医疗服务，向制药公司购买药品，向全体公民提供近于免费的医疗服务和药品。加拿大的医疗保险基金是由联邦政府、省政府和地方政府出资筹集起来的，受保险人不需要缴纳医疗保险费。

（2）雇主和雇员缴费，一人投保全家共享的德国模式。德国法律规定，凡雇员加入法定医疗保险，其赡养人口则也视为同时加入，医疗保险支付所有大病的治疗费用。目前，德国参加法定医疗保险人口的覆盖率已达 90% 以上。基本医疗保险的资金来源于雇主和雇员的缴费，政府并不承担任何责任，政府财政主要用于对公立医疗机构的固定资产的投入。一般来说，联邦卫生部负责制定医疗保险政策和监督检查，但具体事务则由分布于全国各地的 600 个医疗保险公司负责管理（各州卫生局负责卫生医疗保健和公共医疗设施建设），医疗保险公司是自负盈亏的独立经济实体，各大保险公司做到收支平衡，原则上政府不予补助。德国的公共卫生由州和市镇政府负责，各市、县都设立了独立的卫生所，主要承担传染病防治监督管理等 6 项公共卫生职能，经费主要由联邦和州政府在税收中按比例支付，各州、市（县）公共卫生管理部门的经费不等，但均能完全满足工作需要。

（3）以私人医疗保险为主的美国模式。美国 1965 年实施公共医疗保险项目，2001 年仅覆盖了 25.3% 的人口；医疗保险以私人保险为核心，以政府举办的医疗照顾计划和医疗救助计划为补充。公共卫生以州和地方政府为主进行管理，资金也主要由地方政府负责解决，联邦政府给予一定补助。例如，为贫困人群提供卫生保健服务的医疗救助计划由联邦政府制订总体原则，州政府具体主办，联邦政府根据各州与全国人均收入水平的差异对各州进行补助，补助水平低限为 50%，高限为 83%。

（4）分类管理的日本模式。日本医疗保险制度主要包括健康保险、国民健康保险、老

人保健制度，其中健康保险和国民健康保险一起构成了日本医疗保险制度的两大支柱。健康保险是以各企事业单位在职职工为保险人，在他们及其抚养人员伤病、死亡、分娩时支付保险金的医疗制度。目前，缴费率为工资的8.2%，由雇主和被保人各负担50%。国民健康保险是以从事农林渔业的人员、个体经营者、小企业雇员、无业人员为对象的医疗保险制度。老人保健是向年龄在70岁以上的老人提供医疗费，所需费用70%由中央政府负担，其余的30%由地方政府负担。

失业保险

（1）失业保险由联邦政府负责，联邦劳动部为具体承办机构的德国模式。德国失业保险基金由雇主和雇员缴费筹资，当入不敷出时，联邦政府将用财政收入予以补贴，唯一由政府机构——联邦劳工局承办的失业保险，劳工局也是以收抵支，自求平衡；若当年入不敷出，可以向联邦贷款或申请补贴。德国政府一般不直接干预具体保险事宜，除了通过联邦保监局、劳动秩序部等实施领导监督外，不同级别的政府承担不同的社会保障事宜。

（2）失业保险以州政府为主，联邦政府给予适当补助的美国模式。失业保险税分为联邦税和地方税两种，联邦税率为工资总额的0.8%，州税率为工资总额的5%左右，各州收缴的失业保险基金上缴财政部，财政部按各州设立专户；各州需要支付的失业救济金，由州劳工局上报劳工部，劳工部再通知财政部拨付给州。

社会救济

德国社会救济由州和市镇政府负责，主动向被救济者提供救济；社会救济的资金来源于国家税收，由政府财政提供，75%来自市、县，25%来自州政府。美国的社会救济和社会福利由联邦政府和州政府共同负责，资金主要由地方政府负责解决，联邦政府对全国统一的项目给予一定的补助。

8.2.6 社会保险的统筹层次：大多实行全国统筹

大多实行全国统筹

各国社保资金使用管理大多实行全国统筹，欧洲则实行条条统筹。无论是老牌的发达资本主义国家还是发展中国家或前苏联东欧转型国家，社会保险制度全国高度统一，全国只有一个制度标准，一个全国水平的统筹级别，统收统支，州和省及地方制定的养老计划均为额外附加在这个基本的国家社保制度之外、属于地方立法行为的自愿型“补充制度”。

例如美国，除了失业保险计划由联邦和州政府双重管理以外，其他社会保险计划均由单一的联邦统筹。美国联邦政府提供的社会保障主要限于“老遗残”和最低生活保障项目，更多的社会保险责任由州政府加以承担。美国1935年后实施社会保障制度，就一直把基本退休基金掌握在联邦政府手里，美国的强制性养老计划由联邦政府统一组织，各种具体的制度规定是全国统一的，所有资金也是在联邦范围内统一调配使用，其具体管理部门为联邦政府的社会保障署，下设10个由社会保障署垂直领导的局及6个服务中心和一个鉴定中心。社会保障署在全国有1000多个分支机构，具体从事社会保障税缴纳情况记录、受益资格认定、咨询以及资金发放等工作。为安全起见，法律只准用基本养老基金中可动用的部分购买国家债券，其余资金全部存入银行生息，不允许做其他渠道的投放。

唯一以“块块统筹”为主的国家

在今天的世界上，中国几乎是唯一的社会保障制度以“块块统筹”为主的国家。社保资金管理分散在不同层次的政府和不同的部门机构中；各地社会保障资金的统筹级次不统一，多数只能在省级或市级，在经济发展水平比较低的省市统筹级次很难上升，有些甚至只能达到县级统筹，无法达到相关文件规定的要求；

不同的社会保障项目的统筹级次也有区别，例如对养老保险、医疗保险等，在不同省市的做法各不一样，实行分级管理，社会保险基金存量余额分散，难以适时进行调剂，社会保险基金风险大。由于统筹级次越高，平衡的能力才能越强，而目前过低的统筹层次导致一个保险项目中收缴到的保费无法调剂使用，各类参保人苦乐不均。

我国统筹级次的差异主要原因在于各地经济发展水平的差异。河北省的社会保险状况恰恰如中国社会保险事业的缩影，由于地域面积大、人口众多、情况复杂、上级政府统筹能力弱，因此，统筹级次很难上升，各地的社会保险水平也就存在较大差异。中央政府监管部门离基金实际统筹单位过远，不仅难以将所有的社会保险费筹集在一个统一的管理者手中和进行适时的调剂，社会保险基金风险高；同时，地区之间、不同层级的单位之间，企业、事业单位和国家机关三者的社会保障待遇差距比较大，企业人员退休待遇只有机关的一半。

8.3 社会保障基金的筹资与投资

8.3.1 社会保障基金的筹措

筹资形式“弃费选税”

在社会保险税、社会保险费的选择上，大多数国家“弃费选税”。美国自 1935 年实行社会保障制度以来，一直征缴“工资社会保险税”，雇主和雇员按雇员工资的同一比例缴纳，美国社会保险税收入专门用于社会保险支付，具有经济对偿的特点，美国一般税收由国家税务部门征收，而社会保险税则由社会保险机构征收，所得款项不纳入国家财政收入，而是作为社会保险基金加以妥善管理。美国开征社会保险税的做法为其他国家所效法，据《世界政府财政年鉴 1990》提供的 118 个国家的资料表明，至少有 68% 的国家已经开征了社会保险税，到 1998 年，开征社会保险税的国家有 100 多个。

征收机构“三足鼎立”

目前在世界各国和地区社会保险税费的征缴主体有三种：一是由社保部门征收；二是由税务机关征收；三是由基金管理公司或其他独立自治机构征收，智利和中国香港的社会保险费是缴到商业机构，但政府对这些商业机构的选择有严格的资质条件限制（见表 8－4）。

表 8－4 各国和地区社会保险税费的征缴主体

税务部门征缴				社保部门征缴			基金管理公司（或法人实体机构）征缴
英　国	罗马尼亚	爱尔兰	加拿大	新加坡	葡萄牙	德　国	法　国
美　国	斯洛文尼亚	新西兰	保加利亚	马来西亚	奥地利	捷　克	智　利
瑞　典	塞尔维亚	匈牙利	澳大利亚	乌拉圭	菲律宾	巴　西	中国香港（地区）
挪　威	俄罗斯	芬　兰	阿根廷	斯洛伐克	墨西哥	瑞　士	秘　鲁
荷　兰	黑山共和国	爱沙尼亚	阿尔巴尼亚	印度尼西亚	韩　国	希　腊	萨尔瓦多
冰　岛	拉脱维亚	克罗地亚		日　本	比利时	波　兰	

征缴体制三个模式

（1）“分征”模式（Parallel Approach）。即社保供款和一般税收的征管相分离，社保部门负责征收社保费，税务部门负责征收社保税，两部门在社保供款的征管功能上基本没有交叉。“分征”模式主要存在于西欧，典型国家为德国和比利时，具有历史悠久的职业保险计划传统。德国保险基金的收缴由联邦公众保险管理机构负责，收费比例依据不同的保险类型和统筹层次分别确定①，收缴后再分别划拨给各个保险业务机构。

（2）“代征”模式（Integrated Approach）。即由税务部门代替社保部门行使征缴的职能，或称实行“税费同征”的方式。实行“代征”模式的典型国家主要是盎格鲁·撒克逊传统的国家，如美国、英国和爱尔兰等。

（3）“混征”模式（Partial Integrated Approach）。在这个模式里，税务部门与社保部门同时负责征缴，或按照不同参保人群或按照协议约定，一部分社保项目由社保部门负责，一部分由税务部门负责。采用“混征”模式的典型国家为荷兰和爱沙尼亚等，例如，加拿大除工伤保险由各省劳工补偿局征收外，养老、失业等均由税务部门征收。

需要注意的是，自20世纪90年代以来，受拉美社保私有化改革的影响，许多中东欧国家进行了结构性的社保体制改革，它们纷纷引入私人部门管理的个人账户。历史上大部分中东欧国家采取现收现付制，社保供款由社保部门负责征收，但随着社保体制的改革，许多国家开始向“代征”模式过渡，社保部门或全部或部分地将征缴职能移交给税务部门。

8.3.2 社会保险费（税）率的设置

社会保险费率高低取决于承担者的覆盖面和保障水平的高低，在工资水平一样的情况下，费率越高，筹集到社会保险基金就越多，但纳费者负担重。

三种缴纳模式

社会保险费按缴纳主体分为单方或双方负担，形成三种模式。

（1）雇主单方缴纳模式。瑞典自1948年实施国民基本养老保险以来，社会保障基金来源于各行业的雇主缴纳的一般税收（社会保障税为主要资金来源），社会保障支出基本上由国家和企业负担，受保险人不需要缴纳养老保险费，在达到65岁时，就能够获得政府提供的一份基本养老金，养老保险基金的57%来自雇主缴纳，43%来自国家财政资助。1995年瑞典企业主负担的养老金和医疗保险等各种法定保险费用占利润的32.9%，企业负担较重。

（2）受保险人单方缴纳模式。智利实行的是一种强制性的、雇主不缴纳养老保险费、国家也不提供直接资助，而由受保险人单方缴纳养老保险费（费率为10%，另加3%的管理费，共计13%）并全额建立个人储蓄式养老保险账户的一种制度。

（3）雇主雇员两方分担的缴纳模式。例如波兰现行的养老保险缴费率为19.52%，由雇主和雇员各负担一半。

保险费率的两种方式

保险费率包括按项目差别费率、一费率两种方式。

（1）绝大多数国家对不同的保险项目规定了不同的保险费率。美国自1935年实行社会保障制度以来，一直征缴的是“工资社会保险税”，雇主和雇员按雇员工资的同一比例缴纳社会保险税，以强调缴纳社会保险税的强制性②，1937年开征工薪税，初期全部用于发放老年人的退休金，之后，还用来支付残疾人保

① 德国的养老保险缴费率全国统一，一年一定；医疗保险则由各地法定医疗保险公司根据支付水平、收入情况以及保险基金的储备情况进行测算，自行确定保险缴费率。

② 美国一般税收由国家税务部门征收，而社会保险税则由社会保险机构征收，所得款项不纳入国家财政收入，而是作为社会保险基金加以妥善管理。

险、医疗保险等待遇，以后由单一的工薪税扩展为工薪税、失业保险税和铁路员工退职税三个社会保险税种。德国在 1998 年，养老保险费率为 20.3%、医疗保险费率为 13.6%、失业保险费率为 6.5%、护理保险费率为 1.7%，总费率为 42.1%，各项保险费雇主和雇员各承担一半。

（2）新加坡则实行一费率。自 1955 年实行中央公积金制以来，几乎年年提高社会保险费率，由 1955 年的 10%，提高到 1984 年的 50%，雇主和雇员都分别缴纳工资额的 25%，养老保险基金采取个人专项储蓄、完全积累模式；新加坡总费率在世界各国算是最高的，筹集到了丰厚的社会保险基金，1984 年社会保险基金积累额为 332 亿新元，而当年的财政收入不过 140 亿新元，在新加坡，国家虽不为社会保险提供财政拨款，但通过社会保险费税前提取以及实行超过物价涨幅的养老保险存款利率政策为社会保险提供支持。

社会保险费率应高低适度

在一些发达国家，社会保险税已经成为政府收入的主要来源，为使社会保险费率适度，一些国家经历了由高调低、由低调高的过程。

（1）由低调高，如美国、德国。美国建立社会保障制度时实行现收现付模式，20 世纪 70 年代随着人口老龄化和不可预测的通货膨胀，转而实行部分积累制，社会保险税不仅征缴范围扩及所有的工薪收入者，而且税率在不断提高，1937 年雇主和雇员双边合缴雇员工资的 2% 作为社保税，1990 年提高至 15.3%（雇主和雇员各承担 7.65%）。税率的不断提高，使得社会保险基金的筹资规模也在不断扩大，1950 年时，工薪税占全部税收的 5%；1970 年为 26%；1986 年社会保险税占联邦预算收入的 37%（个人所得税占 45%），仅次于联邦所得收入；1992 年占 38%，成为美国的头号税种。此外，德国打算从 2030 年起，将法定养老保险占雇员工资的交纳比例从 19.9% 提高到 22%（税前），雇主和雇员各负担一半；退休雇员领取的法定养老保险金占其工资的比例将从 53% 降为 43%，2012 年，政府准备将雇员退休年龄从现在的 65 岁推迟到 67 岁；过去享受法定养老保险的投保年限只要投保 5 年以上，现规定必须投保 35 年以上，方能享受养老保险金，这样既可以增加法定养老金的有效供给，又可减少养老金的实际支出，同时，联邦政府每年拿出 700 亿欧元补贴养老保险基金，同时提高生态税补充养老基金。

（2）由高调低，如波兰。波兰作为经济转型的东欧国家，其养老金体系也经历了重大改革。旧体系下，养老金开支庞大，支出总额占到了 GDP 的 15%，企业缴费负担也很重，养老保险等社会保险缴费水平达到工资的 45%，随着人口老龄化，现收现付制越来越难以维系。1999 年，波兰创建了“三支柱”的新养老保险体系，其中：第一支柱属于强制性现收现付制。社会保险服务局收取相当于工资 12.22% 的缴费，雇主和雇员各负担一半；第二支柱属于强制性基金积累制，社会保险服务局收取相当于工资 7.3% 的缴费，雇主和雇员各负担一半。第一、第二支柱合计缴费率大大低于改革之前的水平。

（3）我国法定的综合费率偏高。我国在不同的法规中对不同险种的费率作了规定，例如，养老保险，企业缴纳职工工资总额的 20%，职工缴纳本人工资的 8%；医疗保险，企业缴纳职工工资总额的 6%，职工缴纳本人工资的 2%；失业保险，企业缴纳职工工资总额的 2%，职工缴纳本人工资的 1%；生育保险和工伤保险，都由企业缴纳，职工不缴纳，费率不超过职工工资总额的 1%。合计起来，我国的总费率为 41%，其中企业承担 30%，职工个人承担 11%，法定费率太高，以北京 2004 年服务业为例，雇主雇员缴费合计是：养老 28%，医疗 12% 以上（额外还要缴纳几元钱的“大额医疗”），失业 2%，工伤 0.4%，总计已达 42.4%；如果再加上 10% 的住房公积金就已超过 52%。这个比例甚至超过了以高福利著称的许多欧洲国家。相比之下，美国的“劳动收入税”只有40%左右。法定企业费率高是许多企业千方百计规避参保的原因之一。

8.3.3 社会保险基金的投资

保险基金投资于国债会因低利率使利息收入减少，投资于股市会因为股市低迷大幅缩水，由此，基金管理陷入安全和增值的“两难困境”。

安全第一的英美方式

（1）英国社保缴费不单独进行任何投资。盎格鲁—撒克逊传统教义——DB型现收现付制的混合预算制，国家将社会保障纳入财政总预算，基本不对其进行独立投资。即英国的社保缴费不单独进行任何投资与独立核算，而是列在总储备金之中混合使用。但全球股市下跌，2002年，英国企业养老基金亏空已经高达1600亿英镑。

（2）主要投资于政府债券的美国模式。美国将社会保障资金转入财政信托基金账户，90%以上购买国债由政府用于公共投资，方式上是将社会保险基金投资于共同基金。共同基金将社会保险基金聚集在一起，以取得最高投资收益为目标，由投资专家操作共同基金的营运，将资金分散投资于债券、股票等各种渠道，使基金获得了较高收益。

投资股市的高风险、高收益

（1）投资股市、不动产而遭失败的东亚化方式。

东亚一些主要国家除了投资于政府债券以外还将其中一部分投资于股市、不动产和基础设施等资产并遭失败。日本和韩国等一些新兴工业化国家将现收现付制基金的很少一部分“试水”股市（一般15%以下）、不动产和基础设施等资产也遭失败，日本养老资金股市投资连年巨额亏损，2001年亏损1.3万亿日元，2000年亏损2.3万亿日元，2002年净亏损达到3.06万亿日元，依然欲罢不能。

（2）英前殖民地国家投资股票的低收益方式。

英国前殖民地的十几个国家采取中央公积金制，投资股市，结果是连年股市投资收益率远远低于通胀率，10个英国前殖民地国家在整个20世纪80年代只有3个国家的收益率是正的，其余均为负值，有的国家高达负30%以上。

扩大资本市场的投资

将社会保险基金存入商业银行和购买国债，可以保证基金的安全，但在名义利率高的年份，往往通货膨胀严重；在物价稳定的年份往往伴随名义利率不断下降，这两种情况下社会保险基金都很难实现保值增值。所以在20世纪70年代以后，世界主要国家特别是发达国家为改变投资方式简单、投资效益不高的局面，纷纷通过放松管制和加强政府协助等方法，积极拓宽养老基金投资渠道，世界主要国家越来越多的养老基金涉足证券市场，购买企业股票和债券。

发达国家退休金占资本市场的比例非常高，养老基金已是证券市场上主要的投资者和稳定力量，20世纪60年代养老基金掌握的股票比例，伦敦证券交易所为10%，纽约证券交易所低于10%；20世纪90年代初这一比例都已超过30%。除新加坡、比利时和法国外，许多国家和地区的股票投资比例均有所上升，其中股票投资比例最高的是中国香港（83.08%），其次是英国（79.02%）；股票投资比例增长速度最快的是挪威、丹麦与荷兰，这是因为资本趋利的本性必将引导资本流向收益高的金融资产，据统计，美国完全用于购买政府特别国债的养老基金的年收益率只有7%，而主要投资股市的养老基金收益率为12%—15%。

基金投资证券化方向

有些国家基本社保基金长期投资于地方政

府债券。英国1980年专门成立国民投资与贷款办事处，接受卫生和社会保障部委托经营社会保险基金，一部分按国家规定用于公共设施建设投资，购买政府发行的债券，另一部分用于短期信贷，特别是借给政府作短期用款（付世东、张洪伟，2007）。瑞典基金制养老金管理局作为瑞典养老金的主要投资管理机构，负责收入型养老金中结余部分（缓冲基金）的投资和基金制养老金中个人委托其管理的养老金的投资。

社保基金支撑开放式基金

在欧美的经济体系中社保基金是证券市场的重要支撑，尤其是开放式基金，其资金的60%—70%由社保基金充实。社保基金的投资要遵循安全性、收益性、流动性的原则。在银行存款、国债安全但不能满足保值增值要求的今天，社保基金急需一种收益比国债大，风险比股票小的金融工具，开放式基金恰好满足了这样的要求。而且，开放式基金的规模不固定，投资者可以随时追加或收回资金，这既可以满足社保基金流动性的要求，同时又可以适应社保基金结余额下不断变动的需要。

中国社保基金的运作

中国社会保障基金理事会运作的基金可定位为“储备基金”。目前我国社会保障基金的结余主要由中国社保基金理事会营运增值，全国社会保障基金自2000年建立以来，资产总额从2001年的805.09亿元增长到2007年的5000亿元，这个游离于基本社保制度之外的“全国社保基金”，资产分布依法多元化持有并已进入股市，年收益率达到11%以上，尽管发展速度较快，但目前的资金规模与未来的养老需求相差甚远，社保基金理事会近日提出了到2010年底将社会保障基金发展到10000亿元的目标，而其未来发展空间还远不仅限于此（见表8－5）。

表8－5　全国社会保障基金理事会基金历年收益一览表

编制单位：基金财务部

项目 年度	已实现收益		经营业绩		通货膨胀率（%）
	金额（亿元）	收益率（%）	金额（亿元）	收益率（%）	
2000年	0.17		0.17		
2001年	9.67	2.25	7.42	1.73	0.70
2002年	21.00	2.75	19.76	2.59	0.80
2003年	34.07	2.71	44.71	3.56	1.20
2004年	45.91	3.32	36.72	2.61	3.90
2005年	52.90	3.12	71.22	4.16	1.80
2006年	195.80	9.34	619.79	29.01	1.50
2007年	1129.20	38.93	1453.50	43.19	4.80
累计投资收益	1488.72	（年均）8.29	2253.29	（年均）11.44	1.86

注：累计投资收益率为年均收益率，是自成立以来各年度收益率的几何平均。

8.3.4 投资决策与监管模式：分散和集中结合的协同监管

社会保险基金市场化投资主体的选择

各国社会保险基金市场化投资的主体不同，概括起来分为两种：

（1）中央政府，可以实行“中央公积金制”的国家为代表。如，新加坡中央公积金管理局是公积金制度的依法管理机构，隶属于劳工部，依法独立操作，并且只负责公积金的行政管理，负责中央公积金的收缴和支付，接受劳工部的监督和审计部门的审计。中央公积金局理事会由政府、雇员、雇主、专家四方代表组成；公积金的具体营运是由新加坡投资公司投资营运；而政府负责制定有关公积金制度的各项政策和法令，政府不仅无权动用公积金存款；相反，政府负有担保偿还公积金存款的义务，新加坡的社会保障缴费不是缴纳到商业机构，社会保险基金的收益率由国家根据投资收益情况统一确定，基金投资则完全由国家来运作，投资收益率是经过国家“调整”与“管理”的。

（2）账户持有者个人，可以智利模式的国家为代表。国家没有掌握一个集中的社保基金。社保基金分散在每个人的账户里，投资决策是个人行为，是分散型的决策，根据个人的偏好和国家提供的投资基金种类进行个人决策。一般来说，可供选择的投资基金从风险大小和利率高低来分无非依次有如下五六种，例如，非交易型的短期政府债券基金（G 基金）、债券市场基金（F 基金）、普通股票基金（C 基金）、小型资本化股票指数投资基金（S 基金）、国际股票指数基金（I 基金），等等。虽然各国投资基金的设立情况不太一样，但大同小异。

我国个人账户基金属于基本养老范畴，由政府负责、财政兜底，根据国际实践，我国账户资金面临几个选择：一个是分散型决策，如智利、中国香港和波兰一样，但这将以做实个人账户为前提；二是目前像劳动部和财政部联合正拟定的个人账户管理办法那样，由省级政府统一决策，各省管各省的；第三个是像新加坡那样由中央政府统一投资。省级政府投资模式存在很多风险和问题，应该由中央政府统一起来，集中投资；基本养老中的个人账户基金是否应该交给商业机构去管理，这个决策权应当交由政府决定，以便权利与义务的统一。

建立主辅分明、多重协同、相对独立的监管体系

综观世界各国养老金市场包括企业年金的监管实践经验，无一例外地体现出协调监管的特点和趋势。

发达国家养老金包括企业年金的协调监管机制非常成熟。美国的养老金监管涉及劳动保障、财政、税务、信托基金管理委员会和其他金融监管部门。各个部门在整个运转体系中分工协作，各司其职而又密切协作。美国负责社保基金监管的机构主要包括：社会保障局、财政部、劳工部、国内税收局、社保和医疗统筹基金信托董事会和社会保障咨询委员会，属于分散监管模式。但近年美国采取了一系列措施加强协同监管以及监管的集中度，包括将社保局升级为独立的、直接向总统和国会汇报的机构；创立常设的社会保障咨询理事会，7 名成员由总统和国会联合任命。美国医保基金的专门委员会独立于政府，享有独立的财政经费，只对议会负责。美国等西方公共基金监管制度之所以有效，就在于有一个独立于政府，而向基金利益相关人负责的机构，不会发生有关社保基金被挪用或侵贪的案例。

日本社会保险管理体制上实行立法机构、行政管理机构、执行机构、社会保险基金管理运营机构、保险基金使用的监督机构分立的管理体制和运行机制。日本把国民年金和厚生年金的基金，即一般公民和私营企业员工的基本养老保险基金，交由财务省资金运用部掌管，严格控制投放；其余的年金基金，即国家公务员年金基金、地方公务员年金基金、农林渔团体年金基金、私立学员工年金基金等，一律交由这些年金的基金会管理，任其自主投放。

中国的监督机构缺乏独立性

我国在 1986—2006 年间，有上百亿元甚至于更多的社会保障基金被违规挪用或造成损失而难以收回，这与监管缺位直接相关。

（1）集权不够。1998 年的机构改革已经明确劳动和社会保障部门统一管理社会保险事务，但现实中的社会保险管理体制却存在着集权不够、部门分割、权责不明的缺陷。如社会保险还处于地方分级统筹管理的状态，社会保险费两个机构（部分地区由社会保险经办机构征收，部分地区由税务部门征收）征缴并存的异常格局，社会保险基金的管理因过于分散而出现难以有效管理、监控的现象。

（2）缺乏分离机制。“劳动保障行政部门”不但是社保资金的监督机构，同时也是管理机构；即便是征收的“社会保险经办机构”，也由劳动保障部门成立，这实际上只是“行政体系内部的分开，不是市场经济意义上的分开；地方政府在社保基金管理上，既当监管者，同时又成为委托人、投资人和资产管理者，角色模糊不清，使得养老基金缺乏独立和足够的行政监管，存在社保基金管理与基金运营不分的弊病；社保政策制定者的政府部门往往是基金征收使用的上级主管，导致了政策制定、基金征收、管理、使用和运营“一条龙”的集权，极容易产生操作风险。

国家为了进一步加强社会保险基金的管理和监督，劳动保障部基金监督司于1998年成立，之后各省区市、州市、县相继成立了负责基金监督的机构——社会保障监督委员会①。社保基金监督委员会是一个政府下设的非常设机构，由政府领导任主任，有关部门和企业代表及专家构成，该机构设立的初衷是为了解决“信托责任承担者缺失的问题”，但社保基金屡查屡犯，显示全国大面积存在已久的地方社保基金监督委员会几乎形同虚设。我国多数省份的社保基金监督委员会只是一个牌子，并没有专门的办公机构，只是在各地的劳动保障部门（一般是基金管理处）设一个办公室，造成独立监管机构的缺位。

（3）企业年金投资政策配套不足。目前，我国社会保险的投资由劳动保障部门监管，团体年金和个人年金由保监会监管，企业年金由劳动保障部、银监会、证监会和保监会共同监管，因为我国企业年金涉及到包括银行、证券、基金、信托、保险等在内的多个金融领域，但与之配套的投资管理政策、监管机构分工、内部风险监控以及企业年金持有人权益保护等，都有待于进一步明确、细化，使之具有可操作性。我国可以采用以法制监管为核心、适当集中的综合模式，在现有制度的基础上加强监管的集中度，以构建一个主辅分明、多重监管的社保基金监管组织结构。

8.4 社会保障的财政预算管理

8.4.1 社会保障缺口的地区平衡

依据统筹层次的高低形成稳定的调剂机制

德国统一的基本养老保险计划要保证地区间的平衡，全国养老保险协会统一调剂结余基金，不足部分由联邦财政兜底。

我国安徽、江苏等省设立有省级养老保险调剂金，例如，江苏省1999年要求由各市、县按企业职工缴费工资总额1%解缴省级养老保险调剂金，纳入财政部门管理的“社会保障基金财政专户”，专项用于保证全省退休高峰、自然灾害、突发事件时期的基本养老金支付。省级养老保险积累金可以购买国家债券，其余应全额转入银行定期存款，不得进行风险投资。

为了切实增强社会保障资金支付能力，在相对较低的政府层级，也设置了类似的机制，如，浙江丽水市采取多渠道筹资办法建立了社会保障风险准备金制度，由财政部门单独管理，纳入市社会保障基金财政专户统一管理，专账核算。社会保障风险准备金属于政府专项资金，主要用于防范地方社会保障支付风险。

---

① 在中央层面没有设立社保基金监督委员会，这主要是考虑要发挥地方政府在基金监督上的作用。

任何部门和单位不得截留、挤占和挪用，不得用于平衡地方一般预算。

我国地方养老金缺口大

我国20世纪90年代建立起“社会统筹和个人账户相结合”养老保险制度，但由于制度转轨期长期处于单一计划体制形成历史欠账、管理失范导致成本巨大、资本市场不发达使得基金增值无方等多方面的原因，养老金缺口大，个人账户空账严重，国务院体改办2000年对我国养老保险历史债务规模测算的结果为67145亿元。“十五”时期我国各项社会保险基金缺口共达1000亿元，2002年以来，我国养老金当期缺口每年一直徘徊在500亿元—600亿元人民币之间；近年每年以1000亿元的规模增长，到2001—2075年间中国基本养老保险的收支缺口将高达9.15万亿元[①]。2000年时，我国养老金“空账”有360多亿元；2005年底，“空账”已经骤增至8000亿元（见表8-6）[②]。

表8-6　中国基本养老保险基金收入结构　　单位：亿元,%

年份	养老保险基金收入	当年征缴收入	各级财政补贴	中央财政占全部财政补助的%	财政拨款占基金的%
2002	3171.5	2551.4			
2003	3680	3044	530	89.49	14.40
2004	4258	3585	614	85.02	14.42
2005	5093	4312	651	83.56	12.78
2006	6310	5215	971	79.71	15.39
2007	7834	6494	1157		14.77

资料来源：根据历年劳动和社会保障事业发展统计公报计算整理。

我国由于社会保险统筹层次低，中央无法调剂地方保险基金的余缺，从1997年开始，中央财政只能连年大幅增加对养老保险的投入，主要用于补助中西部贫困省市[③]的养老金支付缺口的转移，累计高达3600多亿元，1998—2001年间对养老保险的基金补贴，中央财政支出占90%以上，而地方财政补贴还不足10%，之后逐年提高，到2006年，地方财政补贴的比例达20%，与此同时，中央财政对养老保险基金每年补贴量攀升速度很快（见表8-7）。

表8-7　1998—2006年中央财政对养老保险补贴　　单位：亿元

年份	1998	1999	2000	2001	2002	2003	2004	2005	2006	合计
补贴额	24	175	338	349	408.2	474.3	522	544	774	3608.5

数据来源：《劳动和社会保障事业发展统计公报》（2002—2006年）；中国经济改革研究基金会、中国经济体制改革委员会联合专家组：《中国社会养老保险体制改革》，上海远东出版社2006年版，第264页。

---

① 世界银行2005年的研究报告预测。

② 根据全国老龄委发布的《中国人口老龄化发展趋势预测研究报告》统计。

③ 我国中央财政不负责弥补社会保险基金差额的地区有北京、上海、广州、福建、浙江、江苏、山东这七个经济发达的东部地区；中央对社会保险基金缺口的弥补主要集中在基本养老保险和失业保险两块。

中央财政依据地区经济发展程度的差异和试点需要来对一些地方给予弥补各地社会保障资金缺口，中央政府大量投入的格局充分说明了中央对社保工作的高度重视，中央政府给予专项补贴意味着中央财政兜底，此转移支付仅在每年决算时根据“需要”才“临时”发生，它是基本社保制度之外事实上存在的一个非固定和非制度化的“隐性社保基金”。道德风险的因素和逆向选择的结果导致地方对中央政府的过度依赖，造成资金投入与实际需求之间存在矛盾，客观上形成了一种“逼使”省里和中央给予补助的态势，甚至人为地扩大了资金缺口，使社会保障收支失衡问题日益显现，将地方负责制演变成为中央政府财政兜底制。

这个基本的社保制度之外，事实上还存在着一个非固定和非制度化的临时财政专项补贴，已经成为一个“隐性社保基金”，中央没有一套完整的补助方案，容易造成各地乃至同类地区间社会保障资金的不均，甚至会使一些地方忽视自身社会保障资金筹集的责任。同时，虽然已经对欠发达地区予以倾斜，但力度还不够，转移支付提供均等化的公共服务水平的功能未能得到充分发挥。

8.4.2 支持养老金体系建立和投资的税收政策

各国政府普遍对养老金给予税收政策支持，允许企业和个人参与的养老计划在一定限额内延迟纳税。从发达国家的经验看，一项养老计划能否顺利推行、快速发展的一个重要因素就是税收优惠，包括税收的减免与递延等。以美国 IRA（个人养老账户）为例，该计划发展的 30 年间，资产管理规模的发展速度与相应的税收优惠政策调整表现出了很强的一致性。第一个实行企业年金制度的国家——美国，最大的企业年金计划称为 401(k)计划，可见税收支持政策在企业年金发展的过程中是非常重要的。

俄罗斯政府对养老保险给予一定的税收优惠，第二支柱的企业缴费可以税前列支。从 2008 年起，第三支柱中对个人缴费参加商业保险和私人养老金计划都给予减免税收，对企业缴费参加商业保险可以税前列支。波兰政府对养老金体系提供税收优惠支持，对第一、第二、第三支柱都给予缴费免税的优惠，只是在参保人领取养老金时征税。

目前我国中央政府还没有统一制定对第二支柱企业年金的税收优惠政策，只是各地省市自行制定了一些地方性政策，很不规范。例如，大部分省份沿用国发［2000］42 号文件规定的 4%，最高的可能是湖北和江苏，是 12.5%，此外，还有 8.3%、6%、5%，等等。到 2007 年 10 月，我国共有 19 个省通过了税收优惠政策，税前列支比例从 3%—12.5% 不等，税收优惠的政策比较分散，出台税收优惠的法规级别不一、层次参差不齐的税收优惠措施因为缺少一定的权威性，无法有效地激励年金市场发展壮大。截至 2007 年底我国企业年金积累基金约 1300 亿元，已经运作的年金平均收益率为 40.6%。尽管年金投资取得了较好的收益水平，但是年金市场的发展速度还是与先前的预期有一定差距。出台高行政级别、统一的税收优惠政策对我国养老金市场的发展既有必要性又有可行性。

8.4.3 社会保障预算的编制模式之一：单式混合预算

即将社会保障资金视为政府经常性预算在政府公共预算内统一安排，不存在单独的社会保障预算。

英国以政府名义征集的各种税费都要上缴国库由财政部统一分配，并在统一的财政预算中全面反映其收支状况，由财政部负责征集和分配社会保障资金，社会保障预算收支全部在政府经常预算中体现，各项社会保障收支在预算中是单独反映的。英国社会保障收入来源于国民的“社会保障缴纳（社会保险税）”，归并到统一国库基金预算下的税收项里反映，国民社会保险收支基金全额纳入经常性预算国民保险，该项费用收不抵支时由政府从一般性税收收入中调剂解决。其他不以缴费为基础的各种福利和津贴以及管理费和医疗保健服务直接来源于一般税收收入，在支出预算中也都单独反映。

加拿大的社会保险缴费全部纳入财政预算，现收现付，不搞积累，财政每年均以相当规模的一般性税收补助社会保险支出。这种模式运行的结果是财政负担较大，贫富差距不大。英国政府负担的社会保险费用约占全部社保费用的1/3。国民卫生服务、个人社会服务等经费来源基本上都是由国家通过税收承担支付的责任。政府严格掌控和执行着财富的再分配，通过各种税收和福利政策，有力调整着收入与消费（商品税和住房税）的平衡链，变相补助低收入者和中等收入者。英国大部分家庭可从国家福利获得收入，据统计，有10%以上的家庭依靠国家福利生活，其收入的90%以上由国家提供。最富有的资产者数量被控制在1%—2%左右，其控制的社会财富已由1911年的69%减到现在的28%左右，工资收入相对均衡，一般为4:1或2:1。

英国国会1911年通过了《国民保险法令》后建立起社会保险制度，社会保险资金主要由雇主和雇员缴纳的比例基本相同的社会保险费筹集，政府每年都提供社会保险的财政支持，形成了一套“从摇篮到坟墓”的社会保障体系（不包含住房和教育）。福利国家有利于社会保持和谐稳定且经济颇具竞争力。瑞士洛桑国际管理学院公布的2007年《国际竞争力年度报告》，从基础设施、企业效率、经济表现和政府效率等方面进行评估，重视福利的瑞典等北欧国家继续名列前茅。

8.4.4 社会保障预算的编制模式之二：社会保险专项基金预算

即将社会保障收支与政府经常预算收支分开，单独编列社会保障基金专项预算，在政府预算中予以相对独立的专门反映，以区别于政府其他方面的税收和预算。

这种模式中，雇主和雇员的社会保障税收或缴费是社会保险的主要资金来源，不足部分由国家给予补贴，为了体现社会保险基金的收支及财政补贴情况，社会保险基金预算需在政府预算中单独体现，即与政府经常性预算收支相对独立的分开，按专项编列预算。具体有如下几种情形：

在一般预算之外单独编制社会保障预算

如德国的社会保障预算，按项目分别编制、分口管理。其中：保险机构编制社会保险预算，实行独立核算、自求收支平衡；社会救济由政府按项目分级负责、纳入预算管理。德国的养老保险由养老保险局承办，其中，州级养老保险局承办法定的工人养老保险，联邦养老保险局承办政府职员的养老保险，等等；养老保险局是独立核算单位，原则上自求收支平衡。养老保险的收支模式为现收现付制，即完全的社会互助①，没有任何个人积累性质；因此，养老保险费率一年一定，每个财政年度都要编制收支预算。

德国社会保险体系保障充分，退休养老金发放水平相当于就业人员交纳社会保险税前全部平均收入的70%。德国社会保险项目采用收费制筹资模式，基本都由雇主和投保人平均分摊保费，缴费资金由专门机构负责管理和运营，不直接构成政府财政收入，不足部分由财政补贴，政府补贴比例不高，财政部门有对社会保障收支运营监督和补助的责任。

德国社会保险主要由社会承担，高度自治，由社会保险组织（一种准政府机构）统一管理，原则上自收自支；政府不具体参与基金的管理，只履行监督职能，基金收支也不纳入政府预算，联邦政府通过国家预算对社会保险基金进行必要的补助。该模式下，国家财政

① 德国的养老保险实行的是代际互助，由在职职工承担已退休职工的社会保障成本；医疗保险和失业保险实行的是同代人之间的横向互助。

仍需承担此社保专项基金预算系统之外的社会救助、社会福利等事业的直接拨款责任，并需对系统外的社会保险基金给予适当援助，目前世界各国最为普遍的就是专项社会保障预算模式。

社会保险项目基金预算在特别会计预算中反映

如日本政府预算，是由一般会计和特别会计构成的复式预算，政府管理的社会保险项目基金预算在特别会计预算中反映。社会保险中应由财政负担的费用，则由一般会计预算支出后，与社会保险部门负责征收的各项保险费一起，作为特别会计的收入进行统一核算。目前，日本编制 7 个社会保障特别账户，这些特别账户均有独立的资金来源，它们以独立账户的形式纳入政府预算。

日本社会保障收支预算也由财政部负责编制。每个财政年度由主管部门提出社会保障各个项目的收支预算，由财政审批并经议会批准以后执行。政府设立了厚生年金和国民年金（包括投保人交纳的保险费、国库转移及基金投资收入）特别会计，两项年金的年收支余额要统一纳入财政投融资计划投入重点建设，使之得到保值和增值。社会保障支出中的生活救济、社会福利、公共卫生等经费由一般会计预算支出直接分配给各主管部门；健康保险、年金保险、劳动保险等社会保险项目应由财政负担的部分，则由一般会计预算支出后，与厚生省、劳动省负责征收的各项保险费一起，作为特别会计的收入统一核算。

以独立的社保基金预算方式实行信托管理

如美国社会保险由联邦政府预算统筹，以独立的社保基金预算方式实行信托管理。1935年美国诞生的《社会保障法》标志着现代社会保障体系从社会保险制度朝着综合性社会保障制度发展。美国社会保险强调“财务自理”，国家不给予直接的财政资助，国家不对养老保险作财政预算，社会保险税由财政部国内税务局集中征收，由雇主和雇员缴费形成的社会保险基金要全部纳入政府预算管理，由财政部按照规定比例分别记入财政信托基金账户，转入社会保障信托基金后由社会保障署统一运营，同时还授权社会保障署进行投资方式和投资方向的选择。

美国联邦预算包括联邦基金预算（预算内）和信托基金①预算（预算外）。联邦基金包括普通基金和特殊基金。普通基金支出主要用于联邦政府的日常开支；信托基金则是依法设计的特殊项目基金，其主要资金来源是各种专项税收，支出包括社会保障、医疗保险、职员退休等方面。可见，美国联邦预算具有很强的完整性，与政府活动相关的收入和支出都在联邦预算中得以反映，都受到联邦预算的约束。

自 1937 年以来美国的社会保障预算同联邦预算之间经历了“分—合—分”的演变轨迹。为了使社会保障支出不受联邦赤字规模的影响，目前美国的社会保障预算是独立于其他预算之外的，社会保障资金以信托基金的形式进行管理，其资金计划先是以独立预算形式编制，后来纳入联邦预算，再后来又从联邦预算中划出。美国强制性养老保险基金的管理非常集中，税务部门征收之后，全额进入社会保障和医疗保险信托基金，社会保障预算由财政部门负责编制，社会保险缴费是以特种“税”的形式由财政部门组织征收，与其联邦统筹下的现收现付制相适应。社会保险税不混入一般的财政收入，由财政部单独另设 4 个信托基金托管。美国的社会保障盈余也是“空账”记录，并不代表有那么多资金存在信托基金账户上，对社会保障税盈余的投资在美国同样也是在探讨的问题。

一揽子社会保障预算，不纳入政府公共预算

如新加坡社会保障收支，均独立于政府预

① 信托基金也是一种财政收入，具有指定用途的预算账户，资金来源为特定的强制性税收或收费。信托基金的主体是社会保障基金，如：联邦老年人保险信托基金、联邦医疗保险信托基金等，其支出由这些相关税收解决。

算之外单独管理，通过财政预算管理手段确保社会保障资金的正确使用方向。即将政府一般性税收收入安排的社会保障性支出、各项社会保障基金收支、社会筹集的其他社会保障资金收支、社会保障事业单位的收入等作为一个有机的整体，编制涵盖内容全面的一揽子社会保障资金预算。

在我国，河北省编制的社会保障预算类似于"一揽子"社会保障预算，其预算范围包含企业基本养老保险基金收支、失业保险基金收支、基本医疗保险基金收支、工伤保险基金收支、生育保险基金收支、机关事业单位养老保险基金收支、农村合作医疗基金收支、促进就业收支、城市居民最低生活保障收支、残疾人就业保障金收支、行政事业单位医疗收支、劳动保障失业费收支、优抚和社会福利救济、行政事业单位离退休补助收支、社会保障补助收支这15类资金，2008年后，社保预算还包括城镇居民基本医疗保险收支。

8.4.4 社会保障预算管理体制

社会保障预算编制主体的选择主要采取两种方式：

由部门编制，财政审核后汇编成统一的预算

如英国，基本上是部门预算，社会保障分属社会保障部、卫生部以及教育部等三个部门管理，各个部门按照各自的职责范围，在与财政部门共同商讨的基础上，分别编制每个财政年度的收支；同时将预算报告报送内阁会议和财政部。财政部在收到各部门的预算报告以后，在认真调研、综合平衡的基础上编制统一的预算报告，并上报内阁会议；内阁会议讨论通过后以正式报告上报议会，议会通过后付诸实施。预算在执行过程中，各部门若要追加支出，首先要报财政部审查，然后报议会审批。审批通过，方能追加。

再如加拿大，由人力资源部编制养老保障基金收支预算，经财政部审核报联邦议会批准后，由人力资源部所属的人力资源中心执行。年度预算执行过程中和年度终了，必须接受审计，向政府和议会报告预算执行情况，确保养老保障基金的专项用途，维护广大公众的利益。

财政编制方式

即由财政机关负责编制社会保险金预算，将资金拨到社会保障部门；社保部门负责各种基金的发放以及具体管理事项。如英国、瑞典。

英国社会保险由政府社会保障部门①直接经办，税务部门负责国民保险费的征缴，以政府名义征集的各种税、费都上缴国库由财政部统一分配。英国的财政部门负责征集和分配社会保障资金，审核社会保障机构资金支出，审核社会保障的有关预算，参与社会保障资金的管理。英国模式便于政府直接管理社会保障的具体事务、监督管理基金的收支运行，保证其专款专用，全国统筹②，直接按政府意志控制社会保障事业进程；但社会保障预算与政府经常性预算收支混在一起，难免相互挤占资金，在"福利刚性"的作用下，社会保障支出膨胀，成为财政不堪背负的重压，消费资源过多，企业积累，削弱了扩大再生产的物质基础，增加了产品成本，导致产品竞争力下降。

瑞典的大部分基本社会保障项目纳入财政预算，实行现收现付制，如基本养老金；部分保障项目的费用由雇主和雇员支付，并实行基金积累制度，如养老保险中附加年金③，因此，总体而言，瑞典的基本社会保险项目都采取现收现付、代际支付的筹资模式、纳入财政的预算管理，税务机关负责社会保障税的征缴，并登记有关信息；社会保险税按财政体制

① 英国社会保障制度的管理部门为社会保障部，社会保障部由津贴管理局、保费缴纳管理局、信息技术局、安置救济局、战争抚恤管理局、儿童福利管理局六个子机构构成。

② 例如：英国的医疗保障由政府直接经办医疗服务机构，全国公民可以广泛平等的享受医疗服务，通过税收融资，预算支出按各地区的人口需要进行分配。

③ 这部分资金将直接进入资本市场，进行投资。

权限由中央和地方分别通过预算用于社会保障事业，例如瑞典的全部医疗卫生事业主要由地方政府举办，同时地方政府拥有实际的征税权，中央政府给予少量拨款（穆怀中，2006），2000年仅为医疗经费的19%。加拿大社会保险缴费全部纳入财政预算，现收现付，不搞积累。财政每年均以相当规模的一般性税收补助社会保险支出。

8.5 我国社会保障预算管理的现状与方向

8.5.1 我国社会保障预算管理的现状

具有分散性的分项预算

目前，我国各地社会保障资金既有预算内管理方式，也有预算外管理方式，社会保障资金收支项目在预算管理上可以划分公共预算、基金预算以及预算外专户三大块管理：

（1）在政府一般预算内管理，如辽宁省主要包括抚恤和社会福利救济费、行政事业单位离退休经费、社会保障补助支出，这三大类支出均由政府用一般税收收入安排；另外，在政府一般预算内还有一些分散在其他支出项目中的零星社会保障性质的支出，如林业支出中的离退休支出等。陕西省财政预算安排的社会保障资金主要包括公共卫生支出、优抚救济支出、行政事业单位离退休经费、城镇青年就业补助费、城乡居民最低生活保障资金、城乡医疗救助等。目前从整体上看，陕西省尚没有建立社会保障总预算框架，但在部门预算中已含有社会保障相关预算科目，如“209”大类“社会保险基金支出”下各款项，其中“20905”款的“生育保险基金支出”可以反映女性保障的预算目标。

（2）以预算外财政专户管理，各地社会保险基金的资金均在预算外财政专户管理，专款专用，实行收支两条线管理；社会保障基金与预算内、外资金不同，不能与预算内、外资金调剂使用，不得用于弥补财政赤字，不得从中提取任何费用。各省纳入预算外财政专户管理的范围不完全相同，如陕西省五大社会保险基金；辽宁省具体包括7类12个专户①。北京市单独编制社会保险基金预算，把所有基本社会保险、补充社会保险项目的基金收支都列入社会保险基金预算。

（3）在政府基金预算中管理，例如辽宁省住房公积金、残疾人就业保障金和社会福利彩票基金。从总体上看，即使社会保险基金也都是分项预算，还没有形成真正意义上的预算，仅以年度收支计划的形式进行管理；对社会保障各项目收支的分散管理，严重割裂了社会保障资金管理的完整性。

各项社会保险的经办机构不同

从管理机构来看，北京、河北两地的新型农村合作医疗保险基金均由卫生部门下属新农合中心具体管理；河北医疗保险和生育保险由社会保障部门下属医保中心具体管理，除此之外的社会保险均由社会保障部门下属的社保中心具体管理；北京市新型农村社会养老保险和新型农村合作医疗实行区县统筹，纳入区县财政专户管理，分别由劳动保障部门和卫生部门负责具体事务管理外，其他类型的社会保险均实行市级统筹，纳入市级财政专户管理，各项

① 12个专户如下：基本养老保险基金、失业保险基金、工伤保险基金、生育保险基金、下岗职工基本生活保障基金、基本医疗保险基金、养老保险个人基金、机关事业养老保险基金、机关事业失业保险基金、养老保险省级调剂金、失业保险省级调剂金、城市居民最低生活保障资金。

基金的管理权限完全由北京市劳动与社会保障局下属的社保中心管理，医疗保险和生育保险的具体拨付管理事务由医保中心负责，其他管理、执行责任也由各级社保中心承担。

8.5.2 完善我国社会保障资金预算管理的取向

以健全独立的社会保障预算为目标

在我国目前的政府收支管理体系下，各项社会保障资金都纳入了国家预算，但具有分割性，其中：社会保障支出分散在行政费和各项事业费的有关科目中，并未实行专门的预算管理，如社会救济、社会福利和优抚安置等方面的预算资金以及行政事业单位离、退休经费仍与政府经常性支出混在一起，涵盖在部门预算、政府财政总预算的管理中；社会保险基金和其他的社会保障资金大多以专项基金或预算外管理，没有纳入财政预算。2008 年新修订的政府收支分类科目中有社会保险基金的预算科目安排，但由于社会保险基金并未纳入预算管理，预算表的相应部分都是空白的；养老保险基金、失业保险基金仅仅是按总量列收列支而已，致使社会保障基金收支总量不清，难以进行严格的预算管理和监督。

社会保障预算管理的三种模式各有利弊，从世界各国发展的趋势上看，为追求社保基金收支平衡，减少财政负担，社保基金采取独立于财政性资金的单独预算管理是个好办法。由此，我国的总体目标应该是：将政府强制性实施的各项保障资金全部纳入社会保障预算，收支管理及投资运行活动规范化、各项政策措施完整配套，采取与公共预算相对独立并列的一揽子社会保障预算的编制方案，逐步建立健全完整的、具有中国特色的社会保障预算体系，即社会保障基金预算加政府公共预算中安排的社会保障支出加社会筹集资金。

渐进扩大社会保障预算的范围和内容

现阶段我国国民经济的发展水平还不是很高，地区、城乡以及行业差异大，这决定了我国的社会保障预算管理体系难以一蹴而就，因此，在确定建立社会保障预算的总体目标后，还需要结合我国的实际分步实施。1952 年国际劳工组织大会通过的《社会保障最低标准公约》包括九项，即医疗津贴、疾病津贴、失业津贴、老龄津贴、工伤津贴、家庭津贴、生育津贴、残疾津贴和遗属津贴。现实中，大多数国家的社会保障体系均由社会救助、社会保险和社会福利三部分组成。其中，社会救济和社会福利一般被作为政府的职责和义务，保障给付和保障对象的收入无直接关系，所以这两部分资金直接来源于政府的一般税收，除福利型国家以外①的其他国家大都将其嵌入到一般财政预算当中。比如城市居民最低生活补助，由地方政府列入财政预算，纳入社会救济金专项资金支出科目，以财政资金进行支付。社会保险资金由个人（雇员）、企业（雇主）和国家三方共同筹集，积累形成专用的社会保险基金。

一般意义上的社会保障预算管理主要是指社会保险基金的预算管理，美国、日本、新加坡、法国等国家编制的社会保险基金预算都是独立于其他预算的。因此，基本社会保险、补充社会保险项目的基金收支都应该纳入到社会保险预算当中。社会保险项目中由国家财政负担的部分，可以参考日本的方法，在一般预算中以支出列示后，与个人和企业缴纳的保险费一同作为社会保险基金收入在社会保险预算中列示。

我国推进社会保障预算应该采取渐进的方式分步实施，其范围可以根据国际社会保障最低标准以及各国普遍性项目及其重点，结合我国现行的机构职责以及部门预算改革由简到繁逐步拓宽。在初期，可包括社会救济和社会福利、社会保险，社会福利可适当加入福利彩票公益金及其相关收支情况；第二步，再进一步扩大到行政事业单位财政供养的离退休人员费

① 福利型社会保障国家所有是社会保障资金统一纳入国家预算，不单独编制。

用。第三步，根据需要扩大到住房保障，包括住房公积金以及廉租房资金的收支；第四步，再进一步扩大到公共卫生、教育等。

构建统分协调的复式预算体系

社会保障事务的管理和运作涉及人力资源和社会保障部、民政部、国家机构事务管理局、全国社会保障基金理事会等诸多机构，每个机构的事务只是整个社会保障事业的一部分，因此，需要有一个综合性部门来予以协调、汇编成总预算，进行社会保障财力的均衡配置，财政作为政府专事理财的机构无疑应该居于主导地位。

但另一方面，其他机构负责特定范围的保障事务，既是整个社会保障预算的基础，也作为其分支预算而成为其构成部分。目前，我国劳保部门有与基本的人口、社会保险待遇等相关的数据库，因此由劳保部门编制社会保险基金专项收支预算的工作具有便利性；民政部门主管全国的社会救助工作，财政、教育、卫生、住房和城乡建设等部门在各自职责范围内管理相应的社会救助工作，因此由民政部门为主、结合残疾人联合会、扶贫办、慈善机构编制社会救助预算的工作具有便利性；补充资料应该包含各类社会保险工作的基础数据，如当年的参保人数、受益人数、缴费标准等。国家机关行政事务管理局以及其他行政事业单位的编制行政事业单位社会保障预算反映离退休人员费用以及部分社会保障缴款情况，这些相关预算均分别以与其相关的部门预算和单位预算为基础进行改造，采取“两上两下”的程序编制后提交财政，财政审核并汇编成为社会保障预算，形成部门预算与财政总预算、社会保障分支预算之间的统一及其衔接。

实行社会保障预算后，我国社会保障基金由税务部门或社保部门①征收的社会统筹部分可以直接进入国库，再划转到财政社保专户进行管理，社会统筹基金的支出预算编制可以财政体制的权限为依据，由不同级别的政府事业单位根据相应的职责进行预算支出管理。而个人账户的管理，可以借鉴新加坡“中央公积金”制度经验，由中央政府暂托社会保险管理中心托管，专门设计财务管理，财政部监管，避免其他财政资金的混淆和侵蚀。

为使社会保险基金保值增值，中央应尽快研究和出台有关政策确定社会保险基金结余的投资重点（如优先考虑相对垄断行业或公共服务行业），厘清社会保险基金运作机构的设置和分级社会保障基金结余营运职责。中国社保基金理事会在预算管理上需要按投资形式和投资方向及其结果编制基金投资总预算，反映社保资金存量以及由此存量带来的流量变化情况；为此，还需要与国资委类似或相互衔接，编制国资预算。由于目前中国社保基金理事会为相对独立其他中央部委的机构，其编制社保基金投资总预算属于部门预算，同时也属于社会保险总预算的构成部分，财政应该将此预算与社保部门编制的反映当年基金收支流量的预算合而为一，形成社会保险基金总预算。

在初期，社会保障预算可以采取只包括社会保障部门的保险基金预算和民政部门的救助预算两板块的简易方式，由财政部门负责审核社会保险预算和社会救助预算（和社会福利、优抚预算）两大板块的分支预算后，再将这些分支预算汇编成为相对统一完整的社会保障总预算，提交人大审批。

明确财政主导

我国社保资金的种类多，各项资金的管理体制又不尽一致，统筹级次各异，有的资金由财政社保部门管，有的由财政的其他处室管，由于参与社会保障基金管理的部门多，颁发的筹资办法和费用支出规定政出多门、缺乏协调。造成社保基金“收、管、用”三不分，基金的使用缺乏长远计划和监督机制，一些地方管理费用开支大，有的甚至挪作他用，影响保障基金的保值、增值。企业多头开户，地方银行扣缴工作难以落实，致使各种保险费年收

① 这里暂且不讨论社会保障税（费）的征收问题。

缴率只能完成80%—90%左右，欠缴数额逐年增多；社保资金采取十多个部门的分散化管理，所有的企、事业单位都有支出项目，又没有综合部门进行协调统计，致使保障费用收支总量不清。

因此，有必要建立社会保障预算，如果将所有社保资金纳入统一的预算管理体系，建立社保预算管理制度，就会存在财政部门之间管理权限如何界定问题，而权限的界定并未得到合适的解决，由此还必须确立社保预算编制的主管部门。

从国际情况看，各国负责社会保障事务的管理机构、采用的管理模式、所具备的管理水平差异很大，具体掌握与社会保障相关数据的部门每个国家都有所不同，但财政普遍位居主导地位。新加坡规定，任何一项社会福利政策或社会保险制度的制定，必须征求包括财政部在内的政府综合经济部门的意见，涉及财政收支政策的，由财政部决定；捷克规定养老金组织的成员必须得到财政部和劳动社会事务部的共同批准；还有不少国家对雇主缴纳的职业年金及年金投资收入免征收入所得税及资本收益税，激励补充性社会保障的发展。美国和瑞典的社会保障预算由财政部负责编制；英国、日本的社会保障预算编制虽然由各主管部门负责，但需要经财政部门审核后上报议会等权力机构批准通过。

8.5.3 推进社会保障预算管理的配套性政策

整合现行政府预算和报表体系

对部分收支分类及其科目设置，需要适应复式预算管理需要进一步做相应的调整和归类，将社会保障收支细化、凸显、规范，才能使各收支科目间互相配套和衔接。

（1）把一般预算支出中的社会保障支出项目清理、合并、调整，形成较规范的支出项目后，便于归并，纳入到新建的社会保障预算中。这包括两方面：一是把原来基金预算中的社会保障收支项目单独拿出来，也放在新建的社会保障预算中。二是把放在预算外管理的社会保险收支全部纳入到社会保障预算中来。这样把所有的社会保障收支项目统一归并到社会保障预算当中，全面、真实地反映社会保障的收支项目、内容和有关情况，强化社会保障资金的管理，逐步促使社会保障预算更加完善、科学，推进社会保障制度和政府预算改革的深化。

（2）对部门预算报表的构成，表格种类以及格式予以相应的调整，使得便于反映并归集社会保障收支的信息，在表格内容的设计上建立复式分预算之间的资金划转机制。

（3）大力推进计算机操作和联网管理，从根本上消除了虚报、瞒报、暗箱操作等行为，利用现代电子技术对社会保障事务所涉及的收支、基金以及基本数字实行专业化、网络化、信息化管理，实行部门间信息联网、资源共享，减少社会保障预算管理的工作量，社会保险信息网络管理体系，管理服务社会化水平得到不断提高。

逐步统一社会保障制度

1999年，我国养老保险、医疗保险、失业保险、工伤保险、生育保险参保人分别为12486万人、593.9万人、9852万人、3960.3万人、3000万人，人口覆盖率分别为55.9%、11.4%、58.0%、23.3%、17.7%。2007年底，全国养老保险、医疗保险参保人数均超过2亿人，失业保险、工伤保险和生育保险参保人数超过或接近1亿人。

近几年中国社会保险覆盖人数每年递增6%左右，基金收入每年递增20%左右[①]，显

① “中国社会保障体系面临四大挑战　官方积极回应”，详见2006年11月16日国家劳动和社会保障部部长田成平在北京人民大会堂举行的，由中国科学院研究生院主办的“中国科学与人文论坛”回答提问；全国社会保障基金理事会副理事长王忠民2007年9月22日在中国社会保障论坛透露的信息；劳动保障部副部长刘永富2006年在“社保基金国民教育暨中国劳动保障报《博时论坛》五周年座谈会”上的讲话；全国社会保障基金理事会理事长项怀诚2006年9月在“第一届中法金融论坛”上的讲话。

著提高了社会保障体系的支撑能力，但覆盖范围还比较窄，城镇参加企业基本养老保险覆盖率为76%，相当一部分从企业退职而又超过自我投保年龄段的人员没有进入社保范畴。城乡存在大量因年龄偏大超过交保年龄段而未参加社会保险的失地农民，使得资金支付压力大、部分社会群体社会保障待遇不合理，有必要以“广覆盖、低水平”为原则进一步扩大覆盖面（见图8－2）。

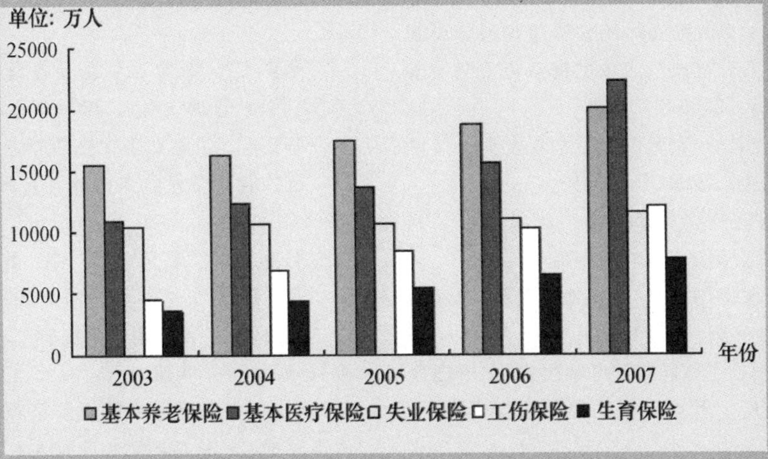

图8－2　2003—2007年社会保险参保人数

中国社会保障制度城乡有别，地区间供款制度不同、发展不平衡；各行业风险大小不一、社会保障水平差别大。社会保险基金应该在哪个层次上保持预算平衡，是社会保障预算需要考虑的问题之一。德国社会保险有着完善的管理体系，不同的保险类别由专门的保险机构高度自治，社会保险基金的预算收支在各类别内部自求平衡；英国和瑞典全国统筹的社会保障体系决定其保障基金的平衡预算可以在中央预算层次上实现。美国社会保障制度也存在地域发展不平衡的现象，这与我国有很大的相同之处。在社会保险基金预算平衡问题上，美国采用了按保险类别确定的原则。比如养老保险由联邦政府举办，可以在整个联邦养老保险预算级次求得平衡；医疗保险等其他保险项目的管理交给地方政府办理，州政府自求基金预算平衡的方法值得借鉴，但应注意二者的差别①。对于社会保险基金的收支受经济状况影响比较大的保险项目，可以参照美国失业保险基金财政专户的设置方法，分地区设立财政专户，自求收支预算平衡。

多渠道筹资，缓解转轨风险

近些年来，我国国民财富呈现不断向着政府与国有企业集中的态势，而居民收入在财富分配中的比重日益下降，有必要将部分国有资产收益列入社会保障基金，同时允许地方发行公债，为保险基金提供投资的对象，将多渠道筹措资金收支计划编入社会保障预算。

① 我国有的地方经济发展水平不足以支付当年社会保障支出，主要依赖中央的转移支付来保证收支平衡。

主要参考文献

高培勇：《财政与民生》，中国财政政策报告 2007/2008，中国财政经济出版社 2008 年版。

沈建、张汉威：“德国社会养老保障制度及其启示”，《宏观经济管理》，2008 年第 6 期。

郑秉文、房连泉：“蒙古社会保障‘名义账户’制改革研究”，《当代亚太》，2005 年第 6 期。

庞凤喜、洪源：“借鉴国际经验构建我国分离制衡式社会保障基金管理模式”，《中共南京市委党校南京市行政学院学报》，2006 年第 1 期。

李建军：“建立社会保障预算机制的思考”，《中国新技术新产品精选》，2007 年第 3 期。

史寒冰：“政府社会保障支出：从‘减负’到‘强责’”，《中国社会保障》，2008 年第 8 期。

林治芬、高文敏：《社会保障预算管理》，中国财政经济出版社 2006 年版。

戚东祥：“德国社会保险制度考察报告”，中国社会科学院法学研究所“社会保险法治”国际研讨会，2005 年 1 月 25 日。

于光平、刘志永：“社会公平保障体系：国外经验及对我国的启示”，《金融教学与研究》，2007 年第 1 期。

魏杰、王韧：“社保提供模式与财政支撑方式”，《中国劳动保障》，2006 年第 10 期。

项怀诚：《市场经济国家社会保障制度》，经济科学出版社 2000 年版。

郭雪剑：“发达国家政府间社会保障管理责权的划分”，《经济社会体制比较》，2006 年第 5 期。

俞会新、刘东华：“21 世纪西方社会保障制度改革趋势”，《经济纵横》，2002 年第 7 期。

刘文海：《发达国家社会保障制度》，时事出版社 2001 年版。

穆怀中：《社会保障国际比较》，中国劳动社会保障出版社 2002 年版。

邵芬：《欧盟诸国社会保障制度研究》，云南大学出版社 2003 年版。

褚福灵：《社会保障国际比较》，中国劳动社会保障出版社 2005 年版。

张桂林、彭润金等：《七国社会保障制度研究：兼论我国社会保障制度建设》，中国政法大学出版社 2005 年版。

贾洪波、李国柱：“公共财政在中国社会保障体系中的角色定位”，《石家庄经济学院学报》，2005 年第 5 期。

付世东、张洪伟：“保基金市场化运作前瞻”，《今日科苑》，2007 年第 12 期。

贾俊玲：“社会保障与法制建设”，《律师世界》，2001 年第 5 期。

郑秉文、胡云超：“英国养老制度改革‘市场化’取向的经验与教训”，《辽宁大学学报》，2003 年第 4 期。

郑秉文：“建立社保基金投资管理体系的战略思考”，《公共管理学报》，2004 年第 4 期。

陈文辉：“建立多支柱的养老保障体系——俄罗斯、波兰的养老保障体系及其启示”，《中国金融》，2008 年第 8 期。

郑秉文：“‘名义账户’制：我国养老保障制度的一个理性选择”，《管理世界》，2003 年第 8 期。

郎立研：“名义账户制探析”，《中央财经大学学报》，2005 年第 8 期。

赵豫生、高丹：“欧盟国家养老金的名义账户制改革评析——从对妇女和低收入者的影响进行分析”，《西北人口》，2007 年第 1 期。

杨辉：“我国社会保障预算的财政监管环境分析”，《商业时代》，2008 年第 1 期。

李永贞：“浅论社会保障预算基金运营与投资的法律规制”，《法学杂志》，2008 年第 3 期。

高文敏：“英国社会保障预算对我国的启示”，《理论界》，2005 年第 5 期。

林治芬、段君明、赵丽霞：“辽宁省社会保障预算的目标模式与操作设计”，《辽宁财税》，2003 年第 3 期。

刘峻：“论社会保障预算管理”，《内蒙古煤炭经济》，2002 年第 1 期。

闫东玲、罗旭华：“建立和完善社会保障预算制度的思考”，《全国商情》（经济理论研究），2007 年第 6 期。

张建、张哲、续亚萍：“构建我国公共财政下的社会保障预算制度”，《科技经济市场》，2007 年第 1 期。

李众：“关于建立健全社会保障预算的思考”，《当代经理人》，2005 年第 2 期。

孟昭环：“建立我国社会保障预算的构想”，《科技经济市场》，2007 年第 4 期。

周顺明：《社会保障预算》，湖北人民出版社 2000 年版。

郑秉文：“中央公积金投资策略的经验教训”，

《辽宁大学学报》（哲学社会科学版），2004 年第 1 期。

张珂、董登新：“加拿大养老保障制度及其借鉴意义”，《湖北经济学院学报》（人文社会科学版），2008 年第 1 期。

丁建定：“瑞典和英国社会保障制度比较研究”，《华中科技大学学报》（社会科学版），2003 年第 3 期。

卢海元：“英国社会保障制度建设的历史启示”，《中国劳动保障》，2005 年第 2 期。

朱漪：“现代英国社会保障制度及其启示”，《商业文化》（学术版），2008 年第 4 期。

邵艳梅、孙玉芹：“当代英国社会保障制度及其启示”，《经济论坛》，2006 年第 13 期。

孙建蓉：“波兰社会保障制度的改革及问题”，《国际资料信息》，1996 年第 10 期。

王川、邢譓玲、陈涛：“德国社会保障制度现状以及对我国的启示”，《行政与法》，2008 年第 1 期。

杜乐其、石宏伟：“德国社会保障法若干问题分析及启示”，《湖北社会科学》，2008 年第 1 期。

杨来发：“德国社会保障制度评析及启示”，《改革与战略》，2007 年第 6 期。

高书生：“社会保障的第三条道路”，《中国改革》，2006 年第 1 期。

戴卫东：“我国社会保障制度改革与消费结构优化”，《软科学》，2006 年第 2 期。

殷允杰：“拉美国家养老保障制度私有化改革面临的挑战及对中国改革的启示”，《中国人口科学》，2006 年第 4 期。

林义、张维龙：“爱尔兰国民养老储备基金的经验”，《中国投资》，2008 年第 5 期。

王文灵：“公共养老储备基金融资政策研究——国际经验及其启示”，《经济管理》，2007 年第 24 期。

蒋忠平：“日本养老储备基金投资管理模式分析”，《理论月刊》，2006 年第 6 期。

刘子兰：“中爱两国国家养老储备基金管理制度比较研究”，《中国人口科学》，2005 年第 4 期。

郑秉文、房连泉、王新梅：“日本社保基金‘东亚化’投资的惨痛教训”，《国际经济评论》，2005 年第 3 期。

崔运政：“关于完善我国社会保障制度的财政对策”，《中国财政》，2005 年第 11 期。

财政部：“关于 2007 年中央和地方预算执行情况与 2008 年中央和地方预算草案的报告”，新华网，http：//news. xinhuanet. com/misc/2008 - 03/06/content_7729676. htm，2008 年 3 月 6 日。

人力资源和社会保障部、国家统计局：“历年劳动和社会保障事业发展统计公报”，http：//w1. mohrss. gov. cn/gb/zwxx/ghytj. htm。

胡晓义：“十一国养老保险制度”，http：//www. tjyz. org/xkwz/，2002 年 6 月 20 日。

北京大学保险学社：“现代社会保险诞生地面临人口老化等问题　德国社会保险发展掠影”，《中国保险报》，2005 年 4 月 12 日。

邱松：“欧洲及东亚国家社会保障制度的比较与借鉴”，《东北亚论坛》，2006 年第 1 期。

朱国春：“德国社会保障制度的启示”，www. 51kj. com，2006 年 7 月 5 日。

全国社会保障基金理事会：“国外养老储备基金的管理架构及其运作特点”，http：//news. QQ. com，2006 年 9 月 25 日。

何忠洲：“公共基金难摆脱‘提款机’阴影　谁来监督社保基金”，《中国新闻周刊》，2006 年 12 月 18 日。

刘彦：“法律制度双重困境　社保基金安全与增值：何去何从?”《中国新闻周刊》，2006 年 12 月 18 日。

郑功成：“社会保障的漏洞须靠制度来‘堵’”，中国人民大学“中德社会保障体制改革研讨会”，《人民日报海外版》，2007 年 1 月 10 日。

蔡国兆、彭友：“反思社保基金案　上海人大代表提基金管理新模式”，《上海证券报》，2007 年 1 月 30 日。

郑秉文：“25 年来社会保障改革的理论与实践：当前的争论与未来的方向”，PPT，2007 年 10 月 12 日。

贾康等：“社会保障预算及其对财政可持续发展的长期影响”，财政部财政科研所课题报告，2007 年 11 月。

曾东元：“推进社会保障事业的若干问题探讨”，http：//www. hangzhou. gov. cn/szx/lyjx/2008 - 6/T266913. shtml，2008 年 6 月。

刘翠霄：“法定社会保险基金的筹集”，北京大学法制信息中心，《法学文献》，2008 年 10 月 12 日。

Asian Development Bank，“Report and Recommend of the President to the Board of Directors on Proposed Loans and Technical Assistance Grant to Mongolia for the Social Security Sector Development Program”，ADB RRP：MON 33335，August 2001.

Bender，Christopher and Ian W. MacArthur，“Annex B7, Country Profile for Mongolia", In Robert Holzmann, Ian W. MacArthur, and Yvonne Sin, Pension Systems in East Asia and the Pacific: Challenges and Opportunities, Social Protection Discussion Paper, No. 0014. Washington, DC: World Bank, June 2000.

David Lindeman, David Robalino and Michal Rutkowski, "Notional Defined Contribution Schemes in Middle and Low Income Countries: Promises and Constraints", Paper Presented at the Joint World Bank/Swedish Social Insurance Board Conference on NDC Pensions, Sandhamn, Sweden, 28 - 30, September 2003.

International Monetary Fund, Mongolia, "Poverty Reduction Strategy Paper", IMF Country Report No. 03/277, September 2003.

International Monetary Fund, Mongolia, Selected issues, IMF Staff Country Report No. 99/4, January 1999.

"Ministry of Social Welfare and Labor of Mongolia, Answers to the Questionnaire on the Supervisory Structures for Pension Funds", http://www.oecd.org/dataoecd/63/18/2637007.pdf.

"Mongolia Development Gateway, Social insurance and social welfare", http://www.gateway.mn/modules.php?name=Search&query=&topic=77, October 2004.

Stěpánka Pollnerová, "Analysis of Recently Introduced NDC Systems", RILSA, December 2002.

United Nations Conference Centre, "Country Report for Mongolia, 5TH Asian and Pacific Population Conference", 11 - 17, Bangkok, December 2002.

9

实行全口径预算管理：目标设定、框架设计与政策建议

- 全口径预算管理的基本含义，是所有政府收支都应纳入预算管理。与之对应的是传统预算管理的综合性（comprehensiveness）原则
- 中国“全口径预算管理”改革的最终目标，是实现作为立法机构的各级人大对同级政府所有政府性收支行为的立法控制
- 中国的全口径预算框架应是一个包括政府公共预算、国有资本经营预算、社会保障预算在内的“复式预算体系”。在复式预算体系内的各项预算之间，应建立规范、明确、透明的资金往来渠道
- 根据全口径预算管理的目标，可以将中国实施全口径预算管理改革的路径划分为四个在时间上互有重叠的基本阶段

Implementing FCBM in China: Objectives, Framework Design and Policy Recommendations

- The essence of FCBM is to incorporate all the government revenue and expenses into the budget system, which is corresponding to the traditional budget principle of comprehensiveness.
- The final objective of FCBM reform is to realize the legislation control of legislatures at all levels to the corresponding government revenue and expenses.
- The FCBM framework should be a national multiple budget system constituted by general budget, government funds budget, state-owned capital operation budget, social security budget, which all these fundamental ingredients should be linked up organically and has the smooth and reasonable channels for fund movement.
- According to the objectives, the path of implementing FCBM could be put into four basic phases which could partly coincide in time.

9. 实行全口径预算管理：目标设定、框架设计与政策建议

9.1 全口径预算管理改革的目标设定

9.1.1 “全口径预算管理”的由来

追根溯源，可以说，“全口径预算管理”是立足于中国体制转轨的特定历史背景而举起的一面标识改革方向的旗帜。在典型的市场经济国家那里，尚找不到可与此直接对应的所谓“全口径预算”或“全口径财政收支”概念。

“全口径预算管理”的思想，在1994年颁布的《中华人民共和国预算法》及其实施条例中，已有所体现。该《预算法》第二十六条规定：中央预算和地方各级政府预算按照复式预算编制。复式预算的编制办法和实施步骤，由国务院制定。1995年国务院制定的《中华人民共和国预算法实施条例》第二十条则进一步将复式预算明确为：各级政府预算按照复式预算编制，分为政府公共预算、国有资产经营预算、社会保障预算和其他预算。复式预算的编制办法和实施步骤，由国务院另行规定。

20世纪90年代后期，也曾通过“预算收支≠政府收支”这一基本事实的揭示和认定，启动了以规范政府收入行为及其机制、将各种非规范性政府收支纳入规范化轨道为着眼点的“费改税”和“税费改革”。并且，以此为基础，确立了构建公共财政体制框架的中国财政改革与发展目标。

关于“全口径预算管理”的明确表述，最早出现于2003年10月中共十六届三中全会所通过的《关于完善社会主义市场经济体制若干问题的决定》第21条款中：“实行全口径预算管理和对或有负债的有效监督”。国务院在《关于2005年深化经济体制改革的意见》中进一步提出“改革和完善非税收入收缴管理制度，逐步实行全口径预算管理”。

9.1.2 “全口径预算管理”的界定

粗略地讲，全口径预算管理的基本含义是所有政府收支都应纳入预算管理，与之对应的

是传统预算管理的综合性（comprehensiveness）原则。全口径预算管理改革的目标，可以概括为通过预算制度的改革，将全部政府收支纳入政府预算之中。

然而，上世纪中叶以来，随着政府职能的扩张，行政机构实施公共政策的自由裁量权不断扩张，政府的收支行为也发生了显著而深刻的变化，在这一背景下，现代国家预算也进入了所谓“超预算时代”[①]。因此，要明确“全口径预算管理”的目标，需要对政府收支的范围和预算及预算管理的具体内涵作进一步的解析。

政府收支的范围

现代国家政府职能的扩张，使政府肩负了越来越多的公共责任。其中，以收入分配和社会公正为目标的转移性支付的比重不断提高。而履行这些公共责任的主体，不限于传统意义上的政府机构。非营利性政府组织、国有企业乃至私营部门，也广泛地参与到公共服务的供应和生产过程中。

政府履行公共责任的方式，也不限于传统意义上财政资金的收支。社会保障基金、使用者付费、政府贷款和担保、税式支出等方式，在履行公共职能过程中也发挥了越来越大的作用。对于中国这样一个国家拥有或控制土地（城市土地的所有权及农村集体土地实质上的控制权）、资源所有权，并直接控制大量国有企业的政府而言，国有资产、资源的出让，国有经营性资本的管理，也必然导致政府控制下的复杂而多样的资金收支行为。

因此，广义的政府收支不仅限于政府机构自身的收支，还应包括政府为履行公共职责直接或间接控制和管理的各种形式的资金收支，以及显性和隐性的债务责任，如社会保障收支、政府担保等。

预算的涵义

狭义的预算通常是指政府的“一般预算”（general budget），即“与立法机构年度拨款相关的财政收支概算”。因此，在典型市场经济国家，基于特别法律设立的、具有专款专用性质、不需立法机构进行年度审议的政府收支，被称为“预算外收支”。

这与中国目前使用的预算内外的概念是不同的。目前中国的预算体系分为一般预算和基金预算，在广义上，这两者被统称为预算内。在管理方式上，这两部分预算都纳入国库管理并且报送人大，预算外收支则是指纳入财政专户管理以及未纳入财政专户管理的政府性收支。而在狭义上，则只有一般预算称之为预算内，其余的政府收支，均被称之为预算外。典型市场经济国家的预算外资金，往往具有独立的银行账户和机构安排，不在政府的年度拨款预算中反映，具有不同于一般预算的融资渠道，受到的公众监督也不一样。但这部分资金不在年度拨款预算中反映，并不意味着脱离了立法机构的控制。实际上，典型市场经济国家预算外资金的产生和演变与现代国家职能扩张背景下行政机构的自由裁量权增长有关，但这些资金的收支并未脱离立法机构的控制，只是控制的形式更加多样化，不仅限于传统的预算拨款方式。

典型市场经济国家的立法机构从预算外项目的设立，到在预算报告中的列示，以及预算外项目的审计和监督整个过程中，都拥有实质性的权力。在这个意义上，广义的预算不仅包括以年度拨款方式存在的“一般预算”，所有由立法机构控制的政府性资金收支计划，都可称为预算或纳入预算管理。

预算管理

与预算的涵义相对应，预算管理也不仅仅限于立法机关通过年度拨款对“一般预算”的管理。从预算权的配置和预算的流程来看，预算管理至少包括了以下四个阶段：

（1）预算编制阶段。在行政机构内部，预算编制权应当统一由政府财政部门行使，政府各部门的预算应汇总到财政部门，由财政部

① 关于“超预算时代”参见本书第1章的相关内容。

门或专门的预算编制机构形成完整统一的政府预算报送立法机构，这是行政机构为履行公共职责在各组成部门之间配置资金，实现社会公众对政府问责的基础。

（2）预算审批阶段。行政机构统一提交的预算草案由立法机构审批后形成具有法律约束力的文件。立法机构行使预算审批权不仅限于对“一般预算”的审批。一般预算之外设立的，不需进行年度拨款审批的政府性收支项目的设立、修订和终止权都应属于立法机构，立法机构也有权要求行政机构对这些项目的收支状况及其他相关信息进行周期性和不定期的报送和说明。此外，预算的调整也应由立法机构审议通过。

（1）预算执行阶段。行政机构必须按照经立法机关审议批准的预算执行，在执行过程中，政府财政部门对政府各组成部门的预算执行有行政层面的控制权和监督权。

（2）执行审计和问责阶段。应有相对独立的审计机构对预算执行结果进行审计，立法机构拥有对行政机构问责的权力。

根据上述预算阶段和预算权的配置，中国目前所使用的“预算管理”更多地强调行政机构内部财政部门对预算的管理权，如对不列入一般预算和基金预算的财政专户资金，往往称为“纳入预算管理的预算外资金”。因此，中国当前的“全口径预算管理”改革也有两个层面的基本含义：

（1）财政部门在行政层面对政府收支的“全口径”管理。这集中体现为已经及正在进行的“收支两条线”管理改革、部门预算改革、国库集中支付改革、政府采购改革等。

（2）立法机构，即各级人大的“全口径”预算控制。这体现为在行政控制的基础上，各级人大对同级政府所有收支行为的立法控制和监督。

9.1.3 “全口径预算管理”改革的目标

综上所述，中国当前所进行的“全口径预算管理”改革，其最终目标应当是：实现作为立法机构的各级人大对同级政府所有政府性收支行为的立法控制。

预算的综合性原则，是保证预算透明和可问责的基石（Meyers，1996），但同时，现代社会政府职能的扩张又决定了难以将所有政府收支都纳入“一般预算”进行年度审批。因此，立法机构的预算管理不仅是指对“一般预算”的年度拨款管理，还包括立法机构对各种形式不需要进行年度审批的政府收支项目及行为（如政府担保）拥有从设立、执行、修订及终止方面最终的控制权和监督权。

也就是说，所有政府收支都应当取得立法机构的授权，只有取得授权，政府的活动及其相应的收支才具备合法性。这是“全口径预算管理”最重要的意义。

相对而言，由政府财政部门统一行使预算编制权，实现对政府收支的统一管理和监督，可以称为行政层面的“全口径预算管理”。这是实现立法层面“全口径预算管理”的基础，同时也需要相关立法的支持。

9.2 中国预算管理的现状分析

9.2.1 中国预算管理改革的基本背景

作为一个处于经济转轨过程中的发展中大国，中国政府既有社会管理和公共服务的职能，同时也肩负着促进经济发展的职责。政府主导型经济发展模式，强政府、弱社会的权力分配格局以及中央集权的政治文化传统，对中国当前的预算管理有着深远而现实的影响。

具体而言，中国的预算管理改革的基本背景可以概括为以下几点：

转轨过程中政府职能的调整

中国预算管理改革的制度起点是计划经济体制，而中国采取的渐进式改革模式决定了，中国政府职能的调整是一个长期和不断演进的过程。在这一过程中，脱胎于计划经济的政府各部委职能和权力的演变，各政府部门与国有企业、各政府部门与其所属事业单位关系的演变，无疑对中国当前及未来政府收支的范围及其具体管理模式，有着直接而深远的影响。

另一方面，计划经济体制下“全能型”政府向市场经济体制下“有限政府”的转变并非趋向“夜警国家”。作为发展中国家，中国政府仍然肩负有促进经济增长的职能。并且，同时还要应对诸如社会保障、收入分配等公共支出责任带来的诸多挑战。

因此，中国的预算管理改革，既要实现传统预算原则所强调的对政府的控制和可问责，又要兼顾现代社会政府在履行职能中对灵活性的要求。

土地、资源的国有制及国有企业

在中国，政府代表国家拥有或控制土地、资源的所有权，并存在大量国有企业（包括金融性国有企业和非金融性国有企业）。国有资产、资源的出让，国有经营性资本的管理也必然导致复杂而多样的政府资金收支行为。如何将这类基于所有权而产生的政府性收支行为——如政府出让土地使用权、政府及其实际控制的组织以土地使用权为抵押借款、政府将资源开采权无偿划拨给国有企业以及对国有企业的担保或隐性担保等等——进行有效的控制和监管，是中国推进“全口径预算管理”改革面临的基本困难。

政府间财政关系的演变

中国是一个具有中央集权传统的单一制国家，中央与地方各级政府的关系并非是依据稳定的宪法或法律规则建立起来的。地方政府的财权和支出责任以及政府间财政关系的调整，更多的基于上下级政府的行政隶属关系，并受到中央各部委预算权（如基金项目的设立、专项转移支付）的影响。中国目前正致力于建立财力与事权相匹配、更加稳定和“可预期”的政府间财政关系，这无疑对“全口径预算管理”，尤其是地方政府的预算管理改革，有直接的影响。

9.2.2 中国现行的预算体系与预算权配置

以预算管理方式划分，中国现行的政府收支可以划分为一般预算收支、基金预算收支、纳入财政专户管理的预算外资金、未纳入财政专户管理的政府性资金四大类。其中，一般预算收支与基金预算收支，在广义上被统称为预算内资金，其收支要经过国库，并要报送同级人大；纳入财政专户管理的资金往往由特定的政府部门主管，其收支要经过财政部门设立的专户，实行“收支两条线”管理；而未纳入财政专户的政府性资金，通常属于政府部门所属事业单位具有经营性质的收入。故而，从预算权配置的角度可以对上述四类收支进行如下界定：

一般预算

一般预算收支是中国现行预算体系中管理最严格的政府收支，包括税收收入和非税收入以及与此对应的支出。每年所对外公布的财政收支规模，仅仅指的是这一类预算的收支。因此，它也被视为狭义的预算内收支。

政府的一般预算收支要报送同级人大审议批准。但是，目前中国的一般预算收支中的许多项目具有专款专用性质，如车船使用税、教育费附加、排污费等，这些项目往往具有使用者付费的性质，并且具有专项用途，实际上并不符合狭义预算“一致性”（unity）和“年度性”（annual）[①] 的要求，不能由政府统筹使用，人大也不对这些项目的支出范围和标准进行年度审议。而且，这些项目的设立也不依据立法机构制定和颁布的法律，其收支范围和标准通常依据行政机构或主管部门颁布的行政法规。

对中国地方政府而言，来自于上级政府的转移支付是一般预算收入的重要组成部分。但是，目前能够纳入提交人大的一般预算的，仅限于来自财政部门的一般转移支付。而主要来自各中央部委的专项转移支付，则由于其不确定性无法在预算草案中体现，只在事后的决算中反映。

基金预算

中国现行的基金预算是纳入国库管理的政府性基金，这些专款专用的基金也不是按照立法机构颁布的法律设置的。其依据，主要来自行政机构或主管部门颁布的行政法规。刚刚纳入基金预算管理的土地出让金，则反映地方政府转让国有土地使用权的收入。政府的基金预算要报送同级人大，人大有知情权但并不具有实质的审批权。目前，社会保障基金纳入财政专户管理，并不列入基金预算。

财政专户管理的预算外资金

纳入财政专户管理的预算外资金是政府部门或公共部门掌握的资金，具有专款专用的性质，实行“收支两条线”管理。这些预算外收支项目的收支范围和标准，需要国务院和省级人民政府的批准。其收支通过财政专户，接受财政部门的监督，但不需要报送人大审批。目前，在许多地方，财政专户管理的资金包括了部分公共部门的收支，如公立学校的学费收入。

未纳入财政专户管理的预算外资金

未纳入财政专户管理的预算外资金，目前主要是政府部门及其所属事业单位的经营性收入，如广播电视机构的广告费收入、公立医疗机构的诊疗费等。这些部门的收支是否属于政府性收支以及如何对其进行预算管理，目前尚存在争议。

除此之外，在既有制度框架之外，特别在省以下级次的政府那里，还存在着由各个政府部门、各个地区通过“自立规章，自收自支”而征集的各种行政性收费、罚款、集资、摊派收入以及由此而形成的支出。这部分收支，纯系制度外，目前尚难以精确统计。

9.2.3 中国已经推出和正在进行的预算管理改革

在改革开放以来，随着经济体制改革的深入和政府职能的调整，中国的预算外资金统计口径和管理模式发生了较大变化[②]。近年来，为了进一步加强对各政府部门资金，尤其是预算外资金的管理，逐步实现财政部门对政府性资金在行政层面的“全口径预算管理”，国务院及财政部推出了一系列预算管理改革措施。例如，对各政府部门掌握的预算外资金纳入财政专户，实行“收支两条线”管理；推行部门预算改革；实行国库集中支付和政府采购制度；进行政府收支分类改革等。同时，逐步缩小预算外资金管理的收支项目，将其纳入一般预算或基金预算。

其中，正在深入推进的部门预算改革将各部门、各种类型的收支通过编制部门预算的方式全部纳入财政部门的视野，为实现行政层面“全口径预算管理”奠定了良好的基础。

需要特别指出的是，在推进部门预算改革的过程中，许多地方，如河北省也开始重视预算的立法控制，该省颁布实施的《河北省各级人民代表大会常务委员会预算审查监督条例》明确指出提交人大常委会的政府预算草案包括

① 一致性，是指各类收支按统一的程序和方式进行管理，所有的支出要求在竞争资金时平等，不应当受到特殊对待。年度性，是指行政部门每年的预算申请均需报经立法机构审批和授权后，方可执行。任何变更也需经一定程序进行（马骏，2005）。

② 参见本书第4章的相关内容。

部门预算草案，并且部门预算应按照综合预算编制，这说明河北省人大常委会的预算审批权在部门预算的基础上已经包括了一般预算、基金预算和预算外资金。这是预算管理由行政控制向立法控制转变的良好开端。

9.2.4 中国预算管理存在的主要问题

尽管中国在强化预算管理的行政控制和立法控制方面做出了持续不断的努力，但与“全口径预算管理”改革的目标相比，中国当前的预算管理尚未兑现传统预算原则，尤其是“综合性原则”的要求。

当前中国预算管理存在的主要问题，可以做如下概括：

对预算的理解存有偏差，将预算简单等同于计划

在中国既有的各种教科书以及相关文献中，政府预算大多被定义为政府收支的基本计划。而现代预算的另外两个功能，即作为立法机关的各级人大和全体人民监督、审议政府收支运作以至整个政府工作或活动的窗口或途径、控制政府部门支出规模的重要手段，则往往被忽略或被淡化。

预算权分散在各政府部门，尚未实现政府内部的“财政统一”

从典型市场经济国家预算制度演变的历史来看，政府内部财政的集中统一是建立现代预算制度的基础。而目前中国的预算权实质上分散在各政府部门，尚未实现政府内部的“财政统一”。在预算管理实践中，部门的预算权主要体现在两个方面：

其一，现行的大量政府性基金和行政事业性收费，仅仅依据中央部委颁布的规章而设立。尽管在这些政府性收支项目设立时需要征得财政部门的同意，但财政部门对这些资金的使用并没有主导权，政府也无法统筹使用这些资金。这种各个政府部门自行设立收费项目并安排支出的局面，是预算外资金膨胀的重要原因。

其二，在预算支出方面，存在着大量由财政部门直接“切块”给各政府部门的资金，并由这些部门根据本部门的需要安排的项目支出。尽管财政部门对这些专项资金有监督权，但资金的分配权实际掌握在各部门手中，由于预算编制中缺乏有关项目的具体信息，立法机关也无法对这些资金实施有效的审批和监督。

立法机构的预算权不到位，预算的立法控制薄弱

如前所述，现代预算制度要求所有政府收支都应取得立法机构的授权。但与预算权分散于各政府部门的状况相对应，当前作为立法机构的中国各级人大的预算权并不到位。不仅大量政府性资金游离于报送人大审批的预算草案之外，即使在报送人大的一般预算和基金预算中，也有许多专款专用性质的收支项目由行政机构和各政府部门设立并管理，并没有获得严格意义上的人大授权。

除此之外，报送人大审议的预算草案编制的明细程度低，信息含量少，实际上留给了各政府部门极大的自由裁量空间。立法机构对政府收支的知情权尚不到位，自然谈不上对政府行为的有效监督和事后问责。可以说，预算缺乏基本的立法控制是当前中国预算管理改革面临的根本问题。

重要的政府收支项目尚未纳入严格的预算管理

随着中国社会保障制度的逐步完善，各项社会保障基金的收支规模不断扩大，而中国社会的老龄化进程也使政府的社会保障职能越来越重要。但是，目前中国各项社会保障并未实现全国统筹，分散在各级地方政府手中的社会保障基金目前仍然是纳入财政专户管理的预算外资金，并未列入基金预算，也不需向同级人大报送审议。

隶属于不同级次政府的国有企业，包括金融类国有企业和非金融类国有企业，也未向同级人大报送有关资产和经营状况的信息。目前非金融类国有企业正在尝试编制国有资本经营预算，但国有资本经营及产权转让收益的分配规则及其与政府公共预算和社会保障预算的关系，尚未明确。

此外，地方政府在未取得合法举债权的情况下，现实中存在的各种形式的地方政府债务及或有债务并未在预算中得到全面反映，更没有债务预算。

对事业单位的收支缺乏有效的预算控制

由于当前中国的政府职能转变尚未到位，事业单位改革滞后，许多政府部门下属事业单位的政府性收支与经营性收支的划分，尚不清晰。现阶段大量政府部门未纳入预算管理的收入与所属事业单位有密切的关系，许多这类事业单位的所谓经营性收入，都或多或少与所隶属的政府部门的行政权力有关。

此外，对于公立学校和医院这类事业单位，除财政拨款外还存在着学费收入、诊疗费收入及各种形式的经营收入。这种履行公共职能，接受财政拨款但收入来源多样化的公共部门应如何对其进行有效的预算控制，也是“全口径预算管理”面临的重要课题。

9.3 全口径预算管理的框架设计与改革路径

依据“全口径预算管理”的目标，瞻前顾后，可以对中国预算管理改革的任务做如下界定：

脱胎于计划经济体制的、行政权主导的“全能型”政府，在逐步向“有限政府”的过渡过程中，一方面要实现传统预算原则的要求，以“综合性原则”为核心确立对各类政府收支行为的行政控制和立法控制，实现对政府收支的“可控”和“可问责”；另一方面，具体预算管理模式的设计又要体现现代政府履行多样化的公共职能所需要的“灵活性”。除此之外，对当前的中国而言，政府作为国有资产所有者的地位及其肩负的经济发展职能，也需要在预算管理中得以强调和体现。

9.3.1 全口径预算管理框架设计面临的基本问题

按照“全口径预算管理”改革目标的要求，全口径的预算管理不仅是指一套涵盖所有政府收支项目的预算报表体系，而是包括预算权的配置、预算管理的范围、预算管理模式及预算报告体系在内，具有中国特色的预算管理制度。

因此，全口径预算管理的框架设计，首先应立足中国国情，有针对性地解决中国转轨背景下突出的预算管理问题；同时该框架还应具有充分的前瞻性和适应性，能够满足未来长期经济社会发展对预算管理的要求。根据上述要求，全口径预算管理的制度框架至少涉及以下几个方面的问题：

预算权的配置

（1）横向配置与纵向配置。

预算管理制度的核心是预算权在国家机构间的配置问题，包括横向配置和纵向配置。所谓横向配置，主要是指预算权力在立法机构和行政机构之间的分配；所谓纵向配置，则是指在多级次政府的国家，预算权力在不同级次政府之间的分配。

一个国家在预算过程中相关国家机构的权力配置是该国预算制度的基本构成要素，通常由包括宪法在内的一系列法律法规予以明确规定。从预算过程来看，各国大都由行政机构主导预算的编制，由一个核心预算机构（例如财政部）集中资金的分配权，编制整体的政府收支计划（即政府预算草案），政府预算草案必须报立法机构审查、批准才能有效，并在预算执行过程中受到立法机构监督，在预算执行后接受立法机构的审查①。

但是，由于国情的差异，在上述基本框架下，预算权力在各国的具体配置情况则有较大差异。其中预算权的横向配置状况，即立法机关与行政机关的权力分配与政体有很大的关系，并受到历史、传统的很大影响。而不同级次政府之间预算权力的分配则建立在特定国家中央与地方关系的基本制度框架基础上，联邦制国家与单一制国家、地方自治权的差异等因素都对地方政府的预算权力产生影响。

（2）政府收支项目的设立及预算管理模式。

对中国这样一个处于经济转轨过程中的发展中大国而言，“全口径预算管理”制度框架下预算权的配置，首先要解决的是政府收支项目的设立及其预算管理模式问题，即谁有权提议、批准、修订、变更、终止特定的政府收支项目。

对政府收入项目而言，主要包括特定收入项目的征收范围、征收标准和征收期限如何确定；该收入项目是否有特定的支出范围和用途；该收入项目如何征收、资金如何管理等。对政府支出项目而言，主要包括特定支出项目要求达到的预期目标；支出范围、支出标准、项目期限；该支出项目的资金来源（是否来自指定的收入项目）及其管理方式等。

如前所述，现代国家政府职能的扩张使政府履行公共责任的方式，不再限于传统意义上财政资金的收支。政府收支行为的复杂化和多样化导致越来越多政府收支项目突破了传统预算管理“一致性”和“年度性”原则，而采用以“专款专用”为特征，封闭或半封闭运行的管理模式。在这种背景下，政府收支项目的设立及其适用的预算管理模式的确立是现代国家预算权的重要内容。

中国当前大量非税收入项目的设立权属于行政机构②，甚至在实质上归属于特定的政府组成部门（部委），这些收入项目大多与特定部门的支出联系在一起，在提议、批准、修订、变更、终止的整个过程中几乎没有立法机构的参与，形成了行政部门自己订立行政规章收钱、自己支配这部分收入的局面，这是中国预算外支出膨胀的基本原因之一，也是全口径预算管理需要解决的关键问题。

（3）地方政府的税收立法权与举债权。

在纵向配置方面，中国是一个具有中央集权传统的单一制国家，中央与地方的财政关系仍处于频繁变动中③。地方政府面对环境的不确定性，同时肩负有促进经济发展的职责，但同时却缺乏税收立法权，也没有合法的举债权，这是中国预算外支出膨胀的另一个基本原因。

综上所述，中国建立“全口径”预算管理制度框架的核心是逐步提高并最终确立立法机关在预算过程中的主导地位，同时完善中央与地方之间的财政分配关系，适时充实和规范地方的预算权力。

可控性与灵活性的权衡

（1）信息不对称。

传统预算管理制度关心的主要问题是实现对政府收支的“可控”与“可问责”，而随着现代国家职能的复杂化和多样化，公共管理和

---

① 现代公共预算制度的基本情况参见本书第2章的相关内容。

② 实际上，即使在税收立法层面，中国目前流转税等税种仍然由立法机关授权行政机关进行立法。这种授权立法体制依据源于1984年全国人大颁行的授权立法条例，该条例赋予了国务院在工商税制方面享有本属人大的立法权限。该条例全文如下：“第六届全国人民代表大会常务委员会第十次会议根据国务院的建议，决定授权国务院在实施国营企业利改税和改革工商税制的过程中，拟定有关税收条例，以草案形式发布试行，再根据试行的经验加以修订，提请全国人民代表大会常务委员会审议，国务院发布试行的以上税收条例，不适用于中外合资经营企业和外资企业。”

③ 值得注意的是，在增量改革的指导原则下，财权和事权的每一次变化累计下来，形成了不同级次政府之间复杂的财政上解和补助关系，这种复杂的财政关系在某种程度上构成了预算管理的技术性壁垒。

公共服务事务越来越专业化，行政部门也相应强调履行公共职能过程中必要的自由裁量权，即在预算执行过程中要求具有一定程度的“灵活性”。现代国家预算管理中“可控性”与“灵活性”的矛盾，其根源是由公共职能日趋专业化导致的信息不对称。

从资金分配的角度分析，理想的预算制度应该将有限的财政资源配置到社会公众最需要的公共支出项目上，实现等量财政支出效益的最大化。但是，由于政府各组成部门职能的专业化，特定政府主管部门在如何配置公共资源以实现特定公共政策目标方面拥有更多的信息，如与财政部门相比，教育主管部门在如何提高义务教育水平方面拥有更大的发言权。然而，在信息不对称的情况下，各部门也都有动力为本部门争取更多的公共资源，并能够为每一个特定支出项目寻找到足够的理由来获取公共资源。如果允许每个政府主管部门根据自身履行职能的需要自定规章获取收入，则势必造成公共支出的无限制膨胀。

（2）行政层面的“财政统一”。

现代预算制度的一个基本特征是“财政统一”，即以行政首脑为核心的，统一、全面且分类细化的行政预算体制①。也就是说，财政资源首先应由行政首脑在政府机构内部进行配置，由政府财政部门或专门的预算编制机构编制包括所有政府组成部门的预算并提交立法机构审议。这就要求政府各组成部门都应对行政首脑负责，政府的核心预算机构（如财政部门）集中资金的分配权，不仅需要确实掌握政府各组成部门的所有收入，同时还应根据政府的总体目标在相互竞争的各个支出项目之间实现财政资源的配置，即在行政层面实现“全口径”预算管理。“财政统一”是实现立法机构对行政机构问责的基础。

（3）立法机构对预算的“总量控制”。

在“财政统一”的基础上，立法机构对行政部门的监督首先体现在对政府向社会公众获取资源的总量控制方面。也就是说，在行政首脑将公共资源配置给各政府组成部门之前，必须控制其可以配置的公共资源总量，防止行政部门利用公权力任意增加社会公众的负担。这种“总量控制”是通过对政府收入项目（包括税收和各种类型的非税收入及债务融资规模）必须经立法机构审议批准的方式实现的。

随着政府履行公共职能方式的多样化，税式支出、政府担保、社会保障基金等非传统财政收支方式的运用导致立法机构对预算进行“总量控制”的难度增加，即使在成熟市场经济国家也出现了不同程度预算外收支项目的膨胀。在中国，除上述因素外，国有资产、资源的出让，国有经营性资本的管理导致的复杂而多样的政府资金收支行为则进一步加剧了立法机构对预算进行“总量控制”的困难。

（4）透明度、绩效与问责。

通过预算制度实现对政府收支“可控性”的同时，兼顾行政部门履行公共职能对“灵活性”的要求，其最终目标是一致的，即促进政府更好地使用公共资源，满足社会公共需求。

在信息不对称的情况下，兼顾“可控性”和“灵活性”的前提是采取各种措施缓解立法机构、政府和政府各组成部门之间信息的不对称，这就要求预算涵盖所有的政府收支行为，并对各类政府收支行为及其后果根据行政控制和立法控制的要求进行充分的披露。

在信息充分披露的基础上，如果剥夺了政府各组成部门自己获取公共资源的权力，有限的财政资金应根据特定时期公共需求的偏好排序进行分配，而社会公众对公共需求的偏好显示及对偏好进行排序的过程在很大程度上是通过立法机构对政府提交的预算草案的审议和批准实现的，将有限的公共资源用于满足社会公众最需要的公共服务是预算“可控性”的最终意义所在。

如果根据社会公众对公共需求的偏好排序明确了分配给特定政府组成部门的资金数量及所要求达到的具体绩效目标，该政府部门才可

---

① 参见本书第2章的相关内容。

能拥有所谓的“自由裁量权”，即在资源总量和绩效目标约束下，“灵活”地确定实现绩效目标的具体政策措施和支出项目。也就是说，在“总量控制”和“绩效目标”双重约束下，立法机构才能够实现对行政机构及其组成部门的问责，而问责机制的确立是协调预算“可控性”与“灵活性”的关键。

中国当前预算管理改革中，财政部门对“可控性”的强调与政府部门对“灵活性”的要求存在着激烈的冲突，这种冲突的根源在于缺乏立法机关对行政部门的“总量控制”和“绩效目标”约束。尽管目前财政部门大力推进的财政资金绩效考评工作有利于缓解“可控性”与“灵活性”的矛盾，但在缺乏立法机关有效问责的情况下，这一矛盾难以得到解决。

预算管理模式

如前所述，狭义的预算通常是指政府的“一般预算”（general budget），即“与立法机构年度拨款相关的财政收支概算”。而广义的预算不仅包括以年度拨款方式存在的“一般预算”，所有由立法机构控制的政府性资金收支计划，都可称为预算或纳入预算管理。

中国“全口径”预算管理的目标并不是将所有政府收支都纳入“一般预算”，采用统一的以年度拨款为基本特征的预算管理模式。而是要根据政府收支项目的性质，以促进政府更好地履行公共职能为目标，对所有政府收支实施分类预算管理。需要特别指出的是，分类预算管理并不是对中国现阶段预算外收支项目的默许和承认，而是明确立法机构在预算中的主导地位的前提下，实现其对政府收支控制方式的多样化。

（1）年度拨款预算管理模式。

最基本的预算管理模式是传统的预算拨款控制，即立法机构遵循“一致性”和“年度性”原则对政府收支项目进行审议。从资金来源角度看，在年度拨款预算控制下的财政收入一般不应指定用途，可以由行政机构或立法机构在各个支出项目间进行分配，即支出项目平等的竞争资金，而且这种分配可以在不同年度之间进行调整。

（2）基于特别法律建立的基金模式。

现代政府职能的扩张，尤其是“赋权项目”（entitlement program）的大量出现，使得诸如养老、医疗、失业等社会保障项目在资金收支方面与传统的预算收支有很大的不同。政府在上述社会保障方面的收支责任是基于立法机构颁布的相关权利性法律，具有专门的资金来源和明确规定的、刚性的支出标准。

在预算管理中，立法机构可以要求政府部门或相关的基金管理机构定期或不定期地报送此类基金的收支状况，其中定期的信息报送可能体现在年度预算草案中，但这些项目往往属于不可表决项目，立法机构对此类收支项目的控制主要是通过对相关法律条款，如收支范围、收支标准等进行修订实现的，不适用年度拨款控制模式，即立法机构不能通过批准年度拨款的方式改变其收支内容。

此外，对于特殊的政府收支项目，如国有土地、资源的划拨与出让，国有资产的经营和管理，政府债务融资及或有负债等，往往也采用不同于年度拨款的管理模式，通过独立的预算报表单独反映其收支及存量变动情况。

（3）跨年度的项目拨款模式。

介于年度拨款控制模式与基金预算控制模式之间的，是大量跨年度项目拨款。这些政府收支项目一旦启动，往往需要连续数年、甚至更长时期的持续财政投入，因此不适用年度拨款模式进行预算管理。但是，这些项目并不是基于特定法律设立的永久性收支项目，一旦项目完成或项目效果达不到预期目标，立法机构有权终止项目的实施。实际上，对这些项目进展状况的年度审议构成了立法机构预算审查的重要内容。

在当前中国的预算管理中，由中央部委掌握的专项转移支付中的大量项目具有跨年度项目拨款的特征。立法机关对这些项目的预算管理，不应局限于年度拨款控制，而要从项目的规划、立项、申报、项目在各省之间的分配标准和项目实施绩效等全方位入手实施预算控制。

这些跨年度的政府收支项目如果金额较大、延续时间较长，则可能需要为这些项目设立相对独立的资金来源，采取专款专用的基金模式进行预算管理。

预算报告体系的完整性与开放性

“全口径”预算管理最终的载体应是一套涵盖所有政府收支项目，在形式上包括预算报表和报表说明的复式预算报告体系。其中，政府应按照立法机关的要求，根据政府收支项目的预算管理模式分别提交多份预算报表，对于有必要在报表之外进一步说明的政府收支事项，立法机关可以要求政府在预算报表之外进行说明或信息披露。

“全口径”的预算报告体系应坚持完整性和开放性并重的原则。所谓完整性，是指所有政府收支项目都应根据立法机关的要求在预算报告中以适当的方式予以反映，其中应包括诸如政府或有债务、税式支出、国有资本经营、国有土地及资源等非传统的政府收支项目。

预算报告体系的开放性，是指预算报告体系在坚持完整性的同时，其具体内容应可以根据经济社会的发展、政府级次的差异等因素进行调整和变动[①]。

例如，河南省焦作市在预算改革中初步建立的复式预算体系，在政府公共预算之外，还包括社会保障预算、债务预算、国有资本经营预算、国有土地使用权出让收支预算、利用国家开发银行政府信用贷款资金及贷款项目预算、政府采购预算、非税收入预算和住房公积金预算等八个专项预算（参见专栏 9－1）。

专栏 9－1　河南省焦作市的复式预算制度建设

政府以一连串的制度建设，推进复式预算制度建设，在该领域进入全国先进行列——确立了社会保障预算、政府债务预算、国有资本经营预算、国有土地使用权出让收支预算、利用国家开发银行政府信用贷款资金及贷款项目预算、政府采购预算、非税收入预算、住房公积金等八个专项预算管理办法，2008 年编制完成并编印成册，向社会公开，形成政府公共预算与专项预算相对照、经常性预算与项目预算相配套的政府公共预算体系，建立起了涵盖政府全部收支、完整统一的公共预算体系，对政府所有收支实行严格规范的预算管理。

资料来源：摘录自《焦作日报》，2008 年 10 月 11 日，第 3 版。

9.3.2　全口径预算管理的基本框架

从预算编制的范围来看，中国的全口径预算制度应是一个包括政府公共预算、国有资本经营预算、社会保障预算在内的“复式预算体系”。而且，在复式预算体系内的各项预算之间，应建立规范、明确、透明的资金往来渠道（见图 9－1）。其中，政府公共预算应由一般预算、基金预算、债务预算构成，基金预算和债务预算与一般预算之间有资金往来关系，考虑到债务管理的需要，一般情况下，债务预算与基金预算之间应通过一般预算实现间接关联。

国有资本经营预算未来应涵盖国有金融企业和非金融企业，可以考虑建立分别国有金融资本经营预算和国有非金融资本经营预算。根据中国的国情，国有资本经营预算可以与政府公共预算发生资金往来，也可以充实社会保障基金；政府公共预算可以向社会保障预算划拨资金，但社会保障预算的资金应全部用于社会

---

① 1995 年国务院制定的《中华人民共和国预算法实施条例》将复式预算分为政府公共预算、国有资产经营预算、社会保障预算和其他预算，其中“其他预算”的规定为预算报告体系的开放性奠定了法律基础。

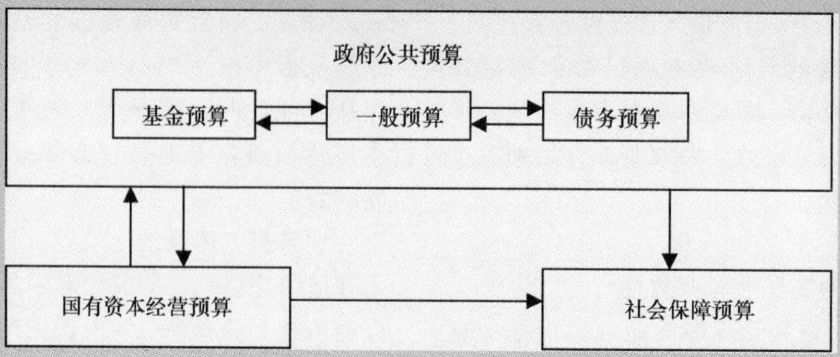

图 9－1 全口径预算管理的基本框架

保障支出，其资金只进不出，封闭运行。

从预算管理的方式来看，全口径预算管理要求所有的政府收支都应当取得立法机构的授权。在此基础上，政府的预算管理可以区分为采用年度拨款方式管理的一般预算和依据特别法律授权建立的基金预算两种基本类型，对于跨年度的项目拨款根据项目性质可以选择在一般预算中予以列示，或是将其列为特别基金预算进行管理。税式支出、政府贷款及担保、国有资产（资源）的划拨与使用等政府活动，政府部门应该按照立法机构的要求在预算报告中进行专门的列示和说明。

除此之外的任何政府收支，特别是属于制度外的政府收支活动，都应在铲除范围之列。

9.3.3 全口径预算管理的路径选择

根据全口径预算管理的目标，可以将中国实施全口径预算管理改革的路径划分为以下四个在时间上互有重叠的基本阶段：

第一阶段

在行政控制层面，将政府各部门各种类型的收支通过编制部门预算的方式全部纳入财政部门监督管理的范围，实现公共收支的综合预算管理并报送同级人大审议。

第二阶段

在公共收支实现综合管理的基础上，根据不同级次政府的实际情况，编报社会保障预算和国有资本经营预算，并在公共收支预算、社会保障预算和国有资本经营预算之间建立规范、明确、透明的资金往来关系。这一目标的实现，在很大程度上取决于社会保障预算统筹层次的调整。如果不考虑社会保障预算的统筹层次，各级政府将现行的社会保障收支计划转变为社会保障预算的难度并不大；国有资本经营预算则取决于国有资本经营预算的覆盖范围，即是否包括金融类国有资产以及国有资本收益分配制度的最终确立。这一阶段改革，可以与第一阶段同时进行。

第三阶段

对所有部门掌握的收支，尤其是以财政专户管理的预算外资金和尚未纳入财政专户管理的部门其他收入为重点，规范政府资金的管理方式，减少预算外资金的项目和数量，适合纳入基金管理的，要逐步纳入基金管理。在财力允许的情况下，能由一般预算保障的应取消收费并改由一般预算支出保障，在“收支两条线”的基础上逐步实现收支分离。在第一阶段改革的基础上，这一阶段改革主要反映为预算管理模式的改变。由于大量非税收入项目是由中央部委设立或由地方政府设立报中央批准的，因此应由中央出台具体、明确的改革措施，然后由地方参照调整地方设立的非税收入项目。

第四阶段

在条件成熟时，由全国人民代表大会负责全面审查中央部门和单位的各项政府性基金和行政事业性收费，归并缩小基金及收费项目，减少基金与收费数量，适合实行费改税的要转变为税收征缴，最终目标是废止中央部委设立基金和行政事业性收费项目的权力。同时，应由省级人民代表大会负责全面审查省级人民政府批准设立的行政事业性收费项目，将地方政府的收费设立权收归地方立法机关。

9.4 推进全口径预算管理改革的政策建议

9.4.1 推进全口径预算管理的难点

全口径预算管理改革的实质，是预算权在政府部门、政府（财政）和立法机构三者之间的重新配置，是财政资金基本分配规则的调整。对于中国这样一个处于转型期的发展中大国而言，政府职能以及履行公共职能的方式、各级政府间财力与事权的划分、社会保障制度和国有企业管理体制也处于发展演变过程中。这就意味着，这一改革的难度非同小可。

概括起来，推进全口径预算管理改革面临的难点，可能主要有以下几个方面：

政府职能转变过程中对政府收支范围的界定

如前所述，作为转轨国家，中国的政府职能尚处于调整过程中。由计划经济体制下的“全能型”政府，正在向“有限而积极”的政府转变。在这一过程中，不仅原有政府管理控制职能的减少和新的公共支出责任的增加同时并存，履行公共职能的主题出现了多元化的趋势，而且，政府职能的调整也使得政府部门与其所属的事业单位和公共部门的关系处于变化之中。在这种情况下，如何合理界定政府收支的范围，并区分不同类型的政府收支项目实施多样化的预算管理模式，是全口径预算管理改革面临的重要难点。

地方政府财力与事权的匹配

地方政府设立大量预算外收支项目的一个重要根源，是现行的分税制财政体制尚未实现地方政府财力与事权的匹配。在地方各级政府事权划分不清，基层政府财力不足而又不允许债务融资的情况下，通过土地出让、行政事业性收费以及变相债务融资等方式弥补政府收支缺口的压力较大。这不仅导致地方政府预算外收支的膨胀，同时也带来了地方政府隐性及或有债务的失控。

对政府各组成部门监督和问责机制的建立

现代社会政府职能的多样化和复杂化，使政府各专门机构拥有天然的信息优势。在信息不对称的情况下，需要建立一套监督和问责机制以实现对政府部门支出的严格控制与保持其必要的自由裁量权之间的平衡。而在中国现阶段，一方面政府部门拥有极大的自由裁量权，掌握着大量财政资金的实质分配权；另一方面，又对这些资金分配和使用的效率以及各政府部门履行职能的情况，缺乏有效的监督和问责机制。

监督和问责机制的不健全，导致难以准确核定与政府部门履行法定职责相对应的合理支出，因此各政府部门专款专用性质的收支项目往往与该政府部门的工作和待遇挂钩。这种联系，在很大程度上成为部门的一种激励机制。实现政府部门收支彻底脱钩，既需要对合理支出的保障，也需要对部门职能完成情况的有效监督和考核。

对政府代表国家行使所有权行为的预算控制

如前所述，在政府代表国家拥有或控制土

地、资源的所有权，并存在大量国有企业的情况下，如何对政府基于所有权产生的各种复杂而多样的政府收支行为进行有效的预算控制，是中国建立全口径预算管理面临的重要课题。

9.4.2 推进全口径预算管理的原则

鉴于中国作为转轨中发展中大国的现实国情，推进全口径预算管理改革，似应遵循以下的基本原则：

预算管理改革与相关改革措施统筹协调、同步推进

如前所述，中国的预算管理改革与事业单位改革、分税制财政体制、社会保障制度、国有资本经营管理体制等重要的制度改革密切相关。预算管理改革作为诸多改革中的重要一环，应与其他改革措施统筹协调，相互促进，互为基础，同步推进。

鼓励地方政府预算管理制度创新和自上而下的整体推进并重

中国是一个发展中大国，各地经济社会发展不平衡，推进预算管理改革的配套措施与条件在各地有较大差异。因此，应鼓励各地在预算管理改革方面进行各种形式的尝试和创新，并及时总结推广地方推进预算管理改革的经验。同时，在充分借鉴国内外已有预算管理改革经验的基础上，也应当充分重视基本预算法律规则的调整和完善，及时出台自上而下的整体推进措施。

先易后难，分阶段逐步推进

全口径预算管理改革涉及国家最基本的权力分配格局，而这种权力分配格局的最终状况不仅与政体有很大的关系，同时也受到历史、传统的很大影响。中国是一个具有中央集权传统的单一制国家，并且是正处于转轨过程的发展中大国，全口径预算管理改革与其他改革措施一样，也要根据上述国情，按照先易后难，分阶段逐步推进的原则进行。当然，这一原则，应建立在明确清晰的改革目标和基本要求，并且具有可操作性的分阶段实施方案的基础之上。

9.4.3 推进全口径预算管理改革的政策建议

在既有改革举措的基础上，进一步强化预算的行政控制

以目前正在推进的部门预算改革为中心，结合政府收支分类改革、国库集中支付改革、政府采购制度建设和收支分离改革，逐步缩小未纳入一般预算和基金预算的政府性收支项目的数量，进一步强化预算的行政控制，逐步实现行政机构内部财权的集中统一。

以细化预算编制、提高财政透明度为突破口，落实立法机构的知情权

针对信息不对称所导致的政府部门自由裁量权过大的现状，实现全口径预算管理应以细化预算编制、提高财政透明度为改革的突破口，首先要落实社会公众和立法机构对政府收支的知情权，这是实现各级人大对预算立法控制的基本前提。

充分借鉴国际经验，根据政府收支项目的特征实施分类预算管理

如前所述，现代政府职能的扩张使政府履行公共职能所采取的收支行为也日趋复杂和多样化，针对这种状况，应充分借鉴国际经验，根据政府各种形式的收支行为采取不同的预算管理模式。除了年度审议的一般预算之外，对于专款专用的基金性质的政府收支，立法机构可以根据重要程度而规定不同层次的报送要求，对其收支标准和范围进行审议，并以此为基础实现对基金主管机构的监督和问责。对于国有资产的划拨、政府担保等政府行为，则可以采取预算表外说明的方式进行监督和控制。

在分类管理的基础上，应设计符合分类预算管理要求的预算报告体系，对不同性质政府收支项目在预算报告中的具体报送形式和内容，做出明确而详尽的规定。

修订现行的预算法律体系，明确预算权力的配置

全口径预算管理改革的核心问题，是解决预算权在政府各组成部门、政府（财政部门）和立法机构之间的权力配置。在强化预算的行政控制，实现政府内部预算权集中统一的基础上，按照政府收支分类预算管理的要求，适时修订现行的预算法律体系，将不同类型预算管理模式下预算权的配置予以明确。

加强人大常委会的职责，提高立法机构行使预算权的能力

在现行的人民代表大会制度下，要在较短的会期内全面落实立法机构的预算权力有很大困难。因而，应充分发挥人大常委会的作用，将立法机构的各项预算权细化落实为人大常委会的职责，切实提高立法机构行使预算权的能力。

增强对政府收支各环节的控制，实现对政府的监督和问责

对政府收支实施全口径预算管理的最终目的，是为了促进政府更好地履行公共职责。因此，预算管理的行政控制和立法控制应体现在事前、事中、事后各个环节。其中，事前控制应着重对政府各部门收支方案的合理性进行评估和审议；事中控制的政府财政主管部门和立法机构应能够对政府部门在执行预算中的变更进行及时和有效的预算控制；事后控制主要体现为对政府收支的审计，立法机构应能够根据审计结果实施对政府的监督和问责。

主要参考文献

马骏："重新思考公共预算原则：理解中国预算改革的控制取向"，载于《中国公共预算改革：理性化与民主化》，中央编译出版社2005年版。

王绍光、马骏："走向'预算国家'——财政转型与国家建设"，《公共行政评论》，2008年第1期。

王绍光："从税收国家到预算国家"，载于马骏、侯一麟、林尚立（主编）《国家治理与公共预算》，中国财政经济出版社2007年版。

王雍君："中国的预算改革：评述与展望"，《经济社会体制比较》，2008年第1期。

Meyers, Roys, "Is There a Key to the Normative Budgeting Lock?" *Policy Science*, Vol. 29, No. 3: 171 – 188, 1996.

OECD, "The Legal Framework for Budget Systems: An International comparison", *a special issue of the OECD Journal on Budgeting*, Vol. 4, No. 3, 2004.

中国政府预算改革大事记（1951—2008年）

1951年

1951年，《关于进一步整顿城市地方财政的规定》将学校学费收入、医院诊疗收入、剧团演出收入、救济机关生产收入、司法、公安罚没收入等纳入预算管理，但仍有部分收入通过预算外进行管理。

1952年

1952年，颁布《关于统一管理机关生产的决定》和《整顿乡自筹的决定》，对机关和乡的预算外资金进行初步规范。

1955年

1955年12月9日，财政部发布《各级国家机关单位预算会计制度》和《地方财政机关总预算会计制度》。

1956年

1956年1月20日，财政部召开全国财政厅局长、税务局长会议，研究1956年地方预算指标，健全地方预算管理制度。

1962年

1962年4月21日，《中共中央、国务院关于严格控制财政管理的决定》要求，必须严格控制财政管理，任何单位都不许乱挤占财政资金。

1963年

1963年12月6日，国务院发出严格禁止预收、预付货款的通知。

1978年

从1978年起，部分地方从盐税收入中提取1%，作为地方财政预算外收入。

1979年

1979年1月，上缴国家财政部分的企业

基本折旧基金20%作为预算外资金进行管理。

1979年，对预算内基本建设项目实行拨改贷，财政一律不再拨款。同时，改革国有企业财务管理体制，实行固定资产有偿调拨和固定资金有偿使用，打破了计划经济下国有企业之间无偿调拨的旧规。

1981年

1981年1月8日，国务院发出《关于控制各单位上年结余存款的紧急通知》。国务院规定：除企业的流动资金外，一切机关、团体、部队、企业、事业单位1980年底在银行的存款（包括预算外资金），一律按银行账面数字予以控制，非经批准，不得动用。

1983年

1983年2月28日《财政部关于颁发〈预算外资金管理试行办法〉的通知》发出，要求加强预算外资金管理，搞好财政信贷综合平衡，提高经济效益。在明确预算外资金的口径的基础之上，财政部要求对未经国务院、财政部批准，由各地自行设定的预算外资金项目，进行一次性清理整顿，同时加强预算外资金收支计划管理，要管好用好预算外资金，特别是要控制预算外资金用于基本建设。

《通知》规定预算外资金是指根据国家财政制度、财务制度规定，不纳入国家预算，由各地方、各部门、各企事业单位自收自支的财政资金，包括：地方财政部门管理的各项附加收入和集中的各项资金；地方和事业单位管理的不纳入预算的资金；国营企业及其主管部门管理的各种专项资金；地方和中央主管部门所属的不纳入预算的企业收入。

1984年

1984年12月14日，国家计委、财政部、中国人民银行联合下达《关于国家预算内基本建设投资全部由拨款改为贷款的暂行规定》。

1985年

1985年7月，发布《中华人民共和国国家金库条例》，统一由国家金库（以下简称国库）负责办理国家预算资金的收入和支出。中国人民银行具体经理国库，组织管理国库工作。各级国库库款的支配权，按照国家财政体制的规定，分别属于同级财政机关。

1986年

1986年1月27日，国务院发出《关于清理和整顿“小钱柜”的通知》。

1986年4月13日，国务院发出《关于加强预算外资金管理的通知》（国发［1986］44号），要求切实加强对预算外资金的管理，搞好社会财力的综合平衡，更好地发挥其在国民经济建设中的作用。同时，国务院对预算外资金的口径作了重新界定。预算外资金是由各地区、各部门、各单位根据国家有关规定，自行提取、自行使用的不纳入国家预算的资金。这项资金包括地方财政部门按国家规定管理的各项附加收入等；事业、行政单位自收自支的不纳入国家预算的资金；国营企业及其主管部门管理的各种专项资金；地方和中央主管部门所属的预算外企业收入；其他按照国家规定不纳入预算的各种收入。

1987年

1987年9月10日，财政部发出《关于对当前预算外资金管理工作的几点要求的通知》。

1988年

1988年1月13日，为进一步贯彻国务院《关于加强预算外资金管理的通知》精神，财政部发出《关于对中央事业行政单位预算外资金实行财政专户储存的通知》，决定对中央事业行政单位预算外资金开始实行财政专户储存。

1988年《国家物价局、财政部关于加强行政事业性收费管理的通知》（价涉字［1988］

278号）颁布。该《通知》对行政性收费和事业性收费作了界定，并对收费管理体制、收费标准的确定、乱收费的范围等作了规定。行政性收费是指国家机关、事业单位为加强社会、经济、技术管理所收取的费用。事业性收费是指国家机关、事业单位为社会或个人提供特定服务所收取的费用。行政、事业性收费项目及其收费标准的制定，必须以客观的管理行为和服务事实为依据。行政、事业性收费，实行统一领导、分级管理，财政部门和物价部门在收费权的决定上各有分工。行政、事业性收费的收支，应纳入同级财政管理和监督。属于预算外资金的，应按规定存入各级财政专户，要建立健全财务管理制度，设立收费的专项账册。

1988年9月26日，财政部发布《关于事业单位财务管理的若干规定》，《规定》指出，事业单位的预算管理形式主要分为：全额预算管理、差额预算管理、自收自支管理。为了扶持有收入的事业单位开展业务经营活动，积极组织收入，各级财政部门应设立事业周转金，周转金实行有偿使用，定期收回。

1989年

1989年5月6日，财政部发出《关于委托中国人民建设银行代行部分财政职能的通知》。《通知》指出，经研究决定，对涉及国家基本建设预、决算及财务管理，地方财政基本建设预算的执行、监督以及审查工程概算、预算、结算等工作，财政部仍委托中国人民建设银行代理。

1989年9月2日，财政部发出关于国家预算调节基金地方超收部分增加留成比例的通知。为了鼓励各地征收积极性，保证完成和超额完成国家预算调节基金征收任务，全国财政工作会议讨论决定，今年对各省、自治区、直辖市和计划单列市的征收数额，超过财政部下达任务的部分，可按“倒三七”分成，即多给地方留成20%。超收增加留成部分，年终结算时由中央财政返还地方财政。

1989年11月14日，国务院发出《关于清理检查“小金库”的通知》。《通知》指出：所有机关、团体、企业和事业单位，除了党费、团费、工会会费、稿费提成和职工互助金等项目外，凡侵占、截留国家和单位的收入，化大公为小公、化公为私，未在本单位财务会计部门列收列支、私存私放的各项资金，均属“小金库”，都要进行清理和检查。这次清理、检查，主要是1988年和1989年列入“小金库”的各项收支，以及历年滚存的“小金库”结余。对于清查出来的各项“小金库”资金，要严格按照“自查从宽，被查从严”的原则进行处理。

1990年

1990年1月6日，首次全国国有资产管理工作会议在北京召开。据统计，截至1988年底，仅预算内国营企业和行政事业单位，国有资产总额原值就达16150亿元。1988年全民所有制工业企业创造的产值为10239.7亿元，占全国工业总产值的56.6%；全民所有制经济提供的财政收入占财政收入总额的70%左右。

1990年2月3日，为了加强银行账户管理，避免财政资金的分散，加快预算收入的集中入库，更好地贯彻预算内资金与预算外资金分别核算的原则，中国人民银行、财政部、国家税务局发出通知，决定对财政资金在银行开立的账户进行一次清理。

1990年7月2日，国务院发布《关于加强国有资产管理工作的通知》，通知指出，按照统一领导、分级管理的原则，逐步建立和健全国有资产管理机构。由财政部和国家国有资产管理局行使国有资产所有者的管理职能，国家国有资产管理局专职进行相应工作，并由财政部归口管理。

1990年8月25日，财政部发出通知，重申不得将国家资金转存银行储蓄。各事业行政单位对各项国家资金，无论是预算内还是预算外资金，都应按规定存入在银行开立的有关存款账户内，不得把国家资金转作储蓄，公款私存。凡按规定在银行开户存储计付利息的，其利息收入应作为增加该项资金和用于规定的开支范围，不得用于集体福利开支和发放奖金、补贴。

1990 年 8 月 30 日，财政部印发《关于国营城市建设综合开发企业纳入国家预算管理有关问题的通知》，决定从 1990 年第四季度起，将开发企业纳入国家预算管理，照章缴纳国营企业所得税。各级开发企业按其主管部门财务隶属关系，将应缴所得税分别上缴中央财政和地方财政，其中，上缴地方财政的所得税收入列作地方预算收入、中央财政参与分成。

1991 年

1991 年 2 月 19 日，国家国有资产管理局发出《关于贯彻试行〈关于国家事业行政单位在创收活动中加强国有资产管理工作的暂行规定〉的通知》。

1992 年

1992 年 1 月，《国家预算管理条例》施行。从 1992 年起开始实行复式预算，即把国家预算分为经常性预算和建设性预算。经常性预算收入是各种税收和其他收入，经常性预算支出用于维持政府活动，保持国家安全和社会秩序，发展各项公益事业以及人民生活和社会保障方面；建设性预算收入是国家以国有资产所有者身份取得的收入，各项专项基金和国家明确规定的用于建设方面的收入，建设性预算支出用于各项经济建设活动。

1992 年 1 月 9 日，财政部发出关于《社会文教行政单位预算支出定额制定规则（试行）》的通知，《规则》自 1992 年 1 月 1 日起执行。

1993 年

1993 年，中共中央办公厅、国务院办公厅转发了财政部《关于对行政性收费、罚没收入实行预算管理的规定》，将 86 项行政收费项目纳入财政预算。同时，1993 年实行企业与会计制度改革，国有企业折旧基金和税后留用资金不再作为预算外资金管理。由此，预算外资金的范围有所缩小，规模有所下降。

1993 年 2 月 17 日，财政部发出《关于进一步做好预算外资金管理工作的通知》。

1994 年

1994 年 3 月 22 日，第八届全国人民代表大会第二次会议审议通过《中华人民共和国预算法》（中华人民共和国主席令第 21 号），自 1995 年 1 月 1 日起施行。《中华人民共和国预算法》共 11 章 79 条，包括预算管理职权、预算收支范围、预算编制、预算执行、监督、法律责任等内容。《预算法》的发布施行，对强化预算的分配和监督职能，健全国家对预算的管理，加强国家宏观调控，保障经济和社会的健康发展，都具有重大而深远的意义。

1994 年 3 月 25 日，财政部发出《关于行政性收费纳入预算管理有关问题的通知》。《通知》指出，行政性收费应按照执收单位的财务隶属关系和各项收费的不同情况，分批逐步纳入同级财政预算管理。对纳入预算管理的行政性收费收入，在财政部门应实行归口管理。

1994 年 9 月 21 日，财政部、国家国有资产管理局、中国人民银行发布《国有资产收益收缴管理办法》，这一办法是根据《中华人民共和国预算法》、《国有企业财产监督管理条例》、《中华人民共和国国家金库条例》的有关规定制定的。《办法》界定了国有资产收益的内容范围，明确其收缴管理工作由财政部门会同国有资产管理部门负责。《办法》规定，国有资产收益应按中央、地方产权关系和现行财政体制，分别列入同级政府国有资产经营预算。

1995 年

1995 年 1 月，《中华人民共和国预算法》开始施行，标志着我国的预算管理正式纳入法律管理的轨道。

1995年1月26日，财政部、国家土地管理局发出《关于加强土地使用权出让金征收管理的通知》。《通知》规定，土地出让金全部上缴财政，由财政列入预算、专款专用、专项用于城市基础设施和土地开发。

1995年3月8日，国家国有资产管理局和财政部联合发布了《行政事业单位国有资产管理办法》。《办法》规定，各级国有资产管理部门对不按规定要求进行产权登记的行政事业单位，可建议主管部门或财政部门对其停拨或缓拨有关经费。对非经营性资产转为经营性资产，要按照《国有资产评估管理办法》进行评估，核定其价值，作为国家投入的资本金，并以此作为占用、使用该部分国有资产的保值、增值考核基础。行政事业单位非经营性资产转为经营性资产，应坚持有偿使用原则，以其实际占用国有资产总额为基数，征收一定比例的国有资产占用费。

1995年4月13日，国务院办公厅转发财政部、审计署、监察部《关于对各种基金进行清理登记的意见》。

1995年11月22日，《中华人民共和国预算法实施条例》（中华人民共和国国务院令第186号）颁布，该条例自发布之日起施行。预算法实施条例是根据《中华人民共和国预算法》的有关规定和在总结预算法施行以来实践经验基础上制定的。条例共8章79条，对预算收支范围、预算编制、预算执行、预算调整、决算以及对预算执行情况和决算的审计监督等问题作了具体规定。

1996年

1996年7月6日，国务院发布《关于加强预算外资金管理的决定》。《决定》规定：一、严格执行《中华人民共和国预算法》，任何地区、部门和单位都不得隐瞒财政收入，禁止将预算资金转移到预算外。二、将部分预算外资金纳入财政预算管理。从1996年起将养路费、车辆购置附加费、铁路建设基金、电力建设基金、三峡工程建设基金、新菜地开发基金、公路建设基金、民航基础设施建设基金、农村教育事业附加费、邮电附加、港口建设费、市话初装基金、民航机场管理建设费等13项数额较大的政府性基金（收费）纳入财政预算管理。地方财政部门按国家规定收取的各项税费附加，从1996年起统一纳入地方财政预算，作为地方财政的固定收入，不再作为预算外资金管理。三、规定预算外资金管理的范围。四、加强收费、基金管理，严格控制预算外资金规模。五、预算外资金要上缴财政专户，实行收支两条线管理。六、加强预算外资金收支计划管理。七、严格预算外资金支出管理，严禁违反规定乱支挪用。八、建立健全监督检查与处罚制度。财政部门要严格按照“控制规模、限定投向、健全制度、加强监督”的原则，加强财政周转金管理。各部门、各单位未经财政部门批准，不得擅自将财政拨款转为有偿使用，更不得设置账外账和“小金库”。财政部门尤其不能设置“小金库”。九、各级政府必须重视和加强预算外资金的管理。

1996年11月18日，财政部颁布与《国务院关于加强预算外资金管理的决定》相配套的《预算外资金管理实施办法》，对预算外资金范围作了重新界定。预算外资金是指国家机关（即国家权力机关、国家行政机关、审判机关和检察机关）、事业单位和社会团体、具有行政管理职能的企业主管部门（集团）和政府委托的其他机构（简称“部门和单位”）为履行或代行政府职能，依据国家法律、法规和具有法律效力的规章而收取、提取和安排使用的未纳入国家预算管理的各种财政性资金。其范围主要包括：法律、法规规定的行政事业性收费、基金和附加收入等；国务院或省级人民政府及其财政、计划（物价）部门审批的行政事业性收费；国务院以及财政部审批建立的基金、附加收入等；主管部门从所属单位集中的上缴资金；用于乡镇政府开支的乡自筹和乡统筹资金；其他未纳入预算管理的财政性资金。社会保障基金在国家财政建立社会保障预算制度以前，先按预算外资金管理制度进行管理，专款专用，加强财政、审计监督。按照《企业财务通则》和《企业会计准则》的规定，国有企业税后留用资金不再作为预算外资金管理。事业单位和社会团体通过市场取得的不体现政府职能的经营、服务性收入，不作为预算外资金管理，收入可不上缴财政专户，但必须依法纳税，并纳入单位财务收支计划，实行收支统一核算。履行或代行政府职能成为判断资金是否属于预算外资金的一个重要标准。

1996年12月13日，财政部发布《中央预算外资金财政专户管理暂行办法》，规定从1997年1月1日起执行。《暂行办法》规定，中央预算外资金财政专户（简称“中央财政专户”）是财政部在有关银行开设的预算外资金专用账户，用于对中央部门和单位预算外资金实行“收支两条线”管理。《暂行办法》规定，中央部门和单位经财政部批准，可以按照国家有关规定，在银行开设专门用于预算外资金收支管理的收入过渡性账户（简称“过渡户”）和支出账户（简称“支出户”）。过渡户只能发生上缴中央财政专户的资金款项。基层管理单位不得开设收入过渡户，应上缴的预算外资金直接缴入中央财政专户或上级管理单位的过渡户。支出户是指中央部门和单位为接受财政部从中央财政专户下拨的预算外资金而在银行开设的账户，支出户只能发生预算外资金支出款项。《暂行办法》还规定，财政部对中央部门和单位的预算外资金支出，一律凭财政部统一印制的《预算外资金（经费）用款申请书》和《预算外资金（专项）用款申请书》并填制银行制发的《进账单》，通过银行转账支票从中央财政专户中统一拨付。

1996年6月25日，财政部发布《财政总预算会计制度》、《事业单位会计准则（试行）》和《事业单位会计制度》。改革的主要内容有：重新划分预算会计体系，即在原预算会计体系的基础上，将单位预算会计分解为事业单位会计和行政单位会计，将原财政总预算会计覆盖范围延伸到乡级预算；把原来的三个会计要素改为五个会计要素；把资金收付记账法统一改为借贷记账法；对事业、行政单位的预算内、外资金，实行统一管理，统一核算；取消事业、行政单位原按预算管理形式分设的三套会计科目，改按行政单位会计、事业单位会计各分设一套会计科目；财政总预算会计对包干经费支出的列报标准，由银行支出数改为财政拨款数；规范财政周转金的会计核算；调整、改进、规范会计报表体系。

1996年7月7日，财政部发出《关于贯彻〈中共中央国务院关于治理向企业乱收费乱罚款和各种摊派等问题的决定〉的通知》。《通知》要求各级财政部门要把治理向企业乱收费、乱罚款和各种摊派作为整顿财经秩序的一项重要工作来抓。各级财政部门要从严审核现行各项行政事业性收费、罚款、集资、基金，坚决取缔“三乱”项目。凡属《通知》规定应取消的项目，均要一律取消。《通知》还对进一步加强对行政事业性收费、罚款、集资、基金的财政财务管理提出了要求。

1998年

1998年1月27日，财政部、劳动部、中国人民银行、国家税务总局联合发布《企业职工基本养老保险基金实行收支两条线管理暂行规定》。《暂行规定》对基本养老保险基金的筹集、支付、预决算管理、各部门职责分工、监督检查等内容做出明确规定。按照收支两条线的管理原则，社会保险经办机构在银行开设收入户和支出户，财政部门在银行开设单独的社会保障基金财政开户，基本养老保险基金收入要全部上缴财政专户。发生支付时，由社会保险经办机构提出用款申请，经财政部门审核后予以拨付。《暂行规定》进一步明确，基本养老保险基金结余除购买国债外，不得进行任何形式的投资；社会保险经办机构经费由财政在预算中安排，不再从经办的基本养老保险基金中提取；社会保险主管部门、社会保险经办机构、财政部门等有关部门各司其职，既要相互支持配合又要相互监督制约，从而加强对基本养老保险基金的管理和监督。

1998 年 4 月 24 日，财政部发出《关于加强中央单位行政事业性收费和政府性基金票据管理的通知》。《通知》规定，在京中央单位依据国家法律、法规和国家规定的审批程序批准实施行政事业性收费或征收政府性基金，除财政部另有规定外，一律使用财政部统一监（印）制的行政事业性收费或政府性基金票据。票据实行定期限量发行制度、登记制度和检查制度。

1998 年 6 月 19 日，中共中央办公厅和国务院办公厅发出《关于转发〈财政部、国家发展计划委员会、监察部、公安部、最高人民检察院、最高人民法院、国家工商行政管理局关于加强公安、检察院、法院和工商行政管理部门行政性收费和罚没收入收支两条线管理工作规定〉的通知》。《通知》指出，公安、检察院、法院和工商行政管理部门依法收取的行政性收费和罚没收入都是国家财政性资金。各级财政、计划（物价）、纪检监察、公安、检察院、法院和工商行政管理部门要认真贯彻落实《规定》，各级政府及所属部门一律不准向司法机关和行政执法部门下达收费和罚没指标，违者要给予纪律处分。《通知》强调，必须严格行政性收费的立项审批工作。公、检、法、工商行政管理部门的行政性收费项目和标准，必须严格按照党中央、国务院的有关规定执行，任何部门和单位不得擅自设立收费项目和提高收费标准。公、检、法、工商行政管理部门设立或变更行政性收费项目、标准的申请及具体管理办法的规定，统一由单位财务部门归口负责。《通知》还对加强票据管理，加强行政性收费和罚没收入上缴国库和财政预算外资金专户的工作，完善预算核定办法和加强支出管理等都作了详细的规定。

1998 年 9 月 21 日，财政部发布《关于行政事业性收费和政府性基金票据管理规定》。《规定》明确，财政部和省级财政部门负责收费票据的印制、发放、核销、稽查及其他监督管理工作。未经省级以上财政部门委托，任何单位和个人不得自行印制、发放、出售、销毁和承印收费票据。收费单位凡不按本规定使用票据的，被收费单位或个人有权拒绝付款，财务部门不得作为报销凭证。

1999 年

1999 年，实施“金财工程”。财政部按照统一领导、统一规划、统一技术标准、统一系统平台和统一组织实施的原则，不断推进政府预算管理信息化系统建设，使信息技术成功融入财政核心业务，形成以部门预算编制为源头，以国库收支管理为预算执行主线的系统框架，实现财政管理方式的创新，增强财政工作的透明度，提高财政资金使用效益，奠定财政科学决策的基础。

1999 年 8 月 18 日，财政部发出《关于社会保障基金财政专户管理暂行办法的通知》。《通知》规定：各级财政部门要按照国家有关规定，根据工作需要在与同级劳动保障等主管部门共同认定的国有商业银行开设财政专户；要逐步创造条件，对多头开户的进行清理，将在多家国有商业银行开设的多个财政专户、社会保险经办机构的社会保险基金收入户和支出户，归并成只在同一家国有商业银行开设的一个财政专户、收入户和支出户。纳入社会保障基金财政专户的有：企业职工基本养老保险基金、失业保险基金、城镇职工基本医疗保险基金等各项社会保险基金，以及国有企业下岗职工基本生活保障和再就业资金等。《通知》还规定，财政专户的主要用途包括：接受缴存或划入的各项社会保障资金；接受社会保障资金形成的利息收入及购买国债兑付的本息收入；接受财政补贴收入；根据经办机构的用款计划，拨付社会保险基金；根据企业再就业服务中心的用款计划，拨付国有企业下岗职工基本生活保障和再就业资金；支付购买国家特种定向债券或其他种类国家债券的资金，并加强债券管理；接受上级财政专户划拨或下级财政专户划拨资金；办理与财政专户有关的其他业务。

2000 年

2000 年 5 月 25 日，财政部、国家计委联合发出《关于公布取消部分交通和车辆收费项目的通知》，公布取消 238 项涉及交通和车辆的行政事业性收费、政府性基金和政府性集资项目。《通知》规定，公布取消的收费项目自 2000 年 7 月 1 日起停止征收。《通知》要求，各省、自治区、直辖市及计划单列市要严格执行本通知规定，不得以任何理由拒绝执行或变相拖延执行。

2000 年，推行部门预算改革，其主要内容包括：改革预算编制形式，初步实现了“一个部门一本预算”；改革预算编制方法，按照基本支出和项目支出编制部门预算；深化“收支两条线”的改革，初步实现综合预算；规范预算编制程序，初步建立起财政部和中央部门的预算编制规程。

2001 年

2001 年 3 月 16 日，财政部、中国人民银行发出《关于财政国库管理制度改革试点方案的通知》。财政部在 1998 年开始全面系统地研究国库集中收付制度的基础上，逐步建立了适合我国政治经济体制的国库单一账户和财政资金集中收付制度。从 2001 年起在中央实施改革试点，“十五”期间在中央和地方全面实施国库集中收付制度。

2001 年 5 月 21 日，财政部、中国人民银行制定了《财政社会保障补助资金专户管理暂行办法》。

2001 年 5 月 24 日，监察部、财政部、中国人民银行、审计署颁发《关于清理整顿行政事业单位银行账户的意见的通知》。《通知》要求，严格控制并规范行政事业单位的银行账户，既是加强预算管理、推进国库管理制度改革的基础性工作，也是强化资金监管、从源头上预防和治理腐败的重要措施。

2001 年 7 月 10 日，财政部、中国人民银行颁布《关于中央单位财政国库管理制度改革试点资金支付管理办法》。《办法》规定，财政部为预算单位开设预算单位零余额账户、小额现金账户和特设专户，用于纳入改革试点的财政性资金的支付与清算；未纳入改革试点的财政性资金或改革试点实施前财政已拨付的资金，仍通过原有账户支付和核算，根据《银行账户管理办法》，各单位可自主选择银行开设账户。

2001 年 12 月，国务院办公厅转发《财政部关于深化收支两条线改革，进一步加强财政管理意见的通知》。以综合预算编制为出发点，以预算外资金管理为重点和难点，以强调收支脱钩为中心，以国库管理制度改革为保障，明确提出进一步深化“收支两条线”改革的步骤与相关措施，成为新时期加强财政资金管理方面的纲领性文件。

2002 年

2002 年，进一步加大和深化了“收支两条线”管理工作。对中央部门区分不同情况，分别采取将预算外资金纳入预算管理或实行收支脱钩管理等办法，编制综合预算。

2002 年，公安部等 5 个行政执法部门按规定收取的 11 项行政事业性收费收入纳入预算管理，全额上缴中央国库。2002 年 7 月 1 日，财政部将公布保留的政府性基金项目全部纳入预算管理。

2002 年 6 月 28 日，财政部、中国人民银行联合印发《预算外资金收入收缴管理制度改革方案》。改革主要内容包括：财政部门设立预算外资金财政专户，取消主管部门和执收单位设立的过渡性账户；规范收入收缴程序；健全票据管理体系；充分运用现代信息技术，加强对预算外资金收入收缴的监督管理。

2003 年

2003 年 1 月 1 日，财政部将 30 个部门的 118 项收费纳入预算管理。

2003 年 1 月 14 日，财政部会同国家计委、国家外汇管理局联合发布《外债管理暂行办法》，这是我国首次从全口径角度制定的规范各类外债管理的规章。《外债管理暂行办法》的出台，对于完善我国外债管理法规体系，加强全口径外债管理，规范举借外债行为，提高外债资金使用效益和防范外债风险具有重要意义。《外债管理暂行办法》自2003年3月1日起实施。

2003年5月9日，财政部、国家发展和改革委员会、监察部、审计署联合下发《关于加强中央部门和单位行政事业性收费等收入“收支两条线”管理的通知》。《通知》的重点是：明确提出政府非税收入的概念、取消原有的一些过渡性政策措施，加快政府非税收入收缴改革的步伐，严禁未经批准将行政事业性收费转为经营服务性收费管理，以及要求中央部门和单位建立健全内部财务会计核算制度。

2004年

2004年1月1日，财政部将26个部门的76项行政事业性收费纳入预算管理。同年，依法将新审批的收费基金全部纳入预算管理。至此，中央批准的行政性收费已全部纳入预算管理，事业性收费项目约90%也纳入预算管理。

2004年7月23日，财政部下发《关于加强政府非税收入管理的通知》，首次明确提出政府非税收入的概念。所谓政府非税收入，是指除税收以外，由各级政府、国家机关、事业单位、代行政府职能的社会团体及其他组织依法利用政府权力、政府信誉、国家资源、国有资产或提供特定公共服务、准公共服务取得并用于满足社会公共需要或准公共需要的财政资金，是政府财政收入的重要组成部分，是政府参与国民收入分配和再分配的一种形式。按照建立健全公共财政体制的要求，政府非税收入管理范围包括：行政事业性收费、政府性基金、国有资源有偿使用收入、国有资产有偿使用收入、国有资本经营收益、彩票公益金、罚没收入、以政府名义接受的捐赠收入、主管部门集中收入以及政府财政资金产生的利息收入等。社会保障基金、住房公积金不纳入政府非税收入管理范围。

2005年

2005年6月16日，财政部发出《关于印发〈禁止金融机构设置“小金库”的财务管理规定〉》，并于2005年7月1日起实施。

2006年

为完整、准确反映政府收支活动，进一步规范、强化预算管理，经国务院同意，财政部印发《政府收支分类改革方案》，即从2007年1月1日起全面实施政府收支分类改革。

2007年

2007年1月，全面实施政府收支分类改革。按照“公开透明、符合国情、便于操作”的原则，新的政府收支分类改革主要包括：一是建立新的政府收入分类体系，对政府收入进行统一分类，更加全面、清晰地反映政府各项收入，分设类、款、项、目四级科目；二是建立新的政府支出功能分类体系，更加完整、直观地反映政府各项职能活动，分设类、款、项三级科目；三是建立新的支出经济分类体系，更加全面、明晰地反映政府各项支出的具体用途，分设类、款两级科目；四是建立新的科目编码体。

2007年5月，全国公务卡应用推广会议决定在下半年启动公务卡试点工作，并将于2008年扩大公务卡管理的试点区域，争取到2010年前建立比较完善的公务卡管理制度，在所有中央预算部门和地方省市两级预算单位全面推进公务卡管理。

2007年5月，国务院决定从2007年开始在中央本级试行国有资本经营预算，地方试行的时间、范围和步骤由各省（区、市）及计划单列市人民政府决定。试行国有资本经营预算，要坚持以下原则：一是统筹兼顾、适度集中。统筹兼顾企业自身积累、发展和国有经济结构调整及国民经济宏观调控的需要，合理确定国有资本收益分配比例。二是相对独立、相互衔接。国有资本经营预算与政府公共预算分别编制，既保持国有资本经营预算的完整性和相对独立性，又要与政府公共预算相互衔接。三是分级编制、逐步实施。按照国有资产分级管理体制，国有资本经营预算分级编制，并根据条件逐步实施。

2007 年 7 月，财政部、国家税务总局和中国人民银行联合印发了《财税库银税收收入电子缴库横向联网实施方案》和《财税库银税收收入电子缴库横向联网管理暂行办法》，要求改革税收收入缴库方式，实行税收收入电子缴库，这标志着全国财税库银税收收入电子缴库横向联网工作正式启动。

2008 年

为落实科学发展观，切实发挥乡镇财政的作用，逐步构建覆盖城乡的公共财政体系，2008 年 9 月，财政部颁布《关于发挥乡镇财政职能作用加强财政预算管理的意见》，就加强乡镇财政预算管理工作，解决基层财政管理方面存在的一些突出矛盾和问题提出指导意见。

2008 年 9 月，财政部颁布《财政部关于进一步推进财政预算信息公开的指导意见》（财预［2008］390 号）。上述政策措施的出台对加强财政科学化、精细化管理，保障公民对财政预算的知情权、参与权、表达权和监督权，促进依法理财、民主理财，推动社会主义政治文明与和谐社会建设具有积极的意义。

2008 年 11 月，为全面深化国库集中支付改革，财政部颁布《关于中央单位 2009 年深化国库集中支付改革若干问题的通知》（财库［2008］83 号），提出 2009 年国库集中支付改革的总体要求：继续扩大国库集中支付改革的单位级次和范围，将改革实施到所有基层预算单位；继续扩大改革的资金范围，实现所有财政性资金实行国库集中支付的目标；扩大和深化公务卡改革，减少单位现金使用，2009 年要将公务卡改革推进到所有中央二级预算单位，并积极向下延伸；认真编制用款计划，努力提高用款计划编报的科学性和准确性；继续规范改革操作，及时做好范围划分工作，规范资金支付方式；进一步加强单位财务管理，已经实施改革的单位，特别是一级预算单位，要尽快实现单位财务的统一归口管理，并继续加强银行账户管理和单位会计核算管理等有关工作，进一步提高单位财务管理水平，努力实现改革的各项目标。

2008 年 12 月，财政部、国家税务总局颁布《关于财政性资金 行政事业性收费 政府性基金有关企业所得税政策问题的通知》（财税［2008］151 号），明确了财政性资金、行政事业性收费、政府性基金有关企业所得税政策问题。

2008 年 12 月，为进一步加强中央级事业单位的国有资产管理，根据《事业单位国有资产管理暂行办法》（财政部令第 36 号）、《中央级事业单位国有资产管理暂行办法》（财教［2008］13 号）的有关规定，财政部制订了《中央级事业单位国有资产处置管理暂行办法》。

主要资料来源

《财政改革三十年》，财政部网站，http：//www.mof.gov.cn。

《财政部大事记》，财政部网站，http：//www.mof.gov.cn。

历年《中国财政年鉴》，中国财政杂志社。

部分财政经济发展指标

部分财政经济指标引言

部分财政经济指标为一套涵盖中国宏观经济、财政与税收核心标准的指标体系。虽然隶属于中国财政政策报告（2008/2009）的附录部分，但自成一体，统计主表共包含20张表格，分为宏观经济态势和财政、税收主要指标两部分，提供了中国大陆地区可获得的最近年份或时期以及以往年份或时期的社会经济数据，并在附表部分附上了2009年最新的统计数据。

该指标体系提供的大多数指标和数据来源于《中国财政年鉴》、《中国统计年鉴》以及相关的官方和非官方网站，采取了点面结合、纵横比较的统计方式：一方面，遴选的指标力求全面、广泛，能够展现中国宏观经济运行态势的不同方面和层次；另一方面，聚焦于中国的财政、税收状况，着重关注历年来财政、税收方面的指标与变化动态。在横向的比较中把握中国宏观经济与财政、税收的互动关系；在纵向的考察中洞察中国未来经济和宏观政策的发展动向。

“建立全口径政府收支预算管理制度”是本书今年的主题。作为一国财政管理体制的核心，自改革开放以来，我国预算管理制度改革就处于不断推进当中。从1994年第一步《预算法》的通过到1999年部门预算开始试编；从2004年《预算法》修订工作的启动到2007年政府收支分类改革的全面实施，公共财政体制框架下政府预算管理的制度基础逐步形成。然而，同统一、规范、透明的政府预算管理目标相比，我国政府预算管理制度尚有相当大的距离。其中，政府性收支管理的非统一性、非完整性、非规范性的问题尤为突出。大量以预算外基金等存在的、游离于预算管理的政府收支行为给社会政治经济带来了诸多负面影响。基于此，十六届三中全会提出“健全公共财政体制”、“实行全口径预算管理”；十七大进一步明确“深化预算制度改革，强化预算管理和监督”。作为未来政府预算改革的大方向，实现“全口径的政府收支管理制度”已纳入政府的议事日程。

实行全口径政府收支预算管理，即意味着凡是凭借公共部门职能获得的收入都要进入政府预算，实现全面管理；凡是公共部门为行使其职能所支付的一切支出都需纳入政府预算，进行统一规范。政府的收支行为将更为严格、更为全面地接受来自权力机关以及纳税人的监督和约束。这既是市场化改革的不断深入，对进一步厘清政府与市场边界，规范和约束政府行为的内在需要；更是在社会主义民主法制建设不断推进的前提下，加强公共财政建设，切实推动公共决策民主化、法制化，提升政府公共服务能力与效率的内在需要。

面对已确立的改革思路和方向，我们如何客观地刻画我国政府预算收支管理制度变迁的整个过程，摸清现有游离于预算的各类政府收支行为，并在此基础上判断其未来发展的走向？如何能深刻剖析这些非规范性政府收支的形成机理及其对现实政治经济的影响，把握其产生的内在逻辑基础和现实根源？我们又需提出何种方案与步骤能将这些尚待规范的政府预算外收支纳入严格的预算管理，确保政府行为的规范、透明，决策过程的公开、民主，等等？这些问题都需要我们在未来的改革当中一一解决和回答，这也正是本书所承载的使命。在本部分，主要通过以下两个部分加以体现：第一，宏观经济态势；第二，财政、税收主要指标，并在具体的指标体系中加以分解和细化。

关于部分财政经济指标的介绍

宏观经济态势由四个部分，八张表格组成：

表 1 至表 2 反映经济增长，考察了 1993 年以来，中国宏观经济运行的总体状况：国民生产总值的变化？国内生产总值增长多少？各个行业的发展情况？各行业对国民生产总值的贡献程度？

表 3 至表 4 反映价格走势，显示了 1993 年以来，反映生产价格的工业产品出厂价格指数、原材料、燃料、动力购进价格指数、固定资产投资价格指数；反映消费价格的居民消费价格指数、商品零售价格指数。

表 5 至表 6 反映国内需求，通过居民消费以及固定资产投资两张表格提供了近年来，中国国内在消费和生产两方面的需求信息。

表 7 至表 8 反映对外部门，用进出口贸易额、贸易差额以及偿债率、负债率和债务率反映中国经济融入世界经济的程度以及面临外债风险的大小。在当今世界一体化的背景下，考察一国宏观经济形势时，选取上述考量符合经济开放性潮流。

财政、税收主要指标由五部分，12 张表格组成：

表 9 至表 10 反映国家财政、税收总收支，提供了 1993 年后，特别是近些年来国家财政、税收总量的情况：国家财政总收入、总支出是多少？变化是多少？在国民收入的分配和支出中，政府收支所占的比重？

表 11 至表 12 反映国家财政、税收分项收入，选择了税收收入占财政收入比重以及税收总量分项目情况指标，展现政府主要收入来源——税收对于国家财政总收入以及各个税种对国家税收总收入的贡献程度。

表 13 至表 14 反映财政支出是政府宏观结构调控的重要手段，是政府实现其职能的重要工具。选取政府支出的核心指标，反映政府履行各类职能的支出比重，体现了政府支出调整的思路以及未来改革的动向。

表 15 至表 16 反映中央、地方收入和支出，通过对中央、地方收支的对比关系，反映了 1993 年以来，中央、地方对社会资源调控配置程度，也在一定程度上反映了我国分权集权的程度。

表 17 至表 18 反映预算外收支这种尚待规范化的收入来源形式是中国处于市场经济转轨时期的特殊的现象。通过对预算外收支数据的统计和考察，有助于推动政府的收支行为趋向规范化。

表 19 至表 20 反映规范政府预算外收支行为是政府公共预算改革的重要内容之一。通过

对收支情况的细分充分展现处于规范中的预算外资金具体的来源、支出方向、构成比重以及近年来改革、调整、规范的演进过程。

数据来源以及计算方法

本指标体系提供的社会经济数据主要有以下几种来源：《中国统计年鉴》、《中国财政年鉴》、中华人民共和国财政部、国家税务总局、国家统计局网站、中经网等多渠道的资料来源系统。尽管目前，大多数统计资料在统计口径、定义和分类上都采用了全世界或全国通用的标准，但是在具体的涵盖范围、倾向性以及基本数据收集汇编能力上和资源方面，特别是，源于统计口径的改变以及同国际逐步接轨的过程造成的统计方法的调整，等等，仍存在不可避免的差异。因此，虽然我们在数据标准化方面作了大量的工作，在进行数据的审查的时候，更是力求数据的准确和统一，但也不能保证数据具有绝对的可比性。在理解上述指标时，请读者多加注意。

技术注释

在进行数据的查阅时，请同时参考相关的技术注释。技术注释对编制表格时使用的方法、概念、定义等均做出了概要性的说明，便于读者更为清晰和深刻地理解表格所反映的数据。详见后技术注释。

本数据文献

作为社会经济数据的主要使用者之一，为了能为经济分析以及政策预测提供及时和充分的信息，我们一直对宏观数据的汇编工作特别重视。经过一段时间的收集，我们整理了部分财政经济指标，包含了1993年以来，涵盖中国宏观经济、财政税收基本状况的数据。

主　　表

宏观经济态势

经济增长

表 1　　国民（国内）生产总值　　单位：亿元、%

1993—2008 年国民生产总值、国内生产总值及其增长率（绝对数形式）

年份	国民生产总值	增长率	国内生产总值	增长率
1993	35260.0	——	35333.9	——
1994	48108.5	36.4	48197.9	36.4
1995	59810.5	24.3	60793.7	26.1
1996	70142.5	17.3	71176.6	17.1
1997	78060.8	11.3	78973.0	11.0
1998	83024.3	6.4	84402.3	6.9
1999	88479.2	6.6	89677.1	6.2
2000	98000.5	10.8	99214.6	10.6
2001	108068.2	10.3	109655.2	10.5
2002	119095.7	10.2	120332.7	9.7
2003	135174.0	13.5	135822.8	12.9
2004	159586.7	18.1	159878.3	17.7
2005	184088.6	15.4	183217.4	14.6
2006	213131.7	15.8	211923.5	15.7
2007	251483.2	18.0	249529.9	17.7
2008	——	——	300670.0	20.5

注：本表总值以当年价格计算的绝对数形式表示。

资料来源：2007 年前（包括 2007 年数据）的数据来源于中华人民共和国国家统计局编：《中国统计年鉴 2008》，中国统计出版社 2008 年版；2008 年数据来源于《2008 年国民经济和社会发展统计公报》，http：//www.stats.gov.cn。

表 1（续）

单位：亿元、%

1993—2007 年国民生产总值、国内生产总值及其增长率（指数形式）

年份	国民生产总值	增长率	国内生产总值	增长率
1993	399.6	——	400.4	——
1994	452.0	13.1	452.8	13.1
1995	494.2	9.3	502.3	10.9
1996	544.5	10.2	552.6	10.0
1997	596.9	9.6	603.9	9.3
1998	640.6	7.3	651.2	7.8
1999	691.5	7.9	700.9	7.6
2000	750.6	8.6	759.9	8.4
2001	811.1	8.1	823.0	8.3
2002	888.5	9.5	897.8	9.1
2003	983.1	10.6	987.8	10.0
2004	1085.4	10.4	1087.4	10.1
2005	1206.5	11.2	1200.8	10.4
2006	1348.3	11.8	1340.7	11.6
2007	1512.5	12.2	1500.7	11.9

注：指数按可比价格计算，1978 年 = 100。

资料来源：中华人民共和国国家统计局编：《中国统计年鉴 2008》，中国统计出版社 2008 年版。

表 2

国内生产总值行业分布

单位：亿元、%

1993—2008 年国内生产总值行业分布及其增长率

年份	国内生产总值	第一产业			第二产业			第三产业		
		总额	比重	增长率	总额	比重	增长率	总额	比重	增长率
1993	35333.9	6963.8	19.7		16454.4	46.6		11915.7	33.7	
1994	48197.9	9572.7	19.9	37.5	22445.4	46.6	36.4	16179.8	33.6	35.8
1995	60793.7	12135.8	20.0	26.8	28679.5	47.2	27.8	19978.5	32.9	23.5
1996	71176.6	14015.4	19.7	15.5	33835.0	47.5	18.0	23326.2	32.8	16.8
1997	78973.0	14441.9	18.3	3.0	37543.0	47.5	11.0	26988.1	34.2	15.7
1998	84402.3	14817.6	17.6	2.6	39004.2	46.2	3.9	30580.5	36.2	13.3
1999	89677.1	14770.0	16.5	-0.3	41033.6	45.8	5.2	33873.4	37.8	10.8
2000	99214.6	14944.7	15.1	1.2	45555.9	45.9	11.0	38714.0	39.0	14.3
2001	109655.2	15781.3	14.4	5.6	49512.3	45.2	8.7	44361.6	40.5	14.6
2002	120332.7	16537.0	13.7	4.8	53896.8	44.8	8.9	49898.9	41.5	12.5
2003	135822.8	17381.7	12.8	5.1	62436.3	46.0	15.8	56004.7	41.2	12.2
2004	159878.3	21412.7	13.4	23.2	73904.3	46.2	18.4	64561.3	40.4	15.3
2005	183217.4	22420.0	12.2	4.7	87364.6	47.7	18.2	73432.9	40.1	13.7
2006	211923.5	24040.0	11.3	7.2	103162.0	48.7	18.1	84721.4	40.0	15.4
2007	249529.9	28095.0	11.3	16.9	121381.3	48.6	17.7	100053.5	40.1	18.1
2008	300670.0	34000.0	11.3	21.0	146183.0	48.6	20.4	120487.0	40.1	20.4

注：本表绝对数按当年价格计算。

资料来源：2007 年前（包括 2007 年数据）数据来源于中华人民共和国国家统计局编：《中国统计年鉴 2008》，中国统计出版社 2008 年版；2008 年数据来源于《2008 年国民经济和社会发展统计公报》，http：//www. stats. gov. cn。

价格走势

表 3 **消　费　价　格**

1993—2008 年消费价格趋势（上年 = 100）

年份	居民消费价格指数			商品零售价格指数		
	总指数	城市	农村	总指数	城市	农村
1993	114.7	116.1	113.7	113.2	114.2	112.6
1994	124.1	125.0	123.4	121.7	120.9	122.9
1995	117.1	116.8	117.5	114.8	113.5	116.4
1996	108.3	108.8	107.9	106.1	105.8	106.4
1997	102.8	103.1	102.5	100.8	100.8	100.7
1998	99.2	99.4	99.0	97.4	97.4	97.6
1999	98.6	98.7	98.5	97.0	97.0	97.1
2000	100.4	100.8	99.9	98.5	98.5	98.5
2001	100.7	100.7	100.8	99.2	98.9	99.6
2002	99.2	99.0	99.6	98.7	98.5	99.1
2003	101.2	100.9	101.6	99.9	99.6	100.5
2004	103.9	103.3	104.8	102.8	102.1	104.2
2005	101.8	101.6	102.2	100.8	100.5	101.4
2006	101.5	101.5	101.5	101.0	100.9	101.4
2007	104.8	104.5	105.4	103.8	103.3	104.9
2008	105.9	105.6	106.5	——	——	——

资料来源：2007 年前（包括 2007 年数据）数据来源于中华人民共和国国家统计局编：《中国统计年鉴 2008》，中国统计出版社 2008 年版；2008 年数据来源于中国统计数据应用支持系统，http：//gov. acmr. cn。

表 4 **生　产　价　格**

1993—2008 年生产价格指数（上年 = 100）

年份	工业品出厂价格指数	原材料、燃料、动力购进价格指数	固定资产投资价格指数
1993	124.0	135.1	126.6
1994	119.5	118.2	110.4
1995	114.9	115.3	105.9
1996	102.9	103.9	104.0
1997	99.7	101.3	101.7
1998	95.9	95.8	99.8
1999	97.6	96.7	99.6
2000	102.8	105.1	101.1
2001	98.7	99.8	100.4
2002	97.8	97.7	100.2
2003	102.3	104.8	102.2
2004	106.1	111.4	105.6
2005	104.9	108.3	101.6
2006	103.0	106.0	101.5
2007	103.1	104.4	103.9
2008	106.9	110.5	108.9

资料来源：2007 年前（包括 2007 年数据）数据来源于中华人民共和国国家统计局编：《中国统计年鉴 2008》，中国统计出版社 2008 年版；2008 年数据来源于中国统计数据应用支持系统，http：//gov. acmr. cn。

国内需求

表5　　居　民　消　费　　单位：亿元、%

1993—2007年居民消费及其增长率

年　份	全体居民消费支出		农村居民消费支出		城镇居民消费支出	
	总　额	增长率	总　额	增长率	总　额	增长率
1993	1393	——	805	——	2924	——
1994	1833	31.6	1038	28.9	3852	31.7
1995	2355	28.5	1313	26.5	4931	28.0
1996	2789	18.4	1626	23.8	5532	12.2
1997	3002	7.6	1722	5.9	5823	5.3
1998	3159	5.2	1730	0.5	6109	4.9
1999	3346	5.9	1766	2.1	6405	4.8
2000	3632	8.5	1860	5.3	6850	6.9
2001	3869	6.5	1969	5.9	7113	3.8
2002	4106	6.1	2062	4.7	7387	3.9
2003	4411	7.4	2103	2.0	7901	7.0
2004	4925	11.7	2301	9.4	8679	9.8
2005	5463	10.9	2560	11.3	9410	8.4
2006	6138	12.4	2847	11.2	10423	10.8
2007	7081	15.4	3265	14.7	11855	13.7

注：1. 总额按当年价格计算。

2. 城乡消费水平对比，没有剔除城乡价格不可比的因素。

3. 居民消费水平指按常住人口平均计算的居民消费支出。

资料来源：中华人民共和国国家统计局编：《中国统计年鉴2008》，中国统计出版社2008年版。

表6　　固 定 资 产 投 资　　单位：亿元、%

1993—2008年全社会固定资产投资

年份	固定资产投资总额		国家预算内资金			国内贷款			利用外资			自筹、其他渠道			建筑安装工程			设备、工具、器具购置			其他费用		
	总额	增长率	总额	增长率	比重	总额	增长率	比重	总额	增长率	比重	总额	增长率	比重	总额	增长率	比重	总额	增长率	比重	总额	增长率	比重
1993	13072.3	——	483.7	——	3.7	3072.0	——	23.5	954.3	——	7.3	8562.4	——	65.5	8201.2	——	62.7	3315.9	——	25.4	1555.2	——	11.9
1994	17042.1	30.4	529.6	9.5	3.1	3997.6	30.1	23.5	1769.0	85.4	10.4	11531.0	34.7	67.7	10786.5	31.5	63.3	4328.3	30.5	25.4	1928.1	24.0	11.3
1995	20019.3	17.5	621.1	17.3	3.1	4198.7	5.0	21.0	2295.9	29.8	11.5	13409.2	16.3	67.0	13173.3	22.1	65.8	4262.5	-1.5	21.3	2583.5	34.0	12.9
1996	22974.0	14.8	625.9	0.8	2.7	4573.7	8.9	19.9	2746.6	19.6	12.0	15412.4	14.9	67.1	15109.3	14.7	65.8	4926.0	15.6	21.4	2878.3	11.4	12.5
1997	24941.1	8.6	696.7	11.3	2.8	4782.6	4.6	19.2	2683.9	-2.3	10.8	17096.5	10.9	68.5	15614.0	3.3	62.6	6044.8	22.7	24.2	3282.3	14.0	13.2
1998	28406.2	13.9	1197.4	71.9	4.2	5542.9	15.9	19.5	2617.0	-2.5	9.2	19359.6	13.2	68.2	17874.5	14.5	62.9	6528.5	8.0	23.0	4003.1	22.0	14.1
1999	29854.7	5.1	1852.1	54.7	6.2	5725.9	3.3	19.2	2006.8	-23.3	6.7	20169.7	4.2	67.6	18795.9	5.2	63.0	7053.0	8.0	23.6	4005.7	0.1	13.4
2000	32917.7	10.3	2109.5	13.9	6.4	6727.3	17.5	20.4	1696.3	-15.5	5.2	22577.4	11.9	68.6	20536.3	9.3	62.4	7785.6	10.4	23.7	4595.9	14.7	14.0
2001	37213.5	13.1	2546.4	20.7	6.8	7239.8	7.6	19.5	1730.7	2.0	4.7	26470.0	17.2	71.1	22954.9	11.8	61.7	8833.8	13.5	23.7	5424.8	18.0	14.6
2002	43499.9	16.9	3161.0	24.1	7.3	8859.1	22.4	20.4	2085.0	20.5	4.8	30941.9	16.9	71.1	26578.9	15.8	61.1	9884.5	11.9	22.7	7036.6	29.7	16.2
2003	55566.61	27.7	2687.8	-15.0	4.8	12044.4	36.0	21.7	2599.4	24.7	4.7	41284.8	33.4	74.3	33447.2	25.8	60.2	12681.9	28.3	22.8	9437.5	34.1	17.0
2004	70477.4	26.8	3254.9	21.1	4.6	13788.0	14.5	19.6	3285.7	26.4	4.7	54236.3	31.4	77.0	42803.6	28.0	60.7	16527.0	30.3	23.5	11146.8	18.1	15.8
2005	88773.6	26.0	4154.3	27.6	4.7	16319.0	18.4	18.4	3978.8	21.1	4.5	70138.7	29.3	79.0	53382.6	24.7	60.1	21422.9	29.6	24.1	13968.1	25.3	15.7
2006	109998.2	23.9	4672.0	12.5	4.2	19590.5	20.0	17.8	4334.3	8.9	3.9	90360.2	28.8	82.1	66775.8	25.1	60.7	25563.9	19.3	23.2	17658.4	26.4	16.1
2007	137323.9	24.8	5857.1	25.4	4.3	23044.2	17.6	16.8	5132.7	18.4	3.7	116769.7	29.2	85.0	83518.3	25.1	60.8	31574.8	23.5	23.0	22230.9	25.9	16.2
2008	172291.0	25.5	——	——	——	——	——	——	——	——	——	——	——	——	——	——	——	——	——	——	——	——	——

注：1. 按资金来源分组为财务拨款，各项加总不等于投资总额。

2. 增长速度未扣除价格因素。

资料来源：2007年前（包括2007年数据）数据来源于中华人民共和国国家统计局编：《中国统计年鉴2008》，中国统计出版社2008年版；2008年数据来源于中国统计数据应用支持系统，http：//gov. acmr. cn。

对外部门

表 7　　进出口贸易

年份	1993—2008 年进出口总额及其增长率（人民币）					1993—2008 年进出口总额及其增长率（美元）				
	出口		进口		差额	出口		进口		差额
	总额	增长率	总额	增长率		总额	增长率	总额	增长率	
1993	5284.8	——	5986.2	——	-701.40	917.4	——	1039.6	——	-122.2
1994	10421.8	97.20	9960.1	66.38	461.70	1210.1	31.91	1156.1	11.21	54.0
1995	12451.8	19.48	11048.1	10.92	1403.70	1487.8	22.95	1320.8	14.25	167.0
1996	12576.4	1.00	11557.4	4.61	1019.00	1510.5	1.53	1388.3	5.11	122.2
1997	15160.7	20.55	11806.5	2.16	3354.20	1827.9	21.01	1423.7	2.55	404.2
1998	15223.6	0.41	11626.1	-1.53	3597.50	1837.1	0.50	1402.4	-1.50	434.7
1999	16159.8	6.15	13736.4	18.15	2423.40	1949.3	6.11	1657.0	18.15	292.3
2000	20634.4	27.69	18638.8	35.69	1995.60	2492.0	27.84	2250.9	35.84	241.1
2001	22024.4	6.74	20159.2	8.16	1865.20	2661.0	6.78	2435.5	8.20	225.5
2002	26947.9	22.35	24430.3	21.19	2517.60	3256.0	22.36	2951.7	21.19	304.3
2003	36287.9	34.66	34195.6	39.97	2092.30	4382.3	34.59	4127.6	39.84	254.7
2004	49103.3	35.32	46435.8	35.79	2667.50	5933.2	35.39	5612.3	35.97	320.9
2005	62648.1	27.58	54273.7	16.88	8374.40	7619.5	28.42	6599.5	17.59	1020.0
2006	77594.6	23.86	63376.9	16.77	14217.73	9689.4	27.17	7914.6	19.93	1774.7
2007	93455.6	20.44	73284.6	15.63	20171.07	12177.8	25.68	9559.5	20.78	2618.3
2008	——	——	——	——	——	14285.0	17.30	11331.0	18.53	2954.0

注：人民币单位为亿元，美元单位为亿美元，增长率单位为%。

资料来源：2007 年前（包括 2007 年数据）数据来源于中华人民共和国国家统计局编：《中国统计年鉴 2008》，中国统计出版社 2008 年版；2008 年数据来源于《2008 年国民经济和社会发展统计公报》，http：//www.stats.gov.cn。

表 8　　外债风险　　单位：%

1993—2007 年外债风险指标

年份	偿债率	负债率	债务率
2007	2.0	11.5	27.8
2006	2.1	12.3	30.4
2005	3.1	12.6	33.6
2004	3.2	13.9	34.9
2003	6.9	13.7	39.9
2002	7.9	13.6	46.1
2001	7.5	14.7	56.8
2000	9.2	13.5	52.1
1999	11.3	15.3	69.5
1998	10.9	15.2	70.4
1997	7.3	14.5	63.2
1996	6.0	14.2	67.7
1995	7.6	15.2	72.4
1994	9.1	17.1	78.0
1993	10.2	13.9	96.5

注：1. 偿债率指偿还外债本息与当年贸易和非贸易外汇收入（国际收支口径）之比。

2. 负债率指外债余额与当年国内生产总值之比。

3. 债务率指外债余额与当年贸易与非贸易外汇收入（国际收支口径）之比。

资料来源：中华人民共和国国家统计局编：《中国统计年鉴 2008》，中国统计出版社 2008 年版。

财政、税收主要指标

国家财政、税收总收支

表 9 **国家财政总收入、总支出** 单位：亿元、%

1993—2008 年国家财政总收入、总支出及其增长率

年份	财政收入		财政支出		收支差额
	总额	增长率	总额	增长率	
1993	4349.0	——	4642.3	——	-293.4
1994	5218.1	20.0	5792.6	24.78	-574.5
1995	6242.2	19.6	6823.7	17.80	-581.5
1996	7408.0	18.7	7937.6	16.32	-529.6
1997	8651.1	16.8	9233.6	16.33	-582.4
1998	9876.0	14.2	10798.2	16.94	-922.2
1999	11444.1	15.9	13187.7	22.13	-1743.6
2000	13395.2	17.0	15886.5	20.46	-2491.3
2001	16386.0	22.3	18902.6	18.99	-2516.5
2002	18903.6	15.4	22053.2	16.67	-3149.5
2003	21715.3	14.9	24650.0	11.78	-2934.7
2004	26396.5	21.6	28486.9	15.57	-2090.4
2005	31649.3	19.9	33930.3	19.11	-2281.0
2006	38760.2	22.5	40422.7	19.13	-1662.5
2007	51321.8	32.4	49781.4	23.15	1540.4
2008	61316.9	19.5	62427.0	25.40	-1110.1

注：1. 财政收入中不包括国内外债务。

2. 2000 年起，财政支出包含国内外债务付息支出。

3. 如果包括解决出口退税历史陈欠 613 亿元，2006 年全国财政收入决算数为 39373.2 亿元。2006 年收支差额中包括了中央预算调节基金 500 亿元。

4. 2008 年财政总支出中未包括安排的中央预算稳定调节基金 192 亿元。加上预算稳定调节基金后，2008 年财政支出总量合计 62619.03 亿元。

资料来源：2007 年前（包括 2007 年数据）数据来源于中华人民共和国国家统计局编：《中国统计年鉴 2008》，中国统计出版社 2008 年版；2008 年数据来源于 2009 年 3 月 5 日第十一届全国人民代表大会第二次会议《关于 2008 年中央和地方预算执行情况与 2009 年中央和地方预算草案的报告》，http：//www.mof.gov.cn/。

表 10　国家财政总收入占国内生产总值的比重　单位：亿元、%

1993—2008 年财政总收入占国内生产总值比重

年份	财政总收入	国内生产总值	比重
1993	4349.0	35333.9	12.3
1994	5218.1	48197.9	10.8
1995	6242.2	60793.7	10.3
1996	7408.0	71176.6	10.4
1997	8651.1	78973.0	11.0
1998	9876.0	84402.3	11.7
1999	11444.1	89677.1	12.8
2000	13395.2	99214.6	13.5
2001	16386.0	109655.2	14.9
2002	18903.6	120332.7	15.7
2003	21715.3	135822.8	16.0
2004	26396.5	159878.3	16.5
2005	31649.3	183217.4	17.3
2006	38760.2	211923.5	18.3
2007	51321.8	249529.9	20.6
2008	61316.9	300670.0	20.4

注：国家财政收入中不包括国内外债务收入；从 2000 年起，财政支出中包括国内外债务付息支出。

资料来源：2007 年前（包括 2007 年数据）数据来源于中华人民共和国国家统计局编：《中国统计年鉴 2008》，中国统计出版社 2008 年版；2008 年国内生产总值数据来源于《2008 年国民经济和社会发展统计公报》，http：//www.stats.gov.cn；2008 年财政总收入数据来源于 2009 年 3 月 5 日第十一届全国人民代表大会第二次会议《关于 2008 年中央和地方预算执行情况与 2009 年中央和地方预算草案的报告》，http：//www.mof.gov.cn/。

国家财政、税收分项收入

表 11 **税收收入占财政收入的比重** 单位：亿元、%

1993—2008 年税收收入占财政收入的比重

年份	税收收入	财政收入	比重
1993	4255.3	4349.0	97.8
1994	5126.9	5218.1	98.3
1995	6038.0	6242.2	96.7
1996	6909.8	7408.0	93.3
1997	8234.0	8651.1	95.2
1998	9262.8	9876.0	93.8
1999	10682.6	11444.1	93.3
2000	12581.5	13395.2	93.9
2001	15301.4	16386.0	93.4
2002	17636.5	18903.6	93.3
2003	20017.3	21715.3	92.2
2004	24165.7	26396.5	91.5
2005	28778.5	31649.3	90.9
2006	34804.4	38760.2	89.8
2007	45622.0	51321.8	88.9
2008	54262.0	61316.9	88.5

注：国家财政收入中不包括国内外债务收入。

资料来源：2007 年前（包括 2007 年数据）数据来源于中华人民共和国国家统计局编：《中国统计年鉴 2008》，中国统计出版社 2008 年版；2008 年税收收入数据来源于 2009 年 3 月 5 日第十一届全国人民代表大会第二次会议《关于 2008 年中央和地方预算执行情况与 2009 年中央和地方预算草案的报告》，http：//www. mof. gov. cn/。

表 12 **国家税收分项收入** 单位：亿元、%

1993—2008 年国家税收分项收入

年份	税收收入		增值税			营业税			消费税			关税			农业各税			企业所得税		
	总额	增长率	总额	增长率	比重	总额	增长率	比重	总额	增长率	比重	总额	增长率	比重	总额	增长率	比重	总额	增长率	比重
1993	4255.3	——	1081.5	——	25.4	966.1	——	22.7	——	——	——	256.5	——	6.0	125.7	——	3.0	678.6	——	15.9
1994	5126.9	20.5	2308.3	113.4	45.0	670.0	-30.6	13.1	487.4	——	9.5	272.7	6.3	5.3	231.5	84.1	4.5	708.5	4.4	13.8
1995	6038.0	17.8	2602.3	12.7	43.1	865.6	29.2	14.3	541.5	11.1	9.0	291.8	7.0	4.8	278.1	20.1	4.6	878.4	24.0	14.5
1996	6909.8	14.4	2962.8	13.9	42.9	1052.6	21.6	15.2	620.2	14.5	9.0	301.8	3.4	4.4	369.5	32.9	5.3	968.5	10.2	14.0
1997	8234.0	19.2	3283.9	10.8	39.9	1324.3	25.8	16.1	678.7	9.4	8.2	319.5	5.8	3.9	397.5	7.6	4.8	963.2	-0.5	11.7
1998	9262.8	12.5	3628.5	10.5	39.2	1575.1	18.9	17.0	814.9	20.1	8.8	313.0	-2.0	3.4	398.8	0.3	4.3	925.5	-3.9	10.0
1999	10682.6	15.3	3881.9	7.0	36.3	1668.6	5.9	15.6	820.7	0.7	7.7	562.2	79.6	5.3	423.5	6.2	4.0	811.4	-12.3	7.6
2000	12581.5	17.8	4553.2	17.3	36.2	1868.8	12.0	14.9	858.3	4.6	6.8	750.5	33.5	6.0	465.3	9.9	3.7	999.6	23.2	7.9
2001	15301.4	21.6	5357.1	17.7	35.0	2064.1	10.5	13.5	930.0	8.4	6.1	840.5	12.0	5.5	481.7	3.5	3.1	2630.9	163.2	17.2
2002	17636.5	15.3	6178.4	15.3	35.0	2450.3	18.7	13.9	1046.3	12.5	5.9	704.3	-16.2	4.0	717.9	49.0	4.1	3082.8	17.2	17.5
2003	20017.3	13.5	7236.5	17.1	36.2	2844.5	16.1	14.2	1182.3	13.0	5.9	923.1	31.1	4.6	871.8	21.4	4.4	2919.5	-5.3	14.6
2004	24165.7	20.7	9017.9	24.6	37.3	3582.0	25.9	14.8	1501.9	27.0	6.2	1043.8	13.1	4.3	902.2	3.5	3.7	3957.3	35.5	16.4
2005	28778.5	19.1	10792.1	19.7	37.5	4232.5	18.2	14.7	1633.8	8.8	5.7	1066.2	2.1	3.7	936.4	3.8	3.3	5343.9	35.0	18.6
2006	34804.4	20.9	12784.8	18.5	36.7	5128.7	21.2	14.7	1885.7	15.4	5.4	1141.8	7.1	3.3	1084.0	15.8	3.1	7039.6	31.7	20.2
2007	45622.0	31.1	15470.2	21.0	33.9	6582.2	28.3	14.4	2206.8	17.0	4.8	1432.6	25.5	3.1	1439.1	32.8	3.2	8779.3	24.7	19.2
2008	57862.0	26.8	17996.9	16.3	31.1	7626.3	15.9	13.2	2567.8	16.4	4.4	1770.0	23.6	3.1	——	——	——	11173.1	27.3	19.3

注：1. 农业各税包括农业税、牧业税、耕地占用税、农业特产税、契税和烟叶税。

2. 企业所得税 2001 年以前只包括国有及集体企业所得税，从 2001 年起，企业所得税还包括除国有企业和集体企业外的其他所有制企业所得税，与以前各年不可比。

3. 增值税不包括进口产品增值税；消费税不包括进口产品消费税。

资料来源：2007 年前（包括 2007 年数据）数据来源于中华人民共和国国家统计局编：《中国统计年鉴 2008》，中国统计出版社 2008 年版；2008 年税收收入总额数据来源于中国统计数据应用支持系统，http：//gov. acmr. cn；2008 年税收分项收入来源于财政部税政司《2008 年税收收入增长的结构性分析》，http：//szs. mof. gov. cn/。

国家财政支出

表 13　国家财政主要支出项目　单位：亿元、%

2007 年国家财政主要支出项目及比重

项　目	总额	比重
	49781.4	100.0
一般公共服务	8514.2	17.1
#国内外债务付息	1052.9	2.1
外交	215.3	0.4
#对外援助	111.5	0.2
国防	3554.9	7.1
公共安全	3486.2	7.0
#武装警察	585.2	1.2
教育	7122.3	14.3
科学技术	1783.0	3.6
文化体育与传媒	898.6	1.8
社会保障和就业	5447.2	10.9
医疗卫生	1990.0	4.0
环境保护	995.8	2.0
城乡社区事务	3244.7	6.5
农林水事务	3404.7	6.8
交通运输	1915.4	3.8
#车辆购置税支出	849.1	1.7
工业商业金融等事务	4257.5	8.6
其他支出	2951.6	5.9

注：本表依据 2007 年调整后的预算科目选择指标。

资料来源：中华人民共和国国家统计局编：《中国统计年鉴 2008》，中国统计出版社 2008 年版。

表 14　中央财政主要支出项目　单位：亿元、%

2007 年中央财政主要支出项目及比重

项　目	总额	比重
	11442.1	100.0
一般公共服务	2160.2	18.9
#国内外债务付息	990.8	8.7
外交	213.8	1.9
#对外援助	111.5	1.0
国防	3482.3	30.4
公共安全	607.8	5.3
#武装警察	462.2	4.0
教育	395.3	3.5
科学技术	924.6	8.1
文化体育与传媒	127.2	1.1
社会保障和就业	342.6	3.0
医疗卫生	34.2	0.3
环境保护	34.6	0.3
城乡社区事务	6.2	0.1
农林水事务	313.7	2.7
交通运输	782.3	6.8
#车辆购置税支出	487.7	4.3
工业商业金融等事务	1442.5	12.6
其他支出	574.9	5.0

注：本表依据 2007 年调整后的预算科目选择指标。

资料来源：中华人民共和国国家统计局编：《中国统计年鉴 2008》，中国统计出版社 2008 年版。

中央、地方财政收入和支出

表 15　中央、地方财政收入　单位：亿元、%

1993—2008 年中央与地方财政收入及占总收入比重

年份	总收入	中央财政收入			地方财政收入		
		总额	比重	增长率	总额	比重	增长率
1993	4349.0	957.5	22.0	——	3391.4	78.0	——
1994	5218.1	2906.5	55.7	203.5	2311.6	44.3	-31.8
1995	6242.2	3256.6	52.2	12.0	2985.6	47.8	29.2
1996	7408.0	3661.1	49.4	12.4	3746.9	50.6	25.5
1997	8651.1	4226.9	48.9	15.5	4424.2	51.1	18.1
1998	9876.0	4892.0	49.5	15.7	4984.0	50.5	12.7
1999	11444.1	5849.2	51.1	19.6	5594.9	48.9	12.3
2000	13395.2	6989.2	52.2	19.5	6406.1	47.8	14.5
2001	16386.0	8582.7	52.4	22.8	7803.3	47.6	21.8
2002	18903.6	10388.6	55.0	21.0	8515.0	45.0	9.1
2003	21715.3	11865.3	54.6	14.2	9850.0	45.4	15.7
2004	26396.5	14503.1	54.9	22.2	11893.4	45.1	20.7
2005	31649.3	16548.5	52.3	14.1	15100.8	47.7	27.0
2006	38760.2	20456.6	52.8	23.6	18303.6	47.2	21.2
2007	51321.8	27749.2	54.1	35.6	23572.6	45.9	28.8
2008	61316.9	32672.0	53.3	17.7	28644.9	46.7	21.5

注：1. 本表数字不包括国内外债务收入。

2. 中央、地方财政收入均为本级收入。

资料来源：2007 年前（包括 2007 年数据）数据来源于中华人民共和国国家统计局编：《中国统计年鉴 2008》，中国统计出版社 2008 年版；2008 年数据来源于 2009 年 3 月 5 日第十一届全国人民代表大会第二次会议《关于 2008 年中央和地方预算执行情况与 2009 年中央和地方预算草案的报告》，http：//www. mof. gov. cn/。

表 16　中央、地方财政支出　单位：亿元、%

1993—2008 年中央与地方财政支出及占总支出比重

年份	支出总额	中央支出			地方支出		
		总额	比重	增长率	总额	比重	增长率
1993	4642.3	1312.1	28.3	——	3330.2	71.7	——
1994	5792.6	1754.4	30.3	33.7	4038.2	69.7	21.3
1995	6823.7	1995.4	29.2	13.7	4828.3	70.8	19.6
1996	7937.6	2151.3	27.1	7.8	5786.3	72.9	19.8
1997	9233.6	2532.5	27.4	17.7	6701.1	72.6	15.8
1998	10798.2	3125.6	28.9	23.4	7672.6	71.1	14.5
1999	13187.7	4152.3	31.5	32.8	9035.3	68.5	17.8
2000	15886.5	5519.9	34.7	32.9	10366.7	65.3	14.7
2002	22053.2	5768.0	30.7	17.4	13134.6	69.3	16.3
2003	24650.0	6771.7	30.1	9.6	15281.5	69.9	12.8
2004	28486.9	7420.1	27.7	6.4	17229.9	72.3	19.5
2005	33930.3	7894.1	25.9	11.2	20592.8	74.1	22.2
2006	40422.7	8776.0	24.7	13.8	25154.3	75.3	21.0
2007	49781.4	9991.4	23.0	14.5	30431.3	77.0	26.0
2008	62427.0	11442.1	21.4	16.9	38339.3	78.6	27.9

注：1. 中央、地方财政支出均为本级支出。

2. 本表数据不包括国内外债务还本付息支出和国外借款收入安排的基本建设支出，但从 2000 年起，全国财政支出和中央财政支出中包括国内外债务付息支出。

资料来源：2007 年前（包括 2007 年数据）数据来源于中华人民共和国国家统计局编：《中国统计年鉴 2008》，中国统计出版社 2008 年版；2008 年数据来源于 2009 年 3 月 5 日第十一届全国人民代表大会第二次会议《关于 2008 年中央和地方预算执行情况与 2009 年中央和地方预算草案的报告》，http：//www. mof. gov. cn/。

预算外收入和支出

表 17　中央、地方预算外资金收入　单位：亿元、%

1993—2006年中央与地方预算外收入、增长率及其比重

年份	全国预算外资金收入总额		中央预算外收入			地方预算外收入		
	总额	增长率	总额	增长率	比重	总额	增长率	比重
1993	1432.5	——	245.9	——	17.2	1186.6	——	82.8
1994	1862.5	30.0	283.3	15.2	15.2	1579.2	33.1	84.8
1995	2406.5	29.2	317.6	12.1	13.2	2088.9	32.3	86.8
1996	3893.3	61.8	947.7	198.4	24.3	2945.7	41.0	75.7
1997	2826.0	-27.4	145.1	-84.7	5.1	2680.9	-9.0	94.9
1998	3082.3	9.1	164.2	13.1	5.3	2918.1	8.8	94.7
1999	3385.2	9.8	230.5	40.4	6.8	3154.7	8.1	93.2
2000	3826.4	13.0	247.6	7.5	6.5	3578.8	13.4	93.5
2001	4300.0	12.4	347.0	40.1	8.1	3953.0	10.5	91.9
2002	4479.0	4.2	440.0	26.8	9.8	4039.0	2.2	90.2
2003	4566.8	2.0	379.4	-13.8	8.3	4187.4	3.7	91.7
2004	4699.2	2.9	350.7	-7.6	7.5	4348.5	3.8	92.5
2005	5544.2	18.0	402.6	14.8	7.3	5141.6	18.2	92.7
2006	6407.9	15.6	467.1	16.0	7.3	5940.8	15.5	92.7

注：1993—1995年和1996年的预算外资金收入范围分别有所调整，与以前各年不可比。从1997年起，预算外资金收入不包括纳入预算内管理的政府性基金（收费），与以前各年也不可比。从2004年起，预算外资金收入为财政预算外专户收入。

资料来源：中华人民共和国国家统计局编：《中国统计年鉴2008》，中国统计出版社2008年版。

表 18　中央、地方预算外资金支出　单位：亿元、%

1993—2006年中央与地方预算外支出

年份	全国预算外资金支出总额		中央预算外支出			地方预算外支出		
	总额	增长率	总额	增长率	比重	总额	增长率	比重
1993	1314.3	——	198.9	——	15.1	1115.4	——	84.9
1994	1710.4	30.1	225.0	13.1	13.2	1485.4	33.2	86.8
1995	2331.3	36.3	351.4	56.2	15.1	1979.9	33.3	84.9
1996	3838.3	64.6	1034.9	194.5	27.0	2803.4	41.6	73.0
1997	2685.5	-30.0	143.9	-86.1	5.4	2541.6	-9.3	94.6
1998	2918.3	8.7	139.7	-2.9	4.8	2778.6	9.3	95.2
1999	3139.1	7.6	164.8	17.9	5.3	2974.3	7.0	94.7
2000	3529.0	12.4	210.7	27.9	6.0	3318.3	11.6	94.0
2001	3850.0	9.1	258.1	22.5	6.7	3591.9	8.2	93.3
2002	3831.0	-0.5	259.0	0.3	6.8	3572.0	-0.6	93.2
2003	4156.4	8.5	329.3	27.2	7.9	3827.0	7.1	92.1
2004	4351.7	4.7	389.5	18.3	9.0	3962.2	3.5	91.0
2005	5242.5	20.5	458.3	17.7	8.7	4784.1	20.7	91.3
2006	5867.0	11.9	377.7	-17.6	6.4	5489.2	14.7	93.6

注：1996年预算外资金支出范围有所调整，与以前各年不可比。从1997年起，预算外资金支出不包括纳入预算内管理的政府性基金（收费），与以前各年也不可比。从2004年起，预算外资金支出为财政预算外专户支出。

资料来源：中华人民共和国国家统计局编：《中国统计年鉴2008》，中国统计出版社2008年版。

表 19 **预算外资金分项目收入** 单位：亿元、%

1993—2006 年预算外资金总收入、分项目收入及其增长率

年份	预算外资金总收入	行政事业性收费			政府性基金收入			乡镇统筹资金			地方财政收入			国有企业和主管部门收入			其他收入		
		总额	增长率	比重	总额	增长率	比重	总额	增长率	比重	总额	增长率	比重	总额	增长率	比重	总额	增长率	比重
1993	1432.5	1317.8	—	92.0	—	—	—	—	—	—	114.7	—	8.0	—	—	—	—	—	—
1994	1862.5	1722.5	30.7	92.5	—	—	—	—	—	—	140.0	22.1	7.5	—	—	—	—	—	—
1995	2406.5	2234.9	29.7	92.9	—	—	—	—	—	—	171.7	22.6	7.1	—	—	—	—	—	—
1996	3893.3	3395.8	51.9	87.2	—	—	—	272.9	—	7.0	224.7	30.9	5.8	—	—	—	—	—	—
1997	2826.0	2414.3	-28.9	85.4	—	—	—	295.8	8.4	10.5	115.9	-48.4	4.1	—	—	—	—	—	—
1998	3082.3	1981.9	-17.9	64.3	478.4	—	15.5	337.3	14.0	10.9	—	—	—	54.7	—	1.8	230.0	—	7.5
1999	3385.2	2354.3	18.8	69.5	396.5	-17.1	11.7	358.9	6.4	10.6	—	—	—	50.1	-8.3	1.5	225.4	-2.0	6.7
2000	3826.4	2654.5	12.8	69.4	383.5	-3.3	10.0	403.3	12.4	10.5	—	—	—	59.2	18.2	1.5	325.8	44.5	8.5
2001	4300.0	3090.0	16.4	71.9	380.0	-0.9	8.8	410.0	1.7	9.5	—	—	—	60.0	1.3	1.4	360.0	10.5	8.4
2002	4479.0	3238.0	4.8	72.3	376.0	-1.1	8.4	272.0	-33.7	6.1	—	—	—	72.0	20.0	1.6	521.0	44.7	11.6
2003	4566.8	3335.7	3.0	73.0	287.1	-23.6	6.3	293.1	7.8	6.4	—	—	—	52.3	-27.3	1.1	598.5	14.9	13.1
2004	4699.2	3208.4	-3.8	68.3	351.3	22.4	7.5	213.1	-27.3	4.5	—	—	—	64.1	22.5	1.4	862.3	44.1	18.3
2005	5544.2	3858.2	20.3	69.6	359.3	2.3	6.5	192.9	-9.5	3.5	—	—	—	47.8	-25.4	0.9	1085.9	25.9	19.6
2006	6407.9	4216.8	9.3	65.8	376.5	4.8	5.9	221.3	14.7	3.5	—	—	—	44.9	-6.1	0.7	1548.4	42.6	24.2

注：1993—1996 年的预算外资金收入范围分别有所调整，与以前各年不可比。从 1997 年起，预算外资金收入不包括纳入预算内管理的政府性基金（收费）。从 2004 年起，预算外资金收入为财政预算外专户收入。

资料来源：中华人民共和国国家统计局编：《中国统计年鉴 2008》，中国统计出版社 2008 年版。

表 20 **预算外资金分项目支出** 单位：亿元、%

1993—2006 年预算外支出分项

年份	预算外资金总支出	基本建设支出			专项支出			行政事业费支出			城市维护费支出			乡镇自筹、统筹支出			其他支出		
		总额	增长率	比重	总额	增长率	比重	总额	增长率	比重	总额	增长率	比重	总额	增长率	比重	总额	增长率	比重
1996	3838.3	1490.2	—	38.8	307.27	—	8.0	1254.4	—	32.7	—	—	—	136.4	—	3.6	650.1	—	16.9
1997	2685.5	502.0	-66.3	18.7	311.59	1.4	11.6	1280.2	2.1	47.7	—	—	—	288.7	111.7	10.7	303.0	-53.4	11.3
1998	2918.3	394.0	-21.5	13.5	423.60	35.9	14.5	1588.3	24.1	54.4	—	—	—	335.3	16.1	11.5	177.2	-41.5	6.1
1999	3139.1	539.8	37.0	17.2	—	—	—	1816.1	14.3	57.9	127.45	—	6.4	350.3	4.5	11.2	305.4	72.4	9.7
2000	3529.0	426.2	-21.0	12.1	—	—	—	2225.1	22.5	63.1	146.38	14.9	7.3	387.4	10.6	11.0	344.0	12.6	9.7
2001	3850.0	350.0	-17.9	9.1	—	—	—	2500.0	12.4	64.9	150.00	2.5	7.5	400.0	3.3	10.4	450.0	30.8	11.7
2002	3831.0	260.0	-25.7	6.8	—	—	—	2655.0	6.2	69.3	160.00	6.7	8.0	268.0	-33.0	7.0	488.0	8.4	12.7
2003	4156.4	269.9	3.8	6.5	—	—	—	2836.6	6.8	68.2	202.62	26.6	10.1	283.1	5.6	6.8	564.2	15.6	13.6
2004	4351.7	287.3	6.5	6.6	—	—	—	3133.8	10.5	72.0	193.82	-4.3	9.7	205.1	-27.6	4.7	531.7	-5.8	12.2
2005	5242.5	346.7	20.7	6.6	—	—	—	3866.1	23.4	73.7	—	—	—	198.0	-3.5	3.8	831.6	56.4	15.9
2006	5867.0	426.5	23.0	7.3	—	—	—	4163.6	7.7	71.0	—	—	—	207.5	4.8	3.5	1069.4	28.6	18.2

注：1996 年预算外资金支出范围有所调整，与以前各年不可比。从 1997 年起，预算外资金支出不包括纳入预算内管理的政府性基金（收费）。从 2004 年起，预算外资金支出为财政预算外专户支出。

资料来源：中华人民共和国国家统计局编：《中国统计年鉴 2008》，中国统计出版社 2008 年版。

附　　表

2009 年最新主要财经指标

附表 1　2009 年 1 季度国内生产总值及行业分布　　单位：亿元、%

季度	国内生产总值		第一产业		第二产业		第三产业	
	绝对额	同比增长	绝对额	同比增长	绝对额	同比增长	绝对额	同比增长
1 季度	65745	6.1	4700	3.5	31968	5.3	29077	7.4

注：数据为初步核算数，绝对额按现价计算；增长速度按不变价计。

资料来源：国家统计局网站，http：//www.stats.gov.cn/。

附表 2　2009 年 1—3 月社会消费品零售总额（按销售地区分）　　单位：亿元、%

月份	社会消费品零售总额		市		县		县以下	
	绝对量	同比增长	绝对量	同比增长	绝对量	同比增长	绝对量	同比增长
1	10756.6	18.5	7284.3	18.3	1235.4	20.9	2236.9	17.9
2	9323.8	11.6	6256.7	10.1	1060.6	14.9	2006.5	14.8
3	9317.6	14.7	6293.0	13.7	1055.2	18.0	1969.4	16.4

资料来源：2009 年 1—2 月数据来源于国家统计局网站，http：//www.stats.gov.cn/；3 月数据来源于中国统计数据应用支持系统，http：//gov.acmr.cn。

附表 3　　2009 年 1—3 月固定资产投资完成情况（按产业分类）　　单位：亿元、%

年　月	第一产业		第二产业		第三产业	
	自年初累计	同比增长	自年初累计	同比增长	自年初累计	同比增长
2009－3	332.0	85.0	10180.4	26.8	13049.6	29.1
2009－2	108.3	100.3	4182.2	24.8	5985.3	26.9
2009－1	—	—	—	—	—	—

注：2004 年 2 月起统计范围是城镇固定资产投资，包括城镇（城关镇以上）范围内各种经济类型所有 50 万元以上项目投资。

资料来源：2009 年 1—2 月数据来源于国家统计局网站，http：//www.stats.gov.cn/；3 月数据来源于中国统计数据应用支持系统，http：//gov.acmr.cn。

附表 4　　2009 年 1—3 月城镇固定资产投资完成额（按隶属关系分类）　　单位：亿元、%

年　月	中央项目累进值		地方项目累进值	
	自年初累计	同比增长	自年初累计	同比增长
2009－3	2107.0	30.4	21455.0	28.5
2009－2	1069.5	40.3	9206.3	25.1
2009－1	—	—	—	—

资料来源：2009 年 1—2 月数据来源于国家统计局网站，http：//www.stats.gov.cn/；3 月数据来源于中国统计数据应用支持系统，http：//gov.acmr.cn。

附表 5　　2009 年 1—3 月海关进出口贸易　　单位：千美元、%

年　月	进出口商品当期值	出口商品总额累进值		出口总值累进值		进口总值累进值	
	金额	金额	增长率	金额	增长率	金额	增长率
2009－3	162019659.0	428739418.0	－24.9	245539934.0	－19.7	183199484.0	－30.9
2009－2	124948306.0	266765546.0	－27.2	155325420.0	－21.1	111440127.0	－34.2
2009－1	141797865.0	141797865.0	－29.0	90453600.0	－17.5	51344264.0	－43.1

资料来源：中国统计数据应用支持系统，http：//gov.acmr.cn。

附表 6　　2009 年 1—3 月财政收支　　单位：亿元、%

年　月	财政预算收入		财政预算支出		收支差额
	总额	增长率	总额	增长率	总额
2009－3	4402.21	7.2	5007.39	31.4	－605.18
2009－2	4108.23	－33.0	3810.08	－4.6	298.15
2009－1	6131.61	—	3993.45	—	2138.16

资料来源：中国财政部网站，http：//www.mof.gov.cn。

技术注释

本技术注释给出了上述部分财政经济指标体系所有表格中主要指标的定义和解释。注释是根据各表出现的顺序排列。

表1　国民（国内）生产总值

国民生产总值（GNP）指一个国家（或地区）所有常住单位在一定时期内收入初次分配的最终结果。一国常住单位从事生产活动所创造的增加值在初次分配中主要分配给该国的常住单位，但也有一部分以生产税及进口税（扣除生产和进口补贴）、劳动者报酬和财产收入等形式分配给非常住单位；同时，国外生产所创造的增加值也有一部分以生产税及进口税（扣除生产和进口补贴）、劳动者报酬和财产收入等形式分配给该国的常住单位，从而产生了国民生产总值的概念。它等于国内生产总值加上来自国外的净要素收入。与国内生产总值不同，国民生产总值是个收入概念，而国内生产总值是个生产概念。

国内生产总值（GDP）指一个国家（或地区）所有常住单位在一定时期内生产活动的最终成果。国内生产总值有三种表现形态，即价值形态、收入形态和产品形态。从价值形态看，它是所有常住单位在一定时期内生产的全部货物和服务价值超过同期中间投入的全部非固定资产货物和服务价值的差额，即所有常住单位的增加值之和；从收入形态看，它是所有常住单位在一定时期内创造并分配给常住单位和非常住单位的初次收入分配之和；从产品形态看，它是所有常住单位在一定时期内最终使用的货物和服务价值与货物和服务净出口价值之和。

表2　国内生产总值行业分布

三次产业是根据社会生产活动历史发展的顺序对产业结构的划分，产品直接取自自然界的部门称为第一产业；对初级产品进行再加工的部门称为第二产业；为生产和消费提供各种服务的部门称为第三产业。它是世界上较为通用的产业结构分类，但各国的划分不尽一致。

中国三次产业划分是：

第一产业：农业（包括种植业、林业、牧业和渔业）。

第二产业：工业（包括采掘业，制造业，电力、煤气及水的生产和供应业）和建筑业。

第三产业：除第一、第二产业以外的其他各业。由于第三产业包括的行业多、范围广，根据我国的实际情况，第三产业可分为两大部分：一是流通部门；二是服务部门。

表 3　消费价格

商品零售价格指数是反映城乡商品零售价格变动趋势的一种经济指数。零售物价的调整变动直接影响到城乡居民的生活支出和国家的财政收入，影响居民购买力和市场供需平衡，影响消费与积累的比例。因此，计算零售价格指数，可以从一个侧面对上述经济活动进行观察和分析。

居民消费价格指数是反映一定时期内城乡居民所购买的生活消费品价格和服务项目价格变动趋势和程度的相对数，是对城市居民消费价格指数和农村居民消费价格指数进行综合汇总计算的结果。利用居民消费价格指数，可以观察和分析消费品的零售价格和服务价格变动对城乡居民实际生活费支出的影响程度。

城市居民消费价格指数是反映城市居民家庭所购买的生活消费品价格和服务项目价格变动趋势和程度的相对数。城市居民消费价格指数可以观察和分析消费品的零售价格和服务项目价格变动对职工货币工资的影响，作为研究职工生活和确定工资政策的依据。

农村居民消费价格指数是反映农村居民家庭所购买的生活消费品价格和服务项目价格变动趋势和程度的相对数。农村居民消费价格指数可以观察农村消费品的零售价格和服务项目价格变动对农村居民生活消费支出的影响，直接反映农民生活水平的实际变化情况，为分析和研究农村居民生活问题提供依据。

表 4　生产价格

工业品出厂价格指数是反映全部工业产品出厂价格总水平的变动趋势和程度的相对数，包括工业企业售给本企业以外所有单位的各种产品和直接售给居民用于生活消费的产品。通过工业品出厂价格指数能观察出厂价格变动对工业总产值的影响。

原材料、燃料及动力购进价格指数反映工业企业通过各种价格形式购进的主要原材料、燃料、动力价格水平变动趋势和程度的相对数。

固定资产投资价格指数是反映固定资产投资额价格变动趋势和程度的相对数。固定资产投资额是由建筑安装工程投资完成额，设备、工器具购置投资完成额和其他费用投资完成额，三部分组成的。编制固定资产投资价格指数应首先分别编制上述三部分投资的价格指数，然后采用加权算术平均法求出固定资产投资价格总指数。

编制固定资产投资价格指数可以准确地反映固定资产投资中涉及的各类商品和取费项目价格变动趋势和变动幅度，消除按现价计算的固定资产投资指标中的价格变动因素，真实地反映固定资产投资的规模、速度、结构和效益，为国家科学地制定、检查固定资产投资计划并提高宏观调控水平，为完善国民经济核算体系提供科学的、可靠的依据。

表 5　居民消费

居民消费支出指常住住户在一定时期内对于货物和服务的全部最终消费支出。居民消费支出除了直接以货币形式购买的货物和服务的消费支出外，还包括以其他方式获得的货物和服务的消费支出，即所谓的虚拟消费支出。居民虚拟消费支出包括如下几种类型：单位以实物报酬及实物转移的形式提供给劳动者的货物和服务；住户生产并由本住户消费了的货物和服务，其中的服务仅指住户的自有住房服务；金融机构提供的金融媒介服务；保险公司提供的保险服务。

表 6　固定资产投资

全社会固定资产投资是社会固定资产再生

产的主要手段。通过建造和购置固定资产的活动，国民经济不断采用先进技术装备，建立新兴部门，进一步调整经济结构和生产力的地区分布，增强经济实力，为改善人民物质文化生活创造物质条件。这对我国的社会主义现代化建设具有重要意义。

固定资产投资额是以货币表现的建造和购置固定资产活动的工作量，它是反映固定资产投资规模、速度、比例关系和使用方向的综合性指标。全社会固定资产投资按经济类型可分为国有、集体、个体、联营、股份制、外商、港澳台商、其他等。按照管理渠道，全社会固定资产投资总额分为基本建设、更新改造、房地产开发投资和其他固定资产投资四个部分。

固定资产投资的资金来源：根据固定资产投资的资金来源不同，分为国家预算内资金、国内贷款、利用外资、自筹资金和其他资金来源。

（1）国家预算内资金：指中央财政和地方财政中由国家统筹安排的基本建设拨款和更新改造拨款，以及中央财政安排的专项拨款中用于基本建设的资金和基本建设拨款改贷款的资金等。

（2）国内贷款：指报告期内，企、事业单位向银行及非银行金融机构借入的用于固定资产投资的各种国内借款。包括银行利用自有资金及吸收的存款发放的贷款、上级主管部门拨入的国内贷款、国家专项贷款（包括煤代油贷款、劳改煤矿专项贷款等）、地方财政专项资金安排的贷款、国内储备贷款、周转贷款等。

（3）利用外资：指报告期内收到的用于固定资产投资的国外资金，包括统借统还、自借自还的国外贷款，中外合资项目中的外资，以及对外发行债券和股票等。国家统借统还的外资指由我国政府出面同外国政府、团体或金融组织签订贷款协议、并负责偿还本息的国外贷款。

（4）自筹资金：指建设单位报告期内收到的，用于进行固定资产投资的上级主管部门、地方和企、事业单位自筹资金。

（5）其他资金来源：指报告期内收到的除以上各种拨款、固定资产投资按国民经济行业分建设项目归哪个行业，按其建成投产后的主要产品或主要用途及社会经济活动性质来确定。基本建设按建设项目划分国民经济行业，更新改造、国有单位其他固定资产投资及城镇集体投资根据整个企业、事业单位所属的行业来划分。一般情况下，一个建设项目或一个企业、事业单位只能属于一种国民经济行业。为了更准确地反映国民经济各行业之间的比例关系，联合企业（总厂）所属分厂属于不同行业的，原则上按分厂划分行业。

固定资产投资按构成分。固定资产投资活动按其工作内容和实现方式分为建筑安装工程，设备、工具、器具购置，其他费用三个部分。

（1）建筑安装工程（建筑安装工作量）：指各种房屋、建筑物的建造工程和各种设备、装置的安装工程。包括各种房屋建造工程，各种用途设备基础和各种工业窑炉的砌筑工程；为施工而进行的各种准备工作和临时工程以及完工后的清理工作等；铁路、道路的铺设，矿井的开凿及石油管道的架设等；水利工程；防空地下建筑等特殊工程；以及各种机械设备的安装工程；为测定安装工程质量，对设备进行的试运工作。在安装工程中，不包括被安装设备本身的价值。

（2）设备、工具、器具购置：指购置或自制达到固定资产标准的设备、工具、器具的价值，固定资产的标准按财务部门规定。新建单位、扩建单位的新建车间按照设计和计划要求购置或自制的全部设备、工具、器具，不论是否达到固定资产标准均计入“设备、工具、器具购置”中。

（3）其他费用：指在固定资产建造和购置过程中发生的，除建筑安装工程和设备、工具、器具购置以外的各种应摊入固定资产的费用。

表 7　进出口贸易

进出口总额指实际进出我国国境的货物总金额。包括对外贸易实际进出口货物，来料加工装配进出口货物，国家间、联合国及国际组织无偿援助物资和赠送品，华侨、港澳台同胞和外籍华人捐赠品，租赁期满归承租人所有的租赁货物，进料加工进出口货物，边境地方贸易及边境地区小额贸易进出口货物（边民互市贸易除外），中外合资企业、中外合作经营企业、外商独资经营企业进出口货物和公用物品，到、离岸价格在规定限额以上的进出口货样和广告品（无商业价值、无使用价值和免费提供出口的除外），从保税仓库提取在中国境内销售的进口货物，以及其他进出口货物。进出口总额用以观察一个国家在对外贸易方面的总规模。我国规定出口货物按离岸价格统计，进口货物按到岸价格统计。

表 8　外债风险

外债风险由三个指标衡量：偿债率、负债率和债务率。偿债率指偿还外债本息与当年贸易和非贸易外汇收入（国际收支口径）之比。负债率指外债余额与当年国民生产总值之比。债务率指外债余额与当年贸易与非贸易外汇收入（国际收支口径）之比。

表 9　国家财政总收入、总支出

财政收入指国家财政参与社会产品分配所取得的收入，是实现国家职能的财力保证。依据《2007 年政府改革分类科目》，我国财政收入按经济性质分为税收收入、社会保障基金收入、非税收收入、贷款转贷回收本金收入、债务收入和转移性收入。

财政支出指国家财政将筹集起来的资金进行分配使用，以满足经济建设和各项事业的需要。

表 10　国家财政收入占国内生产总值的比重

国家财政收入占国内生产总值的比重反映了在国民收入的分配中，国家所分配的份额。

表 11　税收收入占财政收入的比重

财政收入指国家财政参与社会产品分配所取得的收入，是实现国家职能的财力保证。以收入形式为依据，财政收入可划分为税收收入和非税收入。税收收入占财政收入的比重反映了税收对政府收入的贡献程度。自 1994 年税收制度改革以来，各项税收收入逐渐成为政府收入的主要来源。

表 12　国家税收分项收入

国家税收分项收入包括增值税、消费税、营业税、关税、农业各税、企业所得税收入等部分。

表 13　国家财政分项支出

财政支出指国家财政将筹集起来的资金进行分配使用，以满足经济建设和各项事业的需要。依据《2007 年政府改革分类科目》，我国财政支出按功能分为一般公共服务、外交、国防、公共安全、教育、科学技术、文化体育与传媒、社会保障和就业、社会保险基金支出、医疗卫生、环境保护、城乡社区事务、农林水事务、交通运输、工业商业金融等事务、其他支出、转移性支出。按经济分类分为工资福利支出、商品和服务支出、对企事业单位的补贴、转移性支出、赠与、债务利息支出、债务还本支出、基本建设支出、其他资本性支出、贷款转贷及产权参股、其他支出。

表 14　中央财政分项支出

中央政府肩负提供外交、国防、公共安全、跨地区公共产品或服务以及调整国民经济结构、协调地区发展、实施宏观调控等职能。中央财政分项支出及其比重则是反映中央政府履行上述各项职能的支出比重。

表 15　中央、地方财政收入

指按现行分税制财政体制划分的中央本级收入和地方本级收入。1994 年实行分税制财政体制以后，属于中央财政的收入包括关税、海关代征消费税和增值税，消费税，中央企业所得税，地方银行和外资银行及非银行金融企业所得税，铁道部门、各银行总行、各保险总公司等集中缴纳的营业税、利润和城市维护建设税，车辆购置税，船舶吨税，增值税共享部分，证券交易印花税共享部分，个人所得税中的利息所得税，利息所得税之外的个人所得税中央分享的部分，海洋石油资源税。属于地方财政的收入包括营业税，地方企业所得税，利息所得税之外的个人所得税地方分享的部分，城镇土地使用税，固定资产投资方向调节税，城镇维护建设税，房产税，车船使用税，印花税，屠宰税，农牧业税，农业特产税，耕地占用税，契税，土地增值税、国有土地有偿使用收入，增值税共享部分，证券交易印花税共享部分和除海洋石油资源税以外的其他资源税。

表 16　中央、地方财政支出

根据政府在经济和社会活动中的不同职责，划分中央和地方政府的责权，按照政府的责权划分确定的支出。中央财政支出包括一般公共服务，外交支出，国防支出，公共安全支出，以及中央政府调整国民经济结构、协调地区发展、实施宏观调控的支出等。地方财政支出包括一般公共服务，公共安全支出，地方统筹的各项社会事业支出等。

表 17　中央、地方预算外资金收入

中央和地方预算外资金收入所包含的项目不断在进行调整，逐渐趋于规范化。从 1996 年起将养路费、车辆购置附加费、铁路建设基金、电力建设基金、三峡工程建设基金、新菜地开发基金、公路建设基金、民航基础设施建设基金、农村教育事业附加费、邮电附加、港口建设费、市话初装基金、民航机场管理建设费等 13 项数额较大的政府性基金（收费）纳入财政预算管理。基金（收费）收入要按现行体制及时上缴中央金库或地方金库，使用由主管部门提出计划，财政部门按规定拨付，属于基本建设用途的，由财政部门按计划部门批准的项目计划安排支出，实行“收支两条线”管理，加强财政、审计监督。基金（收费）收支在预算上单独编列反映，按规定专款专用，不得挪作他用，也不能平衡预算。具体管理办法由财政部会同有关部门制定。地方财政部门按国家规定收取的各项税费附加，从 1996 年起统一纳入地方财政预算，作为地方财政的固定收入，不再作为预算外资金管理。

表 18　中央、地方预算外资金支出

预算外支出是指财政性预算外资金的支出，如各地方、各部门、各单位自行管理使用的、不纳入国家预算的那部分财政性资金的支出。《2007 年政府收支分类科目》已将预算外资金收支列入了统一的政府收支分类科目，但目前并不影响预算外资金收支的相对独立性。而从长远看，随着“收支两条线”改革的全面深化，预算外资金逐步纳入预算内管理，便可自然形成预算内外“一本账”。

表 19　预算外资金分项目收入

预算外资金分项目收入反映预算外资金具体来源情况，主要包括行政事业收费、政府性基金、乡镇统筹资金、地方财政收入、国有企业和主管部门收入和其他收入等项目。从 1997 年起，预算外资金收入不包括纳入预算内管理的政府性基金（收费）。从 2004 年起，预算外资金收入为财政预算外专户收入。《2007 年政府收支分类科目》已将预算外资金收支列入了统一的政府收支分类科目。

表 20　预算外资金分项目支出

预算外资金分项目支出反映预算外资金的具体使用情况，其主要分为基本建设支出、专项支出、行政事业支出、城市维护支出、乡镇自筹、统筹支出和其他支出等。

致精彩的青春

只/要/活/得/精/彩，随/时/都/是/青/春

世界不会亏待努力奋斗的你

清光 著

北方妇女儿童出版社
·长春·

图书在版编目（CIP）数据

致精彩的青春 / 清光等编著. -- 长春 : 北方妇女儿童出版社, 2020. 5

ISBN 978-7-5585-4277-0

Ⅰ. ①致… Ⅱ. ①清… Ⅲ. ①人生哲学-青年读物 Ⅳ. ①B821-49

中国版本图书馆 CIP 数据核字（2020）第 058382 号

致精彩的青春

ZHI JINGCAI DE QINGCHUN

出 版 人：刘　刚
策　　划：师晓晖
责任编辑：关　巍
排版制作：文贤阁
开　　本：880mm×1230mm　1/32
字　　数：500 千字
印　　张：20
版　　次：2020 年 5 月第 1 版
印　　次：2020 年 5 月第 1 次印刷
出　　版：北方妇女儿童出版社
发　　行：北方妇女儿童出版社
地　　址：长春市人民大街 4646 号　　邮　编 130021
电　　话：总编办 0431-85644803　　发行科 0431-85640624
印　　刷：阳信龙跃印务有限公司

全套定价：108.00 元

前 言

“奋斗”是一个永恒的话题，何为奋斗？在我眼里，奋斗是一个过程，也是一种姿态。虽说奋斗不一定能达到最终的目的，成为人生赢家。但可以肯定的是，如果你不肯奋斗，你的人生连一丝改变的可能也不会有。

我们常把奋斗的方向冠以梦想之名，拼尽全力朝着那里追赶。因为梦寐以求的地方太过遥远，有的人半路就放弃了追逐，找了个地方安营扎寨；有的人走着走着就偏离了原先的轨道；而只有专心致志、坚持不懈的人最终站在了梦想的高山上。在奋斗的路上，累了休息一下不是不可以，但是希望你别忘了最初的梦想。

我们每一个人都有梦想，有的人梦想成为科学家，有的人梦想成为将军，有的人梦想成为飞行员，有的人梦想成为舞蹈家，有的人梦想成为作家，有的人梦想成为百万富翁……

正是因为这一个个梦想，我们的生活才会充实，才会把梦想化为理想，并为之奋斗。如果不是因为梦想，爱迪生、居里夫人等等不会有那么多的发明，正是因为他们这些人的梦想，才使我们的世界如此精彩。

可是，有一些人好像进入了一种认识误区，他们认为优秀的人才需要奋斗，平庸的人奋斗了也是白费。其实，优秀的人也不是生来就那么优秀，也是通过不懈努力和奋斗，才使自己的人生一步一步发生质变的；而平庸者之所以会平庸，只是因为努力得不够，绝不是天生如此。

其实，在奋斗的路上，生活再公平不过。它不看容貌和出身，也不管金钱和地位，它只认个人的努力程度。因此，你能活出什么样，谁说了都不算，只有你自己说了算。能够笑着走到最后的人，必定是抓住每一段时光努力奋斗的人。

总之，只要你肯奋斗，世界就不会亏待你。无论是正值青春，还是已到而立不惑之年，都不要早早地给自己的余生下定义。你不知道，时间虽然有时候残忍得不肯为你停留哪怕一秒钟，但它却又公平无私得不会给任何一个人开小灶。只要你有追赶时间的勇气，愿意用有限的生命进行搏击，世界一定不会亏待你。

最后，千万不要忘了听从己心。能够在人生的大舞台上脱颖而出的人，可不是只会追逐别人的脚步，人们需要学会发现自己的棱角，并保留它，然后活出自己的特色。

亲爱的读者朋友们，或许你常常被生活沉重的锁链绊住脚，在无数个无眠的深夜泪流满面，但请相信世界是美好的，值得我们去奋斗！

为梦想，为生存，一路奔波，奋斗，不曾言弃……